Heibonsha Library

[新訳]不安の概念

Begrebet Angest

平凡社ライブラリー

Heibonsha Library

［新訳］

不安の概念

Begrebet Angest

セーレン・キルケゴール著
村上恭一訳

平凡社

本訳書は、平凡社ライブラリー・オリジナルです。

目次

凡例

一　本書は、デンマーク語版『セーレン・キルケゴール著作全集』第二版（一九二〇―三〇年）第Ⅳ巻所収になる原典、Søren Kierkegaard, *Begrebet Angest, En simpel psychologisk-paapegende Overveielse i Retning af det dogmatiske Problem om Arvesynden, af Vigilius Haufniensis*, Kjøbenhavn, 1844 の翻訳である。

二　邦訳にあたっては、右の原典を底本とし、ほかに『独訳全集』としてすでに定評のあるE・ヒルシュの訳書（*Der Begriff der Angst*, übersetzt von E. Hirsch）に依拠するところ多大、とりわけその詳細な訳注から教示されることまた多大であった。

三　なお当邦訳の作業の途中、諸大学の哲学科の学生諸君を対象にして、「英訳全集」（*Kierkegaard's Writings*）のうち第Ⅷ巻所収になる英訳書（*The Concept of Anxiety*, translated with Introduction and Notes by R. Thomte & A. B. Anderson, 1980）を何年度にもわたって講読する哲学演習の授業に恵まれたことは、原典をよく理解するため訳注をさらに追加作成する機縁ともなった。

四　本書の邦訳として、⑴斎藤信治訳『不安の概念』（岩波文庫、一九五一年）、⑵原佑・飯島宗享訳（世界の大思想『キルケゴール』所収、河出書房、一九六六年）、⑶田淵義三郎訳（世界の名著『キルケゴール』所収、中央公論社、一九六六年）、⑷氷上英廣訳（白水社、一九七八年）等、各書を参照し、これら先学の労作から教示されるところ数多くあった。

五　原注は、＊、＊＊で示し、当該段落のうしろにおいた。

六　訳注は、（1）、（2）……として巻末に一括して掲げた。文中での訳者による補足、言い換えは〔　〕で括った。

七　原典のスタイル重視を原則として、初版以来踏襲されている文中の――線の部分について、シュレンプ訳以来の各訳書にもてらし、訳者の判断により改行を施した。

妻　博子に
——感謝のしるしとして　訳者

不安の概念

原罪をめぐる教義学上の問題につき、もっぱら心理学的に手引きするだけの一考察(1)

ヴィギリウス・ハウフニエンシス(2)著

コペンハーゲン　一八四四年

区別を示す時代は過去のものとなった。〔ヘーゲル哲学にみる思弁的〕体系がそれを克服してしまったからだ。当節にあってなおも区別のごときに執心する者は、とっくに消え去ったものに心を寄せる変わり者であろう。なるほど、それはそうかもしれない。それにしてもソクラテスが、事実そうであったとおりの愚直な賢者になれたのは、彼独特のあの区別によってなのである。その区別は、ほかならぬソクラテスが宣言しかつ身をもって示したところのものだが、それは二千年もたってから、初めて奇人ハーマンにより、讃嘆の念をもって受けとり戻されたのである。ハーマンはこう言っている――「思うに、ソクラテスが偉大だったのは、〈自分が知っていることと知らないこととを区別したこと〉にあるのだ(3)」と。

故ポウル・マルティン・メラー教授に

ギリシア精神のよき愛好者、ホメロスの讃美者、さらにソクラテスの精通者にして、アリストテレスの語り手、その「デンマークに寄する讃歌」においてデンマークを讃え、「遥か遠き旅先にありて」も、常に「デンマークの夏に思いをはせし」人、――わが敬慕せし人にして、かつわが哀惜せし人、今は亡きかの人に、この書を捧げる。[4]

序文(5)

一冊の書物を書こうとする者は、私の考えでは、書こうとする事柄について何かと熟慮してみるのもよいことではないか、と思われる。また、同じ事柄について以前に書かれたものを、できるだけ知っておくことも、悪くはないであろう。その際、仮にもしその事柄のいずれかの部分について充分徹底して論じ尽くしている先学に出会うようなことがあったら、歓喜するのもよろしいであろう。——あたかも花婿《はなむこ》の友が立って、花婿の声を聞いて喜ぶのと同じように(6)、それこそ歓喜するのもよろしかろう。これらのことどもを、なるたけこっそりと、人目を忍ぶ恋慕の熱狂をもってなし遂げたなら、それ以上のことは何をか望まんやであろう。いまは、あたかも鳥が歌をうたうように、早速わが書物にとりかかるがよろしかろう。もし誰かがその書物によって利益なり喜びを得ることにでもなれば、それこそますます結構なことではあるまいか。その際、この自分が一切の決着をつけたのだとか、自分の書物において地上の一切の世代が祝福を受けたのだ(7)とか、そんな大袈裟なことはすべて抜きにして、まったくさりげなく淡々と自分の書物を出版することであろう。どの世代にもそれぞれの課題があるのであり、だからして前の世代や後の世代のためにも役立つものを与えようなどと、途方もなくわずらわされる必要はないのである。世代のなかの個々人は、毎日がそうであるように、それぞれ自らの気苦労を担っており[8]、それゆえ自分自身の仕事に気遣いするだけで充分である。なにも君主のような憂慮をもって当代全体を抱きかかえてやる必要もなければ、自分の書物によって新紀元や新時代を開幕させたりするには及ばない。ましてや、新年の〔約束の〕松明《たいまつ》をはじめ、遠い将来を暗示する約束のごときものや、さらには疑わしい価値に保証つきの太鼓判を押すことなどは、一切無用であろう[9]。背を曲げて丸くしているからといって、誰もがアトラス[10]とはかぎらず、また世界を担ったからといって背が曲がったわけでもない。「主よ、主よ!」と言う者がすべて、必ずしも天国へ昇ってゆけるわけではない[11]。当世全体のための責任をとると名乗り出る者がすべて、だからといって必ずしも自己自身に対して責任のもてる人間だと証明したことにはならない。また「ブラヴォ」とか「万歳」とか「大変だ」などと叫ぶ者がすべて、だからといって自分自身のことを、またその驚嘆の意味を理解しているわけではないのである。

　さて、不肖私に関して言えば、率直に白状すると、私は著作家としては国土なき国王のごとき者、だからして何の野心をももたず、ただおそれとおののきのうちにある一介《いっかい》[12]の著作家だということを申し上げておきたい。それにしても私がラテン風の名前〔ヴィギリウス・ハウフニエンシス〕を用いていることが、分際《ぶんざい》に過ぎたこととして、高貴な方の不興を買い、熱心な批評家に対する僭越のように見えるのなら、私はいさぎよくクリステン・マドセンとでも改名してもよいと思う。なるほど不肖の私は思索するにはするが、しかしいわゆる「思弁《スペクラシオン》[13]」の遥か圏外に立つ一介の俗な著作家と見なしていただくことこそ、私の切に望むところだからである。もとより私は、ローマ人がおのが敬神にかけて寛容であったごとく、わが信仰の権威には恭順を誓う者だからである。ところで、こと人間的な権威に関してなら、私は確かに偶像崇拝者である。——誰であれ、私の崇拝すべき人はあのお方で、その人が権威で「検閲済」(14)であることを、太鼓たたいて周知させてくださるなら、私は〔誰であれ〕その人を恭《うやうや》しく崇拝するものである。ただし、その決め方が籤《くじ》によるか投票によるものか、それとも公民代表がその任期中、順番に調停委員会の席に坐るのと同じように、当面の権威もそんなふうに席に控えるものかどうか、その辺のことは私ごときの考えの及ぶところではない。

もうこれ以上、何も付言することはない。ただ、私と意見を共にされる方はもとよりのこと、私と意見を共にしない方にも、またこの書をお読みくださる方はもとより、序文だけでもうたくさんだと言われる方に対しても、私は心から「ご機嫌よう」と申し上げておきたい。

〔敬白〕

コペンハーゲンにて

謹んで

ヴィギリウス・ハウフニエンシス記す(15)

緒論［1］

いかなる意味で、この考察の対象〔不安〕が心理学上の関心をそそる課題であるのか、またいかなる意味で、それ〔不安〕が心理学上の課題や関心となった後で、まさしく教義学に注意を向けることになるのか。(2)

どんな学問上の課題でも、学問という広大な領域のなかで、それぞれ一定の場所とか目標とか限界をもっており、またそうであるからこそ、それらが全体のなかに調和して溶け込んでゆき、全体が表そうとしているそのなかで、それぞれの然るべき協和音を出すことができるのである。こうした考え方は、ひたすら感激的な、もしくは憂愁な夢想によって、学者たるものに気品を与える「つつましき願望」(prium desiderium)を意味するばかりではない。それはまた、学者を全体への奉仕に結びつけて、無鉄砲で大胆不敵に大海へ向けて乗り出そうとするごとき無軌道な悦楽を捨てさせる神聖な義務を意味するだけのものでもない。むしろ、こうした考え方は、同時に、個々の特殊研究それ自身のためになることでもある。というのも、いったい自分がどこに帰属しているのかを忘れているような研究は、それと同時に〔人間として〕自分自身のことを忘れているのに等しいからである。(3) それにしても、言葉のもつきわめて意味深い両義性をともなう言い方も、実は常に同一の言葉で表現するものである。かくて前述のような研究〔自分がどこに帰属しているのかを忘れているような研究〕は、本来の研究とは何か違った別のものに転落し、まさに何かしら身勝手なふるまいに辿り着いて終わるであろう。かくして、もし学問的な秩序に従う

ようにと命じられもせず、また個々の問題があたかも仮装舞踏会に出かけてゆくときのように、一番乗りを目指すようなことのないようにと監視されていなければ、ときには確かに学者は、ある種の才気走ったことを成し遂げることもあろう。また思うに学者は、ときにはまだ遥か彼方にあるものをすでに手中に収めたかのように見せかけることを通して、世人を吃驚《びっくり》させることもあろう。またときには、差異を含むもの〔矛盾〕を容易に結び合わせることによって、人びとを唖然とさせもするかもしれない。が要するに、このようにして手中にした利得としての財産は、一切の非合法的な所得と同じように、後になって報復を受けること必定、それは市民的にも学問的にも合法的な財産とはなり得ないものだからである。(4)

このようなわけで、仮にもしだれかが論理学の最後の章に「現実性」(5)という標題をつけたとすると、そのことによってすでに論理学において最高のものにまで、あるいはこう言ってよければ、最深の根底にまで、到達したかのような仮象を呼び起こすということである。だが、その逆もまた自明であろう。というのも、そのようなことは論理学にとっても現実性にとっても何ら得るところがないからである。まず第一に、それが現実性にとって得るところがないというのは、現実性のうちに本質的に付属しているはずの偶然性というものを、論理学は黙認することができないからである。さらにまた、それが論理学にとっても得るところがないというのは、仮にもし論理学が現実性のことを思考したとすると、論理学は自分では消化することのできないものを自分のうちに取り入れた〔採用した〕ことになるからである。つまり、論理学は単に〔現実性につき〕仮定すべき（praedisponere）はずのものでありながら、〔にもかかわらず〕それを先取りしてしまった格好である。その報いは明らかであり、いったい現実性とは何か、ということに関してのあらゆる考察が困難になったと言うべきか、否むしろ当分のあいだ不可能になったということである。というのも、この「現実性」という言葉に対して、まず自己をとり戻すための時間が、言うなれば、錯誤を忘れるだけの時間の余裕が与えられねばならぬわけだからである。

なおまた、こうして教義学において、信仰のことが直接的なものとして、それ以上何ら詳細な規定をもたないものと見なされるなら、[6] その場合ひとは、〔万人に対して〕信仰のもとに立ち止まるには及ばないという必然性を、万人に納得させるという点ではまことに好都合だということになろう。いや、そればかりか、おそらく正統派の人をもまきぞえにして、それを首尾よく承認させることもできよう。というのも、おそらく正統派の方も、こうした誤解の原因がそれに続く諸規定にあるのではなく、あの〔信仰を直接的なものとする〕「根本誤謬」(πρῶτον ψεῦδος)[7] に根ざしているということを、即座には見抜けないだろうからである。だが、この場合の損失も明らかである。というのも、信仰の方は、〔侵害されて〕自分に正当に与えられているもの、つまりその歴史的前提が、〔信仰から〕奪われることになるからである。また教義学の方も、自分の本来の出発点からでなく、もっと先の拠点から出発せざるをえなくなることで侵害されていることになる。そこで当の教義学は、もっと先の拠点を前提におく代わりに、これを無視して、あたかも自身が論理学でもあるかのように、いきなり始めるのである。というのも、論理学は実際きわめて精巧な抽象作用をとおして成立した移ろいやすいもの、すなわち直接的なものをもって始めるからである。ところで、直接的なものはすでに「それ自身において」(eo ipso) 止揚されているということは、論理的に考えれば正当なことであろうが、教養学においては戯語《たわごと》にすぎないであろう。それにしても、あたかも夢遊病者が自分の名前を呼ばれたその瞬間にわれに立ちかえるように、直接的なもの（それ以上は何らの規定をもたぬもの）は、それと名指されるその瞬間にまさに止揚されるのであるから、いったい誰がそんな直接的なもののもとに立ち止まっていたいなどと思ったりするだろうか[8]。

なおまた、しばしばただの序論的研究のなかでさえ、「和解[9]」〔調停〕という言葉が使用されているのが見出される。その際、思弁的知識、すなわち認識する主観と認識される客観との同一性、つまり「主観＝客観（的なもの）[10]」を示すために、「和解」という言葉が使用されているのを見ると、それによって容易にわかることは、まずは〔和解という言葉を用いている〕その当人[11]が才知の人であり、その才知の助けをかりて一切の謎を解き明かしたのであろうということである。とりわけ、端的に謎を解きたければ、まずもってその謎の文句に耳を傾けるという慎重さ〔心構え〕こそ、日常生活ではあたりまえのことなのに、こと学問の世界になると、そうした慎重さに欠けるそんな人たちに対して、一切の謎を解き明かしてくれたということが容易にわかるのである。もっとも考えようによっては、〔才知の人としての〕彼こそ、自らの解明を通して一つの新しい謎（いったいどうして人間はこんなことくらいで謎が解けたなどと思い込むことができるのか、という謎）を投げかけたという比類なき功績を担っていることになると言えるのかもしれない。一般に思惟が実在性をもつということは、古代哲学および中世哲学全体を通しての前提であった。カントによって、この前提は疑わしいものと見なされた。そこで、仮にヘーゲル哲学がカントの懐疑を考えぬいたものと想定するとしよう。（しかし、このことは依然として大きな疑問点だと言ってもよい。ただしヘーゲルとその学派は、「方法」とか「啓示」[12]とかの合い言葉を使って、一方のシェリングがあの「知的直観」[13]とか「構成」[14]とかの合い言葉でむしろ率直に、これこそ自分たちの哲学の新しい出発点だと自認しているものを、しきりに蔽い隠そうとしているかに見えるのだが。）こうして、以前のものをより高い形で再構成し、その結果として、思惟が前提の助けとかによらず実在性をもつことになったと〔仮定〕すると、この意識的に形成された思惟の実在性は、果たして「和解」〔調停〕と言えるものなのであろうか。実はこれによって哲学は、単にその昔、そこでは当の「和解」〔有和〕が絶大なる意義をもっていたその昔の日、人びとが〔哲学を〕始めたその出発点にまで連れ戻されたにすぎないのである。例えば、ここに「定立《テーゼ》・反定立《アンチ・テーゼ》・綜合《ジュンテーゼ》」という古来の尊敬すべき哲学上の術語がある。いま、「媒介」という新しい術語が選ばれ、これを第三の「綜合」の地位と取り替えてみたところで、果たしてこのことがそれほど重大な進歩と言えようか。それにしても「媒介」という語は両義的である。なぜなら、それは両者のあいだの関係を示すと同時に、その関係の結果をも示すものだからで、（つまり、両者が相互に相手に対して外面的関係をもちながら、互いに内面的関係をもつという）これらの関係をいちどきに示すものであり、運動を意味すると同時に静止をも意味しているからである。これが事態の完成と言えるものかどうかを決するのは、媒介につき弁証法的に深く吟味することによって初めて決定されるであろう。だが、不幸なことに目下のところ、われわれとしては〔そういう決定を〕待ちわびている心境にある。かくなれば、「綜合」の方はとりやめにして、「媒介」を採用することにしようでないか。だが、才知に長《た》けた者はそれだけでは満足しないで、「宥和」〔和解〕という言葉をもち出す。その結果はいったいどうなるのか。こんなことは当面の「序論的研究」にとって何の足しにもなりはすまい。これが何の足しにもならない点では、新規に名称を得たからといって別に真理が明瞭になるわけでもなく、また人間の霊魂への祝福が増加するわけでもないのと同じである。否、それどころか、倫理学と教義学という二つの学問は根底から混乱をひき起こすことになる。ことに、「和解」〔宥和〕という言葉がもち込まれたあげく、さらに論理学とロゴス（教義学上の意味でのそれ）とは相対応するとか、論理学は本来「ロゴス」に関する学である、(15)などと示唆されるにいたっては、なおさらである。倫理学と教義学とは、たしかに宿命的な「国境」（confinium）で和解をめぐって相争うことになる。悔恨と負い目は、倫理的に和解〔宥和〕の思想を強請しようとする。これに対して、教義学の方は差し出された和解〔宥和〕を受け容れるに際し、歴史的に具体的な直接性なるものをもっていて、それによって〔教義学は〕学問上の偉大な対話のなかで、自分の発言を開始するのである。さて、その結果は果たしてどういうことになるのか。察するに、この〔和解という〕言葉は、言論や思想を〔そのなかで〕休息せしめんがため盛大な安息年〔そのお祭り〕を祝うことになり、〔それを介して〕やっとひとはそもそもの始原から始めなおすことができるようになるであろう。(16)

　論理学においては、一切を運動させるための推進力として「否定的なもの」が、とり入れられている。(17)ともかく論理学においては、何であれ事の善し悪しではなく、運動が必要というわけである。そこで否定的なものが参上した次第である。否定的なものが力不足の場合には、洒落や冗談が代行してくれることになる。実際、否定的なもの自体がまるで洒落になったようなものである。* 論理学においては、どんな運動も生じることはない。論理学は、「ある」〔有《ザイン》〕だけである。そして、一切の論理的なものはただある〔有《ザイン》〕というだけなのである。** そこで論理的なもののこの無力さこそ、論理学を生成へと移行させるのであり、かくして「現存在」（Tilværelse, Dasein）と現実性が登場することになる。それゆえ、論理学が具体的なカテゴリーに沈潜するとしても、それは初めからあったものと同一のものなのである。いま仮に運動という言葉をしばらく使うとすれば、あらゆる運動は内在的な運動なのであって、それは深い意味では何ら運動とは言えないのである。このことは、運動という概念自体が論理学のなかでは居場所を見出しえないひとつの超越であることを考えるなら、容易に理解できるはずである。さて、否定的なものは、それゆえ運動に内在する以上、それは消え去るものであり、止揚されるものである。それゆえ、一切が〔否定を介して〕このように生起するとすれば、それは何も起こらないのと同じことになり、否定的なものはひとつの幻影と化するであろう。が、何はともあれ論理学のなかで何ごとかを生起させようとするためには、否定的なものはそれ以上のあるものに転化することになる。すなわち、「否定的なもの」は、かくして「対立」を生み出すものとなる。つまり、それはもはやただの否定ではなくて「反対‐肯定」（Kontra-Position）〔反定立〕[18]となる。否定的なものは、いまや静寂な内在的運動ではなくて、それは「必然的な他者」（das notwendige Andere）なのである。これは確かに論理学にとって、運動をひき起こすためにはぜひ必要なものに違いないが、しかし決してただの否定的なものではない。さて論理学を去って倫理学に向かうなら、ここでもまたヘーゲル哲学全体を通じて執拗に働いているあの否定的なものに出会う。驚いたことに、ここでは否定的なものは悪であると教えられる。いまや混乱はその頂点に達する。才知〔精神〕にとって限界なし、といったところである。かつてスタール＝ホルシュタイン夫人がシェリング哲学を評して、「この哲学は人間を一生のあいだ才気あふれるものにしてくれる」と言ったこと[19]は、あらゆる点でヘーゲル哲学にも通用する。否定的なものが悪であるとするなら、運動が論理学においていかに非論理的であらざるをえないか、また悪が否定的であるからには、運動が倫理学においていかに非倫理的であらざるをえないか、これは明らかなことである。一方の論理学の場合は、それはゆきすぎであり、また他方の倫理学の場合は、それは不足である。またその両方の場所に適合させようとすると、どちらも適合しない。倫理学がそれ以外に超越を保持していないなら、それ〔倫理学〕は本質的に論理学である。もし倫理学が体裁上もつべきはずの超越を、もし論理学が保持しているとすれば、それ〔論理学〕はもはや論理学ではないことになる。

＊　例えば（Exempli gratia）――「本質」（Wesen）とは「あった」〔存在した〕もの（was ist gewesen）であり、「あった」ということは、「ある」（Sein）の「過去形」（tempus praeteritum）である。それゆえ、「本質」とは、「止揚された存在」（das aufgehobne Sein）、すなわち存在したところの存在の謂《いい》である。これこそ、言うところの論理的運動なのである。もし誰か人あって、ヘーゲル論理学（ヘーゲル自身の原典であれ、その学派の修正補訂本であれ）において、論理的運動を推し進めようと援助してくれるおとぎ話もどきの妖魔や怪物らを捕らえて集めてみるという骨折りを惜しまなければ、おそらく後世の人びとは、いまでは気の抜けた洒落でしかなくなっている当のものが、かつては他ならぬ論理学で大きな役割を演じていたことを知って、きっと唖然とすることであろう。しかもその役割たるや、つけたり的な説明でも才

気のひらめいた注釈としてでもなく、実にヘーゲル論理学を神わざ〔驚嘆すべきもの〕のように思わせ、かつその論理的思想に一歩踏み出すための足がかりを与えたところの、〔論理学における〕運動の指揮者としての役割である。が、それにしても、誰ひとりそんなからくりに気づかなかったというのは、あたかも操《あやつ》り人形のルル〔C・F・ギュンテルベルクの同名のオペレッタ（コペンハーゲン、一八二四年初演）に出てくる操り人形〕が誰にもそのからくりを見すかされないで事なきをえたという、あの譬《たと》え話に似ているようでもある。ともあれ、論理学における運動こそ、ヘーゲルの功績であって、これに比すれば、さまざまな仕方で範疇の諸規定とその序列を整理したという〔ヘーゲルに帰せられている〕あの不朽の功績も、挙げるに値しないほどである。

** 論理学にとっての永遠の表現としては、エレア学派の人びとによって誤って現実の存在に適用された次の言葉が知られる。——何ものも生起しない。一切は有る。

以上述べたことは、その場所柄から見れば、あるいはいささかくどすぎるように思われるかもしれないが（その論考の事柄自体としては、何らくどすぎることではない）、しかも個々の問題点が本書の対象を顧慮して取りあげられている以上、決して余計なものではないのである。それぞれの事例は比較的大きなところから採用されたものだが、大きなところで起こることは、小さなところでも繰り返されることであり、その際の有害な結果はより小さいとはいえ、そこでの誤謬としてはどちらも同じことだからである。「体系」を書こうと気構えている人[20]は、大きなことに責任をもたねばならぬ。しかるに、特殊問題《モノグラフィー》〔専門事項に関する学術論文〕にとり組もうとする者は、些事にも忠実になりうるし、またそうあらねばならない。

さて、本書の課題とするところは、原罪についての教義をたえず念頭におき（in mente）、かつ眼前に彷彿《ほうふつ》とさせながら、「不安」の概念を心理学的に取り扱うことにある。それは〔その意味において〕たとえ口に出さなくとも、「罪」の概念を問題にしないわけにはいかない。しかしながら、罪は心理学的な関心となるべき課題ではなく、罪をもっぱらそんなふうに取り扱ってしまうと、結局は才気の濫用に終わるぐらいが関の山であろう。罪はおのが定められた場所というものをもっている。いな、もっと正確に言えば、罪はいかなる場所をももってはいないと言った方がよい。しかも、これこそ罪の規定なのである。罪がどこか別の場所で取り扱われるとなると、それは非本質的な反省のもとで見られることになり、罪の概念は変化をうける。罪の概念が変化させられると、それと同時に、正しい概念に正しく対応するはずの「気分」*までもまたかき乱されることになり、かくして正当で不動の気分の代わりに、贋《にせ》の気分の流動的な幻影が与えられることになる。かくして罪が美学のなかにもち込まれる場合には、気分は軽快になるか、憂鬱になるかのいずれかである。というのも、罪がそのもとに属している範疇は矛盾であって、矛盾は喜劇的となるか、悲劇的となるか、そのいずれかだからである。そうしてみると、その気分は変わったものとなってくる。なぜなら、罪に正しく対応する気分は、真剣〔厳粛〕だからである。罪の概念の方も、これまた変化を被《こうむ》ることになる。それというのも、〔罪の概念が〕喜劇的になるにせよ、悲劇的になるにせよ、それは持続的なものとなるか、もしくは非本質的なものとして止揚されたものとなるか、であるが、もともと罪の概念は、克服されるという点に存するからである。喜劇的なものおよび悲劇的なものにとっては、より深い意味ではいかなる敵も存在しない。――ただ、涙を誘うためのおどけ者か、あるいはお笑い草となるためのおどけ者がまつわるだけである。

＊　学問もまた、詩とか芸術と同じように、制作者にとっても鑑賞者にとっても、「気分」（Stemning）というものが前提されているということが、われわれの時代においてはまったく忘れ去られている。さらに、音楽の転調に見られる誤謬が攪乱的であるのは、思想の展開における誤謬と同じであって、この点もまた、当節まったく忘れ去られているということである。なおまた、今日ひとは、自分の手にしたと思い込んでいる一切《いっさい》の栄華にのぼせあがり、貪欲のゆえに自らの内面性とその真の意義をすっかり放棄してしまっている。それはあたかも、水面に映るわが影に吠えてせっかくの元も子もすっかり失くした「イソップ寓話の」あの犬さながらである。それにしても、あらゆる誤謬は、それに特有の敵を生み出す。例えば、思惟の誤謬は、自らに対して「弁証法」という敵をもたらすのであり、また「気分」の欠如ないしその「偽造」は、喜劇的なものという敵を自らに対してもたらすことになる。

また罪が形而上学において取り扱われる場合、その気分は弁証法的な無頓着とか無関心となり、罪は思想に刃向かいえないものとして思索せられることになる。この場合、当の概念そのものが変質せしめられるのである。というのも、罪は確かに克服されるべきものではあるが、それは思想によって生命を与えられえないものとしてではなく、そこに現存する或るものとして、しかも万人の真剣な関心事として、克服されるべきものだからである。

また罪が心理学において取り扱われる場合には、当の気分は絶え間なく観察し執拗に探索する不敵さにはなるが、厳粛さが罪にうち勝って、そこから脱却することにはならない。当の概念は、変化させられて或る別のものになり、かくて罪がひとつの状態となるからである。が、だからと言って罪は決して状態などではない。罪の理念は、その概念がたえず止揚されることにある。罪は状態として、「可能性として」(de potentia) は存在しないのであり、どこまでも「現実性として」(de actu)、あるいは「現実性において」(in actu) 存在しつづけるものである。心理学の気分は、反感的な好奇心とも言えるが、正当な気分は厳粛さをともなう勇敢な反抗と言える。心理学の気分は、暴き出すことの不安であり、そうした不安のなかで心理学は、罪の輪郭を描き出すのであるが、同時に自らの描いた素描に対して絶えず不安を覚えることになる。罪がこのように取り扱われると、罪はさらに強力なものとなる。というのも、心理学はもともと罪に対して女性的な接し方をするからである。この状態がそれなりの真理性をもっているということは、もちろん確かである。人生に関する倫理的な見解があらゆる人間生活のなかに浸透するにいたるまでは、このような状態が多かれ少なかれ各人の生活のなかに生起することも同様に確かである。だが、罪がこうした取り扱いを受けるとき、罪はその本来のあるところのものではなく、それ以上のものか、もしくはそれ以下のものとなる。

それゆえ、罪の問題が取り扱われているのを見るとき、その罪の概念が正しい概念であるかどうかは、その「気分」〔を検討すること〕によって、ただちに見分けることができる。例えば、罪についての話があたかも病気とか異常とか、あるいは毒とか不調和とか等々でもあるかのように語られているなら、その罪の概念もまた歪曲されたものと言える。

罪は、元来いかなる学問にも決して帰属していない。罪は説教の対象であって、説教では個人が個人として個人に向かって語りかけるのである。われわれの時代においては、学者気どりが牧師たちを翻弄して一種の大学教授の助手に仕立てあげるという時流に迎合して、目下そのような

〔学者気どりに感化された〕牧師たちは、自分たちも学問に奉仕し、学問の権威のもとで説教したいという考え方をもつにいたった。こうした風潮からすると、説教することがきわめて見すぼらしい技術だと見なされるようになるのも、別に不思議ではない。それにしても、説教するということは、あらゆる技術のなかで最もむずかしい技術であって、ソクラテスが讃えたところのあの術、すなわち「対話術」[21]にほかならない。が、だからと言って、もちろん誰か答弁する者が会衆のなかで必要だというわけではない。あるいはまた、誰か語れる者を連れてきてみたところで、それが何の役に立つことがあろう。そもそもソクラテスがソフィストたちを評して、「彼らはなるほど語ることはできるが、対話することはできない」と、きっぱり区別したことの真意はと言えば、ソフィストたちは万事につき多くを語ることはできるが、しかしそれを真に体得するという精神に欠けているではないか、という点であった。それゆえ、この真に体得するという精神こそ、対話することの秘訣なのだということである。

　罪の概念には、厳粛さが対応する。そこで罪が、さしあたりその場所を見出すべき学問は、おそらく倫理学であろう。ところが、この点にはそれなりの難点がある。倫理学はなお観念的な学問である。いずれの学問も観念的なものだ、という意味においてばかりではない。倫理学は観念性《イデアリテート》〔理想性〕を現実性のなかに持ち込もうとするが、逆に倫理学の運動はと言えば、現実性を観念性〔理想性〕にまで高めようとする方向をとらない。* 倫理学は観念性〔理想性〕を課題として掲げながら、人間というのはそのための諸条件を所有していることを前提するのである。かくして倫理学はまさしく困難と不可能事を明白ならしめることによって、ひとつの矛盾を展開することになる。律法について言われることが、いまや倫理学においても妥当する。すなわち、もっぱら要求を掲げる厳格な教師は、当の要求によって裁くばかりで、育てることをしないのである。[22] ただ、ギリシアの倫理学だけが唯一の例外であった。というのも、それは本来の意味での倫理学ではなく、美的な要素を含んでいたからである。このことは、徳に関する定義にはっきりと示されており、アリストテレスがしばしば、ことに『ニコマコス倫理学』において、愛すべきギリシア的素朴さをもって述べているところでもある。[23] それによると、徳だけではやはり人間を幸福にし、かつ満足させることはできないのであり、人間は何と言っても健康で、友人や地上での富、そして家庭的な幸福に恵まれなければならない、ということである。それにしても倫理学は、観念的〔理想的〕であればあるほど、いよいよもってよしとすべきである。倫理学は、不可能なことを要求してみたところで何の役にも立たないでないか、などという饒舌《じょうぜつ》により煩わされてはならない。このような話に耳を傾けること自体がすでに非倫理的であり、倫理学はそんなことにかかわる暇も機会もないからである。倫理学はなにも値引きなどするには及ばないのであり、またそのようなやり方を介しては現実性に到達することはできない。現実性に到達しようとしたければ、むしろ〔倫理学〕全体の運動を逆の方向に転換しなければならないであろう。倫理学が〔前述のごとく〕これほどまでに観念的であるというこの特質のゆえに、ひとは倫理学を考察するにあたって、ときには形而上学的、ときには美学的、ときには心理学的とも言える諸範疇を使用するよう誘惑されることになる。しかしながら、言うまでもなく倫理学は、何はさておき、このような誘惑に対してはあくまで抵抗しなくてはならぬ。だから、一冊の倫理学書を書こうとするなら、まったく〔上記のものとは〕別の範疇を手中にしていなければ、不可能というわけである。

＊　さらに、この点を仔細に考慮するなら、倫理学でさえまだ現実性に到達してはいないというのに、論理学の最後の章に、こともあろうにその「現実性」という標題を提示することが、どれほど才気ばしったことであるか、このたびこの点を洞察してみるには絶好の機会と言うべきであろう。論理学の終点である「現実性」は、それゆえ現実性の方向から言えば、論理学の出発点である「存在」〔有〕（Sein）以上のものを意味していないのではないか。

それゆえ、罪が倫理学に属するのは、当の倫理学が「悔い改め」を介して、ほかならぬ罪という概念につき当たって坐礁するときだけである。＊倫理学が罪を受け容れるようなことがあれば、倫理学の観念性〔理想性〕はもはやおしまいになる。倫理学が自らの観念性〔理想性〕のうちにとどまり、それに執着すればするほど、〔その状況ゆえに〕いよいよ倫理学は困難の度をつのらせることになる。——しかし、〔仮に〕倫理学がその観念性のうちに執着する場合も、倫理学は非人間的に現実性を視野から見失ってはならないのである。むしろ倫理学は、つねに現実性との関係のうちにとどまり、各々の人間に対して課題として自らを提示し、万人を真実の人間に、それも完全にして、卓越した（κατ᾿ ἐξοχὴν）[24]〔典型的な意味での〕人間に向上せしめるべく努めなければならない。——倫理学の課題〔使命〕を実現しようとするその戦いのなかで、罪が己《おのれ》を顕示する。しかも当の罪は、ただ単にある偶然的な個人における偶然性としてその正体を示すのではない。むしろ罪はさらになおも深い前提として、当の個人を超え出るところの前提として、己の根底にまで遡《さかのぼ》ってゆくわけである。こうなると、いまや倫理学にとってはすべてが失われたも同然だが、それも実はそうなるように仕向けたのは当の倫理学自身だったと言えるのである。そこへ現れてきたのが、実を言うと倫理学の領域外にあるはずの〔原罪という〕ひとつの範疇に他ならない。かくて原罪が一切をさらになお絶望的にする。というのも、それは困難をすっかり除去してしまうからで、それも倫理学の助力によるのではなく、教義学の力添えによるものだからである。古代〔ギリシア〕のすべての認識と思弁は、思惟が実在性をもつという前提に立っていたが、それと同じく古代〔ギリシア〕の倫理学もまた、徳が実現可能であるという前提に立っている。罪を懐疑することは、異教世界にとってはまるで知られないところである。あたかも古代の〔ギリシア的〕認識にとっては、誤謬が何の証明の足しにもならない個々の例外と見なされていたように、この際、罪もまたそれと同じように考えられていたのである。

＊　この点に関しては、ヨハンネス・デ・シレンチオ〔との仮名〕によって出版された『おそれとおののき』（コペンハーゲン、一八四三年）という著作のなかに、さまざまな注釈が見出される。この書のなかで、著者はいくたびか、美学の立場に要望される観念性《イデアリテート》〔理想性〕を、倫理学の立場に要請される観念性《イデアリテート》〔理想性〕にぶつけて坐礁させ、しかもこの衝突を介して、宗教的な観念性《イデアリテート》〔理想性〕を顕現させようと試みている。——この宗教的な観念性こそ、まさしく現実性の観念なのであり、それは美学の観念性〔理想性〕と同じように望ましいものであって、倫理学の観念性のごとく不可能ではない〔ところの観念性〔理想性〕と見なされる。ところで、この観念性は弁証法的な飛躍によって出現するもので、言うなればそれは、「見よ、すべては新たなり」〔コリント後書、第五章一七〕という肯定的・積極的気分と、不条理なものへの情念である否定的気分とを伴って発現するのである。この不条理なものへの情念に対応する概念が、「反復」の概念なのである。さて、「現存在」全体が倫理学の要求に砕けて終わりを告げるか、あるい

は〔そのための〕条件が充足されて、以下のように言われるかのいずれかで、つまり生存と現存在との全体が、先行するものとの内在的連続性によることなしに（この考えは矛盾であるから）、むしろ超越によって、まずは新規にやり直しされるか、のいずれかである。それゆえ、この超越が「反復」〔受けとり直し〕を端的に最初の現存在から深淵によって断絶させるのであり、もし人あって、「先行と後続との相互関係は、あたかも海中の生物全体が空中・地上の生物全体に対する相互関係と同じである」（もっとも、若干の自然研究者たちの説によれば、海中の生物は不完全ながらも、空中・地上の生物の顕示するすべてのものを原型的に保持していると見なされるのであるが）等々のことを言ってみたところで、それらは、単に比喩的な言い方にすぎない。――なお、「反復」というこの範疇に関しては、コンスタンティン・コンスタンティウス〔なる仮名〕による同名の著書（コペンハーゲン、一八四三年）を参照されたい。この書は、いかにも奇妙な本であるが、それもまた著者の意図したところでもあった。が、私の知るかぎり、「反復」なる語を的確に把握し、この意味深長な概念を眼前に提示してくれたのは、この著者が最初の人である。かくして、著者はそこで学問と学問とがぶつかり合って、やがて新しい学が誕生するところの学問の「曲がり角」(discrimen rerum)、つまり眼界の見えざる尖端を指摘することにより、この「反復」の概念を介して、異教的なものとキリスト教的なものとの関係を解明したのである。しかるに彼は、自分が発見したところのこの「反復」という概念を、それに似つかわしい表象の衣をきせて弄ぶことによって、再び自分で蔽い隠してしまった。何が彼にそうさせたかを語ることは困難である、いやむしろ理解しがたいことである。というのも、彼自身の語るところによれば、「異端者が彼のことを理解するようなことがないように」書いている、とのことだからである。ところで彼は、この〔反復の〕対象を単に美学的かつ心理学的に取り扱おうとしたために、すべてが諧謔《フモール》的な構成にならざるをえなかったと見える。この際の〔文学上の〕効果として、〔反復という〕この言葉が、あるときは一切を意味するものとされ、あるときは何にもまして低俗なものを意味しもした。また「移行」について、もっと的確に言えば、それは「天空からの間断なき落下」とでも形容すべきものだが、それこそ、低俗な喜劇的対立を狙いとするものであった。それでも彼は、書中かなり明瞭に〔反復の概念につき〕その全貌を伝えている。「反復は形而上学の関心事（Interesse）であり、それと同時に、形而上学がそれにつき当たって坐礁する関心事でもある。反復はあらゆる倫理学的な観点における合い言葉である。反復はあらゆる教義学上の問題にとっての必須条件（conditio sine qua non）である」と。その第一の命題のうちには、かつてカントが美学に関して主張した〔カント『判断力批判』第二章〕、その際に、形而上学は無関心的だという命題を提示したのだが、当のその同じ命題への暗示〔諷刺〕が含まれている。関心事が現れるや否や、形而上学はかたわらへ退くことになる。当の関心〔事〕という語に傍点がつけられたのもそのためである。現実性においては、主体性の全関心が現れることになり、そこで形而上学は坐礁するのである。もし反復が措定されないとなると、倫理学は単に〔ひとに対して〕拘束的な力となるだけであろう。このようなわけで、『反復』の著者としては、「反復はあらゆる倫理学的な観点における合い言葉である」と付言せざるをえなかったのであろう。また、もし仮に反復が措定されないとなると、教義学はおよそ存在しえないであろう。なぜなら、反復は信仰において始まるのであり、かくて信仰こそ教義学的な諸問題にとっての「代弁者」〔道具〕（Organ）だからである。

　自然界においては、反復はゆるぎなき必然性において存立している〔これがその本質とされる〕。精神界においては、その課題は、反復に何らかの変化を生じさせることであり、多少なりとも反復のもとで安楽を得たいなどという点にあるのではない。仮にそうだとすると、精神は精神の反復に対して単に外面的な関係に立つにすぎなくなり、その結果として、善と悪とはあたかも夏と冬のごとくに交替するだけになるであろう。そこで、むしろ当面の課題とするところは、反復を自由の独自の課題に転化させ、しかも一切が交替するなかにあって、果たして自由が反復を実現できるかどうかという、自由の最高の関心にまでこれを転化させることなのである。この時点において、有限的な精神は絶望する。この点を〔著者なる〕

コンスタンティン・コンスタンティウスは、こんなふうに示唆している。――彼自身は脇に退いて、反復をかの青年の心中に宗教的なものの力を借りて突如として発現させるのである。そこでコンスタンティンはしばしば、「反復は、自分にとってはあまりに超越的な宗教的範疇であり、不条理なものの力による運動である」などと言っている。そしてまた彼は、ある場合には、同じ意味のことを「永遠が真の反復である」とも言っている。さりながら、前述の一切の件について、ハイベルク教授はまったく気にとめておられない。が、同教授の周知の年刊誌『ウラニア』(一八四四年)の新年号並《な》みに、本書の趣旨がすこぶる優雅で華麗な教授一流の博識により、ご親切にも取りあげられることとなった次第である。[25] それにしても、ハイベルク教授の勿体《もったい》ぶった思いやりが事態を一変させ、〔著者〕コンスタンティンの出発点にまで連れもどさせることになった。すなわち、近年刊行された書を挙げるなら、『あれか=これか』(一八四三年)所収の「輪作」の巻で、かの審美家がすでに問題提起したその帰着点にまで連れもどされたわけである。かくして、正真正銘の精選された社会に受け容れてもらえるという稀有の名誉を享受するあまり、仮にもし〔著者〕コンスタンティンが有頂天になっているとするなら、彼はその書物を書いて以来、世間で言われるとおり、すっかり頭が狂ってしまったに違いない、と思われる。それにまた、彼のように誤解される覚悟でものを書く著作家が、われを忘れ、ハイベルク教授に理解してもらえなかったとしても、それを名誉であると考えるだけの平静さをもっていなかったら、これまた頭がすっかり変になったということに違いない。だが、かの著作家コンスタンティンについては、そんな心配をする必要はなさそうである。というのも、彼がこれまでのところ、ハイベルク教授に対して何ら答弁していないところを見ると、彼が自分のことをわきまえている点は充分にわかるからである。[26]

あの「厳密な(stricte)意味で」、いわゆる観念的な学問〔すなわち倫理学[27]〕に対立して、現実性から出発する学問が、教養学とともに始まる。教養学は、現実的なものを観念性〔理想性〕にまで高めるために、現実的なものをもって始めるのである。教義学は罪の現存在を否定しない。それどころか、この学問は逆に罪の現存在を前提し、さらに原罪を前提することによって、罪の現存在を説明するわけである。しかしながら、教義学そのものが純粋に取り扱われることはきわめて稀《まれ》なので、原罪が教義学の領域にとり入れられるにあたって、教義学が他と異なる独自性の印象が目立たず、かえって混乱させられることの方が多いのである。教義学が天使とか聖書などのドグマを講ずる場合にも、同じことが起こるのである。それゆえ、原罪は教義学によって説明されるべきものではないのであり、むしろ教義学は原罪を前提することによって説明すべきなのであり、それはあたかもギリシアの自然哲学がさまざまに論じたあの「渦巻き」(28)と等しく、いかなる学問も把握することのできないひとつの動因なのである。

教義学の事情が実際こういうものだということは、いつの日かまた、この学問についてのシュライエルマッハーの不朽の功績(29)を理解するときがくれば、ひとはあらためて納得させられよう。世間でヘーゲルがもてはやされるようになったとき、われわれとしてはとうの昔にシュライエルマッハーを見捨ててしまった。が、シュライエルマッハーという人こそ、自分の知っていることだけしか語らなかった美しいギリシア的意味での思想家であった。これに対して、ヘーゲルの方はと言えば、その卓越した特性と並はずれた学識のすべてにもかかわらず、その仕事ぶりを見て思われることは、この人はいかにもドイツ的な意味での大ぶろしきの哲学教授だということであって、要するに「何としてでも」(à tout prix) 一切を説明せずにはおさまらないのである。

このようなわけで、あたかも内在的な学問が形而上学から始まるのと同じ意味で、いまこそ新しい学問は、教義学とともに始まるのである。ここにおいて倫理学もまた、現実性についての教義学の意識を、現実性に対する課題として示すところの学問として、いま再び自分の居場所を見出すことになる。この倫理学は罪を無視するようなことはしない。この倫理学の観念性〔理想性〕とは、観念的に要求するという点にあるのではなく、むしろ現実性を、つまり罪の現実を徹底的に意識するという点に自己の理念をもつことなのである。が、この際注意すべきは、それが形而上学的な軽率さや心理学的な貪欲さをまとったものではないということである。

　ここで容易にわかることは、この場合の事態の動きが他とまったく異なったものであり、われわれがいま述べている倫理学は、別の事柄の秩序に属するものだということである。最初の倫理学は、個人の罪性につき当たって坐礁した。この倫理学では〔個人の罪が〕人類の全体的な罪性にまで拡大されてゆくことになると、罪性についての説明は一歩も前進しないばかりか、むしろ困難はいよいよ増大するばかりで、倫理的にいっそう謎が深まったかに見える。まさにそんなとき、教義学があらわれて、原罪という助け舟を出してくれたのである。新しい倫理学は教義学を前提とするとともに、なおかつ原罪を前提とするのであり、いまやこの点から〔原罪によって〕個人の罪を説明するのである。が、同時にこの〔新しい〕倫理学は、観念性〔理想性〕を課題と(30)して提示するのであり、それはしかし上から下への動きではなく、下から上へ向かっての動きにおいてそれを成就するのである。

　周知のとおり、アリストテレスは「第一哲学」（πρώτη φιλοσοφία）という用語を用い、この用語によってさしあたり形而上学的なものを指し示したのであるが、同時にそのなかには今日の概念で言えば神学に属するものの一部分が含まれている。異教世界においては、神学がこのような場所で取り扱われるのは至極《しごく》当然のことで、ここには無限な反省作用の欠如が見られるのである。なおまた異教世界では、演劇が一種の祭事として実在性をもっていたというのも同じ無限な反省作用の欠如によることなのである。さて、われわれはこのような両義性から脱却しようとするが、そうした場合でもわれわれとしてはその名称を捨てるには及ばないであろう。そこでわれわれは「第一哲学*」（πρώτη φιλοσοφία）なるものを、内在をその本質とする学問、ギリシア的に言うなら想起をその本質とする学問、あるいは異教的な学問とも言える学問全体の意味に受けとることができるし、また「第二哲学」（secunda philosophia）なるものを、その本質が「超越」もしくは「反復**」であるところの学問の意味に受けとることができよう。

* シェリングは、「消極哲学」と「積極哲学」という彼独自の区別を立てる際に、アリストテレス的名称を再び採用した。一方の「消極哲学」なるものを、彼が「思弁的」論理学の意味に解したことは充分に明らかである。これに対して、「積極哲学」の方を、彼がいったい何と解したかは、私にはそれほど明らかではない。彼自身が提供しようとした哲学が疑いもなく「積極哲学」であったに違いあるまいということ以外には、私には明らかではない。この点については、これ以上立ち入ることはできない。私自身の見解以外に、拠りどころとするものが他にないからである。[31]

** コンスタンティン・コンスタンティウスは、内在が「関心」につき当たって坐礁することを示唆することによって、この点を想起させた。「反復」というこの概念によって、はじめて本来の意味で現実性が出現するのである。

右に述べたわけで、罪という概念は、本来的にはどの学問にも属していない。ただ第二の倫理学だけは、罪の開示を問題視することはできるが、それとても罪の発生をとり扱うことはできない。それ以外のいずれかの学問が罪を取り扱おうとすれば、たちまち罪の概念は混乱におちいるであろう。われわれの当面の主題に近づけて言うなら、仮に心理学が罪を論じるとしても、〔結果は〕同じことになるであろう。

心理学が対象とするのは、動的な静寂のうちにあるもの、つまり動きつつありながらも静止状態を失わないものでなければならない。それは、絶え間なく自己を外化するとか、たえず自己を抑圧するとかの不安定な状態であってはならない。ところで、ある持続的なものから罪はたえず生成〔発生〕するのであるが、しかしとは言っても、それは必然性をもって生成するわけではない。というのも、必然性によって生成〔発生〕するのであれば、それはひとつの状態であり、例えば植物の全歴史がひとつの状態であるのと同じになるからである。それゆえ、罪がたえずそこから生成〔発生〕してくる持続的なものとは、〔必然性ではなく〕自由によるのである。かく言うところの持続的なもの、つまりこの誘発的な前提にして罪の事実上の可能性であるこの〔持続的な〕ものこそ、心理学の関心をそそるところの対象なのである。心理学に問題提起し、かつ心理学がその問題に専念できるのは、いかにして罪が生成しうるかということであって、罪が発生しているということ〔事実〕ではない。罪の心理学的関心は、あたかも罪がそこにある〔現前している〕かのごとくに思われるところにまでつき進む。だが、つぎに続く一歩、罪が現にそこにあ
る〔現前している〕ということは、〔現前しているかのごとく思われるという〕心理学的関心から質的に異なるのである。さて、先述の前提が心理学的な注意ぶかい思索と観察をまえにして、次第

にひろがりのなかにその姿を現してくる様子、それが心理学の関心をそそるのである。いや、心理学は、それによって罪が現にそこにあるという言わば幻想ないし錯覚にとりつかれることになるかもしれない。だが、いま言うこの幻想が心理学の無力さを証言するのであり、それは心理学の役目が終わったことを示すものである。

人間の本性は罪を可能にするような性質のものを必ずもっているに違いない、ということは心理学的に言えば、まったく真実である。それにしても、この罪の可能性を罪の現実性にすりかえてしまうことは、倫理学を憤慨させるばかりか、教義学にとっては冒瀆《ぼうとく》にさえきこえる。というのも、自由は決して単なる可能性ではないからである。自由が存在する限り、それは現実的にあるのである。古い哲学において、仮にもし神の「存在（Tilværelse）」が可能であるならば、神の存在は必然的である、(32)と言われたのは、むろんこれと同じ意味だったのである。

罪が現実的に措定されるや否や、倫理学はただちに登場し、そして罪のあゆみを一足ごとに追跡することになる。倫理学にとっては、罪が罪としてこの世に入ってきたことさえ確認されれば、それで事足りるのである。罪がいかにして発生したのか、などは倫理学の問うところではない。まして、罪がその可能性のなかでの「平穏な生活」（Stilleben）のことともなると、罪の発生のこと以上に倫理学は意に介さないのである。

なお立ち入って、心理学はいかなる意味で、またどの程度まで、その対象を観察によって追究しようとするのかということを、より詳細に吟味するならば、先述の点から次のことがおのずから明らかになるであろう。――すなわち、思惟の対象としての罪の現実性に関するあらゆる観察は、いずれも心理学の領域にはかかわりがなく、むしろ〔観察をぬきにして〕倫理学の領域に属するものだということである。[33] ただし、〔罪の現実性に関する問題が倫理学に属するものだとは言っても〕それは観察の対象としてではないのである。というのも、倫理学は決して観察的な態度をとることはなく、つねに告発的にして、審判的であり、また行為的だからである。さらになお、心理学が詳細な経験的現実を取り扱うのは罪の外部に存するもののみであるということも、先述の点からしておのずから明らかである。実際、心理学は学問である以上、自分の根底にある細目といえども、これを経験的に問題視することはゆるされないことである。が、それにもかかわらず、心理学が具体化の極みにいたれば、これまたそれなりに学問的な体裁をとることも可能なのである。何と言っても、他のいずれの学問にもまさって、人生の泡立つ多様性の美酒に酔いしれてもいいはずのこの学問が、われわれの時代にいたって、まるで苦行者さながら断食と禁欲をこととする体《てい》たらくになった。だが、これは心理学というこの学問のせいではなく、むしろこの学を奉じる学徒たちの責任である。これに反して、こと罪との関係で言えば、現実性の全内容が心理学には拒否されており、わずかに罪の可能性がなお心理学の領域に属しているにすぎない。倫理学的考察をまえにして、罪の可能性のごときは、言うまでもなくまったく存在しない。倫理学はそんな詮索に時間を労費するような愚かなまねはしない。ところが心理学の方は、そんな考察こそ好むところ、とくと腰をおろして見取図を描き、可能性の角度を測り、まるでアルキメデスさながら、動ずることがないのである。

しかし心理学は、罪の可能性のなかに没頭することによって、実は自分ではそれと知らずして、他の学問に奉仕している。〔他の学問と言われる〕その学問の方はと言えば、心理学の仕事が終わるのを待って、自分から出向いて心理学の説明の手助けにでもなればと待ち構えているのである。このことは、倫理学のことを言っているのではない。というのも、倫理学は当面の罪の可能性とはまったく何ら縁もゆかりもないからである。いや、むしろいま言いたいのは、教養学のことである。そうなれば、ここに再び原罪の問題が立ち現れるからである。心理学が罪の事実上の可能性を究明するのに対して、教養学の方は原罪、すなわち罪の理念的可能性を解明するのである。しかるに第二の倫理学は、罪の可能性とか原罪などには何の縁もゆかりもないのである。第一の倫理学は罪を無視する。が、第二の倫理学は、罪の現実性をその領域にとり入れて、容認しかつ顧慮する。ところが、仮にもし心理学がまたもやここへ顔を出してくるとすれば、それは誤解によるものでしかないであろう。

以上述べたことが正しいものとすれば、私がいかなる理由によって本書を「心理学的考察」と名づけたか、また同時に、目下の考察がみずから学問上占めるべき地位を自覚するかぎり、それがなぜ心理学に帰属し、かつまた〔それを介して〕教義学への道案内となるべきであるのか、ということが容易にわかってもらえるであろう。概して心理学は、主観的精神に関する学と名づけられた。(34) が、この際のいきさつ〔主観的精神の学の動向〕をもう少し正確につきつめてみると、心理学が罪の問題にぶつかるや否や、主観的精神の学は直ちに絶対的精神の学に転換せざるをえない、そのわけがわかるであろう。さて、ここに存するのが教義学なのである。第一の倫理学は形而上学を前提とし、そして第二の倫理学は教義学を前提として、そこから出発する。だが、この教義学もまた、他のあらゆる場合とおなじく、ここでも前提が出現することによって終わりを告げることになるのである。

以上が緒論の課題とするところであった。これまでの要点は正当であるとしても、肝心の「不安の概念」に関する考察にしてからが、まるで思い違いであることもあろう。果たしてそうであるかどうか、まずもって示されねばならない。

第一章　原罪の前提としての不安 [1]

一 「原罪」の概念についての歴史的素描《スケッチ》(2)

原罪の概念は、最初の罪の概念と同じであろうか。それはアダムの罪とか、堕罪の概念などと同一なのであろうか。確かに、それは時としてそんな具合に解釈されやすく、それがために、原罪を解釈するという課題は、すなわちアダムの罪を解釈するという課題にほかならないと見なされてきた。ところがこの際、こうした考え方はもろもろの困難にぶつかったので、ひとつの口実が選ばれた。どうにかして何らかの説明をするために、ひとつの空想的な前提(3)がもち出され、この前提を喪失したことが堕罪という結果をまねいたのだとされた。その際、いま述べたこのような〔前提〕状態がこの世のなかには存在しないということを、誰もが文句なくよろこんで認めたまではよかったが、問題はそのような状態が果たしてかつて存在していたかどうか、という別次元にあるということが、忘れられていたのである。喪失というからには、とにかく存在していたはずだというわけである。人類の歴史にひとつの空想的な始原が与えられ、アダムは人類の歴史の外に空想的に置かれ、敬虔な感情と〔敬虔な〕空想は望みどおり厳《おごそ》かな幕開きに接することになった。だが、このような考え方からは〔思惟としては〕何の得るところもなかった。かくして二重〔二通り〕の仕方で、アダムは空想的に遠ざけられ〔別扱いされ〕ることになった。ことにカトリックにおいては、この前提は「弁証法的な空想(4)」の形をとった。すなわち、〔カトリックでは〕

アダムは「神によって与えられた超自然的で驚嘆すべき贈物」[5]を喪失した、とされる。また、とりわけ誓約教義学においては、この前提は、「歴史的な空想」[6]のかたちをとった。ところで、この教義学は、アダムの出現を全人類の全権代表とみるような空想的見地のなかに、劇的に迷い込んだのである。言うまでもなく、これら両方とも何らの説明にもなっていない。というのも、一方〔カトリック的立場〕は、自分がでっちあげた〔空想的〕虚構を取り除くだけの説明にすぎないし、他方〔誓約教義学・新興神学の立場〕は、何らの説明にもならないようなものを〔あたかも歴史的風に〕空想的にでっちあげているだけのことだからである。

さて、原罪の概念と最初〔第一〕の罪という概念との違いがいずこにあるかというに、それは単に罪に対する個人の根源的な関係によるものではなく、むしろ個人がもっぱらアダムに対する関係をとおしてのみ原罪に関与するという点にあるべきなのであろうか。仮にもしそうだとすると、アダムはまたしても空想的に歴史の外に置かれることになる。この場合、アダムの罪は過ぎ去ったもの以上のもの、すなわち「過去完了」（plus quam perfectum）である。だが、原罪は現在的なものであり、罪性であって、アダムこそこの罪性をおびていなかった唯一の人間である。というのも、罪性はアダムによって生み出されたものだからである。そこで世人は、アダムの罪を解明しようとはしないで、原罪〔の本質〕をその結果において明るみに出そうと試みたのである。だが、原罪に関するこのような説明は、思惟を満足させるものではなかった。このことからしても、ある信条書が原罪の説明の不可能なゆえんを主張しながら、それでいてその主張が与えられたその〔原罪の〕説明と少しも衝突しないでいられるわけが、よく理解できるであろう。『シュマルカルデン信条』〔信仰箇条〕は、明らかに次のように教えている。「原罪は、いかなる人間理性によってもそれを洞察しがたし、きわめて深刻にして忌まわしい人間本性の堕落である以上、それ〔原罪〕はただ聖書の啓示によってのみ知られ、信じられるしかないものである」(7)。この言葉は、どんな説明ともうまく調和しうるであろう。というのも、この箇所には、はっきりとした思想的な規定がそのままに表立ってあらわれないで、むしろ倫理的な意図をもつ敬虔な感情が原罪に対するおのが憤りを思い切りぶちまけ、告発者の役割を引き受けているからである。この場合、その感情はほとんど女性的ともいうべき執念をもって、恋する少女の情熱をかたむけて、罪性とそれから罪性に落ち込んだ自分自身とを、いやがうえにもいよいよ厭《いと》うべきものにしようと、ひたすらそのことに懸命で、個々のひとが各人その罪性に関与しているということを表現するためには、どんな苛酷な言葉を用いてもまだもの足りないほどである。この観点からもろもろの信仰告白を概観してみると、そこにはいろいろの程度〔優劣〕の差こそあれ、そのなかにあって深いプロテスタント的敬虔が最もすぐれているのがよく分かる。ギリシア教会は原罪を「始祖の罪」(8)と呼んでいる。それは一個の概念でさえもない。というのも、この言葉は単にひとつの歴史的な記述にすぎず、概念のように現在的なものを述べるのではなくて、ただ歴史的に完結したものを述べているにすぎないからである。〔テルトゥリアヌスのいう〕「元祖の罪」なる語も(9)、なるほど一つの概念ではあるが、その表現においてやはり、歴史的なものに重点がおかれているように解せられかねない。アウグスティヌスのいう「根源的な罪」(始祖から伝えられたものの故の)(10)は、原罪の概念を告示している。それは、さらに「根源である罪」〔身から出た罪〕と「根源において為された罪」〔他から出た罪〕との区別によって、いっそう明瞭に規定されることになる。またプロテスタンティズムともなると、それはスコラ的な諸規定（例えば、神の似姿の喪失〔欠如していること〕とか、根源的正義の剥奪〔喪失〕とかのスコラ的規定）を拒否するばかりか、[11]さらに原罪を「罰」と見なす説（「欲望は罰であって罪ではない」と反対者は主張する箇所を含めて――『アウグスブルク信仰告白書の弁証』[12]による）をも拒否することになる。かくしていまや、「悪」（vitium）・「罪」（peccatum）・「罰」（reatus）・「責め」（culpa）などと、〔かく呼ばれる罪の階層を踏まえて〕次第に高揚してゆく「階層的盛りあがり」[13]が始まるのである。世人は打ち砕かれた魂が雄弁に語るところにもっぱら気をとられ、これがために、ともすれば原罪に関する話のなかに、まったく矛盾した思想を混入させかねない（「……かくていま、アダムの先例にならって、罪を犯した者どもに神の怒りがもたらされつつある」[14]）。あるいはまた、あの思い悩める魂の雄弁は、思想のことなどまるで意に介することなく、原罪について戦慄すべきことを述べたてるのである（「かくて、われわれはみな、アダムとイヴの不従順のゆえに、神の憎みたもうところとなった」――『一致信条』[15]）。もっとも、この新教の信仰信条書は、なかなか慎重で、当の信仰箇条を思惟の対象とすることに対して抗議している。というのも、仮にそれを思惟の対象にしようものなら、罪は実に人間の実体となってしまうからである）*。ところで、信仰の感激とか悔い改めの感激が消え失せてしまうと、ひとはそのような諸規定のごときではもはや何の助けにもならないと思うかもしれない。実際、そうしたものは、ずる賢い悟性〔分別〕が、罪の認識からのがれるのを容易にしてやるだけだからである。しかしながら、ひとがそれらとは別の諸規定を必要としているということは、あたかもドラコン流の峻厳な法律とはまた別の法律を必要とする場合と同じ意味で、なんとしてもその時代の完全性を疑わせるに足る証拠であろう。

＊　さりながら『一致信条』が、この規定〔信仰箇条〕を思惟の対象とすることを禁じたということは、思惟の不可能事に向かって思惟を突進させようとする精力的な情熱が当時あったその証拠として、むしろ賞讃に値するものであろう。それにしても、近代的思惟があまりにも安易に走り弛緩しているのに比して、この精力たるや、まことに賛嘆に値するものと言えよう。

ここで〔本節の冒頭で原罪の概念につき〕示された「空想的なもの」[17]は、まったく同一論法で教義学のなかの他の箇所でも、すなわち贖罪論のなかでも繰り返されることになる。贖罪論では、キリストが原罪に対して贖《あがな》い〔償い〕をなしたことが語られている。がこの場合、アダムはいったいどういうことになるのであろうか。実際、彼こそ原罪をこの世にもたらした当の者ではないか、してみれば原罪は彼にとっては現実的な〔事実上の〕罪ではなかったのか。それとも原罪は、アダムにとっても、人類のなかの誰でもにとってと同じことを意味するのであろうか。そうだとすると、原罪の概念は止揚〔廃棄〕されることになる。それともまたアダムの全存在が原罪だったのか。アダムにおいては、最初の罪が他のもろもろの罪を、すなわち事実上の罪を生んだのではなかったのか。前述のことのうちにある誤謬が、ここではいっそう明瞭に示されることになる。それというのも、アダムはきわめて空想的に歴史の外に置き去りにされているので、彼ひとりだけが贖罪から締め出されているからである。

さて問題がどのように立てられようと、アダムが空想的に局外に置かれるや否や、一切は混乱におちいってしまう。アダムの罪を説明することは、それゆえ原罪を説明することにほかならない以上、アダムを説明して原罪に及ばず、また原罪を説明してアダムに及ばないような説明は、何の役にも立たないのである。このような事柄の最深の理由は、人間的実存の〔次のごとき〕本質的規定のうちに深く根ざしているように思われる。すなわちそれは、人間が個体であり、しかも個体として自己自身であると同時に全人類であり、したがって全人類は個体に関与し、また個体も全人類に関与しているという、そんな人間存在の本質的な事柄に存しているというわけである。*この点を心に把握しておかないと、われわれはペラギウス派、ソッツィーニ派、博愛派のごとき単数的見解(18)に帰着するか、それとも「空想的なもの」に迷い込むか、そのいずれかであろう。「空想的」悟性の散文的なやり方は、人類を数的に見立てて「一一《いんいち》が一《いち》」式にかたづけてしまう。「空想的なもの」というのは、アダムが全人類以上のものだという好意的な栄誉をになう場合か、もしくは人類の歴史の外に立つ者だという曖昧な栄誉に浴する場合をいうのである。

＊　それゆえ、仮にもしある個体が人類から完全に脱落できるとすれば、その個体の脱落と同時に、人類はまた違った定義が与えられることになるであろう。が、これに反して、ある動物がその種から脱落したとしても、当の種はこのことに対して何らの影響も受けないであろう。

個体が自己自身であって、かつ同時に〔人〕類(19)であるということは、いかなる瞬間においても妥当する。このことは、状態として見れば、人間の完全性である。が同時に、これは矛盾でもある。ところが、矛盾は常にひとつの課題の表現である。が、課題とは運動である。かつて、課題として課せられていたのと同じもの〔課題〕を目指して進む運動は、ひとつの歴史的運動である。(20)

それゆえ、個体は歴史をもつことになる。さて個体が歴史をもつのなら、〔人〕類もまた歴史をもつことになる。各々の個体は、同一の完全性をになっている以上、まさしくこのことのゆえに、それぞれの個体は数的にばらばらに分散することなく、〔人〕類という概念がひとつの幻影に化してしまうこともない。各々の個体は自己自身の歴史に本質的に関与しているのは無論のこと、それと同じように他の一切の個体の歴史にも本質的に関与しているのである。それゆえ、個体の自己自身における完成は、全体への完全な関与ということになる。個体はいずれも〔人〕類の歴史に対して無関心でなく、同様にまた〔人〕類の方もいかなる個体の歴史に対しても無関心ではいられない。さて、〔人〕類の歴史が前進する〔間〕につれて、個体は自己自身であり、かつ同時に〔人〕類なのであるがゆえに、個体はたえず最初から始める。かくて、個体において〔人〕類の歴史は始まるのである。

　アダムは最初の人間である。アダムは彼自身であると同時に人類である。われわれがアダムに固執しているのは、美学的立場から見ての美しさのゆえではない。また、われわれが彼と手を組んでいるのは、一切の責めを負わされた者としての彼を、いわば見捨てるに忍びないといった高《こう》邁《まい》な感情からというのでもない。さらにまた、われわれがアダムと負い目を分かち合おうと決意するのは、子が父の負い目をともに背負いたいと望むように、親思いの感激と敬虔の雄弁に押しきられたせいでもない。またそれは、いつかはきっと自分がおちいるに違いない境遇に、あらかじめ身を置いてみるようにと、われわれに気配りしてくれるような同情を押しつけられたからでもない。いな、われわれをしてアダムのもとを離れがたく執着せしめるものは、むしろ思想なのである。それゆえ、人類に対するアダムの意義を、教義学上の表現にあやかって、「人類の自然的・播種的・〔神との〕誓約的祖[21]」として説明しようとする試みは、一切を混乱におとしいれるものである。アダムは人類と本質的に異なったものではない。というのも、もし仮に本質的に異なったものであるならば、人類は概して存在しないことになるからである。アダムは〔単に〕人類ではない。なぜかと言えば、もし彼が〔単に〕人類だとすれば、この場合もまた人類は現存しないことになるからである。つまり、アダムは自己自身であるとともに人類なのである。それゆえ、アダムを説明するところのものは、人類を説明するのであり、またその逆でもある。

二　「最初の罪」の概念

伝統的な概念によれば、アダムの最初の罪と各人の最初の罪との違いは、次の点にある。——アダムの罪は、結果としての罪性の条件をなすが、一方各人の最初の罪は、罪性を前提条件とするということである。が、もし仮にそうだとすれば、アダムは実際に人類の外にあることになり、人類はアダムから始まるのではなく、むしろ人類の外にその始原をもつことになるであろう。が、このようなことは、あらゆる概念に矛盾する〔あらゆる理解をこばむ〕ことである。

最初の罪が、〔不特定の〕ある罪（すなわち、他の多くの罪と同じようなある何らかの罪）とは違った別のあるものを意味し、またそれが一個の罪（すなわち、第二の罪に対して第一の罪と言われるような罪〉とも違った別のあるものを意味するものであることは、容易にわかることである。最初の罪は質的な規定であり[22]、最初の罪はそれゆえ、〔特定の〕罪そのものなのである。これが最初のもののもつ秘密であり、そしてこれこそ抽象的な悟性〔分別〕にとっての躓《つまず》きである。いったい抽象的な悟性〔分別〕の考えによれば、一度くらいはものの数ではない、幾度もということがあって初めて、それは〔現実的に〕何ものかなのである。ところが、この悟性の考えは、〔目下のわれわれにとっては〕まったく反対なのである。なぜなら、幾度もということは、その都度初めて〔最初〕と同等のものであることを意味するか、それともこれら〔最初と同等〕を合わせても初めほど〔の量〕にはならないことを意味するか、そのどちらかだからである。それゆえ、論理学において、連続的な量的規定によって新しい質が生起するなどと考えたがるのは、迷信である。また必ずしもそのように事がはこぶわけではないことを隠しはしないにしても、ヘーゲルがやっているように、そのような命題を論理的運動のなかにとり込むことによって、この命題が論理的内在の全体に対してもたらす結果を隠してしまうのは、許しがたいごまかしである。*新しい質は、最初のものとともに「飛躍」(Spring)によって、いわく言いがたきものが忽然として姿を現すのである。

* 一般に量的規定と新しい質との関係に関するこの命題には、長い歴史がある。元来、ギリシアのすべての詭弁術は、量的規定しか認めないという点をその任務としていたから、このため同等性と非同等性との対立以外には何らの対立をも知らなかった。また近代哲学において、シェリング[23]は、最初のうち、一切の差異性を説明するために、単に量的規定だけで間に合わせようとした。が、後年にいたってシェリングは、

エッシェンマイアーの書の論評に際して、この同じ規定を非難することになる。ヘーゲルは「飛躍」を提起したが、こともあろうに、これを「論理学」のなかで提示した。後年、ローゼンクランツ[24]がその著書『心理学』のなかでヘーゲルを賞讃しているのも、実はこのことのゆえである。またローゼンクランツはシェリングに関する最近の書[25]のなかで、当のシェリングを非難し、ヘーゲルの方をもちあげている。だが、ヘーゲルの不幸は、他でもない当の「論理学」のなかで、新しい「質」の意義を認めたところにある。ところで、「論理学」において、ひとたびこの点が認識されると、当の論理学はもとより、それ自身の意義についても別の意識に至らざるを得ないのである。

仮にもし最初の罪が数的な意味で一つの罪を意味するのであれば、そこからはいかなる歴史も生起せず、その場合個人においても、人類においても、罪は歴史をもたないことになる。なぜなら、個人においても人類においても、そのための条件はどちらも同じだからである。そうは言っても、もちろん人類の歴史がそのまま個人の歴史なのでもなければ、また個人の歴史がそのまま人類の歴史なのでもない。ただこの場合、この両者の矛盾〔対立〕が、たえず課題となって表現されているだけである。

最初の罪を通して、罪がこの世に入ってきたのである。これとまったく同じ意味で、その後の個人の最初の罪についても、この〔最初の〕罪によって罪がこの世に入ってくるということは確かである。アダムの最初の罪より以前には、罪というものが〔この世に〕なかったという想念は、罪そのものに対する関係という点ではまったく不適切で、当面の問題からはずれた見当違いの反省である。このような反省には、アダムの罪をいっそう大きくしたり、あるいはアダム以外の他の個人の最初の罪をいっそう小さくしたりする意義も権利もまったく与えられていないのである。ある人間のうちにある罪性が、長らくの間に量的に規定されていて、そのあげくついに、「偶然発生」（generatio aequivoca）によって、その人間における最初の罪を生み出させるかのように仮象を装うことは、まさしく論理的かつ倫理的な邪説にほかならない。このようなことがありえないのは、あたかも量的規定の奉仕にかけては実に「学士《マイスター》」同然の秀才トロップ(26)でも、それだけでは「学士候補者《カンディダート》」になれなかったのと同じである。数学者や天文学者なら、できれば無限小の概念できりぬけるのもよろしかろう。が、この現実の人生ともなると、そんなことでは証明書を手に入れるのに何のたしにもなりはしない。ましてや精神を説明することとなると、もはや言わずと知れたことであろう。もし仮に後世の各個人の最初の罪が、このようにして罪性から出て来るものだとしたら、その当人の最初の罪を最初のものと規定することは非本質的なことでしかないであろう。否むしろ、もし仮に想定がゆるされるとすれば、人類の一般的負債償却基金とでも仮称される制度に従って、番号順による決定こそ、本質的だということになろう。だが、事情はそんなものではないのである。ひとが最初の発案者だということの名誉を得ようとすることも、他の誰かが為したことを自分もまねたまでだなどと、まったく無反省な言い方によって、何らかの責任を回避しようとすることも、いずれも等しく愚かであり、非論理的・非倫理的・非キリスト教的なことである。ある人間のうちに罪性が現存していること、先例の影響力など、これらのことはすべて、何ごとの説明にもならないところのただの「量的規定」でしかない。*もっとも、各個人が自己自身であるとともに人類であるということの代わりに、一個体（eet Individ）が人類であると仮定するのなら、話はまた違ったことになる。

＊　もっとも、「量的規定」（quantitative Bestemmelse）が人類の歴史における契機として、飛躍を説明しえないまでも飛躍への助走として、いかなる意義を有するかとなると、それはまた別のことである。

最初の罪についての創世記の物語は、とりわけわれわれの時代においては、かなり無造作にひとつの神話と見なされている。それにはそれなりの理由があるのである。それはつまり、あの物語にとって替えられたものも、やはりひとつの神話[27]で、おまけにそれも愚にもつかぬ神話だったからである。それというのも、悟性が神話的なものに専心するとき、そこから出てくるものはほとんど饒舌ばかりだからである。あの創世記の物語こそ、弁証法的に首尾一貫したただひとつの見解である。この物語の全内容は、実は《罪そのものは、ひとつの罪によってこの世に入ってきた》という命題に要約される。もし仮にそうでないとしたら、罪はある偶然的なものとして入り込んできたことになり、そういうものなら、むしろ説明するには及ぶまい。悟性にとって理解しがたき難点は、次にいうような説明の勝ち誇った点にあるのであり、またそれはその説明の意味深い論理的帰結にほかならない。――すなわち、罪は自らを前提とするものであり、罪がそこに存在するとき、それは前提されているといった仕方で、この世に入って来るものだということ、この点を指す。こうして、罪は突発的なものとして、すなわち「飛躍」によってこの世に入ってくるということである。ところで、この飛躍はそれと同時に質を措定するのである。が、質が措定されると、たちまちその同じ瞬間に、飛躍は〔措定された〕その質のなかに取り入れられる。かくて飛躍は質によって前提されるが、質もまた飛躍によって前提されることになる。このことは悟性にとっての躓《つまず》きであり、ゆえに（ergo）それは神話なのである。その代わりに、悟性は自分でひとつの神話を創作するのである。が、この神話は飛躍を否定し、円を直線に分解してしまうのである。かくして、この神話のもとで何もかも、一切の事が自然に運ばれることになる。悟性は、人間が堕罪以前にはどのようであったのかなどと、いささか空想に耽る。そこで悟性がそれについて喋りたてている間に、あらかじめ想定されていた無垢が、その饒舌が進むにつれて、少しずつ罪性に転化してゆく。――そうなれば、もう罪性はそこに存在することになる。この際の悟性の推理の仕方は、適切にも〔デンマークの〕子供たちの陽気な口真似の遊び〔語呂合わせ〕と対比されうるであろう。――「ポールは一人の部長、ポールは二人の部長、……ポールは十人の部長（＝巡査部長）」[28]。ほら、このとおり、一つの言葉が前〔先行〕の言葉からまったく自然に導き出されてきたわけだ。この悟性の神話に何か意味があるとすれば、それは罪性が罪に先行するということに違いない[29]。しかし、〔罪性が罪に先行するという〕このことの本当の意味が、罪性は罪とは違った〔罪以外の〕何か他のものによって入ってきたという点にあるとすれば、この場合の罪性という概念は無用になってしまう。だが、仮にもし罪性が罪によって入ってきたものとするなら、やはり罪が先行したことになる。この矛盾こそ、飛躍をも内在（すなわち、飛躍以後の内在）をも、二つながらともに支配するところの、唯一の弁証法的に首尾一貫した矛盾である。

　アダムの最初の罪によって、こうして罪はこの世に入ってきたのである。この周知の命題は、しかしながら全く外的な反省を含んでおり、このことのゆえに漠然たる誤解を生じさせる原因ともなったのは確実である。罪がこの世に入ってきたということは、どこまでも真実である。が、この点はアダムにはそれほど関係があるわけではない。きわめて厳密に表現するなら、最初の罪によって、罪性がアダムのなかへ入ってきたと言うべきである。が、その後の人間について、その人間の最初の罪によって罪性がこの世に入ってくるなどと言ってのけることは誰も思いつきもしなかろう。が、それにもかかわらず、罪性はその人間によって同様の仕方で（すなわち、本質的には何ら違わない仕方で）、この世に入ってくるのである。というのも、厳密に表現するなら、罪性はそれが罪によって入ってくる限りにおいて、この世に存在するからである。

アダムについてこれと違った具合に語られてきたのは、ひとえに人類に対するアダムの空想的な関係の結果が、いたるところで現れざるをえないという〔複雑な〕事情にその原因がある。アダムの罪は原罪である、(30)――〔かく世間で言われる〕それ以外には、アダムについて〔世間では〕何ひとつ知られていない。だが、アダムにおいて見られる原罪は、ただあの最初の罪にほかならない。それでは、アダムは歴史をもたない唯一の個人なのであろうか。もし仮にそうだとすれば、実に人類は個人ならざる唯一の個人をもって始まることになり、そうなると人類の概念も個体の概念も、ともに止揚されて〔無用になって〕しまう。人類のなかのいずれかの個体が、自らの歴史によって人類の歴史に対して意義をもちうるものとすれば、アダムもまたその意義をもっているのである。アダムが単にかの最初の罪によってのみその意義をもつというのなら、歴史の概念は廃棄されてしまう。つまり、歴史はそれが始まったその瞬間にすでに過ぎ去っていることになる。*

＊　アダムを、他のあらゆる個体とまったく同じ意味で、人類のなかにとり入れることは、つねに問題であ

る。この点について教義学は、とくに贖罪論のために留意すべきであった。アダムとキリストが相互に対応しているという教説[31]は、何の説明にもならないばかりか、むしろ何もかも混乱させることになる。なるほど、そこに類比は成り立ちそうに見えるが、ただこの類比は根本的に不完全である。キリストだけが個体以上の個体である。だからこそ、キリストは初めに来るのではなく、時が充ちて来るのである。

さて、人類は、各々の個体とともに新たに〔最初から〕始めるわけではないから、*人類の罪性はもとより歴史をもつことになる。だが、この歴史は、量的な規定において前へと進展するのであり、これに対して個体は質の飛躍によって歴史に関与するのである。それゆえ、人類は各々の個体とともに最初から始めるわけではないのである。仮にもしそうだとすると、人類はまったく存在しないことになるからである。それに反して、各々の個体は人類とともに最初から始めるのである。

* これと対立することが、第一節において述べられた。「人類の歴史は前へと進むのだが、個体の方は常に新たに〔最初から〕始める」と。

さて、誰か人あって、アダムの罪が人類の罪をこの世に持ち込んだのだと言おうとするなら、その人の考えとしては、次のいずれかであろう。――まずは空想的な思いでそう言うのであるか（もし仮にそうなら、概念はことごとく廃棄されてしまうことになるのだが）、さもなければ、〔自らの〕最初の罪によって罪性をこの世に持ち込む各個体についても、同じ権利で語られうることになる。[32]人類を始めるために、人類の外に立つところの一個体を持ち出すことは、ちょうど罪以外の他の何らかの仕方で罪性を始めさせる神話と同じで、ひとつの悟性の神話である。それによって得られることは、ただ問題を先送りするだけであり、もちろん要は、説明を求めて二番目の人間に向かうことになる。いや、もっと正確に言うなら、一番目〔の人間〕は実のところ零《ゼロ》番目に転落したのだから、実は一番目〔の人間〕に向かうことになる。

しばしば人の眼をくらまして、あらゆる空想的な表象を起こさせようとする要因は、世代関係である。それは、あたかも後代の人間が最初の人間と系統上本質的に相違したものであるかのように思わせる。系統というものは、たんに人類の歴史における連続性の実現にすぎず、この連続性はいつも量的な諸規定のなかで動いているものだから、個人〔個体〕と言われるようなものを生み出すことなど決してできない。というのも、動物の種族は、たとえ幾千年をも重ねる世代を通じて維持されるとも、個体を出現させることは決してないからである。仮にもし第二の人間がアダムから伝わったのでないとすれば、彼は第二の人間ではなくて、むなしい反復にすぎず、したがってそこからは人類も個体も生じなかったであろう。個々のアダムは、それぞれ各自独立した彫像になってしまい、したがって数という無差別な規定によって、あたかも施設にあずけられた者が番号で呼ばれるように、(33)否それ以上にもっとひどい意味で規定されることになるであろう。〔かくまで個的存在たる〕各個体はせいぜい自己自身ではあるが、自己自身であると同時に人類であるということはできないであろう。天使が歴史をもたないように、彼もまた歴史をもつにいたらず、ただ自分自身であるにすぎず、歴史には何ら参与するところはないであろう。

このような見解が、ペラギウス主義だとの咎めを受けるものではないということは、ことさら断わるまでもあるまい。ペラギウス主義なれば、各々の個体は人類のことなどには無関心にして、自分の私設劇場で自分の小さな歴史を演じるのがせめてもであろう。〔これに反して先述の見解によれば〕なにしろ人類の歴史は、実に平穏にその歩みを続けており、その進行のなかでは、誰ひとりとして他の個体と同じ場所から始めるものはない。個体はそれぞれその最初から始めるのであって、しかもその同じ瞬間に、自己が歴史のなかで始めるはずのその場所にいるということである。

三　無垢の概念

いつ何時《なんどき》であれ大事なことは、次の一点に尽きる。今日、ひとが真にひとつの教義学的規定を手にしたければ、まずもってヘーゲルが教義学に役立たせようとして発見したところの事柄を、一切忘却することから始めなければならない。平素なんとか正統的信仰をもって任じているはずの教義学者たちが[34]、いま問題の点になると、「直接的なものの定義はそれが止揚されるということだ[35]」などといったヘーゲル得意の文言を引き合いに出して、まるで直接性と無垢とがまったく同一のものであるかのように言っているのを見ると、実に奇異な感じにならざるを得ない。ヘーゲルはまったく首尾一貫してあらゆる教義学上の概念をあまりにも稀薄化してしまったので、その結果いまやそれらの教義学上の概念は、論理的なものの気のきいた表現として、かろうじて露命をつないでいるにすぎないほどである[36]。それにしても「直接的なものは止揚されねばならない」という論理を示したいだけなら、なにもヘーゲルを引き合いに出す必要はないだろう。また、仮にヘーゲルがそんな発言をしたからといって、彼の不滅の功績と言われるほどのことでもあるまい。彼のあの言葉は、論理的に考えて、どうしても正確であるとは言えないからである。なぜなら、直接的なものは決して現存しないのである以上、それはなにも止揚されるには及ばないからである。いったい直接性という概念は、論理学に帰属するものだが、これに対して無垢という概念は倫理学に帰属するのである。それぞれの概念は、それが所属するところの学問から語られなければならない。たとえその概念がその学問のなかで展開されるという形で帰属するにせよ、あるいはその概念が前提されることによって展開されるという形で帰属するにせよ、要するに〔学における〕概念というものは、それが所属する学問の立場から語られねばならぬということである。

さて、無垢は止揚されなければならないと説くのは、非倫理的である。というのも、たとえ無垢はそれと名指されるその瞬間に止揚されるようなものであるにしても、無垢は責めによってのみ止揚されるものであることを忘れてはならぬ、と倫理学は命じているからである。それゆえ、ひとがまるで直接性について語るかのように無垢について語り、論理的に決然とした態度によって、このきわめてはかない概念を消滅させたり、あるいはそれのありし日の姿をしのび、それもいまはもはやないなどと美学的に感傷にふけったりするなら、そのひとはただ「才知に富んでいる」(geistreich) だけで、肝心な点を忘れ去っているのである。

かくしてアダムが責めによって無垢を失ったのと同じように、各々の人間も同じような具合にして無垢を失うのである。仮にもしその人間が無垢を失ったのが責めによってではなかったとすれば、彼が失ったのは無垢ではなかったということになろう。また仮にもし彼が責めを負う身となるまえに、無垢ではなかったとすれば、彼は決して責めを負う身とはならなかったであろう。

アダムの無垢について言えば、それはあらゆる種類の空想的な表象《イメージ》に決してこと欠けるところはなかった。教会の説教壇の上に、あるいは人類の始原の上でも、そこに垂れ下がったビロードがまだいまほどすり切れていなかった時代には、これら空想的な表象は、すでに信条的な権威を達成したものもあった。あるいはまた、〔アダムの無垢につき〕まるで文学的創作以上に荒唐無稽なものとして眼をそむけられたものもありはした。ひとがアダムを空想的に飾り立てれば飾り立てるほど、そのアダムがどうして罪を犯しえたかということは、ますます説明しがたいものとなり、彼の罪はいよいよ恐るべきものとなった。それにしても、アダムはすべての栄光をいちどに失ってしまったわけで、そのためにひとは、折にふれ時に応じて、感傷的になったり陽気になったり、ふさぎ込んだり、はしゃいでみたり、歴史的にうちのめされたり、空想的に快活になったりしたが、その肝心な点〔事態の核心〕を、倫理的に把握することはなかった。

その後の人間（すなわち、アダムとイヴを除くすべての人間）の無垢について言えば、世人はそれについて貧弱な観念しかもっていなかった。倫理的な厳格主義《リゴリズム》は、倫理的なものの限界を見過ごしてしまった〔との盲点の〕上に、口実がいともたやすく見つけられるような場合でも、人間はこの好機を利用して、全体からこっそり逃げ出すようなことはよもやあるまいなどと思い込むほど、おひとよしであった。〔倫理的視点において〕軽率な者にいたっては、〔当面の問題に関して〕何ひとつ洞察しなかった。しかるに、無垢はただ責めによってのみ失われるのであり、どんな人間も各人アダムが失ったのと本質的には同じ仕方で、無垢を失うのである。かくして、アダム以外のすべての人間を、責めある者にすることなく、ただ不安と共感を抱いて責め〔を負うこと〕の傍観者《アウトサイダー》にすることは、倫理学の関与することではない。さらにまた、アダム以外のすべての人間を、罪を贖われた者にすることなく、贖罪〔罪の贖い・和解〕に際してただ興味・共感だけを旨とする傍観者《アウトサイダー》たらしめることは、教養学のなすべきことではない。

もし仮にアダムが罪を犯さなかったとしたら果たしてどうなっていただろうか、などと考えてみるために、ひとがあれほどまでしばしば、教義学や倫理学の時間はもとより、自分自身の時間までも無駄遣いしたということは、自分から誤った気分と、したがってまた誤った概念を採用していたことを証明するだけである。無垢の者には、そんな問いを持ち出すことなど夢にも思いつきうるものではない。また、責めある者が仮にそんな問いを発するとしたら、彼は罪を犯しているも同然である。というのも、彼は自らの美的〔官能主義的〕な好奇心の〔おもむく〕ままに、自分自身が責め〔を負うこと・有責〕をこの世に持ち込んだということを無視するばかりか、さらにまた自分が責めによって無垢を失ったのだということをも、無視しようとしているからである。

それゆえ、無垢という概念は、直接的なものと同様に、止揚されねばならない〔或る〕ものでもなければ、また止揚されることがそれ〔直接的なもの〕の規定であるようなものでもない[37]。それはまた、もともと〔最初には〕現存しているのではなくて、止揚されることにおいて初めて、またそのとき初めて、いかにも止揚されるより以前から存在していて、いまやっと止揚されたようなものとして現存するにいたるような或るものではない。直接性は〔ヘーゲルが言うように〕間接性によって止揚されるのではなく、むしろ間接性が現れてくるその瞬間に、間接性が直接性を止揚してしまっているのである。直接性の止揚は、それゆえ直接性のうちに存する内在的運動である。言い換えるとそれは、間接性がそのものの運動によって直接性を前提とするところの、逆の方向をとった間接性における内在的運動である。だが無垢は、超越によって止揚される或るものであるが、それはまさしく無垢が或るものだからである。（これに反して、直接性を示す最も正確な表現は、ヘーゲルが純粋有を示すのに用いた表現であろう[38]。すなわち、それは無である。）したがって、無垢が超越によって止揚されるときには、そこ〔無垢のなか〕から何かまったく別のものが出てくることにもなるのであるが、しかるに他方、間接性はとなると、これはまさに直接性にほかならないのである。無垢はひとつの質であり、無垢は充分に存続することのできるひとつの状態である。それゆえ、論理学がそれ〔無垢〕を性急に止揚してしまおうと焦《あせ》ることは、なんら意味のないことである。ところが無垢にしてみれば、論理学においては少し急いだ方がよいという気があるのかもしれない[39]。なにしろ論理学では、無垢はどんなに急いでもいつも遅すぎるからである。無垢は、ひとがそれをもう一度とり戻したいと願うような完全性ではない。というのも、ひとが無垢を願うや否や、無垢はすでに失われているからである。またその場合、そうした願望ばかりで時間を空費することは、すでにひとつの新しい責めなのである。無垢は、ひとがそこに立ち止まっていられないような不完全性ではない。というのも、無垢はいつも自分だけで充足しているからである。無垢を失ってしまった者（すなわち、無垢を失ってしまいたいと自分から望んでいるような者は論外として、無垢が失われうるただひとつの仕方で、責めによって無垢を失った者〕は、まさか無垢を犠牲にしてまでみずからの完全性を讃える気にはなれないであろう。

ところで、創世記の物語は、無垢についての正しい説明を与えてくれる。無垢は無知である。無垢は決して〔ヘーゲルが言うような〕直接的なものの純粋有などではなく、むしろそれはまさに無知なのである。ひとが無知を外面からながめてみて、それを知にいたるべきものと規定してみることは、無知というもの〔その本質〕にまったくかかわりのないことである。

以上の見解がペラギウス主義〔の誤り〕だなどという咎めを受けるものではないということは、おそらく明らかであろう。人類はその歴史をもっており、その歴史のなかで罪性は、その不断の〔連続的な〕量的規定性をもっているのであるが、しかし無垢はこれに対して、常に個体の質的な飛躍によってのみ失われるのである。人類の進歩そのものであるこの罪性は、個々の人間がおのが行為においてこの罪性を引き受けるのであるが、その個々の人間のうちに、〔この罪性が〕多かれ少なかれその素質として現れうるということは、確かに真実ではある。がしかし、それはあくまで「より多い」とか「より少ない」とかいった量的規定なのであって、責めの概念を構成するものではないのである。

四　堕罪の概念

かくして無垢が無知であるとすると、また人類の責めがその量的規定性において〔量的に規定されて〕個々の人間の無知のなかに含まれており、それが個々の人間の行為によってその人間の責めとして実証されるとすれば、アダムの無垢と後代の各人の無垢とのあいだには、ある種の差異が出てくるように思われる。これに対する答えは、すでに述べられたとおりである。つまり、「量が増大するだけでは何ら質を構成することにはならない」ということである。同時にまた、その後の人間がいかにして無垢を失ったかを説明することの方が、いっそう容易になったかのように思われるかもしれない。しかしながら、それはただそう見えるだけのことである。最高の量的規定性といえども、それが「質的飛躍」を説明しえない点では、最低の量的規定と同じである。仮にもし私が後世の人間の責めを説明することができるものなら、私はアダムの責めをも同様にうまく説明することができるはずである。習慣によって、またとりわけ無分別と倫理的な愚かさから、事態は前者の方が後者より遥かに容易に見えるだけのことである。ひとは、なんとかして各自の頭上を垂直に照らす「必然の帰結」〔道理〕という太陽の光線から身を隠したがるものである。ひとは、罪性のなかにわが身を置いてみたいとか、罪性をともに分かち合いたいとか、等々と願ったりする。だが、何もそんな厄介なことはしなくともよかろう。罪性は天然痘のように伝染して、「すべての口がふさがれる」[40]ような疫病ではないのである。ある人間が深い厳粛さをもって、「私は悲惨な境遇のなかに生まれた、また私の母は罪ある者として私を身ごもった」[41]と語りうることも、まったく真実である。だが、ほんとうは、彼自身が責めをこの世にもたらし、それらすべてをわが身に引き受けたときに、はじめて彼はそれについて真に思い煩《わずら》うことができるのである。というのも、罪性について美学的〔審美的〕に思い煩いたいと願うことは矛盾だからである。無垢の身にして罪性について思い煩ったのは、ただひとりキリストだけであった。だがキリストは、自分が従わざるをえない運命として、罪性について思い煩ったのではなく、むしろ彼は全世界の罪を担って、その罰を引き受けることを自由に〔自ら進んで〕選択した者として、思い煩ったのである。これは決して美学的〔審美的〕な規定ではない。なぜなら、キリストは個体以上のものだったからである。

無垢は、かくして無知である。だが、どうして無垢は失われるのか。罪と呼ばれるこの人間の重大な関心事に対して、ただの好奇心しか寄せなかった思想家や夢想家たちが、歴史の始原を攪乱するのに用いたところの巧妙にして愚劣な仮説を、私はここで逐一繰り返そうとは思わない。ひとつには、そんなことを学び知ることで私自身が時間を空費してしまったので、またそれらのことどもを物語ることで他人の時間までも空費させたくはないからである。またひとつには、それらの全体は歴史の外の黄昏のなかに置かれていて、そこでは魔女や夢想家たちが箒《ほうき》の柄や腸詰の串にまたがって競争しあっている体《てい》のものだからである。

堕罪の説明にあたる学問は、心理学である。が、その心理学も、単に説明のおよぶところまで説明しうるだけである。そこで心理学が何よりもまず用心〔自戒〕しなければならないことは、いかなる学問も説明しえないことで、ただ倫理学だけが教義学をとおして、それを前提することによって、さしあたり〔間接的に〕その先の方まで説明するだけのものを、さも自分が説明するものであるかのような外観を与えないようにすることである。仮にひとが心理学的説明を採用して、それを幾度も繰り返し試《ため》したあげく、罪がこんなふうにこの世に入ってきたのは、ありえない話ではないなどと連想しようものなら、それは一切を混乱させてしまうであろう。心理学はその領域内にとどまるべきであり、そのかぎりでは心理学の説明は、常にそれなりの意味をもちうるのである。

堕罪についての心理学的説明は、ウステリによる『パウロの教理概念の発展[42]』のなかに、手ぎわよく明白に述べられている。このところ神学は、あまりにも思弁的にながれてしまって[43]、この種の説明を軽視している。直接的なものは止揚されなければならない、と単純に〔ヘーゲル流に〕説明することの方が、実のところはるかに容易である。また、神学がときどきやっていることだが、それは説明の決定的な瞬間に、思弁的崇拝者の眼前から姿をくらますというやり方であって、この方がもっと安直である。ウステリの〔教義上の〕注釈の試みの要旨は、知恵の木の実を食べてはいけないという禁止そのものが、アダムのうちに罪を生じさせたということにある。この解説は、倫理的なものを決して見落としているわけではない。それはむしろ、アダムの「質的飛躍」において突然現れるものを、いわば単なる素因にすぎぬものとして、承認しているのである。〔「ウステリの」〕この解説をこんな調子で、これ以上さらに続けていくことは、私の意図するところではない。読者の大方は、すでにこの解説を読んでおられるはずだし、さもなければ、当の〔ウステリの〕原書について、これをお読みになってみればよい。〕(44)*

＊　当面の問題について考えてみようとする者なら誰でも、当然知っていなければならないことだが、それはフランツ・フォン・バーダー(45)がその多くの著書のなかで、例のごとき迫力ある簡潔な筆致でもって、自由の確立に対する誘惑の意義について考察している点がそれである。またバーダーはそれと同時に、誘惑はむしろ自由の必然的な他者として考えらるべきものという理由から、誘惑を一方的に悪への誘惑として、あるいは人間を堕落させることこそ自己の使命とするものとして、把握することの誤解についても述べている。フランツ・フォン・バーダーの著書が〔われわれのもとに〕現にあるのだから、ここでそれをこれ以上繰り返す必要はあるまい。それにまた、彼の思想をさらに立ち入って追究することもここでは遠慮しておきたい。というのも、私の見るところでは、フランツ・フォン・バーダーは中間的諸規定を見落としているように思われるからである。仮にもし無垢から責め〔咎め〕への移行が単に誘惑の概念によってのみ行われるものとすれば、神はまるで人間に対して実験的な関係に立たされることになる。さらにまた、中間的規定なるものが、結局は「欲情」（concupiscentia）になるのである以上、その間に存するはずの心理学的観察は、見落とされることになる。そしてついには、目下の課題である「堕罪」についての心理学的説明というよりは、むしろ誘惑の概念についての弁証法的な考察になってしまう。

この説明の欠点は、それが真に〔どこまでも〕心理学的な説明だということに徹しない点にある。これはもちろん非難さるべきことではない。というのも、その説明はもとより心理学的であることを目標としたのではなく、パウロの教理を叙述し聖書的なものに結びつこうとする課題、これを自己のそれにしているからである。ところが、この観点では聖書はしばしばよからぬ障害をもたらした。つまり、何らかの研究を始めるとき、ひとはすでに聖書のある古典的な章句を自分の頭のなかに確《しか》と思い浮かべているのであり、その人の提示する説明や知識は、これらの章句をうまく配列するにとどまり、この場合あたかも全体のことなど、その人にとってまったく無縁なものであるかのように見えるのである。それがもっともらしくあればあるほど、それに越したことはない。その際、ひとはいとも恭《うやうや》しく自分の説明を聖書の審判のもとに差し出し、そこで万が一にも自分の説明が聖書の審判にそぐわないときには、もういちど説明をやりなおすことになる。このような具合にすれば、〔当方が〕本来説明すべきものが何であるかを理解するまえに、その説明そのものを理解してもらいたいなどというような間違った態度におちいることもないし、またペルシア国王がエジプト人たちとの戦いに際して、自分の身を護るために、相手方の神聖視する動物〔聖牛〕を利用したのにならって[46]、聖書の章句を利用するといったような狡猾《こうかつ》なやり方をしないでもすむというわけである。

仮に禁止が堕罪を生み出す条件だというのであれば、禁示は「欲情」（concupiscentia）〔過度の情〕を目覚めさせることになる。ここにおいて心理学は、すでに自分の権限をふみ越えたことになる。「欲　情《コンクピスケンチア》」というものは、責めや罪以前の「責めや罪」[47]の規定であるが、しかしそれは単に責めや罪なのではないもの、つまりは責めや罪によって措定されるところのものなのである。こうなると、「質的飛躍」は骨抜きに〔形骸化〕されて、堕罪は連続的なものとなる。また、禁止がどうして「欲　情《コンクピスケンチア》」を目覚めさせるのかということも明らかにならない。もっとも、人間が〔禁止によって〕かえって禁断の対象を求めようと努めることは、異教とキリスト教のどちらの経験からしても確かなことではある。だが、それにしても経験というものを、そう無造作に証拠として引き合いに出すべきではない。というのも、人生のどのような時期にそうした経験がなされるのかということが、もっと詳しく問われなければならないからである。それにまた「欲情《コンクピスケンチア》」という中間的規定が両義的ではないということ、この点から見ても、これは何ら心理学的な説明ではないことが容易にわかるはずである。プロテスタント教会が、人間のうちの原罪の存在について語る際に用いるところの最も力強い、真に最も積極的な表現は、まさに人間が「欲情《コンクピスケンチア》」をもって生まれてくる、というものにほかならない。（自然のままに生まれてくる人間はすべて罪をもって生まれてくる。すなわち、神への畏れもなく、また神に対する信仰もなく、「欲情《コンクピスケンチア》」をもって生まれてくる。[48]）が、それにもかかわらず、プロテスタントの教義は、アダムの無垢と後代の人間の無垢（もし仮にそのようなことが問題になりうるとすれば）との間に本質的な差異をもうけているのである。

以上の点からして、心理学的な説明は、饒舌《じょうぜつ》によって要点をそらしてはならない。というのも、当の心理学的説明は、弾力的ともいえる両義性のなかにとどまるべきであって、この両義性から、責めは「質的飛躍」によって突如としてその姿を現すことになるからである。

五　不安の概念

無垢は無知である。無垢においては、人間は精神《ガイスト》として規定されることはなく、自己の自然性との直接的〔無媒介的〕な統一において、「霊的なもの《ゼーレ》」〔心〕として規定されている。精神は人間のうちでまだ夢みているのである。この見解は、聖書の見解と完全に一致している。[49] すなわち、聖書の見解というのは、無垢の状態にある人間には善悪を区別するだけの知識がないとすることによって、功徳《くどく》を説くあらゆるカトリック的な妄想にとどめを刺すものである。

このような状態〔無垢の状態〕には、平和と安息がある。が同時に、そこには何か違った別のものがある。と言っても、それは別に不和や争いではない。なぜなら、実際そこには、争うべき相手となるものが何もないからである。ではいったい、それは何であろうか。何もないということ、つまりそれは無である。ところで、無はどんな働きをするのだろうか。無は不安を生む。無垢は同時に不安であるということ、これが無垢の深い秘密である。夢みつつある精神は、自分自身の現実性を映し出す。しかし現実性と言っても、それは無でしかないが、この無を無垢はたえず自分の前方に〔外に〕見るのである。

不安は、夢みつつある精神のひとつの規定であり、そのようなものとして、それは心理学の領域に属することになる。〔精神の〕目覚めているとき〔覚醒状態〕では、私自身と私にとっての

「他者」〔非我〕との間に区別が立てられている。が、〔精神の〕眠っているときには、この区別は中断され、夢のなかではこの区別は暗示されて無となる。精神の現実〔性〕は、常に自分〔精神〕の可能性を呼び起こす姿をとって現れる。だが、精神がその可能性を捉えようとするや否や、当の対象は逃げ去ってしまう。〔この場合の〕可能性とは、ただ不安をかき立てるだけの無にすぎぬのである。ただ自分の姿を示しうるだけで、可能性にはそれ〔自己を示す〕以上のことはできない。不安の概念が、〔目下流布している〕「心理学」書のなかで取り扱われた前例は、ほとんど無きに等しい[50]。それゆえ私としては、不安というこの概念が、恐怖やそれに類似したもろもろの概念とはまったく異なったものであることに注意を喚起しておきたいと思う。恐怖やそれに類似した諸概念は、恐怖とか何かある特定のものに関係しているが、これに対して不安は、可能性に先立つ〔それ以前の〕可能性としての自由の現実〔性〕なのである。それゆえ、動物には不安は見出されないのである。それはまさしく動物が、その自然性のうちにとどまっていて、精神として規定されていないからである。

さて、われわれが不安における弁証法的な諸規定を考察してみると、〔不安に関する〕これらの規定はまさに心理学的な両義性をもっていることがわかる。不安は、ひとつの共感的反感であり、またひとつの反感的共感である[51]。この命題が、あの「欲情」(concupiscentia)なるものとは全く違った意味で、ひとつの心理学的な規定であることは、容易に理解してもらえるものと思う。ことばの慣用上の点からも、このことは完全に確証されるもので、ひとは甘い不安とか、不安をつのらせる甘い悩みとか言ったり、またある種の奇妙な不安とか、ある臆病な不安などと言ったりもするのである。

ところで、無垢のなかに措定されている不安は、まず第一にいかなる責めでもない。また第二にそれは何らかの厄介な重荷でもなければ、無垢の至福と相容れないような苦悩でもない。子供たちのことを観察してみると、彼らのなかでこの不安が、冒険的なもの、途方もないもの、謎いたものに対する憧れとして、かなり明確に示されているのがわかる。そうした不安をもたない子供たちがいるということは、この際なんら反証にはならない。というのも、動物もまた不安をもっていないし、精神が少なければ少ないほど、それだけ不安もまた少ないものだからである。この種の不安は、子供たちにとって本質的とも言えるものなので、子供たちはそうした不安なしではいられないほどである。たとえ不安が子供たちを不安がらせるとしても、その不安はもちまえの甘い不安をつのらせる悩みによって子供心を捉えるのである。実にこの子供らしさを精神の夢想状態として保持しているすべての民族のもとには、こうした不安が見られる。この種の不安が深ければ深いほど、それだけその民族は深みをもつのである。こうした状況を分裂症状だと考えるのは、散文的な愚かしさにすぎない。ここで言われる不安は、はるか後の時期に見られる「憂鬱《メランコリー》」と同じ意味をもつものである。* この後の時期には、自由は自らの歴史の不完全な諸形態を通過したのちに、最も深い意味で自己自身にたどりつくことになるのである。

＊　この点については、『あれか＝これか』（コペンハーゲン、一八四三年）を参照されたい。その際、とくにその第一部では、「憂鬱《メランコリー》」が不安にみちた共感〔同情心〕と利己主義をともなって登場し、第二部においては当の憂鬱が解明されることになる点に注意されたい。

　ところで、不安がその対象に対する関係、それは対象といっても無でしかない或るものだが（日常的な言葉づかいで言えば、ひとは「何となく不安だ」という）、そんな無でしかない或るものへの関係が、まったく両義的であるのと同様に、ここで無垢から責めへとなされうる移行もまた、まさしく弁証法的であって、それに対してなされるその説明も当然のことながら心理学的である。この場合「質的飛躍」は、〔先行する状態のごとき〕いっさいの両義性とは全く区別されて、その埒外《らちがい》にある。というのも、不安を介して責めある者となる人間は実は無垢なのであり、その当人を捉えたのは当の自己自身ではなく、不安という〔彼にとって〕見知らぬ力だったのであり、彼はこの力を愛していたのではなく、むしろそれに不安を感じていたほどだからである。――それにしても、いまいう当の人間はやはり責めある者である。というのも、彼は不安のなかに溺れながら、結局その不安を恐れつつも、なおそれを愛していたからである。これ以上に両義的なことは、どこにもまたとないであろう。それゆえ、この説明はもっぱら心理学的説明にほかならないのであって、なおくどいようだが、これ〔この心理学的説明〕をもって質的飛躍の説明にあずかろうとすることなど到底不可能である。禁断が人間を挑発〔誘惑〕したとか、あるいは誘惑者が人間を欺いたとか、という考え方は、ただ表面的に見た場合にのみ両義性をもっているにすぎない。なおまた、上述の考え方は、倫理学を欺き、質的な飛躍を量的な推移へと還元し、心理学の助けをかりて倫理学を犠牲にして人間にお世辞をふりまこうとするのである。しかし、このようなお世辞は、およそ倫理学に成熟している者なら誰しも、これを新奇の危険な誘惑として拒否しなければならない[52]。

不安が出現してくるということ、これが問題の要点である。人間は霊的〔心的〕なものと身体的なものとの綜合である。しかるに綜合は右の両者が第三者において統一されることがなければ、考えられない。この第三者とは精神である。無垢であるとき、人間はただの動物なのではない。仮にもし人間がその生涯のある瞬間に単なる動物であったとすれば、彼は決して人間になることはなかったであろう。要するに、精神というものがそこに現存しているからである。ただしそれは、直接的〔無媒介的〕な精神、夢みつつある精神としてである。いまや精神がそこに現存するかぎり、精神はある意味でひとつの敵対的な力である。なぜなら、精神は霊〔魂〕と肉〔体〕とのあいだの関係を不断にかき乱すからである。それというのも、この霊の肉との関係はなるほど存立してはいるが、しかし精神を介してはじめて関係が存立することになるという限りでは、この関係はまだ存続していないとも言える。精神は〔ある意味で敵対的な力であるが〕また他面では友好的な力でもあって、それはまさにいまいう関係を確立しようとするものである。それでは、この両義的な力に対する人間の関係は、いったいどのようなものだろうか。精神は自己自身に対して、また自らの条件に対して、どのように関係するのだろうか。精神は自己に不安として関係する〔自己自身に対して不安をもっている〕のである。精神は自己自身から脱け出すことはできない。精神は、自己自身の外《そと》に自己自身をもっているかぎり、自己自身を把捉することもできない。また人間は、まさに精神として規定されるからには、植物の世界に下降することもできない。人間は不安から逃げ出すこともできない。というのも、人間は不安を愛しているからである。だが、実を言うと人間は、心底から不安を愛することはできない。というのも、人間は不安から逃げようとするからである。いまや、無垢はその頂点に達する。無垢は無知である。とは言っても、それは動物的な野蛮さではなくて、精神によって規定されている無知である。だが、これがまさしく不安なのである。というのも、無垢の無知は無にかかわるものだからである。ここには善と悪などに関する知識は少しも見られない。むしろ知識の全現実性が、不安のなかに無知の途方もない無として自らを投影しているのである。

無垢は、それでもなおそこにある。が、そこではただ一言が告げられるだけでよいのである。すると無知は、〔一点を目指して〕凝固する。もちろん無垢にはこの一言は理解することはできないが、しかし不安は、言わばその最初の獲物にありついたのである。無のかわりに、無知は一つの謎をひめた言葉を受けとったのである。こうして、創世記によると、神がアダムに対して「しかし善悪を知る木から取って食べてはならない(53)」と告げられたとのことだが、実のところアダムがこの言葉を理解しなかったことは確かに当然のことである。どうしてアダムがこの善悪の区別を理解するはずがあろうか。善悪の識別というのは、実際、木の実を味わったことの結果としてはじめて生ずることではないのか。

さて、仮にもし〔食べてはならないとの〕禁断が欲望を目覚ましたものとする想定からすれば、無知のかわりに、ひとつの知がすでに与えられていることになる。というのも、アダムのいだいた欲望が自由を行使しようとする欲望であったからには、アダムはすでに自由についてのひとつの知〔識〕をもっていたに違いないからである。してみると、この説明は、なるほど順序をとり違えた説明である。〔そこで、順序を正して説明し直してみると〕実はまず禁断がアダムを不安からせたのである。なぜなら、禁断がアダムのうちに自由の可能性を目覚めさせたからである。不安の無として無垢のかたわらを素通りしていたもの、その不安の無がいまやアダム自身のうちに入り込んできたのである。それはここでもなお依然として無である。すなわち、それは「なしうる」という不安な可能性としての無である。自分が「なしうる」のが何であるのか、ということについて彼には何もわかっていない。なぜかと言えば、もし彼がわかっていれば、あたりまえの考えどおりに、後から出てくるはずの善悪の区別を前提していることになるからである。「なしうる」という可能性だけが、無知の高次の形式として、不安の高次の表現として、そこに存在するのである。というのも、この「なしうる」という可能性は、高次の意味では存在するとも、また存在しないとも言えるからであり、アダムは高次の意味ではそれを愛しているとも、またそれから逃げようとしているとも、言えるからである。

　禁断の言葉のあとに、「〔木から取って食べると〕きっと、おまえは死ぬであろう[54]」と審判の言葉が続く。死ぬとはどういうことなのか、アダムにはもちろん全然わからない。それにもかかわらず、彼にこの言葉が告げられたと仮定すれば、彼がそこで何か恐るべきものについての想念を受けとったに違いない、ということは、充分予想しうることである。実にこの点に関しては、動物でさえ、言葉がわからないながらも、話し手の身振りによる表情や声の調子から、それと察しがつくものではないか。禁断によって欲望が目覚まされるものとすれば、刑罰の言葉によっても戦慄すべき観念がよび起こされることになるに違いない。ただし、こんな言い方を介すると、ことは混乱のもとになる。思うに恐怖は、この場合、ただ単に不安に転ずることになるだけである。

というのも、アダムには話しかけられた言葉がわからなかったからである。かくして、ここにもまた不安の両義性があるだけである。禁断によって呼び覚まされたところの「やればできる」という無限の可能性が、それの結果としてのひとつの可能性を提示することによって、いまやいっそう身近なものになってくるのである。

こうして無垢は、その極限に立たされることになる。無垢は禁止の対象と刑罰との関係のなかで不安にとらわれている。無垢には責めはないが、しかしあたかも無垢が失われてしまったかのような不安がそこにはある。

心理学は、もはやこれ以上は先に進むことはできない。が、それはここまでは何とか到達することはできる。とくに心理学は、人間生活の考察において、この点を繰り返し指摘することはできるのである。

本節を締めくくるにあたって、私は聖書の物語〔創世記〕に追従することとなった。私は禁断と刑罰の声が外部から来るもののように述べた。この点は、当然のことながら、多くの思想家たちを困惑させたことであろう(55)。ただし、この難点は実に取るに足りぬ程度のものである。無垢にしても話すことくらいはできるし、そのかぎりでは、無垢は一切の精神的な事柄について言葉で表現できるのである。それゆえ、ひとはアダムが自問自答したものと想定しさえすればよいのである。こう考えれば、他の誰かがアダムに向かって、アダムには理解できないことを語りかけるというこの物語〔創世記〕の不完全さは、解消することになる。アダムが口をきくことができたとしても、だからと言って、深い意味では、彼が言われたことの意味を理解しえたことには断じてならない。このことは、とりわけ善悪の区別について言えることである。この区別は、なるほど言葉では何とでも言えるが、しかしこの区別が実際にあるのは自由にとってだけである。無垢はなるほどこの区別を口にすることはできるが、しかし無垢にとってこの区別は存在しない。それは無垢にとっては、われわれが上記で指摘したような意味しかもたないのである。

六　原罪の前提としての不安(56)

さて、われわれとしては創世記の物語をさらに詳細に検討してみようと思う。ところで、その際われわれとしては、創世記の物語はひとつの神話である、という固定観念を捨て去るよう努めることが必要である。なお、それとともに、いかなる時代もわれわれの時代ほど、悟性の神話をこれほど器用に生み出したことはなかったということを、忘れないよう心しておきたいと思う。われわれの時代は、一切の神話を絶滅しようと努めながら、その一方でみずからもろもろの神話を生み出しているのである。

アダムは創造された。彼は動物たちに名前を与えた（それゆえ、ここに言葉が出現する。あたかも子供たちが絵本で動物を見分けながら、言葉を覚えるときと同じように不完全な仕方ではあるけれども）。が、アダムはまだ自分の伴侶を見出さなかった。イヴが創造された。彼女はアダムの肋骨《ろっこつ》から創られたのである。イヴはアダムに対して、できるだけ内面的な関係に立っていたが、それはまだ外面的な関係でしかなかった。アダムとイヴは単なる数量的な反復にすぎない。この意味では、ひとりのアダムの代わりに、たとえ幾千のアダムがいたとしても、ひとりのアダムが存在する以上のことを意味するものではない。このことは、人類が一対の夫婦から由来するということを顧慮してのことである。自然は無意味な過剰を好まない。それゆえ、人類が多数の対《つい》から発生したと仮定すれば、それは自然が無意味な過剰をもった瞬間が存在したということになる。〔親子代々という〕世代関係が定立されるや否や、人間だれひとり過剰ではないことになる。各個人はそれぞれ自分自身であるとともに人類だからである。

さて、禁断と刑罰の定めとが、これに続いて出てくる。ところで、蛇は野に棲む動物のなかで最もずる賢いが、その蛇が女性を誘惑したのである。これを神話と呼びたければ、そう呼んでもらってもなんら差し支えはない。この神話は、あの悟性の神話とは違って、いささかも思想をかき乱したり、また概念をいたずらに混乱させたりなど決してしないということである。神話は、内面的なものを外面的に生起させるのである。

ここでわれわれがまず注目すべきことは、女性が最初に誘惑されたということ、ついで女性が男性を誘惑したということである。世間でよく言われるように、女性がより弱い性であるというのは、いかなる意味でのことなのか、また不安は男性よりむしろ女性に固有のものであるとは、*いかなる意味でのことなのか、それについて私は後の別章において述べようと思う。

＊　こう言ったからといって、女性が男性に比して不完全なものであるということになるわけでは決してない。仮に不安が、男性よりも女性に固有のもの〔よりふさわしいもの〕だとしても、不安は断じて不完全

性の証拠を示すものではない。仮にもし不完全性を問題にするのであれば、それは別の点にある。すなわち、女性が不安にかられると、自己自身から脱け出して、他の人間に、つまり男性のもとにすがろうとする点に存するのである。

すでにこれまでにも、いくたびか注意を促したことではあるが、本書において述べられている見解は、罪性が世代から世代へ伝播してゆくことを否定するものではない。なお重ねて言えば、罪性が世代のなかにその歴史をもっていることをなんら否定するものではなく、ただここで言わんとするところは、この罪性の歴史の方は量的な諸規定のなかで動いているのであるが、それに対して罪は常にその個人の質的飛躍によって、この歴史のうちに入ってくるということである。世代にわたる量的増加の意義はすでにここに見られるであろう。イヴは派生したものである。なるほどイヴはアダムと同じように創造されたわけだが、しかし彼女はその前の被造物から創造されたのである。もちろん彼女は、アダムと同じように無垢である。が、そこには或る素質についての予感とでもいうべきものがある。この予感は、むろんまだ罪性ではないが、伝播〔生殖〕によって措定された罪性を暗示するものである。こうした罪性は派生的なものだが、それ〔派生的なもの〕は個々人を責めあるものとすることはないが、個々人にそういう素質を与えるのである。

前節〔第五節〕において、禁断と刑罰の定めにつき述べたことを、ここに思い起こしてもらいたい。この物語〔創世記〕の不完全な点、すなわち誰か或る者が、アダムには本質的に理解しえないことを、アダムに向かって語りかけなければならないというあの〔何とも理不尽な〕窮境は、もしわれわれがその語りかける話者が言葉であり、したがって語りかけているのはアダム自身だという点を考慮してみれば、解消することになる。*

＊　さらになお、ひとあってこの場合、ではどうして最初の人間は語ることを覚えたのか、という疑問がまだ残されているではないか、と問われるなら、私は次のとおりお答えしておきたい。――「それは確かにそのとおりであるが、しかしそれは本書の研究全体の範囲外の問題である」と。ただし、だからと言って誤解しないでもらいたい。このような責任のがれの返答をしたからとて、私は当節の哲学界の流儀にならって、いずれ他の箇所で、この問題に答えるかのような体裁をととのえているのではないのである。それにしても、人間が自分で言葉を発明したのだ、と放言してすませられないことだけは確かである。

さて、あの蛇の問題がまだかたづいていない。才知をふりまわすやり方は、私の好むところではないが、時の初めにあたってアダムとイヴを誘惑したような具合に、当節なお著作家たちを才知走るべくそそのかすあの蛇の誘惑に対しては、「神の御旨《みむね》による」（volente deo）とあらば〔やむを得なければ〕、抵抗せずばなるまい。私はむしろ率直に告白するが、この蛇の件につき特定の思想をもって把握するつもりはない。それにまた蛇については、まったく別の難点がある。すなわち、それは誘惑を外から忍び込ませるという難点である。これは聖書の教えとまっこうから衝突する。すなわち、「神は何ものをも誘惑せず、また何ものかによって誘惑されることもなく、各々の者は自分自身によって誘惑される」というヤコブ書〔手紙の〕周知の古典的な箇所(57)に正面から衝突するというわけである。つまり、仮にもしひとが、人間は蛇に誘惑されるとすることによって、神を庇《かば》ったものと信じ、そのかぎりにおいて「神は何ぴとをも誘惑せず」というヤコブの言葉と一致していると思い込むとしたら、その場合神は何ものによっても誘惑されないという、すぐ次の言葉と矛盾することになる。なぜかと言えば、人間に対する蛇の陰謀は、同時に神と人間との関係のなかに割り込むことによって、間接的に神に対して向けられた誘惑でもあったからである。最後にまた、人はみな自分自身によって誘惑される、という第三の言葉とも矛盾することになる。

さて、次にくるものは堕罪である。それにしても心理学は、堕罪を説明することができない。なぜかと言えば、堕罪は質的飛躍だからである。ともあれ、「原罪の前提としての不安」につき、いまいちど注目するために、われわれとしては、あの物語〔創世記〕のなかに述べられている〔堕罪の招いた〕結果につき、しばし熟考してみようと思う。

堕罪の招いた結果は、二重のものであった。つまり、罪がこの世に入ってきたということと、性的なものが措定されたということとのそれ〔二重のもの〕であった。この二つは、一方が他方から切り離すことができないとの意味で、二重のものなのである。このことは、人間の根源的な状態を示すために、このうえなく重要なものである。なぜなら、仮にもし人間が第三者において安らうところのひとつの綜合でなかったとすれば、ひとつの行為が二つの結果を生むことはありえないはずだからである。人間が精神を主軸にするところの霊と肉〔心と身体〕との綜合でなかったとすれば、性的なものが罪性とともにこの世に入ってくることは決してありえなかったはずである。

われわれは余計なせんさくはさて措いて、まったく単純に、性的区別は堕罪以前にも存在していたことを承認しようと思う。ただし、その区別は無知においては存在しないはずであるから、それは結局のところ存在してはいなかったことになる。この点に関しては、われわれは聖書に典拠《よりどころ》を求めることができる。

無垢においては、アダムは精神としては夢みつつある精神であった。それゆえ、その綜合は現実的ではなかった。なぜなら、綜合する役をつとめるのは、まさしく精神であるのだが、その精神がいまだ精神として措定されていないからである。動物の場合には、性的区別は本能的に生じうるものであるが、しかし人間はまさしく綜合なのであるから、そのような仕方で性的区別をもつことはできない。精神は自己自身を措定するその瞬間に、綜合を措定するのであるが、しかし綜合を措定するためには、精神はまずもってこの綜合をかきわけ徹底して区別しなければならない。その際、そこにあらわれる感性的〔官能的〕なものの極限がまさしく性的なものにほかならない。人間は精神が現実的となる瞬間にはじめて、右にいう極限に達することができるのである。このとき以前には、人間は動物ではないにしても、だからと言って本当の意味で人間でもない。人間は人間となる瞬間にはじめて、同時に動物にもなることを介して、真に人間となるのである。

罪性は、それゆえ感性〔官能〕ではない。断じてそれはありえない。だが、罪なくして〔男女間の〕性欲もなく、また〔男女の〕性欲なくしては歴史もない。完全な精神には、男女間の性欲もなければ、また歴史もない。実にこのために復活においては、性的差別もまた止揚されるのであり、(58)このために天使もまた歴史をもたないのである。よしんば天使ミカエルが、そのために彼が派遣され、成就したところの仕事の一切を記録にとどめたとしても、やはりそれは、彼の歴史とは言えないであろう。性的なもの〔区別〕においてはじめて、綜合が対立として措定されることになる。が、それと同時に、すべての対立と同じように、それは課題として措定されるのであり、かくしてまさにその瞬間にこの課題としての歴史が始まるのである。この歴史が現実であり、自由の可能性がこれに先行する。だが、この場合の自由の可能性は、ひとが善とか悪とかを選びうるという点にあるのではない。このような無思慮な考え方は、聖書にもそぐわないし、思惟にもふさわしくない。この自由の可能性とは、なしうるという点にある。「或る論理学体系」（et logisk System）のなかで、可能性が現実性へ移行するということが、いとも安易に語られている。[59] だが、現実においては、それはかく安易なことではない。そこには中間規定が必要なのである。この中間規定が不安である。不安は質的飛躍を説明するものでもなければ、この飛躍を倫理的に正当化〔弁護〕するものでもない。不安は必然性の規定でもなければ、さりとて自由の規定でもない。不安はむしろ束縛された自由である。不安のなかでの自由は、だから自己自身として自由なのではなく、束縛されているのであって、それも必然性のなかにではなく、自己自身のなかに縛られているのである。仮にもし罪が必然的にこの世に入ってきたものとすれば（こんなことを仮定すること自体が矛盾なのだが）、不安というものはまったく存在しないであろう。また仮に罪が抽象的な「自由意志」[60]（liberum arbitrium）に発する行為〔思想的妄想〕を通して、この世に入ってきたとすれば（このような想念はまるで空想にすぎないから、後世はもとより世の初めにも存在した先例《ためし》はない）、この場合もまた同様に不安は存在しないであろう。罪がこの世に入ってきたことを、論理的に説明しようとすることは、笑止《しょうし》にも、何とかして説明してのけようと気をもんでいる者だけが考えうる愚かさである。

もしここで著者にお願いすることを許していただけるなら、当方の願うところは、「仮にそのときアダムが罪を犯さなかったものとしたらどうだったか？」などと深遠すぎる質問[61]を、読者の皆さんが投げかけないでいただきたい、ということである。現実性が措定されるその瞬間に、可能性はひとつの無としてかたわらに退くのであるが、この無がすべての無思慮な人間を誘惑するのである。それにしても、学問ともあろうものが、人間に節度を守らせ、また自身を抑制するだけの決意もおぼつかないとは！〔当節、そんな状況にある以上〕誰かが愚問を持ち出すような場合には、そんな〔愚問を発する〕相手には返答しないようによく気をつけるがよい。さもないと、自分までもがそんな愚問を発する当の人間におとらず愚か者だということになるからである。前掲の〔仮にもしアダムが罪を犯さなかったとしたら、との〕質問の愚かしさは、その質問そのもののうちにあるというよりは、むしろその質問を〔神学という〕学問に向けた点にある。聡明なエルゼが自らいろいろと空想にふけりながら家に閉じこもっていたように[62]、ひとが上述の質問を抱いて家に閉じこもり、気の合った友人たちを呼び集めるというのであれば、少しは自分の愚かさに気づいていたことになろう。あいにく、学問というものは、そのようなことを説明することはできない。すべての学問は、論理的な内在性のうちにか、さもなければ学問の説明のつかない超越のなかの内在性のうちに存する。ところで、罪はほかならぬかの超越、かの危機的な「曲がり角」（discrimen rerum）であり、この境界において罪が個体としてのこの私〔個体そのもの〕のなかに入ってくるのである。罪はこれ以外の仕方でこの世に来ることはないし、またこれ以外の仕方で決してこの世に来たことはなかったのである。そこで、愚かにも罪のことをまるで自分には関係のないことのように問う者があるとすれば、その人の問いは道化師〔愚者〕のそれにも等しい。なぜかと言えば、当人は何が問題になっているのかを全然知らないのであって、またそれを知るようになりうることもまるでないか、それとも〔当人は〕それを知っているとともに理解してもおり、同時にいずれの学問にもその説明を求め難いということをもよく心得ているか、そのどちらかだからである。ところが、学問は往々にして柔軟性に富んでいて、もろもろの感傷的な願望に対して詭弁的な仮説で迎合するものであるが、それもつまるところは、これらの仮説が充分な説明を与えるものでないことを、学問は自ら認めざるを得なくなったのである。この点は、まさしくそのとおりであろう。だが、困ったことに、学問の方ではそうした愚問をすげなく拒否しなかったために、逆にいつかは学問上の詭弁家が出現して、ずぼし正論を提言してくれるかもしれないなどと、迷信的な人たちの妄想に拍車をかけたことがこの場に混乱をまねいたのである。ところで、罪がこの世に入って来てからいまや六千年になる、と世人は語るが、それはまるでネブカドネザルが牡牛《おうし》になって以来、いまや四千年になる、ということについて語るのとまったく同じ調子である。[63] 仮に事柄をこんなふうに解するなら、説明もそれ相応のものになるのは何の不思議もなかろう。ある意味では、世の中で最も単純〔明快〕なことを、ひとは最も難解〔厄介〕なものにしているのである。誰よりも単純素朴な人間でさえ、その人なりの知恵で理解していること、つまり罪がこの世に入ってきたのは必ずしも六千年も前に起きた単なる出来事などではないと完全に正しく理解していることを、当面の学問上では詭弁家たちの技芸のおかげで、ひとつの懸賞問題に仕立て、今日まで未だ誰ひとりとして充分な解答を与えていないという事態になっている。いかにして罪がこの世に入ってきたかということは、ひとそれぞれ各人が自分だけで理解することである。もし他人からそれを教わろうとするなら、当人はもうそのことゆえに（eo ipso）、それを誤解していることになるのである。当節、わずかながらにもせよ役立つ唯一の学問は心理学であるが、この学問とても、より以上のことを何も説明しないし、説明できもせず、また説明するつもりもないということを、自認しているのである。もし仮にいずれかの学問がそれを説明できるとすれば、いっさいは混乱してしまう。学問に携わる者は自己自身のことを忘れ去るべきだ、ということはどこまでも正しい。だが、それにしても罪がなんら学問上の問題でないということは、まことに好都合な話である。が、だからと言って、学問に携わる者も、また〔学問上の〕詭弁家も、いかにして罪がこの世に入ってきたかを忘れるように義務づけられてはいないのである。仮にかの学問の徒がその気になって、けなげにも自己忘却に徹しようとするなら、ついに当人は人間存在を残りなく解明しようとする熱心さのあまり、あの宮廷顧問官と同じように滑稽なことになるであろう。当の顧問官は、その相手かまわず自分の名刺をくばりまくる仕事に夢中になって、それがためついに自分の名前を忘れてしまったのである。あるいは、例の本屋のソルディン[64]が感激し有頂天になって、われを忘れ、おしゃべりに耽っているうちに、恍惚たる自己忘却の態で、わが妻に向かって「レベッカよ、いま話しているのは私なのかね？」と尋ねたように、かの学問の徒は自分の哲学的感激のあまり自己忘却するような場合には、気兼ねなく問いかけることのできる気立てがよくて冷静な細君が必要になるだろう。

わが栄光にかがやく当世の敬服すべき学者諸先生方が、上述したとおりの〔わが〕想念を、きわめて非学問的であると(65)お考えになるのなら、それはそれで全く当然のことである。それと言うのも、これら諸先生方は、公衆の間にあまねく知られたところの、あの体系に寄せる熱意と、体系を求める精進努力によって、罪のためにも体系のなかに一つの居場所を見出してやろう、と大いに骨折っておられるからである。ことがそうである以上、教会の会衆の方々もまた、体系の探究に協力せられるのがよろしかろう。そうでなければ、せめて教会の敬虔な代願の祈りのなかに、かの深刻な〔罪の〕探究者たちの名を加えてやってもらいたいものだ。これら探求者たちは、きっと罪のための場所を〔体系のなかに〕見出すであろう。――それはちょうど、〔児童の〕火縄〔さがしもの〕あそびで、火縄をさがしている児が、自分の手のうちで、それが燃えているのに気がつかないでいて、やっとあとからそれを見つけ出すのと同じような具合(66)にである。

第二章　原罪の結果としての不安（1）

罪性とともに男女の性〔性欲〕が措定された。その同じ瞬間に、人類の歴史が始まることになる。ところで、人類における罪性が量的規定のなかで動いているように、不安もまた同じような動きをする。個体における原罪の結果、言い換えると個々人のなかに原罪が現存すること、それが不安なのである。この不安は、アダムの不安とはただ量的に〔規定上〕異なっているだけである。無垢の状態は、その後の人間の場合にも問題になりうるが、この〔無垢の〕状態において原罪は弁証法的な両義性をもっていなければならない。しかもこの両義性から、責めが質的飛躍によって突如としてその姿を現すことになるのである。これに反して、その後の個体における不安は、アダムにおける不安よりも、いっそう反省されたものだと言えるかもしれない。なぜなら、人類が積み重ねてきた量的〔規定の〕増加が、ここにきて後世の人間〔個体〕のうえにその効力を発揮するからである。だが不安は、この場合においても以前と同じく、人間における不完全性を意味するものではない。むしろ逆に、人間が根源的〔本来的〕であればあるほど、そのひとの不安はいよいよ深いと言わなければならない。というのも、人間は人類の歴史に参与するかぎりにおいて、そのひとの個人的生活の基礎をなすところの罪性という前提を、自己のものとし〔引き受け〕なければならないからである。そのかぎりでは、罪性はある意味でより大きな力を得たわけであり、かくて原罪はいよいよ増大する。それにしても、いかなる不安にもまるで気づかない人間が現に存在するという事実は、仮にもしアダムがただの動物であったら、彼もまたなんら不安を感じなかったであろうという点から、理解されねばならない。

後世の個体も、アダムと同じく、精神において担われるべきひとつの綜合である。が、この綜合は派生的な綜合であり、その限りでは人類の歴史は、この綜合のなかに一緒に措定されることになる。このことのうちに、後世の個体における不安の量の増減〔不安が多いとか少ないとか〕ということの一因があるのである。ただし、この場合の不安は罪に対する不安ではない。というのも、善悪のあいだの区別は、自由の現実化によってのみ存在するのである以上、この際はこの〔善悪の〕区別がまだ存在していないからである。もっとも、仮にもしこの区別がそこに存在するとすれば、それはただ予感された表象として存在するだけであり、しかもこの表象はまた人類の歴史によって量的な増減を意味しもするのである。

さらに、後世の個体における不安が、人類の歴史に参与したことの結果、いっそう反省的になったと言われるわけは、当の不安が、いまや別の意味でも、またこの世に入ってきた点に〔その原因が〕あるのである。なお、先述の人類の歴史のことだが、この歴史とは習慣にたとえられよう。この習慣はまことに第二の天性ではあるが、しかしそれはなんら新しい質ではなく、ただ単に量的な前進たるにすぎないのである。〔さて、いまいう人類の歴史に参与したことの結果として、後世の個体における不安が、いまや新しい意味をもってこの世に入ってきたのである。[2]〕罪は〔最初は〕不安のなかへ入り込んできた。が、こんどもまた罪は、不安を〔道連れに〕たずさえてきたのである。[3]罪の現実性は、なるほど存続することなきひとつの現実性であるとも言える。一方において、罪の連続性はひとを不安がらせるところの可能性であり、他方において救済の可能性はまたもやひとつの無であり、それ〔無〕を個々人は慕いかつ恐れもする。というのも、個体性に対する可能性の関係はいつもこうしたものだからである。救済が現実的に措定される瞬間にはじめて、そのときこそやっとこの不安は克服されることになる。人間や被造物の憧憬《あこがれ》は[4]、ひとが感傷的に考えているような甘美な憧れのごときものではない。実際、憧れがそのようなものでありうるためには、罪の方がすでに解除されていなければならないからである。誠実に、罪の状態のなかにわが身をおくことを欲し、またどうすれば〔罪から〕救済される希望が実現されるのか、ということに思いを致したことのある人であれば、〔一方では〕きっと私の考えを是認してくれるであろう。が、さりながら〔そのような人でもまた他方では〕自らの美的な無遠慮さをいささか恥ずかしく思いもするであろう。〔罪から救済されたしとの希望はどうすれば実現されるのか、そんな課題が問われている場合〕当面の希望ということだけが、とり立てて問題にされるとなると、人間のうちにある罪はなお威力を具えている以上、罪の方からすると、〔自分から離れようとする〕希望は自分の敵に見立てることになる。(この点については、後述する。[5])〔罪からの〕救済が真に措定されると、不安は可能性と同様に、背後に押しやられてしまう。が、不安はそのために否定されるのではない。否、もしそれが正当に使用される場合には、いまや別の役割を演じることになろう(第五章参照)。

罪が〔この世に〕もたらした不安は、個々人が自ら罪にかかわるとき初めて最も身近に存在するものなのではあるが、それにしても当の不安は人類の量的な〔発展の〕歴史のなかで、より多いとか少ない〔量の多少〕として、漠然とながら存在してもいるのである。それゆえ、ひとはここでまた、人間が単に自分自身に対する不安から責めを負う者となるかのように見えるという現象に遭遇しもすることになる。アダムの場合には、まさかこのようなことは問題にはなりえなかったであろう。それはともかくとして、個々人は自己自身によってのみ責めを負う者となるということは依然として確かである。ただし、人類との関係における量的なものは、ここでその頂点に達しており、量的なものと「質的飛躍」とのあいだに介在する区別につき、前述の〔区別の〕要点[6]がしかと把握されていないと、一切の考察は混乱におちいってしまうであろう。前記の現象[7]は、後ほどまた考察の対象にされるはずである。普通は、こうした現象は無視されることが多い。実際、それが最も無難だからである。あるいはまた、この現象は、感傷的とも感動的ともつかぬ仕方で解釈されたり、また自分がそのような人間にならなかったことを神に感謝する[8]というような意気地のない同情をまとって、説明されることもある。ただし、ひとはこのような場合の感謝の言葉が、神ならびに自分自身に対する裏切りであることを概して理解していない。さらにまた、人生というものは何時《いつ》も避けられるべくもない〔前述のごとき〕それと類似した諸現象を秘めているものだということに、ひとは気づいた様子もない。確かにわれわれは、〔他者に対して〕同情をもつべきであるが、この場合の同情というのは、個体としての私の身に起こったことは他のすべての人の身にも起こりうるものだということを、こちらが真に心の底から納得してこそ、はじめてそれは真実なのである。そうであってこそ、はじめてひとはわが身にも他者にも有益なものとなるのである。ある精神病院の医師がいて、自分は永劫に聡明で、自分にさずかった分別はどんな損傷も受けないように保証されてゆるぎがない、などと愚かにも妄信するなら、彼はなるほど精神病の患者たちより賢明であるかもしれないが、しかし同時に当の患者以上に愚鈍であるばかりか、彼にしては残念ながら多くの人を癒《いや》すことなどまずできないであろう。

さて、いまや不安は二通りのものを意味している。一方は、その〔不安の〕なかで個体が「質的飛躍」によって罪を措定する所以《ゆえん》の不安、他方は、罪とともに〔この世に〕入り込んできた不安、その意味では個体が罪を措定するそのたびに、量的に規定されてこの世に入り込んでくる不安がそれである。

*

わたしの本意は、学究的な著作を書こうとすることでもなければ、文献上の出典を調査するのにすこぶる時間を浪費するたぐいの企てにあるのでもない。当節の心理学の概説書に引かれている事例をみると、本来の意味での心理学的・文学的権威を欠いているものが垣間見られる。それらの事例は、「公文書風に」（notarialiter）証明された実例として定立しているが、まさにそのことのゆえに、頑固な学者先生がそこから一種の規則めいたものを作成しようとしている試みに対して、われわれとしてはいったい笑っていいのか、悲しむべきことなのか、途方に暮れる始末である。本格的なやり方で心理学や心理学的観察にたずさわってきた者なら、普通一般の人間的柔軟性を身につけているゆえ、自分に必要な事例は即座に作成することが可能であり、この種の例証〔事例〕は、たとえ実質的な権威を持ち合わせていなくとも、別の意味で説得力を具えているものである。およそ心理学的観察者たるものは、他人の懐《ふところ》にもぐり込んで、その人たちの立場を再現するために、あたかも曲芸師の軽快さにまして、〔心的〕柔軟性を身上とするものでなければならない。なおかつ彼[9]は、相手と心のうち解け合った瞬間にも、こちらは口をつぐんでいて、相手の心のなかの秘密が、こちらの巧みに作り出されたわざとらしからぬ物静かな態度におびき出されて、おのずから独り言を言いはじめるほどに、誘惑的で欲情的でなければならない。さらにまた心理学的観察者は、自らの魂のうちに文学的〔詩的〕独創性と言えるものを保持していなければならない。それは当の個人において、いつも断片的にして偶然的に見られるものを素材として、それらを、全体として規則的なものに創作するためのものだからである。もし仮にこれほどまでに完璧な心理学者たるものの域に達しさえすれば、彼はもはや自分の事例を「文献的事例集」から摘出することもなければ、古びた回想録をむし返すにも及ばず、自分の眼で観察したものを人生から摘出したばかりの新鮮な色彩のままに提供することができるのである。彼はまた、あれやこれやに眼をうばわれて、憂《う》き身をやつす必要はない。否、それどころか彼はむしろ、何が起こっているか万事承知している刑事のように、落ちつきはらって自分の部屋に静かに坐っていればよいのである。彼は自分にとって必要とするものなら、自分で直ちに作り出すことができる。彼はまた、自分にとって必要とあれば、その日常の経験から直ちにこれを手に入れることができる。――あたかも設備のゆきとどいた家では、水を汲むために通りに出てゆくまでもなく、各階に水道がひかれているような具合である。仮にもし何か疑わしいことがあれば、人間生活に精通している彼としては、まるで宗教審問官なみの鋭い眼光に托して、どこを捜せばよいか心得たもので、だれかその実験に役立つ適当な人間を見つけ出すのにさして手間はかからない。もっとも彼は、その観察に実名をあげたり、博識な引用によって、例えばザクセンにひとりの農夫の娘がいて、これにつき医師が観察したところによると……とか、ローマにひとりの皇帝がいて、彼につき或る歴史家が語るところによると……とか、まるでそれこそ千載一遇《せんざいいちぐう》〔千年に一度しか起こらないこと〕でもあるかのごとく例証したりはしないが、彼の観察は他の何ものをもしのぐ信憑性をもつに違いない。仮にもし千年に一度だったら、心理学が関心をよせるのも無理からぬことである。が、実際こうしたことは、もし観察者がその場に居合わせれば、実は毎日でも起こっていることなのである。彼の観察は、自分でその観察を再吟味するだけの慎重さがありさえすれば、新鮮さという特色と現実的共感とを具えているに違いない。こうした再吟味を求めて、彼は他人のうちに見られるあらゆる気分、あらゆる心理状態を自分の心のなかで真似てみる。次いで彼は、この思いつきの人真似によって、他人を欺くことができるかどうかを試してみる。つまり、自分が観念的に仕組んで、さらに推進して仕上げた芝居〔心理状態〕のなかに、果たして他人をひき入れることができるかどうかを、確《しか》と試してみるのである。かくして、仮に情熱というものを観察しようと思えば、彼はまずひとりの相手を選べばよい。ところで、他人の秘密を嗅《か》ぎつけるためには、平静なるをよそおい、かつ無口で、さりげなさが肝要である。次に、相手を欺くことができるようになるまでは、これまで学んできたことを下稽古してみなければならない。さてその上で、彼は自らその情念をよそおい、いまや不自然なまでにその情念にとりつかれているごとき自分の姿を相手に示すのである。以上の一切のことが旨《うま》い具合に運ばれると、相手は言い知れぬほどの心の安らぎと満足をおぼえるであろう。それはあたかも誰かひとが精神病者の固定観念に気づき、それを詩的に捉えなおし、さらに詳細に展開してみせるとき、その精神病者が感じるような心の安らぎであり満足である。もし仮に旨《うま》い具合に事が運ばなかったとすれば、その原因としては操作上の欠陥によるものか、もしくは相手の人間がまるでお粗末すぎる代物《しろもの》であったのか、そんなところであろう。

一　客観的不安

一般的に「客観的不安」という表現が用いられると、さしあたって自由の可能性における自由の自己自身への反省(10)である〔可能性としての自由が自己を反省して出来《しゅったい》した〕ところの、あの無垢の不安のことが連想されるかもしれない。この点に対して、目下のわれわれの究明は、まったく違った点にあるのに、概してひとはそれを見落としているのだ、と抗議してみたところで、それではまだ充分な回答にはならないであろう。それよりもむしろ、次の点に注意してもらうことの方が、よほど当を得ていると思われる。すなわち、客観的不安という区別の仕方は、実は主観的不安との対立を前提にして言われるのであり、アダムの無垢の状態においては、そのような対立は未だ問題になりえないものだということである。最も厳密な意味での主観的不安とは、個体の罪の結果として、個体のなかに定立された不安のことである。この意味における不安については、後の節で述べられるであろう。だが、〔主観的不安という〕この言葉がこのような意味に解されると、客観的不安との対立はなくなり、不安はまさしくその本来の姿において、すなわち主観的なものとして示されることになる。それゆえ、客観的不安と主観的不安との区別は、この世の考察と〔アダム以後の〕後世の個体としての人間の無垢状態の考察に際して、初めて生じてくるのである。この場合、この〔両者の〕区別は、こんな具合になる。――「主観的不安」とは個体としての人間の無垢状態のうちにみられる不安を指すのであり、しかもこの不安はアダムの無垢に対応するものであって、世代の量的規定のゆえに、アダムの不安とは量的に異なっているだけである。これに対して、「客観的不安」とは、かの世代の罪性が全世界において反照（Reflex）することを意味する。

　前章の第二節において、「アダムの罪によって罪性がこの世に入ってきた」という表現には、何とも皮相な反省が含まれていることが指摘された。この表現のなかにも実は何らかの真理が含まれているかもしれないとなると、この際この真理につき再検討すべき場所を得たことになろう。アダムが罪を措定したその瞬間に、この考察はアダムのもとを離れて、後世の各個体の罪の始原に向けられることになる。というのも、いまや世代が措定されたからである。もし仮にアダムの罪によって、人類の罪性が、ちょうど「ひとは直立して歩行する」というのと同じ意味で〔一般論的に〕措定されたとすれば、[11] 個体という概念は止揚〔排棄〕されてしまう。このことについては、前述のとおりである。その際、同時にまた、罪をまるでもの珍しい骨董品か何かのように取り扱おうとする実験的な好奇心に対しても抗議が提出された。その折、次のようなディレンマが提示されもしたのである。――〔罪のとり扱い方について〕自分はいったい何を知ろうとしているのか、何もわからないながら質問しているのか、それとも知っていながら質問して、強いて無知を装うことによって新しい罪を犯しているのか、そのいずれかである。

さて、われわれがこれら一切のことを踏まえてさえいれば、それによって前掲の〔アダムの罪によって罪性がこの世に入ってきた、という〕表現も、それなりの条件つきで真理を獲得することになる。最初のものが質を措定する。かくしてアダムは、罪を自己自身のうちに措定するが、それと同時に人類に対しても措定する。しかし、人類という概念は、あまりにも抽象的でありすぎて、罪のごとき具体的な範疇を措定することはできない。というのも、罪というものは、まさに個体としての人間各自がそれぞれ自己自身として罪を措定することによって、はじめて措定されるものだからである。それゆえ人類における罪性は、ただ単に量的な近似値〔近似的接近〕となるにすぎない。が、この量的な近似値ということも、アダムにその端を発し〔アダムとともに〕始まるのである。実にこの点こそ、アダムが人類における他のいかなる個体にもまさって重大な意義をもつゆえんであり、また前述の表現の真理性があるのである。このことは、正統信仰といえども、その真意を理解しようとするかぎり、認めざるをえないであろう。というのも、正統信仰は事実アダムの罪によって、人類も自然もともに罪に転落したと教えているからである。もっとも、こと自然に関しては、罪が罪の質として、自然のなかに入って来たとはまさか考えられないことであろう。

このようなわけで、罪がこの世に入ってきたことによって、罪はいっさいの被造物に対して重大な意味をもつこととなった。この罪が「非人間的存在」(den ikke-menneskelige Tilværelse)に及ぼしたこの効力を、わたしは「客観的不安」と名づけたのである。

いま言っていることが何を意味しているかということを、わたしは「被造物の切なる待望」という聖書の言葉[12]に注目することによって、何かしらヒントを与えることができるように思う。要するに、切なる待望ということが問題となるかぎり、被造物が不完全な状態にあることは明らかである。待望・憧れ・期待などという言葉に接するとき、われわれは往々にして見落としがちであるが、実はこれらの言葉にはそれに先行する状態が含まれており、かつそのような状態が現存していて、例えば「待望」が展開されると同時にその効力を発揮するものなのである。期待を抱いている者が、現にあるところの状態にあるのは、偶然やその他のことによって、そこに落ち込んだわけではない。つまり彼は、まったく無縁にその状態にあるのではなく、むしろその状態を自分で生み出しているのである。こうした待望の表現が不安なのである。なぜかと言えば、〔彼方に憧れている〕当人《ひと》がそこから脱出を待ち望んでいる状態が不安において告知されており、そしてこのような状態が〔不安を通じて〕告知されるのは、待望だけではひとの救済をはかるには充分でないからである。

　被造物がアダムの罪によって堕落の淵《ふち》に沈んだというのは、いかなる意味においてなのであるか。自由はそれの濫用〔自由の誤った行使〕によって措定されたものであるが、その自由が可能性の反映とか連帯性の戦慄を被造物の上に投げかけたのは、いったいいかなる意味においてなのであるか。また、人間はひとつの綜合であるが、その綜合の両項の極限の対立が措定されていて、その対立の一項〔その一方の対立〕がまさに人間の罪によってこれまでよりもはるかに尖鋭的な対立となったということ、この点はいったいいかなる意味においてなのか。――これらの問題は、心理学的考察の範囲外のことであって、むしろそれは教義学のうち、贖罪論に帰属しているのであり、贖罪〔有和〕を解明することによって、教義学は罪性の前提を解明するのである。*

＊　要するに、教義学とはこのような仕組みのものでなければならない。いかなる学問も、まず第一に、その固有の出発点を着実に把握すべきであって、他の学問との多岐な関係のなかに終始すべきではない。教義学が仮にもし罪性の解明を志したり、罪性の現実性を証明することから始めるなら、そこからは決して教義学なるものは出てこないし、教義学の存在自体が疑問視され、あやふやなものとなるであろう。

被造物におけるこの不安こそ、客観的不安と呼ぶのにふさわしいと思われる。この不安は被造物によって生み出されたのではなく、むしろこの不安は、被造物の上に或るまったく別の光明〔意味〕が投げかけられたことによって、〔被造物のうちに〕生じたものと言える。それというのも、アダムの罪によって感性は罪性にまで堕落せしめられ、〔この堕落のゆえに〕罪が繰り返しこの世に入ってくることになり、〔こうした堕落を介することによって〕不安が被造物の上にもたらされたものと見なされるからである。この解釈は、端的に感性というものが〔感性そのものとして〕すでに罪性であるとするかの合理主義的な見解を拒否する意味においても、ひとつの見識をもっている点が容易に理解されるであろう。実を言うと、罪がこの世に入ってきたあとで、かつまた、罪がこの世に入ってくるそのたびごとに、感性は罪性となるのであって、そもそもの初めからそうであったというのではないのである。フランツ・バーダーは「感性という浅ましい境地というそれ自身がすでに罪性である」[13]という命題に対して、実に再三にわたって抗議した。もっとも、われわれとしてはこの際注意しないと、まったく別の面でペラギウス主義におちいることになる。というのも、フランツ・バーダーは彼の概念規定に際して、人類の歴史を考慮に入れなかったからである。人類の数量化の規定においては（すなわち、非本質的には）、感性は罪性である。ただし、個体との関係においては、当の個体自身が罪を措定することによって、個体が自ら感性を罪とするまでは、感性は罪性ではないのである。

シェリング学派*の若干の思想家たち[14]は、罪によって被造物の身の上にもたらされた「変化《アルテラチオン》」**にとりわけ注目した。その際、生命なき自然のなかにも存するとみられる不安についても語られた。だが、これらの企てがたいして反響を呼ばないわけは、〔何故かと言うと〕世間では、一種の自然哲学上の問題が、教義学の助けをかりて巧妙に論じられている程度にしか受けとめられていないか、それとも自然観察の魔術的な魅力の光彩にわれわれを忘れたある種の教義学的規定を見せつけられているかに世俗的には思われがちだからである。

* シェリング自身においても、不安・怒り・苦痛・苦悩などが、しばしば問題視されている。だが、これらのものに対して、われわれとしては常にいささか懐疑的な態度をとらざるをえない。それというのも、被造物における罪の結果と、シェリングが同じく神における状態や気分などとして特徴づけているものとを混同しないようにするためである。要するにシェリングは、神における状態や気分という表現によって、いわば神における創造の陣痛ともいうべきものを意味したのである。こうした表象的な表現を用いて、シェリングが言い表そうとしているのは、彼自身もある場合には「否定的なもの」（das negative）と呼んでおり[15]、ヘーゲルの場合には、同じ否定的なものという名称ながら、さらに厳密には「弁証法的なもの」として規定されたところのもの、すなわち「他者」（τὸ ἕτερον）を示そうとしているのである。この両義性は、シェリングの場合にも現れている。すなわち、彼は自然の上をおおっている憂愁《メランコリー》について語りながら、同時に神性の憂愁についても語っているからである[16]。しかしシェリングの根本思想をなしているの

は、不安等々のものが主として創造に到るまでの神の苦悩を表現している点にあると言える。ベルリンにおいてシェリングは、同じことをもっと明確に講述した(17)。すなわち、彼は創作活動においてのみ生きがいたりうるというゲーテやヨハンネス・フォン・ミュラーを神性の境地に列し、また同時に、伝達することのできないような至福は、むしろ禍いである所以を指摘したのである。わたしがこの際この点に言及するのは、当のシェリングの発言が、すでにマールハイネケの小論文のなかに印刷されているからである(18)。マールハイネケはそのことを皮肉の対象にしようとしている。が、それは潔《いさぎよ》しとしない。というのも、血気盛んな「神人同形説」(Antropomorphisme)は、それだけですでに何らかの価値をもつものだからである。誤謬があるとすれば、それは別のところにあると言える。すなわち、仮にもし教義学が形而上学的に、また形而上学が教義学的に取り扱われることによって、形而上学も教義学もともに変造され、ゆがめられる場合には、いかに一切が奇妙なものとなるかということの一例を、われわれはシェリングのこの説に見ることができるのである。

＊＊「変化」(Alteration)という語は、〔デンマーク語の表現として〕実に巧妙に両義性を表現している。すなわち、その動詞形(alterere)は、「変造・偽造する」、そのもとの状態から取り出す〔ものが別のものとなる〕という意味で使われるが、他方では、「驚かされる」(blive altereret)という意味でも使われる。というのも、このこと〔驚き〕は、ものが別のものに改造される行為から生じる最初の必然的な効果というわけだからである。わたしの知るかぎり、ラテン人はこの言葉をまったく使わない。むしろadulterare〔変造する、台なしにする〕という言葉を使う。フランス人は altérer les monnaies〔貨幣を贋造する〕とか、être altéré〔変えられる・驚かされる〕という言い方をする。わがデンマークでは、この語は日常の話し言葉として、もっぱら「驚かされる」の意味に用いられている。例えば、世人は Jeg blev ganske altereret,〔わたしは本当に吃驚《びっくり》したよ〕などと言う。俗語としても、この表現が通りの物売りのあいだで語られているのを、わたしは耳にしたことがある(19)。

それにしても、私はいささか脇道にそれたことをここで打ち切り、さしあたってそれを当面の研究領域へと転換させることにする。かつてアダムのうちにあったごとき不安は、もはや二度と現れることはない。なぜなら、アダムによって罪性がこの世に入ってきたからである。これにもとづいて、かのアダムの不安は、いまや自然における客観的不安と個体における主観的不安という類似した二種の不安を付加されたことになる。かのアダムにおける不安に比較すると、後者の方が量的により多くの不安を、前者の方がより少ない不安をもっていると言える。

二　主観的不安

不安がいっそう反省的に措定されればされるほど、〔そのたびごとに〕不安はそれだけ容易に責め〔負い目〕に転化しうるように見える。が、ここで重要なことは、近似的接近〔の規定〕ということに欺かれないことである。すなわち、〔量的に〕「より多く」ということからは、なんら飛躍を生むものではなく、「より容易に」だからとて決して真に説明を容易にするものではないということ、これである。この点を確《しか》と心に銘記していないと、まずは一切があまりにも安易にはこばれ、移行が単純な移りゆきにすぎなくなるという現象に突如として躓かされるはめになる〔危険にさらされる〕か、さもなければ純粋に経験的な観察は決して完結することがありえないとの理由から、決して自分の思想を完結させることができないという危機にさらされるか、そのいずれかである。このようなわけで、たとえ不安がますます反省的になるとしても、「質的飛躍」によって不安のなかに出現する責め〔負い目〕は、やはりアダムのそれと同じ程度の責任〔能力〕を負わされていて、不安もまた同じ両義性をもつのである。

後世の各個体にも、アダムのそれに類比する無垢〔の状態〕があること、またはあったはずと見なされることを、もしひとが否定しようとするなら、それはすべての人を憤慨させるばかりか、必ずや一切の思惟を廃棄せしめることになるであろう。なぜなら、仮にもそうなった場合には、個体はなんら個体でもなくなり、単に類に対して任意に抽出された「事例」（Exemplar）たるにすぎず、それでも同時に個体としての規定のもとにあるかぎり、責め〔負い目〕あるものと見なされるのが必定だからである。

不安は、たとえて言えば「目まい」（Svimmelhed）のようなものである。[20] 仮にある人がふと自分の眼で大口をひらいた深淵をのぞき込んだとすると、その人は目まいを覚えるであろう。ところで、その原因はいったいどこにあるのだろうか。それは深淵にあるとも言えるし、また当人の眼のうちにあるとも言える。というのも、彼が深淵を凝視することさえしなかったら、目まいを起こすことはなかったろうからである。これと同じようなわけで、不安は自由の目まいなのである。つまり、精神が綜合を措定しようとするにあたって、自由が自己自身の可能性〔の底〕をのぞき込み、しかもその際わが身を支えるために有限性に手を差しのべるときに、不安が自由の目まいとなって起こるのである。この目まいのなかで、自由は失神して倒れる。心理学はこれから先へは進むことはできないのであり、またそのつもりもない。[21] まさしくその瞬間に、一切の変革が起き、これを介して自由が再起したとき、自由は自身が責めをもつ身であることを思い知るのである。この二つの瞬間のあいだに、「飛躍」[22]（Springet）が介在しているわけだが、この飛躍については、いかなる学問も説明したことはなく、また説明しようにもそれができないのである。不安のなかで責めをもつ身となる者の責めほど、両義的なものはない。〔なぜなら、当人は可能なかぎり、両義的に責めをもつ身となることを責めるからである。〕言うなれば不安は、一種の女性的な失神状態なのであって、この〔不安の〕なかで自由は、気を失って倒れることになる。贖罪というのも、実はこれを心理学的に言えば、それは常に失神という無力状態のなかで生起するのである。が、同時に不安はおよそありうるかぎり自己中心的であって、どれほど自由が具体的に現れても、〔自由のいかなる具体的表現も〕あらゆる具体化への可能性〔不安〕ほどには、自己中心的ではない。このことは、また共感的・反感的な個体の両義的関係[23]を規定するところの支配的な力でもある。不安のうちには、確かに可能性の自己中心的な無限性がある。それは選択のようにひとを誘惑するのではなく、むしろその甘い懊悩《おうのう》によってひとを重苦しい不安におとしいれるのである。

後世の個体〔としての人間〕においては、不安はますます反省的なものとなる。このことは、不安の対象であるところの「無」が、いわば次第に「或るもの」となる、というふうに表現してもよいであろう。が、だからと言ってわれわれは、無が実際に或るものになるとか、あるいは実際に「或るもの」を意味する、などと言おうとしているわけではない。またわれわれは、いまやそこに無のかわりに、罪とか他の何ものかが措定されるべきだ、などと言うのでもない。というのも、実際アダムの無垢について語られたことが、この場合後世の個々人〔個体としての人間〕の無垢にも妥当するからである。つまり、こうしたことはすべて自由に対してのみ存在するもので、また個体としての個々人自身が「質的飛躍」によって自ら罪を措定することによってのみ存在すると言えるのである。してみれば、不安の〔対象としての〕無はこの場合もろもろの予感から成るその複合体ともいうべきものであって、それらの予感は自己自身のうちで自己反省しながら、次第に個体に接近してくる。が、しかしそれら〔の予感〕はなお本質的に見れば、不安のなかで何ものをも意味していない〔端的に言うと無を意味している〕[24]のである。とは言っても、注目すべきことに、その〔何ものでもないものとしての〕無は、個体がそれと何のかかわりをももたないような無なのではなく、むしろ無垢の無知と生きた交互関係をもつところの無だということである。このように反省された状態にあることが、ひとつの〔未然の〕素因をなしていて、この素因は個体が責めある者となる以前にあっては、本質的に見れば、やはり〔何ものをも意味していないとの謂《いい》で〕無を意味している。が、他面では、個体が質的飛躍によって責めある者となったときには、この反省された状態にある素因こそ、個体がそこにおいて自己自身を超え出るところの前提をなすのである。というのも、罪は自己自身を前提するからである。——といっても、もちろん罪が措定される以前のことなのではなく〔もし仮にそうだとすると、これは予定論となるだろうから〕、むしろ罪が措定された場合のことである。

さて、われわれとしては、不安の〔対象としての〕無が後世の各個体において意味をもつようになったその「或るもの」について、もう少し詳細に考察することにしたい。心理学的考察においては、当の「或るもの」は確かに「或るもの」として通用する。だが、仮に個体としての人間がひとりでも、この「或るもの」によって直ちに責めを負うようになるとすれば、一切の考察が排棄されてしまうということを、心理学的考察は等閑に付してはいないのである。

この「或るもの」こそ、実は「厳密な意味で」（stricte sic dicta）原罪を意味するのであるが、それは「世代関係の結果」によるものである。

A 世代関係の結果

ここで問題とされるのは、言うまでもないことだが、畸形児が生まれる等々のことで医師の手を煩わせるごとき事柄ではない。また、統計的な一覧表によって結論を導き出すような事柄でもない。他の場合と同様に、ここでも正当な「気分」〔雰囲気〕を保つということが肝要である。[25]もし仮に世間で雹《ひょう》や凶作があって、ひとがそれらを悪魔のせいだと教えるなら、それはきわめて善意でそう言われたことかもしれない。だが、角度をかえて本質的な観点から見ると、それはかえって悪という概念が巧妙に弱められたことになり、あたかも間抜けな悪魔について語るのが美学的に滑稽めいて見られるように、ほとんど冗談めかしの調子がふくまれた一つの座興《ざきょう》にすぎない、と言えるのではないか。――なおまた、「信仰」という概念のなかで、歴史的な一面だけが評価され、そのために個体〔としての人間〕における信仰の基礎的な根源性が忘れ去られるならば、信仰は自由な無限性であるかわりに有限的な瑣事《さじ》になってしまう。その結末はと言えば、劇作家ホルベルクのお芝居に登場するイエロニムス[26]が、信仰について語っているような始末になりかねない。——彼〔イエロニムス〕はエラスムスについて、あの男の信仰は異端である、と非難した。つまり、山の向こうでは先祖代々みんなが地球は扁平だと信じてきたのに、あの男だけは丸い〔円形〕と考えたことのゆえに、信仰についても間違うことになったのだというのである。この調子でゆけば、山の向こうの人たちが皆そろって細いタイトパンツをはいているのに、誰かが緩んだルーズ・ズボンをはいたりしたら、それだけで彼の信仰も間違っているということになりかねない。——もし仮にひとが罪性の状態〔比率〕に関する統計的な一覧表を提示し、しかもそれに基づき彩色や等高線によって一目瞭然たらしめるような図形を描くとすれば、そうした試みは、罪というものがまず取り除かるべき対象なのではなく、むしろ罪をまるで気圧や雨量のように計算できる一種の珍しい自然現象として取り扱おうとする企てにあるように見える。その結果として生ずる平均値・規準量というものは、ここではかの純粋経験的諸科学の場合のそれとはまったく違って〔また別の意味で〕ナンセンスなものである。仮にもし誰かが、どの〔地域の〕人間にも平均して$3\frac{3}{8}$インチの罪性があるとか、あるいはラングェドク〔地方〕ではわずかに$2\frac{1}{4}$しかないが、ブルターニュ〔地方〕では$3\frac{7}{8}$もある、などと本気で言おうとするならば、これこそ滑稽きわまる戯言《たわごと》となるに違いあるまい。——これらの例は、緒論で述べた例と同じく、いささかも贅言《ぜいげん》を弄するものではない。というのも、これらの事例は、なお後述の領域とも関連してとりあげられたものだからである。

　罪によって感性は罪性となった。この命題は二重の意味をもっている。すなわち、ひとつは罪によって感性が罪性になるということ、そしてもうひとつはアダムによって罪がこの世に入ってきたということである。これら二つの規定はつねに相互に釣り合いがとれて支え合うものでなければならない。さもなければ、なにか真実でないことが語られていることになるからである。すなわち、感性がかつて罪性になったということは、世代の歴史であるが、しかし感性がそうなる〔罪性になる〕ということは、個体〔個としての人間〕の質的飛躍なのである。

さきにも指摘したとおり（第一章六節）、イヴが創造されたということは、すでに世代関係の継承をあらかじめ象徴的に示したものと言える。イヴは或る意味で、派生的なものであることを特色とした。派生的なものは、確かに根源的なものほどには完全ではない。* だが、この場合の差異は、ただ量的な差異にすぎない。後世の個体〔としての人間〕も、本質的には最初の個体と同じように根源的である。後世の個体にとっては、その差異は、「おおむね」（in pleno）派生的という点にある。ところが、この場合の派生的ということが、これまた個々の個体にとっては、量的にみての多少を意味しうるのである。

＊ もとよりこの点は、ただ人類においてだけ妥当することである。なぜかというと、そもそも人間の場合、個体は精神として規定されているからである。これに反して、動物の種属においては、後代のどの「一例」（Exemplar）も、最初の一例とそっくり同じであり、あるいはもっと正確に言えば、最初のものということ自体が、まったく何の意味もないのである。

このように〔イヴの場合にも見てのとおり〕女性が派生的だということのうちには、同時に、以下に述べるようなことの説明も含まれているのである。――例えば、女性の方が男性よりも弱いという（このようなことを口にする者が、トルコの高官であろうと、また浪漫的な騎士であろうと、それはともかくとして）あらゆる時代にわたって、そう考えられてきたわけは、いかなる意味でのことなのか、についての説明も含まれているわけである。もっとも、その男性・女性の相違といっても、なるほど両性間にみる差異性〔違うには違う〕にもかかわらず、詮ずるところ両者は本質的には同等である、と言わざるをえない。両者において差異が表現されている点はと言えば、イヴにおける不安がアダムにおけるそれよりもさらに一段と反省的だということである。その理由としては、女性の方が男性よりもはるかに感性的だという点があげられよう。むろん当面の問題としては、経験的状態とか平均値などではなく、むしろ綜合の差異が問題であろう。仮に綜合の一部がより多ければ、その結果として、精神が自己措定するとき、分裂はそれだけいっそう深刻になるであろう。そして不安は自由の可能性のなかで、さらに広い活動の場をもつことになる。創世記の物語によると、アダムを誘惑するのはさしずめイヴである、ということになっている。が、だからといって、この点からイヴの罪の方がアダムのそれよりも大きいということにはならないし、まして不安がある種の不完全性を示すなどということには断じてなりはしない。否、むしろ不安の大いさ〔量〕は完全性の大いさ〔量〕を予言するものである。

ここにきてやっと、感性と不安とは釣合いのとれた関係にあるということが、以上の考察によって明らかになった。ところで、世代関係が現れるや否や、イヴに関して前述されたことは、アダムに対するその後の各個体の関係についても妥当するのであり、つまり世代関係のなかで感性が増加すれば〔増加することによって〕不安もまた増加するという関係を示唆するものにほかならない。それゆえ、世代関係の結果は、「より多くの量」を意味する。なるほど後世の個体はいずれも、アダムに比べて「より多くの量」を意味するが、それは本質的にアダムと異なるものではないという意味での「より多く」の謂である。

だが、この点に論及するに先立って、わたしとしてはまず、女性の方が男性よりも感性的であり、「より多く」不安がある、という命題を、もう少し詳細に解明しておきたいものと思う。「女性が男性に比していっそう感性的だということ」は、女性の身体的構造からして直ちに明らかである。ただし、この点を詳論するのはわたしの仕事ではなくて、むしろ生理学の課題である。そこでわたしは、別のやり方で前述の命題を証明しようと思う。すなわち、わたしは女性を美学的立場から、その理想的観点である美の観点にてらして〔女性を〕見てみよう。――すなわち、美が女性の理想的観点をなすというこの事情こそ、女性が男性にまさってより感性的であることの証拠ではないか、ということを指摘しようと思う。次にわたしは、倫理的立場から女性を、出産という理想的観点に見すえて、しかもこの出産が女性の理想的観点をなすというこの事情こそ、とりもなおさず女性が男性にまさって、より感性的だとされる所以《ゆえん》である、ということを指摘しようと思う。

美が支配的であるところでは、確かに綜合はもたらされはするが、この綜合においては精神は排除されている。(27) これがギリシア精神全般の秘密である。その意味では、ギリシア的な美しさには一種の落ちつきとか、もの静かな荘厳さがただよっている。だが、まさしくそのことのゆえに、そこにはある種の不安がある。ギリシア人は、おそらくこの不安に気づかなかったであろうが、ギリシア人の彫塑《ちょうそ》的な美はその不安によって震えていたのである。それゆえ、精神が疎外されているために、ギリシア的美には憂愁を欠いたところがある。だが、まさしくそのために、そこ〔ギリシア美〕には言い知れぬ深い悲哀がある。それゆえ、ここでは感性は罪性ではない。感性はむしろ、ひとを不安におとしいれる解きがたい謎なのである。それゆえ、かの素朴さというのは、不安の〔対象としての〕無という解きがたい無につきまとわれているのである。

さて、ギリシア的な美は、確かに男性も女性も本質的には同じ仕方で把握している。ただしかし、この把握の仕方は、あくまで精神的立場からのものとは言えない。が、それにしても、この同等性という枠のうちながら、やはり一つの区別がある。精神的なものは顔の表現にある。例えば、男性美について言えば、顔とその表情は、何と言っても女性美におけるそれよりも本質的である。たとえ彫塑的なものの永遠の青春が、いっそう深い精神的なものの現れを常に妨げているとしてもである。この点をさらに詳述するのはわたしの仕事ではないが、ただひとつだけ示唆することによって、わたしはその差異を証明しておきたいと思う。ヴィーナス[28]は眠っている姿を描かれても、本質的にはその美しさには何の陰《かげ》りも見られない。否むしろ、ヴィーナスはそうあってこそ、最も美しいのに違いない。とはいえ、この眠りの姿こそ、実は精神の不在の表現なのである。人間が歳を重ね、そして個性が精神的に高揚すればするほど、眠っているときの人間の美しさは失われてゆくものだが、反対に子供は眠っているときが最も美しい、というのはこうした理由によるのである。ヴィーナスは海中から浮かびあがり、休息している姿態で、あるいは顔の表情を非本質的なものと見なすような姿態で描き出されている。これに反して、仮にアポロ[29]が描かれねばならぬとすれば、彼を眠らせておくのはふさわしくない。ジュピター[30]の場合も同様である。仮にもそんなふうにすれば、アポロは美しくなくなり、ジュピターは滑稽になるだろう。バッカス[31]は例外と見なされるかもしれないが、実を言うと、もともとバッカスはギリシア芸術においては、男性美とも女性美ともつかぬ無差別のところがあり、そのため彼の姿は女性的ですらある。ところが、ガニュメデス[32]となると、ともあれ顔の表情がすでに一層本質的なものになっている。

美の概念が変化して、〔ギリシア的でない〕ロマン主義のなかで別種の美が語られるときでも、ここに見られる差異は、これまた本質的には同等性という枠のうちで繰り返されるものである。精神がつねに歴史をもつということこそ、精神の秘密なのだが、そうした精神の歴史は男性の顔〔つき〕のなかに彫り込まれうるものであって、その精神の歴史の文字が明確高貴でありさえすれば、他のことは一切忘れ去られるほどである。これに対して女性の場合は、顔というものが、ギリシアの古典時代よりはるかに重要な意味をもつようになったとはいえ、男性の場合とは違った仕方で、全体性として作用を及ぼすことになる。要するに、女性の顔の表情は、なんらの歴史もないひとつの完結〔全体性〕でなければならない。それゆえ、沈黙は女性の最高の知恵であるばかりでなく、女性の最高の美でもある。

倫理的な観点からすれば、女性は出産において最高潮に達する。それゆえ聖書では、女性は男性を慕情〔欲求〕すべきものと言われている[33]。確かに、男性の慕情も女性に向けられている。しかし男性は、生き方が愚劣であるか、放蕩《ほうとう》で身をもちくずすのでないかぎり、彼の生活が慕情〔欲求〕によって最高潮に達することはありえない。しかし、女性がこの点において頂点に達するということこそ、まさに女性の方が〔男性以上に〕より感性的であることを、正しく証明しているのである。

「女性は男性に比してより多くの不安をもっている。」この命題の真意は、女性の方が肉体的な力において〔男性に比して〕劣っている、ということの謂ではない。この種の不安は、ここではまったく問題にならないのである。むしろそれは、女性の方が〔男性以上に〕より感性的であって、しかも本質的には男性とひとしく精神として規定されていることによるのである。それゆえ、世間では女性が弱い性である、等としばしば言われてきたことは、わたしにとってはたいした問題ではない。なぜかと言えば、仮にもしそうだとしても、女性の方が男性に比して不安が少ないこともありうるはずだからである。不安はここでは、常に自由との関連において考えられなければならない。それゆえ、創世記の話があらゆる類推とはまったく逆に、女性を唆《そそのか》して男性を誘惑させているが、これもよく考えてみれば、それは至極あたりまえの話である。なぜかと言うと、あの〔イヴの〕誘惑は、もともとアダムがイヴを媒介して蛇に誘惑されたわけで、それこそ女性的な誘惑だからである。一般的には、誘惑と言えば、〔相手をだます、口説く、等々の〕言葉の慣用からしても、男性に優位が与えられるのが普通である。

さて、あらゆる経験によってすでに承認されていることだが、そのことをわたしは、もっぱらひとつの実験的な観察に即して指摘するだけにとどめておきたい。いま仮にひとりの若い無垢な少女がいるとして、さてひとりの男がその少女を欲情的なまなざしで凝視するなら、きっと彼女は不安をおぼえるであろう。そのほかに彼女は腹立たしく思ったりもするかもしれないが、まずはじめは何はともあれ不安をおぼえるに違いない。これに反して、ひとりの女性が若い無垢な青年を欲情的な目つきで凝視したところを想定してみると、当の青年の気分は不安といったものではなく、むしろせいぜいのところ嫌悪をまじえた羞恥《しゅうち》〔心〕といったところであろう。それはなぜかと言うに、それこそまさしく青年の方が遥かに多く精神として規定されているからにほかならないのである。

アダムの罪によって、罪性がこの世に入ってきた。それと同時に、〔男女の性なる〕性欲も入ってきた。そしてこの〔男女の性としての〕性欲が、アダムにとって罪性を意味することになった。かくして、性的なものが措定されることになったのである。いま世のなかでは、無邪気〔素朴〕ということが、書物でも日常のお喋りでも、しきりに話題になっている。だが、無垢だけが無邪気なのであって、それはまた無知でもある。性的なものが〔意識のうえで〕自覚されると、それ以後に、無邪気〔素朴性〕などを口にするのは無思慮であり、気どりであり、またそれ以上に悪いことであり、言うなれば好色の仮面〔肉欲の隠蔽〕であったりする。だが、人間がもはや無邪気でないからと言って、この点からこのひとが罪を犯していることになるわけでは断じてない。が、それにしても、真なるもの・人倫的なものから、ひとの注意をそらすことによって、ひとを欺こうとするのは、こうした陳腐な饒舌・冗談のたぐいである。

性的なものの意義、ことに個々の領域におけるそれぞれ性的なものの意義に関しての問題は、ことごとくがこれまでほとんど満足に答えられたことがない、という点は否定さるべくもない。しかもそれらが正当な気分〔雰囲気〕のもとで答えられたものかとなると、それはきわめて稀である。これらの問題を冗談話にしてしまうのは、上辺《うわべ》をつくろうごまかし〔無策というもの〕である。警告するのはむずかしいことではない。当面の問題につき難点にふれないようにして、うわべだけ説教することは、これまたむずかしいことではない。しかしながら、それについて本当に人間的に語ることは、ある種の技術なのである。仮に舞台〔劇場〕と説教壇にそれの解答をまかせるようなことをすれば、一方が言葉に出して表現することを、他方は口にすることをはばかる始末で、このため一方の説明と他方の説明とが天と地ほどの差異を生ずること必定であろう。結局、このようなところにゆきつくのなら、それは一切を断念することにほかならず、自らは指一本ふれずにいて、重荷を人びとにおしつけることに相当する。(34) つまり、二人の教師〔舞台と説教壇〕はそれぞれどちらか一方の内容だけしか講義しないのに、〔それを聴く〕一般の人びとの方は、双方の説明から〔統一した〕意見を汲みとらねばならぬ始末である。こんな不都合なことは、とっくの昔に気づかれていたはずなのである。——仮にもせよ、われわれの時代の人びとが、こんなにも美しかるべき人生を、無思慮のあまり軽率についうからうかと浪費する手の世故《せこ》に長《た》けているのでさえなかったならば、以上のごとき不都合には難なく気がついていたはずなのである。ところが、考えてみると、何らかの途方もなく広壮・巨大な理念にまつわる饒舌《おしゃべり》が火もとになって、烏合《うごう》の大衆は無思慮にもそれに仲間入りすることにより、団結の力への不動の信念のもと、その理念の遂行のために、なお一層結束を固めることになる。もっとも、この信念たるや、〔理念実現のための信念〕とはいえ、実はかの居酒屋の店主の確信にも劣らず奇妙なものと言わざるをえない。——かの店主の確信とは、店のビールを仕入値段〔元値〕以下でより安く売りながら、それでも「数がものをいうからさ」と確信し、儲《もう》かるに違いないと思い込んでいられる笑止な信念をいうのである。世の事態かくの如しとすれば、いまの時代の誰ひとりとして、以上のごとき考察に心をよせる者がいないとしても、あえてあやしむに及ぶまい。だが、わたしにはこのことがよくわかる。もしソクラテスがいま生きていたならば、彼は当節われわれが話題にしたのと同じことについて考えをめぐらしたことであろう。もっとも彼は、わたしなどにできるよりも、もっと上手に、言うなればもっと崇高に、やってのけたであろう。かくしてわたしは確信しているのだが、ソクラテスはわたしに向かって、こう語りかけたに違いない。――「親愛な友よ、君が考えるに値するものとして、いま反省していることは正当なことだ。それは夜を徹して語り合うに値することだが、実際そうしてみても人間本性の秘密を究めるとなると、これは究めつくせないものがあるからね」と。この確信こそ、現代社会こぞっての拍手喝采《かっさい》よりも、わたしにとっては何ともはかり知れないほどの価値がある。というのも、この確信は、わたしの魂をゆるぎないものにしてくれるのであり、世の賞讃はわたしの魂を懐疑的にするからである。

　性的なものそれ自身は、罪あるものではない。性的なものは、むろん本質的には現存しているはずであるが、当の性的なものについての本来的な無知は、動物にだけ限られている。それゆえ動物は、盲目的な本能にしばられており、盲目的に行動するのである。現にそこに存在しないものについて知らない〔無知〕という意味での無知は、子供の無知である。これに対して、無垢は無知を意味する知である。無垢と倫理的無知との差異は、容易に見わけられよう。というのも、無垢の無知は知への方向に規定されているからである。無垢とともに、その最初の規定が無知であるような知が始まる。これが「羞恥」(Scham)の概念である。羞恥のうちには不安がある。というのも、精神は綜合〔を構成するそれ〕の区別の頂点において規定されて、それも精神がただ純粋に身体として規定されているだけではなく、性的羞恥を具えた身体として規定されているといった仕方で規定されているからである。ただし、羞恥は確かに性的な差別にまつわる知ではあるが、しかし性的差別に対する何らかの関係を意味する知ではない。つまり、そこには衝動そのものがまだ存在していないのである。羞恥の本来の意味は、精神がみずから言わば綜合の頂点に立つものとして認知〔告白〕できないという点にある。それゆえ、羞恥の不安はかくまで並ずれて両義的なのである。その不安のなかには、感性的な快感のかけらもないが、にもかかわらずそこに一種の恥ずかしさが見える。それはいったい何に対する恥じらいなのか。それこそ、無に対する恥じらいなのだと言ってもよい。しかも、このわたし〔個体としての人間〕は、羞恥のゆえに〔そのあまり〕自ら死ぬことさえありうるのである。傷つけられた羞恥は、最も深い苦痛なのである。というのも、それこそあらゆる苦痛のうちで最も説明しがたく謎めいたものだからである。それゆえ、羞恥の不安はひとりでに自分で目覚めることもある。だが、この役割を演じようとしているものが快感でないことは、もとより当然のことである。この後の場合の例は、F・シュレーゲルの童話『メルリーンの物語』(全集第七巻一五頁)[35]のなかに見られる。

羞恥においては性的差別が措定されているが、それはその相手方、つまり異性に対する関係においてではない。性的差別が起こるのは、性的衝動においてである。しかるに、この性的衝動は単なる本能ではないから、それはまさにそれ、ゆ、え、(eo ipso)、当然ある「目的」(τέλος)、すなわち生殖という目的をもっている。これに対して、静止しているものが愛であり、純粋な性愛《エロス》である。精神はまだともに措定されていない。精神が措定されるや否や、しかも単に綜合を基礎づけるものとしてでなく、精神として〔精神が〕措定されるや否や、性愛は消え失せることになる。このことを示す最高の異端的な表現は、性愛《エロス》的なものを喜劇的〔滑稽〕なものとする点である。が、このことの真意としては、あたかも好色家が性愛《エロス》的なものを滑稽なものに見立てることで、自分の色好みの才気の種《たね》だなどと、うそぶいてすませるような意味に解されてはならない。むしろそれは、性愛《エロス》的なものとそれに対する倫理的な関係を精神の無差別〔平等性〕のなかで中和させる〔止揚する〕ところの、知性の力とその優位を意味しているのである。このことの経緯には、まことに深い理由がある。羞恥における不安は、精神が自己を局外者〔疎遠なもの〕と感じる点に依拠していたのだが、いまや精神は徹底的に勝利をおさめるにいたって、性的なものを自分にはまるで疎遠なものとして、またこれを喜劇的なものと見下しもするのである。精神のこうした自由を、羞恥の心境はもとより手にすることはできなかった。性的なものとは、不滅なるべき精神〔霊〕が〔男性もしくは女性という〕「性」(genus)として規定されるというあの驚くべき「矛盾」[36](Widerspruch)の表現である。この矛盾は、深い羞恥〔心〕として現れるのだが、この羞恥〔の心境〕の方は、この矛盾から眼をそらせ、当の矛盾をあえて理解しようとしないのである。性愛的なものの場合には、この矛盾は美的見地から理解される。というのも、美はまさしく心的なものと身体的なものとの統一だからである。だが、性愛的なものが美的見地から理解しようとしているこの矛盾は、精神にとっては美であるとともに喜劇的なものである。それゆえ、性愛的なものに対する精神の表現は、それ〔性愛〕が美的なものであるとともに、喜劇的なものだということになるのである。かくいう精神にとっては、性愛《エロス》的なものに対して感性的なものが投影されることはない。仮にそのようなことがあったとしたら、それは欲情である。この場合、当の個体は、性愛《エロス》的なものの美よりはるかに低俗なものとなるであろう。否、むしろこのことを精神の成熟と仮定してみよう。この点をその純粋性において理解できた人は、むろんごくわずかしかいない。ところがソクラテスはこの点を理解していた。それにしても、クセノポンが、「ひとは醜女《しこめ》を愛すべきだ」とソクラテスに語らせたとき[37]、この言葉はクセノポンの手がけた〔ソクラテスにまつわる〕一切のものとともに、嫌悪すべき狭量の俗物性と化しているのであって、ことにそんなおぞましい俗物根性こそ、およそソクラテスに似つかわしくないことなのである。この言葉の真意としては、まず当のソクラテスが性愛《エロス》的なものを無関心なものと見なしたところにある。なお、喜劇的〔滑稽〕なものの根底にひそむ矛盾を、ソクラテスはその場にふさわしい皮肉な矛盾によって、「ひとは醜女《しこめ》を愛すべきだ」と適切に表現しているわけである。* だが、このような見解がそれの嵩高な純粋性のままにほとばしり出てくることはきわめて稀である。そのためには、幸運な歴史的展開と独創的な天分が運よく出くわすことが何にもまして必要なのである。仮にほんのわずかでも支障をきたすような可能性があるならば、かの見解は気障《きざ》で鼻もちならぬものとなるであろう。

＊　ソクラテスが接吻について、クリトプルスに向かって語っている語り方[38]も、このように、〔本文の指摘と同じく〕理解されなければならない。ソクラテスが接吻の危険について、あれほどまじめに熱心に語る

はずがないということ、さらには彼が女性の顔をまともに見られなかったような小心な醜男《ぶおとこ》などでは断じてなかったということ、これらのことは誰にだって明らかなはずだと、わたしは思う。もっとも接吻は南国とか、もっと情熱的な民族のあいだでは、わが北欧におけるよりも何かより以上のものを意味しているのであろう。(この点については、ヨハン・バプティスト・サックムに宛てたプテアヌスの書簡を参照されたい。――「わが国〔ベルギー〕の娘たちは、情欲のはじまりが、《凝視する・接吻する》といった行為のうちにあることをまるで知っていないのです。そのために彼女たちは、ひとまえで平気で、《凝視したり・接吻したり》等していますが、あなたの国〔イタリア〕の娘さん方は、それをご承知のはずです」――ピエール・ベイル編『事典』中のケムピウスによる「接吻論」M. Kempius' Dissertatio de osculis, 1680 参照)。(39) それにしても、こんなふうに語ることは、アイロニーの人としてのソクラテスにも、モラリストとしてのソクラテスにも似つかわしくはないのである。要するに、ひとがモラリストとしての面をあまりに強調しすぎると、かえって欲望を呼びさまし、子弟を刺激して、ほとんど心ならずも師に対して皮肉な態度をとらせてしまうものである。アスパシアに対するソクラテスの関係がそれと同じことを証示している。ソクラテスは彼女〔アスパシア〕の曖昧な私生活などはお構いなく交際していた。ソクラテスとしては、ただ彼女から学ぼうとだけ願っていたのである。また実際、彼女の方にもそれなりの才能があったように見える。なんでも、男たちは自分の妻を、ただアスパシアについて学ばせたいばかりに、彼女のもとに預けたとさえ伝えられているからである。(40) ところがアスパシアの方がその美貌によって、ソクラテスに働きかけようとの卑しい下心をのぞかせたとき、おそらくソクラテスは、「ひとは醜女《しこめ》を愛すべきだ」ということ、それにまた妻クサンティッペだけで自分の意図は充分に達成されているわけだから、これ以上よけいな愛嬌をふりまくには及ばないと、かくの如く説いて彼女をたしなめたのに違いない(41)(妻クサンティッペに対する関係についてのソクラテス自身の見解については、クセノポンの叙述を参照)。――残念ながら、どんな書を読むにもひとが何がしかの先入観をもって読書することが繰り返されている以上、誰もが自明のこととして、犬儒派の徒は好色な人間だと思い込んでいるとしても、なんらあやしむにたりないわけである。だが、まさしくこの犬儒派において、性愛的《エロス》なものを喜劇的〔滑稽〕なものとする、かの解釈の一例が見出されるように思われるのである。

キリスト教においては、宗教的なものが性愛的《エロス》なものの扱いを抑制した。それは単に倫理的な誤解により罪悪なるものと見なしてその判断を留保したのではなく、むしろ精神に即して見れば男女の区別は存在しない以上、それは気にかけるには及ばないものとして、そのままになってしまったのである。ここでは性愛的《エロス》なものは、反語的に〔アイロニーによって〕中和されているのではなく、抑制されているのである。というのも、精神をさらなる高みへと導いてゆくこと、それこそがキリスト教としてのあり方だからである。羞恥のなかで精神は不安とはにかみをおぼえ、性的差別を身につけることをおそれるようになると、この差別を倫理的に徹底させることのかわりに、個体としての人間は突如として身をひるがえして、精神の最高の領域からの説明を求めようとする。これが修道院的な考え方の一面であって、それはさらに厳密に規定されると、倫理的厳粛主義《リゴリズム》とか瞑想的諦観とかになるのである。*

＊ 現象を大胆に考察することに慣れていない人にとっては、非常に奇妙に思われるかもしれないが、性愛《エロス》的なものを喜劇的〔滑稽〕なものと見るソクラテスの反語的な見解と、修道僧の「隠し妻」（Mulieres subintroductae）に対する関係とのあいだには、完全な類比がある。ただし、これを濫用することは、もっぱら濫用しようと思う人間の問題である。

こうして、羞恥のなかに不安が措定されているように、不安はまたあらゆる性愛的《エロス》な享楽のなかにも現存している。それはこの性愛的《エロス》な享楽そのものが罪だからというのでは断じてない。したがってまた牧師が、一組の男女を十度《たび》祝福したとしても何の役に立つものでもない。たとえ性愛的《エロス》なものが、およぶかぎり美しく、純粋かつ倫理的に表現されようとも、またその歓喜が欲情的な反省によって乱されることがなくても、不安はそこにも現存しているのである。ただし、それは攪乱する〔妨害的な〕不安なのではなくて、ひとつの契機としての不安である。

この点に関して観察をこころみることは、きわめて困難である。この場合われわれには、とりわけ医師がこころみる次のような慎重さが必要である。例えば医師が、脈拍をみるとき、いま自分のみている脈拍が自分自身の脈なのか患者の脈なのか、主客転倒にならぬよう戒心することである。つまり、この際われわれが発見する運動は、観察する際に生じたわれわれ観察者自身の心中の動揺と混同しないよう留意されるべきである。それにしても、確かに言えることは、たいていの詩人は恋愛の描写にあたって、それがいかに純粋で無垢であれ、そのなかに不安をその契機としてとり入れているということである。が、この点をさらに詳細に究明するとなると、それは美学者の仕事である。それにしても、いったいなぜ不安がそこに起きたのか。それは性愛的《エロス》なものの頂点においては、精神がそこに共存しえないからである。わたしをしてギリシア人的に語らせれば、こうなる。――確かに、精神はそこに存在している。綜合を構成するものは精神だからである。が、この精神は性愛的《エロス》なもののなかで自己を表現することができない。それは自己を疎外された者として感じるからである。そこで精神は性愛的《エロス》なものに向かって、こんなふうに言う、「友よ、ここで自分は第三者ではいられないのだ。だから、自分はしばらく身を隠していよう」。

しかし、これがまさしく不安なのである。そして同時に、それは羞恥なのである。いったい教会の祝福〔婚儀〕だとか、ただわが妻のみによりかかる夫の貞節だけで「問題なし」とかたづけるのは、大間違いである。多くの夫婦関係が、かくべつ他者の介入もないのに汚されている。が、性愛《エロス》的なものが純粋無垢で美しい場合には、この不安もまたやさしく、おだやかである。なればこそ詩人が甘い不安について語るのは、もっともなのである。(43)〔性愛《エロス》的なものが純粋でないと、不安は憤怒となる。また不安がまったく存在しないとなると、性愛《エロス》的なものはすでに動物的なものとなるというも同然である。〕が、それにしても、不安が女性の場合には、男性の場合に比してより大きいということは、おのずから明らかである。

さて、われわれは以前の問題、つまり後代の個体としての人間各自がアダムに対してもっところの「より多くの量」という各個体における世代関係の結果を扱ったあの問題に戻りたいと思う。受胎の瞬間においては、精神は最も遠く別離しており、かくして不安は最も大きい。この不安のうちに新しい個体がこの世に芽ばえる。その誕生の瞬間には女性の不安は、再び頂点に達する。そして、この瞬間に新しい個体がこの世に生まれるのである。産婦が分娩に臨んで不安がるということは、周知のことである。生理学には生理学としての解釈があり、心理学にもまた心理学としての解釈があるはずである。産婦としての女性は、ふたたび綜合の一方の極限の頂点に立っているのであり、そのために精神は震えおののくのである。というのも、精神はこの瞬間においては自らなんらの課題をもつこともなく、いわば無力化されているからである。それにしても、不安は人間本性の完全性を示すひとつの表現なのである。それこそ、未開の諸民族の場合は動物の安直な出産に類似したものが見出される点から推しても、容易に首肯されよう。

しかし不安が多ければ多いほど、感性もそれだけ多大なのである。後に〔受胎によって〕産み出された個体としての人間は、もとの個体にもまして、より多く感性的である。この「より多く」ということは、アダムに比して後代の各個体にとって、世代共通の〔全般的な〕「より多く」ということである。[44]

ところで、アダムと比較してその後の個体〔各個人〕がより多くもっているところの不安と感性のより多く〔の増加分〕が、もちろん各個体のうちでさらに〔より多く・より少なくとの〕量の増減〔多寡《たか》〕を意味しうるものであることは、これまた言うまでもないことである。ここには真におそるべき差異が見出されるのであり、そこでこの差異につき思いを傾けることをあえてなすのには、何びとも、確かにより深い意味において、あるいは真に人間的な共感をもって、ゆるぎなき確信をもって臨《のぞ》むのでないかぎり、これをあえて思索することは、不可能というべきであろう。——すなわち、〈量的なものを単純な移行によって質的なものに転化させる「より多くのもの」〔量的な増加分〕は、未だかつてこの世において見出されたこともなければ、また見出されるはずもないであろう[45]〉ということについて、ゆるぎなき確信をもって臨《のぞ》むのでなければならないのである。神は父祖の罪を子に報いて三代四代の子孫にまでおよぼす、という聖書の教え[46]は、身命を賭して声高く証言されている。あの宣言はユダヤ教の教義であると断定することで、この宣言の身の毛もよだつ恐ろしさをごまかそうとしても、それは何の役にも立たない。キリスト教は、どんな人に対しても個別的に、外面的な意味において、そもそもの初めからやり始めてもよいという特権を決して承認したことはなかった。各個人はそれぞれ歴史的な連鎖のなかで始めるのであり、自然なりの帰結はいまもなお昔どおりに妥当するのである。ただ相違するところは、キリスト教がかの「より多くのもの」〔増加分〕を超えて自己向上することを教えているのに対して、そうしない者については当人がそれを欲していないのだと判定するという、その点だけである。

感性がここでは「より多くのもの」として〔量的に〕規定されている〔理由からして〕そのために、精神の不安は、精神がその不安を自分で引き受けなければならない場合にそれだけ一層大きなものとなる。その極限として、ここに「罪に対する不安が罪を生み出す」という戦慄すべき命題が生起する。もし仮に悪しき欲望とか色欲などが個々の人間に生まれつきのものだとすれば、そこにおいて個体が責めあるものにも〔責めなき〕無垢なるものにもなれるという両義性は崩れることになる。かくて、不安の無気力のなかで〔失神して〕、個体〔としての人間〕は倒れる。しかもかくなればこそ、個体は両義性にして、責めあるものでもあり、また〔責めなき〕無垢なるものでもあると言える。

このように無限に上昇し下降する流動的な量の多少についての詳細な事例をここに挙げることは差し控えておこう。そうした事例が何らかの意味をもつようになるためには、広範にして細心な美学的・心理学的な詳論が必要とされよう。

B　歴史的関係の結果

アダムに比して後代の各個体〔としての人間〕が共有するあの量的な「より多くのもの」〔増加

分〕を、この際ただひとつの命題によって表現するとすれば、自分はこう言うであろう。――それ〔より多くという量的な増加分〕は、感性が罪性を意味しうる、ということである。すなわち、それについては漠然とながらも知っているということだが、その漠然たる知識のうちには、およそ罪というものが一般に何を意味しているのかについての漠然たる知識と、さらにはそれに加わって歴史的なものについての誤った歴史的把握とがある。なお、この誤った歴史的把握について付言すると、〔かの歴史上の〕「この話は君のことを言っているのだ」(De te fabula narratur)[47]の一句が誤解され、その主旨が受けとめられないとなると、〔そのことのために〕まず個体の根源性という肝要な点が見落とされて、個体は無造作に人類ならびに人類の歴史と混同されることになる。〔以上のような誤った歴史的把握などのために〕われわれは、感性が罪性であると言うのではなく、むしろ罪が感性を罪性にしていると思い違いをしてしまう。そこでこの際、後代の個体のことを考えてみると、各々の個体はそれぞれ一定の歴史的環境をもっていて、その歴史的環境のなかに立つと、感性が罪性を意味しうることが歴然としてくる。個体それ自身にとっては、感性が罪性を意味することはないが、それにまつわる知識が不安に〔量的に〕より多くのものを背負わせることとなる。かくして精神は、感性に対立するばかりか、罪性にも対立する関係に立たされるのである。無垢なる個体がこうした知識をまだ理解していないことは、言うまでもない。というのも、それが質的に理解されてはじめて真に理解されるものだからである。それにしても、この知識はこれまたひとつの新しい可能性なのであり、かくして自由が自由の可能性において感性的なものと関係するとき、自由はますますその不安を増すことになる。

この一般的な〔量的に〕「より多くのもの」が、各々の個体にとってさらに量の多少を意味しうることは自明のことである。その一例として、早速ひときわ目立った差異に注目して言うなら、キリスト教がこの世に入ってきて、救済が措定されて以来、感性は精神に対して異教世界には見られなかったような対立のなかにおかれるに至った。そしてこの対立こそ、感性が罪性であるという命題を確証するのに実にうってつけのものである。

キリスト教の内部的な特殊性においても、かの「より多くのもの」はやはり量的多少を意味しうるのである。それは、無垢な個体の各自がその歴史的環境に対してとる関係の仕方による〔依存する〕のである。この点においては、最も差異をもつものなのに、それが同一のものを呼び起こすこともありうる。自由の可能性は不安のなかで告知される。結果として、ひとつの警告が不安のなかにある個体を死にいたらしめるようなこともある（自分はつねに、もっぱら心理学的にのみ語っているのであって、決して「質的飛躍」を廃棄《アウフヘーベン》するのではないことを心にとめておいていただきたい）。もちろん警告はそれと正反対のことを目指していたにもかかわらず、そうなりうることがあるのである。罪の凝視は、ある人間を救うことにもなり、また他の人間を滅ぼすことにもなりかねない。冗談が真剣さと同じ働きをするかと思えば、その逆の場合もありうる。談話も沈黙も、それが意図したのとまさに正反対の結果を生むことがある。この点に関しては、何の限界もないのである。それゆえ、ここでもまたわれわれは、それが量的な多少という規定の正当なるを知ることになる。なぜなら、量的な多少というものは、まさしく無限なる〔限界なき〕限界だからである。(48)

いま述べたことを実験的な観察によってさらに詳細に論述することは、論旨が脇道《わきみち》にそれることになるから、わたしとしてはこれを差し控えることにしたい。それにしても、とかく人生というものは、もしひとが見るすべを心得てさえいるなら、すこぶる豊かなものである。なにもパリやロンドンにまで出かけるには及ぶまい。というのも、なんら見る眼識をもち合わせていないとなれば、そんなことまでしても何の役にも立たないからである。

なお不安は、ここでもまた相変わらず両義性を含んでいる。この点に関して、以前に述べたあの「個体は罪に対する不安によって罪を生む」という極限に対応するいまひとつの極限が生起しうるのである。すなわち、「個体は責めあるものとなる〔ことに対する〕不安によってではなくて、責めあるものと見なされることによる不安のなかで責めあるものとなる」[49]ということである。

なお、前述の方向における最大の「より多くのもの」〔それの極限〕は、個体としての人間がやっとものごころのつく頃から、感性と罪性とが疑いもなくいったいのものとして同一視されるように、躾《しつ》けられているということである[50]。仮に当の個体としての人間が、自分の周辺のどこの環境のうちにもなんら心の支えになるものを見出しえない場合には、この最大の「より多くのもの」〔その極限〕はこのうえなく痛ましい心的葛藤となって現れることになろう。いまやこの最大の「より多くのもの」〔それの極限〕に加えて、さらに個体としての人間が自己自身を罪性についての自己の歴史的知識と取り違え〔それを混同することにより〕、「もし君も同じようにやってみたら」という自由の契機を忘れて、不安の発作のなかで、個体としての自己自身をいきなりいまいう罪性の範疇のもとに従属させるようなことがあれば、そのとき最高の「より多くのもの」

〔それの極限〕が頂点として現前することになる。[51]

以上、きわめて簡略な示唆にとどめたことではあるが、相当に経験の豊富な人でなければ、多くのことがしごく明確に語られている当の主旨を察してもらえないかもしれない。とはいえ、これらの問題は、これまでにもしばしば考察の対象になったものなのである。通常このような考察には、「先例にならって」[53]（om Exemplets Magt）との決まり文句[52]が掲げられる。最近の超哲学的時代のことはさて措《お》くとしても、右の点に関しては、非常に多くの有益なことが語られてきたことは否定すべくもない。だが、そのような「先例」がいったいどういうふうに効力を発揮するのか、という肝心の心理学的中間規定が、往々にして欠落しているのである。それにもまして、こうした領域においては、事柄がしばしば軽率に取り扱われすぎて、そのため人生のとるに足らぬ些細《ささい》なことにまつわる一度きりの小さな過失が、これまた人間一生のとてつもなく莫大な計算を狂わせてしまうことがありうる点に注意がはらわれていないのである。心理学的注意は、もっぱら個々の現象にとらわれすぎていて、それと並行してそれ自身の永遠なる範疇を用意することがなく、またどんな犠牲を払ってでも個々の個体〔としての人間〕を人類のなかに導き入れることによって、人類を救済しようとしていながら、当の人類救済にあたってのやり方が充分に慎重であるとは言えない。ひとはこれまでの実例が子供に感化を及ぼしているはずだと思っている。子供はまさに小さな天使なのだが、堕落した環境がその子供を巻き添えにしたのだ、とひとは言う。そこで今度は、そうした環境の悪さについて説き、これこれしかじかで子供は転落したのだ、とひとは言い立てる。が、仮にもしこのことが単純な「量的進展」をとおして生起するものとすれば、それによって一切の概念は止揚され成立しないことになってしまうであろう。こうした点について世人は気づいていないのである。またひとの言うには、子供が根底から損《そこ》なわれている以上、すぐれた実例をもってしても、何の効果も得ることはなかろうという次第である。ともあれ、かの「ラナ・パラドクサ」(54)（逆説の蛙《かえる》）が、蛙についての自然科学的分類を嘲笑し、それに反抗するような具合に、当の子供が、わが親族を軽視するどころか一切の人間的言語や思想を愚弄するだけの力を獲得するまでに頽廃的にならないように、是非ひとは心してほしいものである。個々のことを観察するすべは心得ていながら、それと同時に全体を「念頭に」（in mente）おくことのできない人間が意外と多いものである。が、そのような観念は、ある面では役に立つものであるのかもしれないが、結局は混乱をまねくにすぎない。——あるいはまた、子供というものは、たいていの子供たちがそうであるように、善くもなければ悪くもない。だが、その子供が善い社会に入ったことで善くなり、また悪い社会に入ったことで悪くなったとされる。中間規定、中間規定よ、来たれ！　仮にもし子供がたとえどんな環境に加わろうとも、責めを負うこともできれば、無垢であることもできるという思想（この想念なくしては子供を救うことなどひとつの幻想にすぎないことになる）を救うところの両義性を具えた中間規定が要請されなければならない。もしこれらの中間規定を即刻かつ明白に用意しておくのでなければ、原罪・罪・人類・個体といった諸概念は喪失することになろう。それとともに、子供も。

以上の点からして、感性が罪性でないことは明らかである。が、罪が措定されたこと、また措定されることによって、罪が感性を罪性にするのである。そうなると、罪性がそれと同時に、ある別のものを意味するようになるのは自明である。だが、罪がさらに何を意味するかとなると、われわれの関知すべきことではない。われわれにとって肝心なことは、罪に先行し、心理学的に言って多少とも罪の素因をなしている状態を、心理学的に深く究明することである。

知恵の木の実を食したことによって、善悪の区別がこの世に入ることとなった。それと同時に、また性的区別も衝動として登場してきた。それがどのようにして起こったのか、いかなる学問もそれを説明することができない。心理学だけが及ぶかぎりこの問題に接近してゆき、極限に立ち入ってその近似値を説明しようとする。すなわち、心理学は可能性の不安のなかで、あるいは可能性の無のなかで、自由の自覚的な現れの真相、つまり自由が自分自身の面前に立ち現れることの真相をその極限に立ち入って説明するのである。もし不安の対象が〔特定の〕何か或るものであるとすれば、そこにはなんらの飛躍もなく、ただ量的な移行があるだけである。確かに後世に創られた個体は、アダムと比較すると「より多くのもの」〔感性の増加分〕を担っており、また他の個体と比べれば、これまた「より多い」とか「より少ない」とかの量的多少が加わることにもなる。が、それにもかかわらず、不安の対象が無であることは本質的に妥当する。しかるに不安の対象が何か或るものであって、本質的に見て、すなわち自由の方向から何か或るものを意味するとすれば、そこにはなんらの飛躍もなく、ただ一切の概念を否定する量的移行があるだけである。仮にある個体にとって感性が飛躍に先立って罪性として措定されるとわたしが言う場合でさえ、感性が本質的にそのようなものとして措定されたのでないことは確かである。というのも、当の個体は本質的には感性を罪性として措定してもいないし理解してもいないからである。なおまた、後世に創られた個体においては、感性の「量的により多くのもの」が措定されている、とわたしが言う場合でも、それは飛躍との関係に立つかぎり、結局は意味のない量的に「より多く」でしかないのである。

ところで、仮にもし次のごとき条件を具えた学問があれば、——すなわち、不安のもつ教義学的・倫理学的・心理学的な特質を具えていて、しかも何らか別種の心理学的中間規定をもつような学問があるとすれば、そのような学問こそ、目下重宝《ちょうほう》されてしかるべきであろう。

ともあれ、ここに述べたことが、罪を主我的なもの〔自己本位なもの〕に見立てるという罪についての通常の説明[55]と完璧に一致することは、容易に見定めることができよう。だが、このような規定にばかり没頭すると、それに先立つ心理学的難点を解明することがなおざりになってしまう。さらにまた、罪があまりに精神的に〔霊《プネウマ》的に〕規定されすぎて、罪はそれが措定されることによって、精神的と同程度に感性的な帰結を措定するものだという点に、充分な注意を払わないことにもなりかねないのである。

それにしても、近代の学問[56]では、とかく罪を主我的なもの〔自己本位〕だと説明してきたものだが、仮にもしそうだとすれば、罪についての説明がどの学問にも見あたらないのは、まさしくこの点〔罪を主我的なものだとする見方〕にあるという当の主旨が、少しも気づかれていないのは何とも不可解なことである。それというのも、罪が主我的なものとは、まさに個別的なものに他ならないのであり、そしてこの個別的なものが何を意味するかは、個別者が個別者としてのみ知ることのできることだからである。もし〔仮に〕個別的なものが、普遍的な範疇のもとで考察されるなら、それは一切を意味しうるのであり、ただしその一切というのは、まったく何も意味しない〔あるいはまったくの無を意味する〕のである。このようなわけで、罪が主我的〔自己本位〕なものだという規定は、まったく正しいものと言える。ただし、そういう規定は、学問的にはきわめて無内容で、およそ何の意味もないということを、心にとめているかぎりで、全くそのとおりなのである。なお最後に一言付記すると、この主我的〔自己本位〕という規定のなかには、罪と原罪とのあいだの区別についてなんら考慮されていないし、またいかなる意味で一方が他方を説明するのか、すなわち罪が原罪を、そして原罪が罪を説明するか、ということについても同様に考慮されていないのである。

右にいう主我的〔自己本位〕なものについて学問的に語ろうとするや否や、一切は同義反復《タウトロギー》となってしまうか、さもなければ才気ばしったことになって、このため一切が混乱におちいってしまう。この際、自然哲学(57)がこうした主我的〔自己本位〕なものを、あらゆる被造物のなかに見出したこと、否それどころか、絶えず従順に宇宙の法則のもとに拘束されている天体の運動のなかにさえ、この主我的〔自己本位〕なものを見出したこと、さらには自然における遠心力もまた主我的であるとみたということ、これらの事実を誰がいったい忘れ去ったであろうか。ひとつの概念がいったん、かくも広義に使用されたとなると、当の概念はわきへ退いて、身を横たえ酔いを覚まして、正気に立ち返るのを待つがよろしかろう。この点に関してわれわれの時代は、いかなる事物にも一切の意義を負わせようと必死に努めている。あちらこちらの才気ばしった神秘的説教者[58]が、いかにも機敏に、また根気よく神話全体を陵辱《りょうじょく》したあげく、個々の神話を鷹《たか》のごとき烱《けい》眼《がん》によってもっぱら自らの「口琴《こうきん》」（Mundharmonika）のための気まぐれの狂想曲に仕立て直している有様[59]を、われわれはしばしば見かけないか。キリスト教の用語全体がさる思惑師の不遜な手にかかって見分けがたきまでに歪曲されているのを、ひとは見かけたことはなかったか。

まず「自己」というものが何を意味するのか、この点を明らかにしなければ、罪についてそれが主我的〔自己本位〕なものだと語ってみたところで、たいして役に立たない。ところで、「自己」とは、まさに普遍的なものが個別的なものとして措定されるというその矛盾を意味する。個別的なものという概念が与えられてはじめて、主我的〔自己本位〕なものが問題になりうる。だが、それにしても幾百万ものそうした「自己」が生きてきたにもかかわらず、いかなる学問もその自己が何であるかを単に一般的にしか語ることができない。* 人間は自分自身が何者であるかを知っているわけであるから、誰でも自分自身のことを注視しさえすれば、いかなる学問も知りえないことを知りうることになる、それこそ人生の驚異すべきところではあるまいか。そしてこれこそ、かのギリシア人のいう命題「汝自身を知れ」（γνῶθι σαυτόν）** の意味の深さである。が、このギリシア語の命題は、もうずいぶん長いあいだドイツ方式に、あの純粋自己意識の意味で、空虚な観念論を介して理解されてきた[60]。思うに、いまこそ当の命題をギリシア的に理解するよう努むべきその時がきたのである。しかもそれは、もし仮にギリシア人がキリスト教的前提をもっていたとしたら、この命題をこうも理解したはずだと思われる仕方で理解せられるべきであろう。

ところで、本来的な「自己」は、質的飛躍によってはじめて措定されるのである。それ以前の状態にあっては、本来的な自己は問題とはなりえない。それゆえ、罪を主我的〔自己本位〕なものから説明しようとすると、ひとは何とも朦朧《もうろう》たる状態のなかに巻き込まれてしまう。というのも、主我的なものはむしろ反対に罪を介して、あるいは罪においてはじめて生まれるものだからである。もし仮にひとが主我的〔自己本位〕なものがアダムの罪の誘発因〔機縁〕だったと言うなら、この説明は解説者自身があらかじめ自分で隠しておいたものを、後刻自分でまた見つけ出す一種の手品遊びにしかすぎないであろう。なおまた、主我的〔自己本位〕なものがアダムの罪を誘発したものだというなら、それは中間状態がとび越されたことになり、そのような説明は信用のおけない軽薄さのそしりをまぬがれないであろう。それにまた、性的なもの〔性欲〕の意義については、これでは何ひとつ知りえない結果になる。ここにおいて私は元の私の立場〔従来の考え〕に立ち戻ったわけである。性的なもの〔性欲〕は罪性ではない。が、（ちょっとだけ私が調子に合わせて愚かなものの言い方をするなら）仮にアダムが罪を犯さなかったとしたら、性的なもの〔性欲〕は決して衝動として〔現存在のなかに〕生じることはなかったであろう。完全な精神というものは、性的に縛られて規定されたものと考えられるべきではない。このことは、復活〔後の人間〕の状態に関する教会の教え[61]と調和し、天使に関する教会の観念[62]とも調和し、またキリストの人格に関する教義学上の諸規定[63]とも調和している。いま、ほんの参考までに一言《いちごん》ヒントを提供しておくと、キリストはあらゆる人間的誘惑によって試みられたわけだが、この種の誘惑〔性にまつわるそれ〕については何ひとつ述べられていない。それはキリストがすべての誘惑に耐えて勝たれたという点から説明がつくことである。

＊　おそらくこの点は、もっと詳細に考察するに値するであろう。というのも、まさにこの点において、「思惟と存在とは同一である」という近代の原理がどの範囲まで妥当するものか、〔その限界〕が明示されるに違いないからである。——もっとも、ひとはこの際この原理をいわば愚かまじりの時宜を失した誤解によって歪曲することなく、また他面、そこに最高原理を希求せんとして、かえって無思想に堕するようなことになってはならぬ。ただ普遍的なものにかぎれば、それは思惟されることによって、かつ思惟されうることによって、存在する。——（これは単に実験的にというのではない。というのも、およそ人間に思惟されえないようなものが果たしてあるだろうか。）だからそれは思惟されるとおりに存在するのである。個別的なものの要点は、それの普遍的なものに対する否定的な態度、つまり普遍的なものを拒否することにほかならない。ところが、この要点が思惟されながら無視されると、個別的なものは廃棄されてしまう。また、この要点が思惟される〔思惟の対象となる〕や否や、拒否自体が変化せしめられ、その結果ついにその点を思惟しないのに、単に思惟していると思い込むことになるか、そうでなければ、それを思惟することによって、それを思惟のなかに一緒にとり入れたものと思い込んでいるだけか、そのいずれかである。

＊＊　ラテン語の unum noris omnes（人ひとりを知ることは万人を知ることである）という命題(64)は、同じことの軽妙な表現だが、もしひとが「ひとり」（unum）という語を観察者自身との意味に解し、好奇的に「万人」（omnes）を窺うことをしないで、真に万人であるところの唯一者を真剣に把捉するのだというのなら、右の命題は実際その主旨と同じことを表現していることになる。が、ひとは一般にこの言葉の真意を信じない。むしろそれはあまりに倣慢すぎないかとさえ思っているようである。あえてその理由を言えば、彼らが真の倣慢〔真の誇り〕を理解し、その理解をわがものとするには、あまりに臆病にして安易で

あるためである。

感性は罪性ではない。無垢のうちに存する感性は、罪性ではない。が、それにしても感性は厳としてそこにある。アダムはそこで、むろん飲食その他を必要としたに違いない。性的区別は無垢の状態において措定されているが、それはそのような〔必要上の〕ものとして措定されたわけではない。罪が措定されるその瞬間にはじめて、性的区別も衝動として措定されることになるのである。

ここでもまた、これまでと同様にわたしは、誤解にもとづく一切の結論、たとえば性的なものを捨象すること、すなわち外的な意味で絶滅することが、いまや真の課題となるべきだ、等といったような結論を拒否しておかねばならない。仮に性的なものが綜合の頂点として措定されるとすれば、一切の捨象は何の役にも立たない。その課題は言うまでもなく、性的なものを精神の規定のなかに採用するということなのである。（ここにエロス的なものに関する一切の倫理的な課題が介在する。）このような課題を実現することは、ひとりの人間における愛の勝利であり、〔この実現において〕精神は勝利を占め、このため性的なものは忘却せられ、わずかに忘却のなかで思い出されるものでしかない。このような状態が実現されるなら、それこそ感性は精神のうちで浄化され、不安は追放されることになる。

さて、もしひとがこのような見方をキリスト教的と呼びたければ、それもよし、その他何なりとご自由だが、要するにこの見方をギリシア的な見方と比較してみると、この見方のうちには、失われたものよりも獲得されたものの方がはるかに多いようにわたしには思われる。なるほど憂愁をおびたエロス的な「明朗性」(Heiterkeit)[65]の一部は失われはしたが、その代わりギリシア人にとって未知なる精神の規定が獲得されているのである。本当に損をしたのは、罪がこの世に入り込んだのが六千年もの昔のことだし、罪は自分たちには何の関係もない骨董品のごときだと考えて、相も変わらず安閑とその日暮らしを続けている多くの人たちだけである。なぜなら、この人たちはギリシア的「明朗性」を獲得することもなく(それは失われこそすれ、獲得されうべきものではないのであるが)、といってまた、精神の永遠の規定を獲得してもいないからである。

第三章　罪意識を欠く罪の結果としての不安

先の二つの章において、人間は心と身体との綜合であり、この綜合は精神によって構成され、担《にな》われていることをたえず確認してきた。不安につき、ここであえて新しい表現をもちいるなら、不安は個としての人間の生存における「瞬間」であった。不安をいまひとつの新しい表現で示すと言っても、前述したことと要は同じことになるが、同時にそれはこれから述べようとすることを示唆することにもなろう。

近代哲学のうち、歴史哲学的研究の場合に劣らず、論理学的研究において、たえず使用されるひとつの範疇《カテゴリー》がある。すなわち、「移行」(1)という範疇がそれである。が、それについてのさらに立ち入った説明は、どこにも見出されない。ところがひとは、軽い気持ちでこの範疇を使用している。いったいヘーゲルとその学派は、哲学は無前提をもって始めるべきものである、あるいは完全無欠の無前提以外に、何ものも哲学の前に先行すべきでない、という壮大な思想によって確かに世間を驚かせたものである。さはあれ、移行とか否定とか媒介とか、要するにヘーゲル哲学における運動の諸原理となるものどもは、その体系的展開のなかで、しかるべき居場所を与えられることもなく、まったく何の気がねなしに使用されている。これが前提というものでないというのなら、前提とはいったい何のことだか、わたしにはわからない。どこにも説明しないで、そのようなものを使用することこそ、それを前提するということではないのか。体系というものは、驚くばかり透明で内部まで見透かせるものであって、あたかも「己が臍《へそ》を見つめる人たち」(2)のように、端然として「中心の無」(3)を覗《のぞ》きこんでいるうちに、ついには一切が自らの真相を顕示し、その全内容がおのずから現成するにいたるとされる。かくまで内面に向けられた見透しが、実に体系の性質たるゆえんであろう。ところが、事実はそうではないことが見えてくる。つまり体系的思想は、その内面的運動に関して何か隠しだてをしているかに見える。「否定・移行・媒介」これこそ、一切の運動を惹き起こすところの三様の覆面をした怪しげな秘密の「煽動者《アゲンチア》」（agentia〔原動力〕）なのである。それにしても、ヘーゲルにはこれらを煽動者などと呼ぶような気持ちはよもや起こるまい。というのも、これらはヘーゲルの最高の認可を得て活躍しているからである。それもきわめて厚かましく、論理学のなかでさえ、移行の時間性から借りてきた表現や言いまわしが見られるのである。――例えば、「その後で」、「そのとき」、「在るものとして、これこれである」、「成るものとして、これはこうである」等々。

が、そんなことはどうでもよい。論理学は自分なりにやってゆけるものか否か、論理学自身にまかせてみるのもよい。「移行」という言葉は、論理学ではまさに「才気煥発のふるまい」（en Aandrighed）にほかならず、それ以外の何ものでもない。歴史的自由の領域にこの言葉の故郷がある。というのも、移行はひとつの状態であり、また現実的であるからである。* 純粋に形而上学的なもののなかへ「移行」という概念をもち込むことの困難なる所以《ゆえん》に、プラトンは気づいていたのである。だからこそ、彼は「瞬間」**という範疇のために、あれほどまで努力を傾けたのでもあろう。この困難を無視することは、プラトンをのり越えて、さらに「前進する」（gaae videre）こと〔を意味すること〕には決してならない。仮にもしひとが思弁を円滑にして論理学の運動のすすみゆきをよくするために、思弁を偽善的に欺くやり方でこの困難を無視しようとするなら、それは思弁をその場限りの事柄として取り扱うことになる。ところで、私はいつのことか、思弁家をもって自称するひとが、こんなことを言っていたのを聞いた覚えがある、――あまり先回りして諸事困難につき思いわずらってはいけない。そんなことをしていると、決して思弁に到達することはできない、と。まことにしかり、自分の思弁がほんとうに思弁になるかどうかは問題ではなく、ただ思弁にたどり着くことができさえすればよいと言うだけなら、「もっぱら思弁にゆきつくことに全霊を尽くせ」というのも、実に断乎たる言葉であろう。それはあたかも、自家用の馬車でデューアハーヴェン〔コペンハーゲン郊外の自然公園〕に乗りつける資力のない男が、「そんなことで気に病むことはあるまい。乗合《のりあい》馬車でもちゃんと行けるではないか」と言ったとすれば、それこそ聡明であるのと同じである。実際、そのとおり、これかあれかどちらの乗りものにしたところで、デューアハーヴェンには行けるはずである。が、これに反して、思弁にゆきつくことができさえするなら、乗りものの方法など何であれ意に介さないほど断乎たるひとは、思弁に到達するのは至難であろう。

* それゆえアリストテレスが、可能性から現実性への移行はひとつの「運動」（κίνησις）であると言う(4)とき、それは論理的に理解されるべきではなく、むしろ歴史的自由との関連において理解されるべきである。

** ところで、「瞬間」はプラトンにおいて純粋に抽象的に把握されている。瞬間の弁証法に精通したければ、何としても「瞬間は時間の規定のもとでは非存在である」という命題をよく銘記しておくことが望ましい。古代哲学では近代哲学より以上に、この「非存在《ト・メオン》」（τὸ Μὴ ον は、ピュタゴラス学派では τὸ κενόν〔空虚《ト・ケノン》なもの〕のこと）が問題視された。非存在はエレア学派によると、存在論的に把握されることになる(5)。すなわち、非存在ということについては、もっぱら「ただ存在するものだけが存在する」という裏返しの命題を介して存在論的に把握されたわけである。もしひとが「非存在」についての命題をさらに追究しようとするなら、これがあらゆる領域において繰り返されているのがわかるであろう。この命題は、形而上学序論的に言えば、こう表現されよう、――「非存在について立言する者は、概して何ごとも語っていない」と。(この誤解は、『ソフィスト』において反論され、さらに一層黙劇的なやり方で、それに先立つ対話篇『ゴルギアス』において論駁されている。)要するに、実践的な領域において、ソフィストたちは非存在をとりあげ、それによって一切の倫理的概念を廃棄しようとした。――非存在は存在しない、ゆえに(ergo)一切は真である。ゆえに(ergo)一切は善である。ゆえに欺瞞などは一切存在しない、という。ソクラテスは多くの対話においてこれを論駁している。一方プラトンはこの問題を、主として『ソフィスト』において取り扱ったのだが、この対話においてプラトンは、他のすべての対話篇と同じように、自ら説くところの教えの内容を同時に芸術的直観〔の域〕にまで仕立てあげている。つまり、この対話篇は非存在を主題として追究してゆくとともに、ソフィストの定義と概念を求めているのであるが、自ら主として非存在を取り扱っているうちに、こともあろうにソフィスト自身が非存在(者)となってしまう。かくして、ソフィスト攻撃の戦闘のただなかにおいて、〔非存在に関する〕概念とその事例が同時に正体を現すことになる。それというのも、この戦闘はソフィスト打倒をもって終焉を告げるのではないからであり、否むしろその反対に彼はその姿を現さざるを得ないのである。かくしてソフィストにとって最悪の事態がソフィスト自身を襲うことになる。すなわち、ソフィストは(あの戦いの神マルスの甲冑で身を隠すように)わが身を隠してくれるはずの詭弁術をたずさえていながら、やはり正体を現さざるを得なくなる。近代哲学は非存在の解釈に関するかぎり、本質的には一歩も前進していない。それでいて、人びとは自分たちをキリスト教的だと思い込んでいる始末である。ギリシア哲学と近代哲学とは、立場としては非存在を存在にもたらすことが中心問題だとの態度をとっている。というのも、両者ともに非存在を除き去り消滅させるのは、きわめて容易なことだと思っているからである。これに対してキリスト教的考察の立場は、次のごときである。――非存在は、「無からの創造」がなされるその無として、仮象と空虚〔無常〕

として、罪として、精神から疎外された感性として、永遠から忘れられた時間性として、いたるところに現存する。それゆえ、これら非存在を除き去り、存在を顕《あら》わにすることこそ、最も大切な問題ではないか、というのである。ただし〔思惟が〕このような方向をとった場合にのみ、贖罪《しょくざい》〔宥和《ゆうわ》〕の概念は、キリスト教によってこの世にもたらされたときのような意味で歴史的に正しく把握されるのである。その把握が反対の方向でなされると（つまり、非存在は現存しないということから運動が始まる場合には）、贖罪〔宥和〕は気をぬかれ、裏がえしにされてしまうことになる。

プラトンは『パルメニデス』において、「瞬間」という概念について述べている。この対話篇の目指すところは、概念そのもののうちに内在する矛盾を指摘することにある。ソクラテスはこの点に関して、例の断乎たる態度で表明している。――それによると、かの古代の麗しいギリシア哲学の不名誉となるどころか、むしろ恥辱を蒙《こうむ》りうるのは逆に近代〔ドイツ〕の高慢な哲学の方であろう。この近代哲学はと言えば、ギリシア哲学とは反対に、自分自身に対しては、なんらたいした要求をつきつけもせず、それでいて他人の賞讃ばかりを要求してはばからないものだからである。ソクラテスの語るところによると、「もし誰かが多様なものに関係している個々の事物にかかわる「矛盾《ト・エナンティオン》」（το εναντιον）を指摘したところで、それはなんら驚くべきことではない。が、もし誰かが概念そのものの矛盾を指摘することができたとしたら、それは驚くべきことである」と（「仮にもし一なる概念が多であり、さらに多が一であることを証明できる者がいるとすれば、確かにそれは驚くべきことである」129 B. C）。

ところで、ソクラテスのこのやり方は、実験的な弁証法である。「一《ト・ヘン》」（το ἕν）が存在することと、「一」が存在しないこととを仮定し、そこから一それ自身やその他のものにとって、どんな結果が出てくるかを示すわけである。そこで瞬間が運動と静止との中間に位《くらい》していて、しかもいかなる時間のなかにも存在しないもの、〔つまり、この瞬間に向かって、またこの瞬間から、運動しているものは静止に移り、静止しているものは運動に移る〕という「奇妙なもの《アトポン》」（ἄτοπον）(6)として示される。それゆえ、瞬間は

「移行《メタボレー》」（μεταβολή）の範疇一般と見なされるわけである。なぜなら、プラトンの示すところによると、瞬間は一から多への、また多から一への、同一性から非同一性への、その他もろもろの移行の場合にも、同じように現れるからである。瞬間は、そこにおいて「一《ト・ヘン》」（το ἕν）もなければ、「多《タ・ポルラ》」（τὰ πολλά）もない、と規定されることもなければ、混合されることもないのである（§157. A）。さて、プラトンは以上のごとき点を通じて諸困難を明瞭ならしめるという功績をたてたが、瞬間は依然として空虚な原子論的抽象にとどまっており、われわれとしてはそれを無視することによってはなんら説明することができない。ところで、もし論理学が自らの〔領域〕内に移行がないことを言明しようとするなら（仮にまた、論理学が〔移行という〕この範疇をもちあわせているものとすれば、それは現に体系のなかで活動している以上、体系そのもののなかに自分の居場所を確認していなければならないわけだが）、とまれ歴史的諸領域と、さらに歴史的前提のうえに立っている一切の知識は、瞬間のうえに立つものであることが一層明らかになるであろう。〔移行という〕この範疇は、あらゆる異教的な哲学や、さらにはキリスト教の内部における同様の異端的な思弁に対して一線を画するにあたって、きわめて重要な意味をもつのである。対話篇『パルメニデス』のまた別の箇所で、瞬間がそうした抽象であることの帰結が示されている。つまり、「一《ト・ヘン》」について、それが時間的規定をもつと想定されることによって、いまや次のような矛盾の現れる様子が示されることになる。つまり、「一《ト・ヘン》」（το ἕν）はそれ自身および「多《タ・ポルラ》」（τὰ πολλά）よりも、もっと歳《とし》をとっていて、またもっと若いということにもなるのであり、したがってまた、「一《ト・ヘン》」はそれ自身および多よりも、より若くもなければ、より歳をとってもいないのである」（151E）と。それにしても、「一《ト・ヘン》」は何はともあれ存在しなければならない以上、かくして「存在する」とは、「現在的時間における本質あるいは本質性への関与である」と規定される。――（すなわち「存在する」とは、現在の時間における本質存在への関与ではなかろうか？　151E）。いろいろの対立〔矛盾〕をさらに追究することによって、「いまあるもの《ト・ニューン》」〔現在的なもの〕（τὸ νῦν）なる語は、現在的なもの・永遠的なもの・瞬間などといった意味のあいだを動揺していることが指摘される。この「いま」(τὸ νῦν)は、「あった」と「あるであろう」ということの間に存するのであり、それゆえ「一《ト・ヘン》」はその過去から未来へ歩みを進めるにあたって、この「いま」を飛び越すことはできない。そこで一はこの「いま」のうちにとどまっているわけで、それは歳《とし》をとる〔古くなる〕のではなく、あくまで古く在るのである。最近の哲学(7)においては、抽象は純粋有〔純粋存在〕においてその頂点に達することになる。だが、純粋有とは、永遠を示す最も抽象的な表現なのであり、かくしてそれは無として、これまた瞬間なのである。ここでもまた「瞬間」がいかに重要であるかが指摘されることになる。なぜなら、〔瞬間という〕この範疇をもってこそ、永遠と瞬間とが両極の対立となることによってはじめて、永遠に対してもその意義を与えることができるからである。が、これに反して、弁証法的魔術(8)は、永遠と瞬間の両者を、さも同一のものであるかのように転化せしめる。キリスト教によってはじめて、感性・時間性・瞬間が理解されるようになるが、それというのもキリスト教によってはじめて永遠が本質的となるからである。

歴史的自由の領域においては、移行はひとつの状態である。それにしても、この点を正しく理解するためには、新しいものは「飛躍」によって出現してくるものだということを忘れてはならない。というのも、このことが確《しか》と把握されていないとなると、移行は飛躍の弾力性(9)に対して量的増大の優越を占めるだけになるからである。

ところで、人間は心と身体との綜合であったが、しかし同時にそれは「時間的なものと永遠的なものとの綜合」なのである。このことはすでに充分言われていることであり、このことに対しわたしとしてはなんら異存はない。いったい何かしら新奇なことを見つけ出すことがわたしの願望なのではなく、むしろ単純としか思われないようなことについて思索するのが、わたしの喜びとするところであり、わたしの気に入った仕事なのだと言ってもよい。

さて、〔人間は時間と永遠との綜合であるという〕この後者の綜合について言えば、これが前者〔心と身体との綜合〕のそれとは異なった仕方で構成されていることが直《ただ》ちに眼にとまるであろう。前者の綜合においては、心と身体が綜合の二つの契機であり、精神は第三の契機であった。が、精神が措定されることによってはじめて、綜合が本来の意味での綜合になりえたのである。もう一方の綜合、つまり後者の綜合は、時間的なものと永遠的なものという、ただ二つの契機をもつだけである。この場合、第三の契機は果たしてどこにあるのか。第三の契機が存在しないなら、本来の意味での綜合なるものは存在しない。なぜなら、矛盾をそれ自身のうちに含むところの綜合は、第三者なくしては綜合として成り立たないばかりか、また綜合がひとつの矛盾であるということは、実を言うと、まさにその綜合が存在しないということを意味するも同然であろうからである。〔しかるに、綜合は存在する。——「瞬間」のうちに。(10)〕それでは、時間的なものとはいったい何であるか。

時間が無限の連続〔継起(11)〕として正当に規定されるならば、時間を現在・過去・未来の時間として規定することも、一見もっともらしく思われる。ところが、このような区分が時間そのもののなかに存するかのように仮定されるなら、この区分は正しくはない。なぜなら、この区分は時間が永遠に対して関係することにより、永遠が時間のなかに反映されることによってはじめて現れるものだからである。もし仮に時間の無限なる連続〔継起〕のなかに当の区分を基礎づけうる確固とした支点〔足場〕、つまり区分するものとしての或る現在的なものを見出すことさえできれば、この区分はまったく正当なものと言えるであろう。しかし、それぞれの刹那《モメント》〔瞬間〕も、さらにまたそれらの刹那《モメント》の総計と同じく、ひとつの過程（過ぎ去ってゆくもの）にほかならない以上、まさにその点でいかなる刹那《モメント》〔瞬間〕も真の意味で現在的ではないのであり、その限りでは時間のうちには、現在的なものもなければ、過去的なものもなく、また未来的なものもない〔存在しない〕のである。もし仮にひとがこの区分を維持しうるものと思い込むとしたら、それは刹那《モメント》〔瞬間〕なるものが拡張されるからであり、そうなると無限の継起は中断させられ、この際に表象がもち込まれると、それによって時間は、思惟の対象としてでなく、むしろ表象的に把握されることになるからである。しかし、このようなことをこころみてみたところで、時間についての正しい表象が得られたわけではない。というのも、この表象にとってさえ、時間の無限の継起は、ただ無限に無内容な現在たるだけだからである——（これは言《い》わば、永遠なものに対する戯画《パロディ》である）。インド人は七万年にわたって君臨した王朝について語っている。(12)が、そこに介在した王たちについては何ひとつ、その名も知られていない（とわたしは仮定する）。いまわれわれがこの話を時間の実例としてとりあげてみると、この七万年は思惟にとっては無限の消失である。が、表象にとっては、それこそ無限に無内容な無*ではあっても、伸展・拡張のあげく、それを空想的に直観するまでになる。が、これに反して、一を他に継起させるや否や、〔王の系列がひとりずつ継起されることによって〕現在的なものがそこに措定されることになる。

＊　これは、実は空間なのである。熟練の識者なら、まさしくここに私の言い分の正しい証拠を容易に見分けられるであろう。時間と空間とは、抽象的思惟にとってはまったく同一だからである（継起も並列も）(13)。

それは、表象にとってもまた同様であって、神は遍在者〔いたるところに現在している存在〕という神の定義にも妥当するであろう。

ところで現在的なものは、それがまさに無限に消失してゆくところの無限に無内容なものでないとなると、時間の概念ではないのである。この点によほど注意していないと、ひとは現在的なものを、たとえどんなに速《すみ》やかに消失させようとも、結局はそれを措定したことになり、ひとたび措定したあとで、それを過去および未来という諸規定のなかに再び現存させるということになる。

これに反して、永遠的なものは現在的なものである。永遠的なものは、ひとたび思惟されたものになると、それは止揚された継起として現在的なものである。（時間は、過ぎ去りゆくところの継起であった。）が、永遠的なものは、表象の立場からすると、その場から動かないところの進行である。なぜなら、永遠的なものは、表象からみると、無限に内容ゆたかな現在的なものだからである。永遠的なものにおいては、過去と未来という区別はこれまた存しない。なぜなら、現在的なものがいまや止揚された継起として措定されているからである。

それゆえ時間は、無限の継起である。時間のなかにあって、かつ時間にのみ帰属している生は、なんら現在的なものをもっていない。確かにひとは感性的な生を規定せんとして、しばしばそれは瞬間のうちにあり、なおかつそれは専《もっぱ》ら瞬間においてのみある、[14]と語るのを常とするほどである。その際ひとは、瞬間という言葉によって永遠的なものから抽象されたものを理解しているのである。こうした永遠的なものからの抽象が、仮に現在的なものだと見なされるのなら、それは永遠的なものに対する戯画《パロディ》である。現在的なものは永遠的なものであり、否もっと的確に言うなら、むしろ永遠的なものが現在的なものなのであり、この現在的なものこそ〔内容的に〕充実したものである。(15) この意味においてローマ人は神〔神性〕について「神は現在的である」(現在する神々 praesentes dii) と語ったのであり、この〔現在的という〕言葉がローマ人のあいだで神について用いられている場合には、同時に神の霊験あらたかな加護をも言い表していたのである。瞬間は、なんら過去的なものも未来的なものをも含まないところの現在的なものを意味している。というのも、まさにこの点にこそ、感性的な生の不完全性が存しているからである。永遠的なものも、これまた同様に、なんら過去的なものも未来的なものをも含まないところの現在的なものを意味しているが、そしてこの場合はこれが永遠的なものの完全性なのである。

さて、ひとが時間を規定しようとする場合、瞬間という概念を〔拠りどころにせんとして〕もち出し、この瞬間に対して、過去的なものと未来的なものとを純粋に抽象的に取り除いたもの、つまり現在的なものという意味を負わせようとするなら、この瞬間なるものは決して現在的なものではない。なぜかというと、過去的なものと未来的なものとのあいだに純粋に抽象的に考案された中間的なもの〔中間項〕は、およそ存在しないからである。が、さはあれ、このようにしてわれわれに明らかになってくることは、瞬間はたんなる時間の規定ではない、ということである。というのも、時間の規定は過ぎ去るということでしかないのであり、もし仮に時間がそのなかに顕現してくる諸規定のうちのどれかによって規定さるべきであるとすれば、時間は過去的な時間だからである。これに反して、もしも時間と永遠とが互いに相触れ合うべきものとすれば、それはもっぱら時間のうちにおいてのみ起こることでなければならない。かくして、われわれはいまや瞬間の間近にいるわけである。

「瞬間」というのは、象徴的〔比喩的〕な表現であり、その点では取り扱う対象としてはあまり容易ではない。だが、これはわれわれにとって何とも注目すべき美しい言葉なのである。[16] 瞬《まばた》きする視線〔眼のひらめき〕ほど、世にすばやいものはないのであり、それこそ永遠的なものの「内実」(Gehalt)に通ずるものがある。かくして、インゲボルクが海の彼方《かなた》のフリティオフに思いを馳せるところは、この象徴的言葉が示すとおりのひとつの光景である。[17] 彼女の感情のほとばしり、ため息、言葉などは音声をともなうものとして、それ自身のうちにむしろ時間規定を含んでいる。彼女の感情のほとばしり〔ため息・言葉など〕は、消滅するものという意味において、より多く現在的である。また、ため息とか言葉というものには、心にのしかかっている重荷を軽くする力がすでに存しているにしても、そうした重荷はただこれを心外に吐露《とろ》するだけですでに過去的なものとなり始めるから、それだけにそれらのものは永遠的なものの現在をそのうちに含んではいないのである。それゆえ、眼の閃き〔一瞬〕と言えば、時間の表示ではあるが、ただ注意すべきは、この時間は運命をはらんだ葛藤のうちにある時間の表示だということである。というのも、それをよく見れば、そこでは時間が永遠によって触れられているのだからである。* われわれが瞬間と呼んでいるものを、プラトンは「突然のこと」《ト・エクサイプネス》(τὸ ἐξαίφνης) と呼んでいる。この言葉が語源的にどのように説明されようとも、ともあれこの言葉は要するに「眼にもとまらぬもの」という規定と関係していると言える。ギリシア人が瞬間をこのような〔眼にもとまらぬものという〕範疇に入れざるをえなかったわけは、[18] 時間と永遠が同じように抽象的に理解されていたからである。それは彼ら〔ギリシア人〕には時間性の概念が欠けていたからで、なお究極の理由として彼らには、精神という概念が欠けていたことにもよるのである。瞬間はラテン語では「モメントゥム」(Momentum)〔運動・瞬間〕と呼ばれるが、それは動詞としての「動く」(movere)という語から由来したものであり、当の語源にふさわしく、単に消滅してゆくだけのことを表現するものでしかない。**

＊ ギリシアの芸術がまさしく眼差《まなざ》し〔閃《ひらめ》き〕を欠いている彫刻において、その頂点に達していると見られるのは、実に注目すべきことである。が、このことは、ギリシア人が最も深い意味において精神の概念をつかんでいなかったこと、したがってまた最深の意味において感性とか時間をつかんでいなかったこと、そこにその根拠が存していると見られる。これに対して、キリスト教が神を象徴的に、まさしく「眼」として表現しているところは、何という強烈な対照ではないか。

＊＊ 新約聖書には、瞬間に関する詩的な叙述が見られる。パウロはこの世は「たちまちにして一瞬のうちに〔眼がまばたきするひまに〕過ぎゆくであろう」と言っている(コリント前書、第一五章五二)。この言葉によって彼は、瞬間が永遠への通路であることを表現しているのである。なぜなら、没落の瞬間がその同じ瞬間において永遠を表現しているからである。ここでわたしは、いま自分の考えていることを、ひとつ比喩的に語ってみようと思うが、もしこの比喩のなかに何かお気に召さぬことがあれば、どうかご容赦願いたい。ここ商都コペンハーゲンの町なかに、かつて二人の芸人がいた。彼らは自分たちの芸のうちに、何か深い意義があるなどとはおそらく考えたこともなかったであろう。彼らは舞台に立ち、互いに向き合って、何かしら激しい諍《いさか》いを身ぶりで〔パントマイムさながら〕演じ始めた。こうした身ぶりによる芸の

進行は佳境に達し、見物人の眼は舞台の展開を追い、次に何が起こるのかと待ちかまえていた。そのとき、突如として彼らは、これまでの演技を中断するや、その瞬間、彼らの無言劇《パントマイム》による演技の姿勢のまま、まるで石のように硬直し動かなくなったのである。これこそ、いかにも喜劇的な効果というものではあるまいか。なぜなら、瞬間が偶然的な仕方で、永遠的なものへの通路となるからである。彫塑的なものの効果は、永遠的な表現がまさしく永遠的に表現されている点にある。これに反して、かの喜劇的なものは、偶然的な表現が永遠化されたところにあったのである。

このように理解すると、「瞬間」はもともと時間のアトムではなく、永遠のアトムなのであることがわかる。瞬間は時間における永遠の最初の反映であり、いわば時間を停止させようとする永遠の最初の試みである。ギリシア精神が瞬間を理解しなかったのは、このためである。というのも、ギリシア精神は永遠のアトムを理解したのだが、この〔永遠の〕アトムが瞬間であることを、ついに理解しなかったからである。またギリシア精神は、この永遠〔のアトム〕を規定するにあたって、これを〔自分の〕前面にでなく、むしろ〔自分の〕背後に見たのである。それは、永遠のアトムがギリシア精神にとって本質的に永遠であったためであり、かくして時間も永遠もともに真の権利〔正当性〕が与えられなかったのである。

時間的なものと永遠的なものとの綜合は、ただの綜合ではないのであり、むしろそれは、あの第一の綜合「人間は精神によって担われた心と身体との綜合である」〔という命題〕の表現なのである。精神が措定されるや否や、瞬間はたちどころに現れる。それゆえ、ある人間を指して、彼は瞬間を生きているにすぎないという言い方が、そのひとを非難する意味になるのはあたりまえである。というのも、そんな生き方は何と言っても気まぐれな抽象によって生じたものでしかないからである。自然なるものは瞬間のうちには存しないのである。

時間性については、感性の場合と似かよった事情がある。というのも、自然が時間のなかで一見安定して存在しているかに見えるのに比して、時間性はより不完全なもののように見え、さらに瞬間にいたってはそれ以上にみすぼらしいもののように見えるからである。ところが、本当はその逆なのである。なぜなら、自然の安定性は、自然にとって時間がまったく何らの意味をもっていないことに基づいているからである。瞬間によってはじめて歴史が始まるのである。人間の感性は、罪を介して罪性として措定されることになる。それゆえ、人間の感性は動物のそれよりもっと低級と見なされることになる。ただし、それはこのところから一段と高級なものが始まるがゆえに、さしあたって低級なのである。なぜなら、いまや精神が始まるからなのである。

瞬間とは、「そこにおいて」時間と永遠とが相互に触れ合うところのあの両義的なものである。またこれによって、時間性の概念が措定されるのだが、この時間性において時間がたえず永遠を遮断し、また永遠はたえず時間のなかへ浸透するのである。ここまできて初めて、現在的時間・過去的時間・未来的時間という前述の区分がその意義をもつことになる。

この時間的区分にあたって直ちに気がつくことは、未来的なものがある意味において、現在的なものや過去的なものよりも、いっそう大きな意味をもっているということである。というのも、未来的なものは、ある意味で過去的なものをその一部として含むような全体であり、また未来的なものは、ある意味では全体を意味しうることがあるからである。この「未来的なものが全体だという」ことは、永遠的なものがまずもって未来的なものを意味しているということ、あるいは未来的なものとは、未来時間と質を異《こと》にするところの永遠的なものが、なんとかして時間と関係をもちたいと願う「仮装《インコグニート》」〔しのびの姿〕なのだということから由来することである。日常の言葉づかいにしても往々にして、未来的なものが永遠的なものと同一視されている（来生《らいしょう》－永生《えいせい》のごとく）。ところで、ギリシア人は一段と深い意味での永遠的なものに関する概念をもっていなかったがゆえに、彼らのふところには、また未来的なものに関する概念もなかった。だから、ギリシア人の生活が瞬間のなかで堕落していたと言って彼らを咎《とが》めるのはあたらない。否、より厳密に言えば、〔彼らの生活が〕堕落していたとさえ言うことはできない。そこは何と言っても、精神の範疇が欠落していたがために、ギリシア人のあいだでは、時間性が感性の場合と同様に素朴に把握されていたからである。

　瞬間と未来的なものは、さらに過去的なものを措定する。もしギリシア人の生活が、およそ何らかの時間についてのある規定を提示するとすれば、それは過去的なものを表している。ただしそれは、現在的なものと未来的なものとの関係において規定されるはずの過去的なものなのではなく、むしろ時間規定一般の意味としてもっぱら過ぎ去りゆくものとして規定されたもの〔過去的なもの〕なのである。ここでプラトン流の想起説[19]の意味がはっきりしてくる。ギリシア的な永遠は、ただ後ろ向きでしか到達できない過去的なものとして、その背後に存している。*だが、永遠的なものが過去的なものだということは、たとえそれが哲学的な仕方で（哲学的な死として[20]）規定されようとも、あるいは歴史的な仕方で規定されようとも、永遠的なものについての全く抽象的な概念である。

＊ ここでもういちど、わたしが目指している「反復」という範疇のことを考えてみてもらいたい。この範疇によって、ひとは前向きに永遠にたどりつくことになる。

さて、過去的なもの・未来的なもの・永遠的なものの概念を規定する際に、われわれとしては一般に瞬間がどのように規定されているかを見てとることができる。まず、［1］瞬間が存在しなければ、永遠的なものは過去的なものとして、背後に現れる。それはあたかも、私がある人間にある道ゆきを命じながら、その道ゆきの方向も目標も指示しなかったと仮定したら、その人の歩むはずの道程は、その過ぎ来し方〔その歩みの終わった跡〕として、彼の背後に現れるごときものである。[21] なお、［2］瞬間が措定されても、それが単に「境界」(discrimen) としてである場合には、未来的なものが永遠的なものである。さらにまた、［3］瞬間が〔正しく〕措定される場合には、〔確かに〕そこに永遠的なものが存在することになる。ところで、この際その永遠的なものは同時に未来的であり、それがまた過去的なものとして再帰するのである。以上述べたことは、それぞれギリシア的・ユダヤ的・キリスト教的な考え方として明確に示されている。[22] キリスト教の中心概念として一切を一新たらしめた〔その枢軸をなす〕概念は、「時が充ちる」[23]〔時の充実〕ということであった。ところで、この時間の充実ということは、永遠的なものとしての瞬間のことである。しかも、この永遠的なものは同時に未来的なものでもあり、かつ過去的なものでもある。もしひとがこの点に注意を払わないと、ただひとつの概念でさえも、それを破壊しようとする異端的・背信的な不純分子から、これを護り救い出すことはできまい。ひとは過去的なものを、それ独自のものとして捉えないで、むしろ未来的なものとの単純な連続性のなかで捉えるのである（これによって、回心・贖罪・救済という諸概念は、世界史的意味においても〔失われ〕、また個人の歴史的展開においても失われることになる）。ひとは概して未来的なものを、そのものの独自なものとして捉えるのではなく、現在的なものとの単純な連続性のなかでこれを捉えようとする（このことによって、復活・審判などの概念は台なしとなり、崩壊することになる）。

さて、ここで再びアダムのことを考えてみよう。その際、世代関係とか歴史的関係の結果として、量的差異という点が介在するのを別にすれば、〔アダム以後の〕あらゆる後代の個体としての人間が、アダムとまったく同じ仕方で第一歩を始めるものだということを、ついでながら思い出すとしよう。かくして、アダムにとってと同様に、後代の個体にとっても瞬間は存在するのである。心的なものと身体的なものとの綜合は、精神によって措定されなければならない。ところで精神は永遠的なものであり、しかもそれが永遠的である所以《ゆえん》は、精神がかの第一の綜合と同時に、時間的なものと永遠的なものとを綜合するものとして、第二の綜合を措定する点からして自明であろう。永遠的なものが措定されないかぎり、瞬間はそこに存在しない、もしくはそれは単に「境界」（discrimen）でしかないのである。この場合、無垢の状態にあって精神は単に夢みつつある精神として規定されるにすぎないから、永遠的なものはまずは未来的なものとして現れることになる。というのも、未来的なものは、前述の際にも指摘したように、〔未来的なものが〕永遠的なものの最初の表現であり、それ〔永遠的なもの〕の「仮装《インコグニト》」（incognito）の状態だからである。さて、すでに（前章において）述べたように、精神が綜合において措定されるようなとき、あるいはもっと正確に言えば、精神が綜合を措定する場合には、そのさい精神（すなわち自由）の可能性が個体のうちに不安となって現れたが、それと全く同様に、ここでもまた未来的なもの、つまり永遠的なもの（すなわち自由）の可能性が個体のうちに不安となって現れることになる。かくして自由の可能性が自由の前にその姿をさらけ出すとき、自由は地にくずおれる。(24) このさい時間性が感性と同じやり方で罪性の意味を負って出現してくることになる。このことは質的飛躍への最後の心理学的接近を示す最終的な心理学的表現にほかならない、という点だけはここで重ねて指摘しておかねばなるまい。アダムとその後代の個体〔としての人間〕との差異は、未来的なものが後者〔後代の個体〕の場合には、アダムの場合に比して、より多く反省的になっていることである。この「より多く」〔量的増加分〕は、心理学的に言えば、おそるべきものを意味しているのであるが、しかし質的飛躍との関係においては、それは非本質的なことでしかないのである。アダムとの比較における差異性の最極限は、未来的なものが過去的なものによって先取りされているように見えることである。あるいは、可能性が存在する以前に、それがすでに失われているということに対する不安である。

可能的なものは、どこまでも未来的なものに対応している。可能的なものは、自由にとっては未来的なものであり、未来的なものは時間にとっては可能的なものである。個体としての人間の生活においては、このいずれにも〔両者に対して〕不安が向き合って対応する。それゆえ、言葉の厳密で正確な慣用によれば、不安は未来的なものに結びつけられることになる。ところが往々にして、ひとは過去的なものに対する不安を語ることもあるので、この点はいま述べたことに矛盾しているように思われる。しかしながら、これをもっと仔細に検討してみると、ひとが前述のように語る場合でも、未来的なものがいずれかの仕方で問題になっていることが、よくわかる。わたしが〔かつてあった〕そのことのゆえに不安を抱くことになる過去的なものは、わたしに対して或る可能性の関係においてあるのでなければならない。それゆえ、仮にもしわたしが過去の或るあやまちを思って不安を感じているとすれば、その不幸が過ぎ去ったという限りは不安にはならないわけだから、〔わたしが不安を感じるのは〕何と言っても、その不幸が反復されうる、すなわち未来的となりうる、ということのためである。仮にわたしが或る過去のあやまちのために、不安を感じているとするならば、それはわたしがそのあやまちを過去のものとして、わたし自身への本質的な関係のなかにおかないで、何らかの欺瞞的な仕方によって、それが過去的なものとなるのを妨げているからなのである。要するに、仮にもしそのあやまちが実際に過去のことになっているとすれば、わたしはもはや不安になることはありえず、いまはただ後悔するだけである。仮にわたしが後悔しないとすれば、それはまずわたしがそのあやまちに対するわたしの関係を、弁証法的に〔曖昧に〕してしまったからである。が、そのために、あやまちそれ自身がひとつの可能性となったわけで、それは過去的な何ものかなのではもはやない。仮にわたしが刑罰に対して不安をいだくとすれば、それはこの刑罰があやまちに対して一種の弁証法的な関係におかれるようになる場合に限って、そうなのであって（でなければ、わたしは刑罰を甘んじて受けるであろう）、そのためにわたしは、可能的なもの・未来的なものに対して不安をいだくのである。

こうしてわれわれは、再び第一章で述べたところに連れ戻されることになる。不安は罪に先行する或る心理状態なのであって、この状態はおよぶかぎり罪の間近にあって、かくも不安におびえながら可能なかぎり罪にせまるのではあるが、罪を説明することはできない。けだし、罪は「質的飛躍」[25]においてはじめて姿を現すものだからである。

罪が措定されるその瞬間に、時間性は罪性となる。* われわれはなにも時間性が罪性であると言うのではない。それは感性が罪性でないのと同じである。〔あえて言えば〕罪が措定されたことによって、時間性は罪性を意味することになるのである。それゆえ、永遠的なものの抽象として、もっぱら瞬間的に生きる者は罪を犯しているも同然である。もし仮にアダムが罪を犯さなかったとすれば、とお調子ぶって馬鹿げた言い方を許してもらえるなら、〔アダムが仮に罪を犯さなかったとすれば〕アダムはその瞬間に永遠の方へと飛び去っていたであろう。これに反して、罪が措定されるや否や、時間性を捨象しようとすることは、感性を捨象しようとすることと同じで、何の役にも立たないのである。**

* 時間性は罪性であるという規定から、さらに死は刑罰だという規定が生じてくる。これはひとつの前進である。その類比《アナロギー》をひとは、「言うなれば」(si placet)、次のごとき点に見出すこともできよう。——すなわち、全く外面的な現象だけみても、死は有機体が完全であればあるほど、それに比例して、いよいよ恐ろしいものとなる、ということを教えてくれるという点である。植物の枯死《こし》や腐朽《ふきゅう》は、それ以前の花の香りにもまして、快い芳香をただよわせるが、これに対して動物の腐敗は大気を悪臭で充たす。人間もより高く評価された人になるにつれて、その死はいよいよ戦慄すべきものとなる、とより深い意味で言うことができよう。動物は本来的な意味では死ぬことがない。だが、精神が精神として措定されると、死は恐るべきものとして自己を顕示する。それゆえ、死の不安は生誕の不安に対応している。とは言っても、だ

から死はひとつの「転生」(metamorphosis) である、ということについて、これまでにも少しはまじめに、少しは機智的に、少しは感動的に、少しは軽率に語られてきた点を、繰り返すつもりはない。死の瞬間において は、人間は綜合の絶頂にある。精神は本来その場に居合わせることはできない。なぜなら、精神は死ぬことができないからである。しかるに精神はそのときを待っていなければならない。なぜなら身体の方は死なねばならないからである。死についての異教徒の考え方は、ずっとおだやかで優雅なものであった。それは、異教の感性が、実際ずっと素朴であったし、その時間性もより無思慮なものであったからである。だが、それは死についての最高の究極的な意義には達しなかった。古典芸術がいかに死を造形したかを述べたレッシングの美しい論文『古代人はいかに死を描いたか』(26)を読んでみられるがよい。あの眠れる守護神の像、あるいは死の守護神がその頭を傾けて松明《たいまつ》を消すときのあの美しくも神々しい荘厳さに接して、われわれはそこに一種の郷愁の思いが湧き起こるのを否定することはできないであろう。そこには、言わば思い出すべき何ものもない思い出のように、言ってみれば、そんな心を鎮《しず》めてくれる導き手に身をゆだねることは、何か名状しがたい誘惑めいたものがそこにはある。とはいえ、他面ではこの沈黙の導き手に従うのは、何としても無意味ではある。それというのも、この導き手は何も隠しだてをしないからである。彼の姿は「仮装《インコグニト》」(incognito) ではなく、彼がそこに在るように、死もまたそこに在る。(27)これで〔一切は〕おしまいである。この精が親しげに死にゆく者の上に身をかがめ、その最後の接吻のいぶきによって生命の残り火を吹き消すところは、言い知れぬ哀愁がこもっている。人生の体験は次つぎと消えてゆき、最後に死が神秘〔秘密〕として残されることになる。この神秘〔秘密〕は、それ自身が不可解なるまま、人間の全生涯がひとつの遊戯であったことを解き明かしてくれる。こうした遊戯のなかで、結局は一切のことが、きわめて重大なことも、きわめてつまらぬことも、放課後の学童のごとく散りぢりになり、教師として最後に残った魂自身も、ついには去ってゆく。一切は学童の遊戯でしかないのであり、いまやその遊戯の終わったというところに、実に一抹の静寂〔寂滅〕が存するのである。(28)

** ここで述べられたことは、先の第一章に充てられても、それはそれなりによかったかもしれない。が結局、わたしがこの場所の方を選んだのは、当面の論述が次に続くことへのよき序曲になるだろうからである。

一　精神喪失〔放心〕による不安(29)

人生をとくと観察するとき、〔そこから〕直ちに確信せざるをえないことと言えば、不安は究極の心理状態にあって、そのような状態から罪が「質的飛躍」によって突発的に出現してくるということ、このことはまさしく前述のとおりである。が、〔確かにそのとおりなのだが〕それにもかかわらず、すべての異教徒やまたキリスト教世界の内部での罪の再現は、単なる量的規定のなかに横たわっていて、そこからは何としても、罪の「質的飛躍」が望めないことは自明であろう。ところが、この状態はいわゆる無垢の状態ではないのであって、むしろ精神の立場から再考してみると、これこそ罪性の状態にほかならないのである。

異教徒は罪のなかに陥っているが、そもそも罪意識というものはキリスト教によってはじめて措定されたものだということを、キリスト教の正統派〔信仰〕がたえず教えてきたことであり、これはまさに注目すべきことである。それにしても、当の正統派はその見識をもう少し詳細に説明しようとする姿勢があってしかるべきであろう。異教徒は、罪につき量的〔増大の〕規定によって、いわば時間をひき伸ばしているだけで、最も深い意味での罪に達することは決してないのである。それにしても、このことこそまさしく罪ではないのか。

　このことが異教徒に妥当するということを指摘するのは、いとも容易である。が、キリスト教内部の異教徒〔異端者〕については、事情がまた別である。キリスト教内部の異教徒〔キリスト教的異端者〕の生き方は、責めがある〔咎《とが》める〕わけでもなければ無垢なのでもない。彼らはもともと、現在的なもの・過去的なもの・未来的なもの・永遠的なものの間の区別をまったく知らないのである。彼らの生き方とその歴史が彼方に流れてゆくさまは、あたかも古代の文書には句読点というものがなく、語は語に接し、文は文に連なって、とめどなく紙の上を流れてゆくのに似ている。美学的に見られた場合、これはきわめて喜劇的なことである。というのも、仮に一条の渓流が人生を通じてさらさらと流れるのを聞くというのであれば、それは優雅に聞こえるが、理性をそなえた被造物がことごとく意味のない無限のつぶやきに化してしまうとしたら、それこそ喜劇的だからである。こうした「庶民層」（plebs）を、たとえば植物の葦《あし》の沼がしだいに固い土となり、泥炭《でいたん》と化し、さらにより良質のものとなるように、将来のより偉大なものへの地盤とすることにより、哲学がこれをひとつの範疇として使うことができるかどうか、それはわたしにはわからない。ただ精神の立場からこれを見ると、このような現存在は罪なのである。そこで、われわれはその旨を告げて、このような存在に「精神」を要求することが、人《ひと》としてなしうるせめてものことであろう。

　ただし、いま述べたことは、異教徒にはあてはまらない。前述のような存在は、ただキリスト教の内部にだけ見られるものである。つまり、措定される精神がより高貴であればあるほど、それだけに「精神喪失」〔精神の抜けた放心〕が底なしに低俗なものとして示されることになる。また、その失ったものがより高いものであればあるほど、「〔道徳的に〕無感覚となった人たち」〔痛みを感じる能力なき人たち οἱ ἀπηλγηκότες〕（エペソ書、四章一九）の自己満足はいよいよ惨めなものとなる。この精神置き去りの幸福を異教世界における奴隷状態と比較すると、奴隷状態の方にまだしも意味があろうかというものである。というのも、奴隷たることはそれ自身において端的に無だからである。これに反して、精神喪失の状態という放心の処置なしの状態は、何ものにもまして戦慄すべきものである。というのも、無精神性〔精神喪失なる放心〕が精神に対して或る種の関係を、すなわち「無」という関係をもっていることが不幸だからである。それゆえ、無精神〔精神喪失〕性は、ある程度まで精神の全内容をわがものとすることができる。ただし、注意すべきことには、それがいわゆる「精神」としてではなく、冗談・妄言・空語などとしてでしかない。無精神性はまた真理をわがものとすることがあるかもしれないが、これまた注意すべきことには、それもいわゆる「真理」としてではなく、風説・饒舌としてなのである。これが美学的に見られると、それこそ無精神性〔精神喪失なる放心〕に際して、きわめて喜劇的なものとなる。ところが、一般世間ではこの点のことが気づかれていない。というのも、無精神性〔放心状態〕のことをめぐっての語り手たる者自身にしてからが、多かれ少なかれ精神に関して不確かだからである。それゆえ、精神喪失なる放心状態のことが表現される場合には、この〔非人称の〕無精神なる当事者の口をしてまったくの饒舌〔冗談〕を語らせることになる。というのも、日常自分たちの使っているのと同じ言葉を、それにそのまま語らせるだけの勇気がないからである。これまた、〔無精神性それ自身が〕精神に関して不確かだということである。無精神性〔精神喪失の放心〕は、それはそれなりに最も豊かな精神が語ったのとまったく同じことを語ることができる。ただし、その違いは精神の力で語るのでないというだけのことである。無精神的、つまり放心状態の人間は、一個の「言葉をしゃべる機械」と化しているのであって、当人にしてみれば信仰告白や政治的宣伝文句とおなじような具合に哲学的饒舌を上手に暗誦してみせるのは苦もないことである。それにしても、かの類例なき皮肉家《アイロニカー》と最も偉大な諧謔家《フモリスト》[30]が二人して、ひとは自分でわかっていることと、自分ではわかっていないこととを区別しなければならない、と一見きわめて単純でわかりきったことを説いていることは、何とも注目すべきことではあるまいか。またそれにしても、最も無精神的とも言える人間が、文字どおりこれと同じことを語れないわけがあろうか。精神を証明するものは、ただひとつしかないのである。それは当の人間自身のうちなる精神の証《あかし》がそれである[31]。何かもっと他のものを必要とするひとは、おそらくありあまるほどの証明をかき集めることもできるであろう。だが、その時点ですでにその人は、「無精神的」と規定されているも同然である。

　精神喪失〔無精神〕の状況においては、いかなる不安も存しまい。が、それでいて、ひとが不安を覚えるのには、それがあまりにも幸せすぎて、満ち足りていて、これまたあまりに無精神的であるがゆえである。だが、かく言う拠りどころとしては、はなはだ心もとない基盤ではあるが、ここに異教世界と無精神性との差異が歴然としてくる。——すなわち、異教世界は精神への〔向から〕方向に規定されているが、これに対して無精神性の方は精神から〔離脱〕の方向に規定されている点にある。それゆえ、異教世界は言うなれば「精神の欠如」(Aandsfraværelse)であるから、いわゆる無精神性〔放心〕とは異なるところがある。この限りにおいて異教世界の方がはるかに優れていると言えるであろう。無精神性は精神の沈滞であり、理想〔理念〕性の戯画《カリカチュア》でしかない。それゆえ、無精神性は饒舌をふるうことにかけては、本来の意味でばかなのではない。だがそれは、〔塩について〕「塩もし効力を失わば〔無味《ばか》となるなら〕」、何をもってかそれに塩すべき」[32]と、言われているときのその意味においてばかなのである。――このところに、まさに精神喪失〔無精神性〕による破滅〔堕落の側面〕と、またその気楽さとが共存しているのである。これを要するに、ひとは精神喪失ともなると、何ひとつ精神的には理解しようとせず、何ひとつ課題として捉えようともせず、ただ己の力のない空談によって一切をかきまわすこと以外に何らなすすべがないのである。ところで、こうした精神喪失という無精神の境地はひとたび精神の触発を受け、あたかも一瞬電気にかかった蛙《かえる》さながら全身にけいれんを起こす際に、あたかも異教的な偶像崇拝に相即するような現象が出現することもある。いったい無精神性なるものにとっては、いかなる権威も存在しない。というのも、概して精神にとってはなんらの権威も存在しないということを、当事者は確と承知しているからである。ところが不幸なことに、無精神性それ自身は、精神喪失によりもはや精神ではないために、それ自身一切を承知しながら、完全な偶像崇拝者なのである。それは愚者をも英雄をも同じ崇敬の念をもって礼拝するのだが、何よりも大ぼら吹きの山師《やまし》〔詐欺師〕こそ、それにはふさわしい偶像なのである。

さて、精神喪失〔無精神性〕の状況においては、精神が閉め出されているのと同様に不安も閉め出されているというわけで、そこにはいかなる不安も存しない。が、それにもかかわらず、不安はやはり存在している。ただしそれは待機しているだけなのである。例えば、金を借りた人がその借金取りの追及をのがれたいばかりに、もっともらしい申しわけによって借金取りを煙にまくというやり方は、よくある話である。ところが、ここに断じてもっともらしい冗談の通じないひとりの借金取りがいて、それが実は精神なのである。それゆえ精神の立場から見ると、不安は精神喪失による無精神の状況のなかにも現存しているのだが、ただそれは隠され、言わば仮面を被っているのである。その正体を一見するだけで、ひとはその恰好《かっこう》に戦慄を禁じえまい。もし仮に不安の姿を、空想力によって造形してみるとしたら、その不安の像は見るも恐ろしい化け物になろう。だが不安は、〔たとえ事実はそれに違いないとしても〕その正体を現すに際して、自分の姿をありのままに見せまいとして、みずから仮面を必要とするような場合には、不安の姿は前述のこと以上に恐ろしいものとなるであろう。もしも死がそのあるがままの姿をまとって、やせこけた陰気な死神として立ち現れるとしたら、ひとは恐怖なしにはこれを凝視することなどできなかろう。だが、それにしても、死を嘲笑できると自惚《うぬぼ》れている人間どもを嘲笑するために、仮に死が仮装して立ち現れ、優雅なふるまいにより万人をとりこにして、快楽の放心のなかに酔い痴れさせてくれる眼前のこの見知らぬ男が、実は死神なのだということに注意ぶかい観察者なら気づくはずで、そのとき当の観察者は何とも言い知れぬ恐怖心におそわれることであろう。

二　運命として弁証法的に規定された不安

世間一般の見方としては、異教は罪のうちにある、と口癖のように言われるようだが、より正しくは、異教は不安のうちにある、と言うべきであったのかもしれない。異教的世界は総じて感性であると言えるが、この感性は精神に対してひとつの関係をもつはずだが、この際の精神は最も深い意味において精神として措定されていない。ところで、〔かく措定されるはずだが措定されていない〕この可能性こそ、まさに不安にほかならないのである。

さて、われわれはさらに立ち入って、不安の対象は何であるかと問うなら、ここでもいつもと同じように、それは無である、と答えねばならない。不安と〔その対象としての〕無とは、いつも相互に対応し合うものである。自由と精神との現実性が措定されるや否や、不安は止揚される。ところで異教世界における不安の〔対象としての〕無は、いっそう立ち入って言えば、いったい何を意味しているのであるか。それは運命である。

運命とは、精神に対するひとつの外的な関係である。この関係は、精神と、精神ではないが「精神的」関係に立つべき他のもの〔これら両者〕とのあいだの関係である。運命は必然性と偶然性との統一であるから、それは互いに対立するものについて、そのどちらをも意味することができる。この点について、世人は必ずしもつねに注意をはらってきたわけではない。世人は異教界の「運命」[33]（Fatum）――これがまた東洋的解釈とギリシア的解釈によってそれぞれ違ったものとなった――について、それがあたかも純粋な必然性でもあるかのように語ってきた。こうした必然性の名残りが、キリスト教的見解のうちに残存することとなり、これを介してこの必然性が運命を意味するようになった。つまり、それ〔運命〕は摂理との関係にとっては測り知れぬ偶然的なものを意味するようになった。ところが、事実はそうではない。というのも、運命とはまさに必然性と偶然性との統一に他ならないからである。このことは、運命は盲目であるという言葉で意味深く表現されている。なぜなら、盲目的に前に進む動きというものは、まさしく必然的でもあれば、また同様に偶然的でもあるからである。自己自身を意識していない必然性は、次の瞬間との関係になると、それ自身が「そのまま」（eo ipso）偶然性である。だからして運命は、不安の無なのである。運命は無である。というのも、精神が措定されるや否や、不安は止揚されるからである。そのとき〔精神が措定されるとき〕それとともに摂理も措定されることになるので、運命もまた止揚されることになる。〔いまや、運命に代わって、摂理が措定されるに際し〕われわれとしてはそれゆえ運命についても、パウロが偶像の神々について語ったことを、語りうるであろう。――この世にはいかなる偶像も存在しない[34]。が、それにしても、偶像は異教徒の宗教心の対象なのである。

このようなわけで、異教徒の不安は運命のうちに、その対象としてその〔不安の〕無をもち込む。異教徒は、運命との関係のなかに立ち入ることはできない。というのも、運命はある瞬間に必然的なものと思えば、その次の瞬間には偶然的なものになっているからである。が、それでもなお異教徒は運命とある関係をもつ。この関係こそ、不安なのである。が、これ以上に運命に近づくことは、異教徒にはできない。このために異教徒のなした試みは、運命に新しい光を投げかけるに足るほど意味深いものであった。運命を説き明かすべきものは、当の運命それ自身と同じように両義的でなければならない。神託の場合が事実そうであった。神託もまた正反対のものを等しく意味することができた。したがって神託に対する異教徒の関係も、またもや不安である。ここに異教世界における何とも説明しがたい深く悲劇的なものがひそんでいる。ただし、かく悲劇的だと言うのは、神託のお告げが両義的だという点にあるのではなく、むしろ異教徒がそのような神託に助言を求めざるをえなかったという点にある。神託との関係で結ばれている異教徒にしてみれば、神託にたよらざるをえないし、助言を求めるその瞬間でさえ、彼は神託に対して両義的（共感的にして反感的）な関係にあると言える。[35] こうした視点に立って、神託の解釈を考えてみられるがよい。

責め〔負い目〕とか罪という概念は、最も深い意味では異教世界に現れることはない。もし仮にこの概念が現れるとしたら、人間は運命のゆえに責めある者となるという矛盾のために、異教世界は没落したであろう。要するに、これこそ最高の矛盾なのであり、まさしくこの矛盾のなかから、キリスト教が出現することになる。異教世界はこの矛盾を理解しない。ただ異教がこの矛盾を把握するためには、責め〔負い目〕の概念を規定するのに、あまりにも軽率すぎた。

罪と責めの概念は、個体〔としての人間〕をまさしく個体として措定する。この際、全世界に対する関係とか、過去的なものすべてに対する関係などは、ここでは一切問題にされない。問題とされるのは、〔個体としての〕当人に責めがあるということだけである。しかも当の個体は、運命によって、すなわち問題にならない一切のものによって責めある者とされるのである。これらのことを介して個体は、まさに運命という概念を止揚するところの或るものにされるのであり、しかも個体は運命によってそのようなものにされるのである。

この矛盾が誤った仕方で理解されると、原罪に関する誤った概念が生じてくる。これが正しく理解されるなら、原罪の真実の概念が得られることになる。すなわち、各個体〔としての人間〕はそれ自身であるとともに人類であり、後代の個体〔としての人間〕は最初の個体と本質的に異なったものではないということ〔概念〕、これである。不安の可能性のなかで、自由は運命に圧倒されて挫折する。さて自由の現実性は、再び立ちあがるが、その自由というのは責めある者と宣告されてからである。不安の絶頂において、個体〔としての人間〕はすでに責めある者となったかにみえるが、それですらこの不安はまだ責め〔咎め〕ではない。それゆえ、罪は必然性としてやってくるのでもなければ、偶然性として来るのでもない。だから罪の概念には、摂理の概念[36]が対応することになる。

キリスト教の内部にあっても、確かに精神が現存していながら、本質的に精神として措定されていないような場合は、いたるところで運命との関係《かかわり》において異教的な不安が見出される。このような現象は、われわれが天才〔的な人〕の場合をよく観察してみるならば、きわめて明瞭に認められよう。天才は、直接性のままそれ自体として考えれば、何よりもまず主体性である[37]。天才〔その守護霊〕はいまだなお精神として措定されてはいない。というのも、天才が精神として措定されるのは、ただひとえに精神によってのみだからである。直接的な精神としてなら、天才も精神であることはできる。(天才という非凡な天分が、そのことゆえに「精神として措定された精神」であるかのごとき錯覚を起こさせるのである。)が、この場合、天才は精神でないところのある他者を自己の外にかかえていて、自己自身は精神に対してある外面的な関係に立っているのである。それゆえ、天才はたえず運命を発見するのであり、当の天才が奥深いものであればあるほど、ますます奥深くに運命を発見することになる。精神不在の状況にあっては、これはもちろん愚かしいことではあるが、しかし実を言うと、このことは馬鹿げたことではないのである。というのも、いかなる人間も摂理の理念をもって生まれてくるわけではないからである。また、仮に誰かがこの摂理の理念なるものは教育の力によって漸次受け容れてゆくものだと思い込んでいるとしたら、これまたとんでもない見当違いである。——だからと言って、わたしはなにも教育の意義を否定しようとするものではない。天才は運命を発見することにかけて、まさしくその本然の力を発揮するものだが、そこにまた自己の無力をさらけ出しもするのである。天才は「すぐれた意味において」(sensu eminentiori)、つねに直接的な精神であるが、この場合の直接的精神にとっては、運命は限界である。罪においてはじめて摂理が措定される。それゆえ、天才は摂理に到達せんがためには、すさまじい戦いに立ち向かわねばならない。が、仮に天才が摂理に到達しない場合には、われわれとしては天才に就いて運命の何たるかを正しく学ぶ絶好の機会を得ることになる。

天才は言うなれば全能なる「即自態(38)」(An sich)であり、そのようなものとして、天才は全世界をゆり動かすことだってできるであろう。そこで均衡を保つために、天才と同時にもうひとつ別の形態が出現することになる。それが運命である。運命は無である。それを発掘するのは、天才自身である。天才が奥深ければ深いほど、それだけ深いところに運命を発掘することにもなるのである。というのも、かの形態は摂理の先駆〔前ぶれ〕にほかならないからである。それにしても、天才が単に天才たるにとどまり、その方向を対外的に目指すならば、天才は実に驚嘆すべきことを成就するであろう。が、天才はそれにもかかわらず、絶えず運命のもとに屈従を強いられるであろう。その経緯は、外から一見して誰の眼にでも容易に見透かせるというものではないが、内面的には実にそういうことなのである。それゆえ、天才の「現実存在」(Existents) というものは、天才が最も深い意味で自分自身の内面に思いを致すのでなければ、常にひとつの童話のごときものであろう。天才にしてなしえないことはない。それにもかかわらず天才は、誰にもわからないような些細《ささい》なことに拘泥しもする。しかも、あろうことか、こうした些細なことに対して、ほかならぬ全能の天才自身が、なりふりかまわず多大な意義を付与することにもなりかねない。このような次第により、一介の少尉(39)も天才でさえあれば、皇帝ともなり、世界をひとつの帝国に改造し、みずから〔皇帝として〕これを配下にすることもできるのである。が、また他面では、こうも言える。——軍隊が戦闘配置につき、戦闘のための形勢はだんぜん有利だといったところで、次の瞬間には形勢が逆転し、敗北に変わるやも知れぬ事態になりかねない。王国の勇士たちは軍命令がくだされるのを懇請しているが、しかしときの司令官は命令をくだすことができない。彼は六月十四日を待たなければならない。が、いったい何のためか。その日が「マレンゴの戦闘[40]」の日だったからである。それゆえ、一切の戦闘準備は完了し、彼自身も軍団の陣頭に立っている。ただ「ときの司令官たる」彼としては、太陽がのぼり、兵士たちをふるい立たせるような演説のための感情が湧きあがってくるのを待つばかりである。やがて太陽は、いつにもまして荘厳に昇ってくる。それこそ、すべての人びとを感激させ、こころを燃え立たせる光景である。ただ当人にとってだけは、そうではない。というのも、アウステルリッツ[41]のときの太陽はこれほど荘厳には昇らなかったし、ただそれでいてアウステルリッツのときの太陽だけが勝利と感激を彼に与えるからである。これらの点を斟酌してみると、平素は敵方に対してさえ人情味と温情を示すことを忘れないようなこれほどの人物が、まるで取るに足らぬ人間に対してともすれば狂暴にふるまうというあの不可解な癇癪も、実はこのところに由来するものと思われる。まことに、彼が前兆をうらなうべきこの今の瞬間に際し、これを厭《いと》う男も女も、あの無邪気な子供さえも、禍いなるかな。はてまた野の獣《けだもの》らも、飛び立つ鳥どもも、その枝をかざして彼の歩みを遮《さえぎ》る樹木さえも、禍いなるかな。

　外面的なものは、それ自体では天才にとっては「無に等しく」何の意味もない。それがために、天才は誰からも理解されないのである。いっさいは、天才自身がその内密の友としての運命の居合わす前で、この外面的なもの「としての運命」をいかに理解するか、ということにかかっている。すべて何もかも失われるかもしれない。いまや、天才にその無益な企てを思いとどまるよう勧告できるとすれば、それはこよなく聡明な人間とこよなく素朴な人間との相一致しての協力によるほかあるまい。だが、天才には、自分が運命の意志をそこに読みとっているところの見えざる書物に対して、この際何ひとつ疑わしい注釈が見出されない以上、自分が全世界よりも強いことがわかっているのだ。その書中に運命の意志が自分の望みどおりに書き記されてあれば、そのとき彼はあらんかぎりの声をはりあげて、船頭にこう呼びかける。「さあ、帆をあげよ、おまえは皇帝《カエサル》とその運命を乗せているのだ(42)」と。万事うまくとり運ぶかもしれない。そして彼がその吉報を受けとるその瞬間に、あるいは何か一つの言葉が聞こえてくるであろう。その意味は、いかなる人間にも、天上にある神にすらも理解できないのである（なぜなら、ある意味では神でさえも天才を理解しないから）。かくして、天才は失神してその場に倒れる。

このように天才は、一般的なものの埒外《らちがい》に存している。天才は勝利するにせよ敗北するにせよ、運命に対するその信頼のゆえに偉大なのである。というのも、天才は自分自身によって勝ち、また自分自身によって敗れるのであり、否もっと正確に言えば、勝つのも敗れるのも、いずれも運命によってそうなるのであるから。一般にひとは、天才が勝利した場合にのみ、彼の偉大さを讃美する。しかし、天才が自己自身のゆえに没落したときにまさって、それ以上に偉大であることは決してないのである。このことは、要するに、運命は外的な仕方で自己を告知することはしない、という意味に理解されなければならない。逆に人間的に言えば、何もかもが思うようにいったまさにその瞬間に、天才が不可解な文言に接し、これがためになすすべなくその場に崩れ落ちんとするとき、さだめし世人はこう叫び声をあげるに違いない。――かくも天才を打ち倒すとは、なんたる巨人の仕業《しわざ》だろう、と。そうしてみると、天才自身でなくて誰ひとりこれほどのことはできないからである。世界の王国とその領土の民を自らの権勢の足許にひれふさせたその信仰、ひとの眼にまるで童話に接するかの思いにさせたかの同じ信仰が、天才を打ち倒したのである。かくて彼の没落は、なおそれにもまして不可解な童話さながらであった。

それゆえ、天才は通常の人びととは違ったときに不安におそわれる。通常の人たちは、危険の瞬間にはじめて危険を察知するもので、それまでひとは安心している。そして危険が過ぎ去ると、彼らはふたたび安心する。天才は危険の瞬間においてこそ、最も力強いのである。ところが、天才の不安は、むしろそれに先立つ瞬間と、その後の瞬間とのあいだにあるのであって、それ〔天才の不安〕は、運命と呼ばれるあの大いなる未知のものと対決せねばならぬ身もおののくような刹那に生まれる。おそらく天才の不安は、後の方の瞬間においてその頂点に達するものと思われる。というのも、距離がせまるのに逆比例して、ことの真相を見定めたいという彼のあせりが次第に高まるからである。これは勝利が近づくにつれて、失われるべきものが大きくなってきて、勝利の瞬間には喪失が頂点に達するからであり、運命の論理一貫性はまさにそれの非一貫性〔矛盾〕において成り立っているからである。

天才自身は自分のことを宗教的に理解するなどということはできない。それゆえ、天才は罪にも摂理にも到達することはできない。天才が運命に対して不安の関係のうちにあるのも、このためである。宗教的な天才の場合は別として、こうした不安なくして生きた天才など、いまだかつて存在した例《ためし》がない。

さて天才がその直接的で純粋に規定されたものにとどまり、自己を外へと向けているかぎり、なるほど天才は偉大であり、その仕事は驚嘆すべきものとなるが、しかし当人は決して自己自身にたどりつくことがなく、この点で自己自身に対して〔自覚的に〕偉大なものとはならないのである。その行為はすべて外に向けられるが、言うなれば一切を照らし出す惑星の中心点となるようなことは、ここではまず起こりようがない。天才は自己自身に対しては如何なる意義もなきに等しく、もし仮にあったとしても、その意義たるやあたかもそれは喜ばしくもまた悲しいもので、次にいうような場合に似ているように見える。――それというのも、フェロー諸島[43]のある島に住む生粋《きっすい》のフェロー人の話だが、彼はヨーロッパの諸国の言語で書いた著作によって、全ヨーロッパを驚嘆させ、その不朽の業績によって、諸学問の世界を変容させながら、母国語であるフェロー語ではただの一行も書くことがなく、ついには自分の母国語を話すことさえ忘れてしまったという。このような場合、フェロー諸島の住民たちは、一方で喜びを表明したくもあり、同時に何とも言えない憂鬱を覚えるであろう。先の天才の心境も、この際の住民たちの喜びの感情に似て、あの両義的な憂鬱に似ていると言えよう。最も深い意味で、天才は自己自身にとってはなんら重要性をもたない。天才の及びうるところは、幸・不幸・尊敬・名誉・権力・不朽の名声などのごとき、時間的な定めにかかわる運命の範囲以上を超出しない。不安についての深く立ち入った弁証法的な規定はすべて排除されている。最後に残る規定としては、不安が責めあるものと見なされるという点かもしれない。が、これとても不安が責めに対して向けられているのではなく、むしろ責めの仮象〔幻影〕に関係していることによるのである。責めの仮象、これすなわち栄誉のひとつの規定〔栄誉の失墜〕にかかわることを指す。こうした心理状態〔精神現象〕は、文学的に取り扱われるのに好適であると言えるであろう。この種のことは誰にも起こりうることであるが、天才はさっそくこの点をきわめて深刻にとらえ、その結果天才は、人間ども一般と闘争するのではなく、「現存在」[44]の最も深い神秘のもろもろと格闘することになるのである。

さて、このような天才的存在が、その光輝と栄光、その広汎な意義にもかかわらず、罪であるということ、これを理解するには、確かに勇気を必要とする。飽《あ》くことなく求める魂の渇望を鎮めるすべを学んだことのない者には、この点を理解するのはむずかしい。が、事実はそうなのである。それにもかかわらず、こうした天分に恵まれた者が、ある程度は幸福となりうるという、この点を証拠立てるものは何もない。ひとは自分の天分を気晴らしの手段として理解することもできるが、実際それを実現してみたところで、ひとは時間的なものの範疇以上に自己を高揚させることはできないのである。ただ宗教的に自覚せんとすることによってのみ、天分とか才能は最も深い意味で正当化されるのである。タレーラン[45]のような才人を一例としてとりあげてみると、確かに彼のうちには、人生に対してはるかに深く洞察する可能性がひそんでいたことがわかる。が、彼はこの可能性をしりぞけ、〔自己の内なる声として〕外に向かうよう自らを駆り立てるその天命に従ったのである。ここに、世のひとを煙にまくほどの彼の陰謀の才覚がいかんなく発揮されはした。彼の活力、才人としての飽和力〔当節の化学者が酸の腐蝕作用につき用いる表現をかりて言えば、その際の飽和力〕は、確かに世の驚嘆の的となった。だが、彼は実を言うと時間性に隷属しているのである。[46]もしも、これほどの天分あるひとが時間性を直接的なものとして蔑視し、自己自身を正視することによって、これを神的なものの方向に指し向けたとすれば、どれほどすばらしい「宗教的天才」[47]が誕生したことであろう。が、そのときは、いかばかりか多くの苦悩に彼は堪えねばならなかったことであろう。直接的な諸規定に従うことは、その人物が偉大であれ、卑小であれ、その人生行路もまたそれ相当に安易な道だと言えよう。が、その場合には、その報酬もまたその人物次第で、それに相応のものとなろう。また、全人類を通じ後世にまで及ぶところの不朽〔不滅〕のものと見られる名声でさえ、要するに直接的な時間性のひとつの規定にすぎないということである。また、人間の魂が、このような名声を求めんとしてその願望とあこがれのゆえに、夜ごとの眠りを妨げられるほどになるということも、実はかの真の不朽性に比べれば、きわめて不完全なものであるということ、しかもまたこの不朽性は万人に提供されているものだが、仮にもしそれがただひとりの人の特権であったとしたら、世の誰もがとうぜん羨望の念をおぼえることになるということ、——これらのことを理解するまでに精神的に成熟していない人は、精神や不朽性について深く理解することはできないであろう。

三　責めとして弁証法的に規定された不安

一般の世間話によれば、ユダヤ教は律法の立場でこれを建前としているという。だが、このことは言い換えれば、ユダヤ教は不安のなかにある、ともとれる。が、この場合、不安の無は、どこか運命とは異なったものを意味している。こうした〔宗教的〕領域においては、「ひとはふと不安になる——無に対して〔何とはなしに〕ふと」という命題は、きわめて逆説的であることを思わせる。というのも、責めとは確かに何か「或るもの《エトヴァス》」だからである。それにもかかわらず、責めが不安の対象であるかぎり、それが無であることもまた正しい。この両義性はこの関係のうちに〔次にいうような特性に〕根拠をもっている。というのも、責めが措定されるや否や、不安は過ぎ去り、そこには悔いがある、というわけだからである。この関係は、不安の関係と同じように、つねに「共感的であり、かつ反感的」である。このこともまた逆説的にみえるかもしれないが、実はそうではないのである。というのも、不安が恐れをいだいているあいだ、不安は自身の対象と巧妙に相互関係をつづけており、その対象から目を逸《そ》らすことができない、否〔というよりむしろ〕目を逸らすことを欲しないからである。というのも、当の個体〔としての人間〕が不安の対象から目を逸らすようなことをするなら、悔いがたちまち入り込むことになるからである。こんな言い方をすると、世間では難解な話だと思われそうだが、それは何とも致し方がない。たとえ他人との関係でなくとも、せめて自分自身との関係において、言うなれば神聖な告発者たるに相応《ふさわ》しい毅然とした態度を身上としている人であれば、前述のごとき説明を難解とは思わないであろう。それにしても、当の個体が不安のなかでほぼ欲情に近い目で責めを凝視しながら、それでいてその責めを恐れているという現象については、人生がふんだんに提供してくれている。責めは精神の眼にとっては、あたかも蛇のまなざしが秘めているようなあの呪縛する魔力を具えている。ひとは罪をとおして完全性に到達する、というカルポクラテス派[48]の考え方の真理性は、実にこの点にある。つまり、この考え方が真理性をもつのは、直接的な精神が、自らを精神によって精神として措定するところの、その決定的瞬間〔決断の瞬間〕においてなのである。これに反して、それが「具体的に」（in concreto）実現されるべきであると考えるとしたら、それは瀆《と》神《しん》〔冒瀆〕である。

ユダヤ教はまさに以上のごとき点で、ギリシア精神より一歩進んでいる。また、それの責めに対する不安の関係に窺われる共感的契機は、ユダヤ教が何としてもこの責めと不安との関係を放棄して、運命・幸運・不運などの表現に見られるギリシア精神の軽率な発想を身上としたいなどとは断じて欲していないとの事実によっても、その正当なる点が認められるであろう。

ユダヤ教に見られる不安は、責めに対する不安である。責めはいたるところに蔓延している力であるが、この責めが人間の「現存在」（Tilvaerelse）のうえにのしかかっているのにもかかわらず、誰ひとりこれを深い意味では理解することができないのである。それゆえ、この責めを理解できるものは、あたかも神託が運命に対応していたように、責めと性質を同じくするものでなければならない。異教世界において神託が占めている地位は、ユダヤ教では犠牲がそれに相当する。それゆえ、この犠牲にしても、誰もこれを理解することができない。ユダヤ教における犠牲の場合も、すこぶる悲劇的なものと言えるが、それは異教的世界にあってはその神託に対する関係に類似するものである。ユダヤ人はその逃げ場を犠牲のうちに求めた。が、そんなことを試みたところで何の助けにもならないであろう。というのも、仮にもしそれが真に助けになるものなら、責めに対する不安の関係が排棄されて、責めに対する現実的な関係が措定されるはずだからである。ところが、そのようなことが起こらないために、犠牲の意識は両義的なもの〔曖昧〕になる。このことは犠牲が繰り返し行われるなかで表現され、その反復の結果、犠牲の行為そのものの反省によって、純然たる懐疑が生じることになるであろう。

罪があって、〔罪とともに〕はじめて摂理が出現したということは、前述したところからひき出された結論だが、それと似たことがここでも妥当する。罪とともに贖罪〔贖《あがな》い〕が措定されるのであり、贖罪の犠牲は繰り返されることがない。そのことの理由は、あえて言うなれば犠牲の外面的な完全性のうちにその根拠をもっているのではなく、むしろ犠牲の完全性は、罪の現実的な関係が措定されていることに対応しているのである。罪の現実的な関係が措定されていないとなると、とうぜん犠牲は繰り返されざるを得ないことになるのである。[49]（かくして実際、カトリックにおいては、犠牲の絶対的な完全性が承認されていながら、犠牲は繰り返されているのである。）

世界史的な諸関係についてここで簡単に述べておいたことが、キリスト教界の内部では、個々の個体〔としての人間〕のもとで繰り返されることになる。この場合もまた天才が、きわめて明瞭にこの点を指し示してくれる。つまり、それは天才ほど根源的でなく底の浅い人間のなかにあって、容易に範疇の枠のなかにはめ込めないような事柄だが、それらを天才はこの場合もまた明瞭に告示してくれるのである。およそ天才がその他の任意の人間と区別されるのは、概して天才がその歴史的前提の内部で意識的〔自覚的〕にアダムと同じように根源的に始めようとする点によるのである。ひとりの天才が生まれるたびごとに、いわば「現実存在」（Existents）についての検証が行われる。というのも、天才が自己自身に到達するまでに、一切の過去的なものを通りぬけ、これを体験するからである。それゆえ、過去的なものに関する天才の知識は、「世界年代記概観」[50]において提供されるごときものとはまったく異なった性質のものである。

前述のところでも示唆したとおり、[51]天才はその直接的な規定性のもとに踏み止まっていることもできるのである。が、このことは罪であるという説明のうちには、同時に天才に対する真の敬意が含まれているのである。人間生活はいずれも、ことごとく宗教的に設計されている。仮にもしこのことを否定しようとするなら、一切は混乱に陥ることになり、個体・人類・不死性という概念は排棄されることになろう。望むらくは、この点にこそひとはその慧眼《けいがん》を見開くべきであろう。というのも、ここにこそきわめて困難な問題がひそんでいるからである。仮に誰かある人について、彼が策略に長《た》けた人なれば外交官か刑事になるべきだとか、また喜劇的物まねに長じた人なれば俳優になるべきだとか、また何ひとつ取り柄のない人については市役所の雑役係がうってつけであろう、などと評するとすれば、それは人生についての実に無意味な考察である。否、それは考察などと言えるものではない。なぜかと言うと、それは自明のことを語っているにすぎないからである。しかるに、〔問題はそうではないのであって〕わが宗教的な「実存」(Existents)が私の外的な存在とどのように関係し、そのなかで自己がどのように表現されるかという点を解明すること、これこそ問題なのである。それにしても、われわれの時代に、このような問題に関して誰がいったい思索する労をとるだろうか。いまや現代のわれわれの生活は、かつて前例のないほど速やかに過ぎ去る瞬間の様相を示している。しかるに、ひとはそこから永遠的なものを把握することの仕方を学ぶことから眼をそらし、ひたすら瞬間を追いかけることによって、ただ自己自身やその隣人、そして瞬間から、生を死へと駆り立てることだけを学んでいる。ひとはともに集まって、瞬間のワルツをただ一度だけ踊るのに居合わせることができさえすれば、それだけでもう人生を生きたということなのである。そこでこれらの人たちは、他の不幸な人たちから、それも人間に生まれたとは言うも愚か、この人生のうちに転落しそこからやっと脱出し、邁進しながら人生の目標にはたどりついたことのないような不幸な連中からは羨望されることになるのである。確かに、彼らはそれでもう充分に人生を生きたというわけである。なぜなら、もともと人間の一生というのは、ひとりの若き少女のつかの間の美しさ以上に、どれほどの価値があるものなのであろうか。仮に、この美しさが一晩じゅう一群の踊り手たちを魅惑して、翌朝になってはじめて色あせたとしても、それだけでもう充分にもちこたえたと言えるのではあるまいか。宗教的実存がいかに外的存在に浸透し、いかにそれを揺り動かすか、などということを考えたりするだけの暇などないのである。たとえ絶望の焦躁のなかで追い求めることがないにしても、やはり手近にあるものをつかみとる。このようにして、ひとはおそらくこの世間で何かしら偉大なものになるかもしれない。なおそのうえに時々は教会通いもするというのであれば、万事申し分なしであろう。このことは、宗教的なものは一部少数の人間にとっては絶対的なものだが、それ以外の人びとにとってはそうではない、と言っているように聞こえる。*もしそうであれば、人生のあらゆる意味に「終止符」(god Nat)をうつことにもなりうるのである。もちろんのことながら、人生の外的な課題が宗教的なもの自体から遠ざかれば遠ざかるほど、それの考察はいよいよ困難になってくる。例えば、喜劇役者になりたいという外的課題につき、これを宗教的に把握するためには、どれほど深い宗教的省察を必要とすることであろう。だが、私はこの課題が実現できることを否定しない。というのも、少しでも宗教的なものに心得のある者なら、宗教的なものが純金よりも柔軟であり、あらゆる外的な〔人生的〕課題に通用しうることを、実によくわきまえているからである。中世の誤謬は、宗教的な省察にあったわけではなく、むしろそれをあまりにも性急にきりあげてしまった点にある。[52] ここに再び「反復」〔とりもどし〕の問題が現れてくる。すなわち、或る個体が自己自身を宗教的に省察することを始めた場合、当の個体はどこまで自己自身をその細部にわたって〔受け〕とりもどすことができるか、という問題である。中世においては、この問題が途中で放棄されてしまった。つまり、〔中世の斯界においては〕個体は自己自身を受けとりもどすべきときに際して、たとえば機知だとか喜劇的なものに対する感覚だとかを自己がもち合わせているという事実にふれると、当の個体はこれらのすべてを、何か不完全なものと見なして否定し去ったのである。われわれの時代でも、そんなことをするのは愚かなことだと即座に考える。というのも、機知とか喜劇の才でもあれば、その持ち主はまさしく幸運児なのであって、願ってもないことと見なされるからである。このような考え方は、言うまでもなく、当面の問題については露ほども察知していないのである。なぜなら、当節の人間は昔のひとより生まれつき世俗的なことには明るいが、こと宗教に関しては、たいてい生まれつき盲目だからである。もっとも、中世時代においても、宗教的省察が徹底して実践された実例が見出されはする。例えば、ある画家が自分の才能を宗教的に把握しながら、この才能を宗教的な制作のなかで発揮できないような場合、当の画家＝芸術家が、あたかも天国の美を描いて群衆を魅了した教会奉仕の芸術家たちと同様に、どれほど敬虔《けいけん》な態度で、精魂をかたむけてヴィーナスを描き、また同様に、どれほど敬虔な態度で芸術家としてのわが使命を把握していたか、これについては、世人のよく知るところである。が、それにしても、以上のことすべてを考えてみると、おのが外的な天分にもかかわらず、安易な大道を選ぶことを拒み、むしろ苦痛と困窮と不安のただなかで宗教的に自己省察し、かくしてわが手に所有することがはなはだしい誘惑になるような事物をきっぱり放擲《ほうてき》してしまえるような個々の人物の出現が待たれる次第である。こうした闘争は、疑いなく精根の尽きるほどの労苦を要するであろう。というのも、そこにはこのような方向に踏み切ったことを後悔したくなるような瞬間——もし才能の直接的な促《うなが》しにそのまま従っていたなら、自分のまえにきっと微笑みかけたであろうバラ色の人生のことを、憂愁の気分で、否ときには多分絶望的な気分のなかで思いやる瞬間がおとずれるだろうからである。だが、ここにきてなお注意を怠らない人なれば、自分の進みゆこうとする道が断たれ、しかも天分によるさらに快適な道の方は自らが断ち切ったために、ついに一切が失われたかに思われるその進退きわまる絶体絶命の窮地のなかで、ひとつの声がこう語りかけるのを聞くであろう、——いざ、わが子よ、ただひたすらに進むがよい、一切を失う者は、また一切を得るがゆえに。(53)

＊ ギリシア人の場合には、宗教的なものについての問題は、このような仕方で提出されることはなかった。それにしても、プラトンがある箇所〔『プロタゴラス』(320-322)〕で語りかつ援用している話を読むことは、なかなか興味ぶかいものがある。その話によると、以下のとおりである。——エピメテウスは人間にあらゆる才能を付与したあとで、ゼウスにお伺いを立て、こう尋ねた。善と悪を識別する才能も、これまでの才能と同じような仕方で配分してよいものでしょうか、すなわち、そうすればある者は雄弁の才を、

第二の者は詩歌の才を、第三の者は芸術の才を受けとったように、特定の人間だけがこの〔善悪識別の〕才能を受けとるようにすべきでしょうか、と。だが、ゼウスはこう答えた、――この才能は、どんな人間にも同じように本質的に必要なものであるから、これは万人に平等に配分すべきである、と。

さて、われわれは宗教的天才のことを一考しておきたい。それは、自身の直接性のもとにとどまることを欲しない天才である。当人がいつか自己を外に向けるように企てるかどうかは、自分にとって後日の問題である。まず第一に彼の企てることは、自己を自己自身へと向けることである。直接的な天才の伴侶となったのが運命であるなら、宗教的天才につき従う伴侶はさしずめ責めである。要するに、彼は自己を自己自身に向けることによって、自己を「そのまま」（eo ipso）神に向けるのであり、かくして有限的な精神が神を見ようとするなら、それはまずもって責めある者として始めるべきだということ、これこそ何と言っても物事の条理《すじみち》である。さて、彼は自己を自己自身に向けることによって、責めを発見する。天才が偉大であればあるほど、当人はそれだけ深刻に責めを発見する。このことが精神喪失の人間にとっては愚かなことであるとするなら、それはかえって私には喜ばしいことであり、ひとつのうれしい徴候である。天才はそこいらの月並みな民衆とはわけが違うのであり、彼はそこでは満足しない。だからといって、天才はいわば民衆のことを軽蔑してのことではなく、それはむしろ天才が根源的に自己自身と関係することによるもので、まわりの意見など彼にはなんら役立つこともないという、そのことのゆえなのである。

天才が責めをそんなにも深く発見するということは、この概念がその反対の無垢の概念と同様、彼にとって「よき意味で」(sensu eminentiori) 現前していることを証拠立てるものである。この事情は、直接的な天才が運命に対する関係もまた同じことであった。というのも、どんな人間でも運命に対して多少なりとも何らかの関係はもっているものだが、それはただそれだけのこと、つまりおしゃべりの種にすぎないものだからである。このおしゃべり〔饒舌〕自身は、かの才人タレーランが明らかにしたことだが（なおそれ以前にも詩人ヤングが同じことを言っているとおり）[54]、——要するに、〔おしゃべりの〕言葉それ自身は、ひとの秘める想念を隠すためにある、あるいは思想なるものを何らもたないこと〔無思想〕を隠すためにある、ということに気づいていない。もっとも、さすがの才人タレーランにしてからが、当の饒舌がふるまうようには、当人自身それを巧みに実践しえなかったが——。

かくして宗教的天才は、自己を内に向けることによって自由を発見する。彼は運命をおそれない。なぜなら、天才の課題はあくまで外面的な問題を自らに課することではなく、むしろ自由こそ彼にとって至福なのであるから。——この場合の自由の謂《いい》だが、それはこの世であれやこれやをなすことの自由なのではない。端的に言って、国王とか皇帝になるとか、あるいは当代の「話題の人形」[55]になりたいという自由ではなく、自己が自己自身に関して自由であることを自己意識しているこの自由をいうのである。だが、当の個体がいよいよ高みに向上すればするほど、それだけ一切は高価に購《あがな》われなければならないのであり、そこでそれとの整合性をはかるために、この自由の「即自態」(An-sich) とともに、もうひとつ別の形態が出現してくる。それが「責め」(Skyld) なのである。かつて運命は天才の恐れる唯一のものであったが、いまやこの責めは宗教的天才の恐れる唯一のものとなる。とは言っても、天才の当面の恐れは、かつては責めありと見なされることが最大限の恐れをなしたのと異なって、いまや責めあるものという事実に対する恐れなのである。

天才が自由を発見するその度合いに応じて、それと同じ程度に可能性の状態において、当の天才の上にのしかかるのが罪の不安である。ただ責めだけを、天才は恐れるのである。なぜなら、責めだけが彼から自由を奪い取ることのできる唯一のものだからである。自由は、この場合決して傲慢でもなければ、また有限的な意味での自我中心的〔利己的〕な自由でもないことは、容易に知られよう。この種の想定によって、ひとはしばしば罪の発生を説明しようと試みたものである。だが、これは無益な骨折りである。なぜなら、そうした前提を想定することは、何らかの解明どころか、かえって大きな困難をもたらすことになるからである。自由がこのように解されると、自由との対立は必然性ということになる。このことは、自由が反省の規定において理解されていることを示すものである。否〔そうではない〕、自由との対立をなしているのは責めであって、自由の最高のきわみは、自由が常にもっぱら自己自身とだけかかわりをもつことである。自由は自らの可能性において責めを予想するのであり、かくして自由は自己自身〔の存立〕によって責めを措定するわけである。そして責めが現実的に措定される際には、自由は自己自身によって責めを措定するということである。この点によほど留意しないと、ひとは才気にかられ、自由をまったく異質のもの、すなわち「力」（Kraft）と取り違えることになりかねない[56]。さて、自由が責めを恐れるのは、自由自身が責めあるときに、自己を責めるものと認めて恐れるのではない。むしろ自由は、責めある者となることを恐れるのである。それゆえ、責めが措定されるや否や、自由は悔いとして再帰することになる。が、その際責めに対する自由の関係は、さしあたってひとつの可能性である。この際天才はと言えば、彼はその根源的な決断をひるがえすことなく、また自身以外のだれかれなしに〔相手かまわず〕その決断を求めることなく、また日常の月並みな評価には満足しないことによって、再びその天才たる所以《ゆえん》を実証するわけである。自由は、自分が自由であるかどうか、あるいは責めが措定されているかどうかを、ただ自力で知ることができる。それゆえ、ある人が罪人であるかどうか、あるいは責めがあるかどうか、という問題は、〔これをたずねるに〕何にたとえてよいか、これ以上に滑稽《こっけい》なことは考えられない。

ところで、〔自由は自己自身によって責めを措定するわけだが、この場合の〕責めに対する自由の関係は不安である。というのも、自由も責めもまだ可能性だからである。しかし、自由があらん限りの情熱をかたむけ願いをこめて自己自身を凝視し、自由のなかには責めのひとかけらすら見られないまでにその責めを遠ざけておこうとするとき、かえって自由はますます責めを凝視せざるをえないのである。この凝視は、あたかも可能性の内部では諦念〔断念〕さえもがひとつの渇望であるように、それは不安の両義的な凝視なのである。

ことここにおいて、アダムの不安に比べて、後代の個体〔としての人間〕にとって、より多くの不安が存するというのは、いかなる意味においてであるのかがいまや明らかとなる。* 責めは、自由に対する可能性の関係において、ますます可能的になってゆくより具体的なひとつの表象である。最後には、後代の個体を責めある者とするために、全世界の責めがまるで結束しているかに見える。あるいは同じことだが〔視点をかえて言えば〕、個体が責めある者となるとき、まるで当人は全世界の責めのために責めある者となったかのごとくである。これを要するに、責めは他に転嫁できないという弁証法的性質をもっているのである。が、責めを負うようになった者は、その責めの機縁〔誘因〕になったものに対しても、ともに責めを負うことになる。なぜなら、責めは決してこれといって外的に誘発されることはないから、誘惑におちいる者は、当人自身がその誘惑に責めをもつものだからである。

＊　それにしても、忘却されてならないことは、われわれが後代の個体において問題視するところが、無垢ではなくて、抑圧された罪意識であるから、そのかぎりにおいて、ここでの類比は正確ではないということ、これである。

このことは、可能性の関係においては、〔責めについて〕ひとつの幻影〔錯覚〕となって現れる。これに反して、悔いが現実的な罪とともに出現するや否や、この悔いは現実的な罪を対象としてもつことになる。自由の可能性においては、見出される責めがいよいよ深ければ深いほど、それを発見する天才はそれに応じて偉大であると言えよう。というのも、人間の偉大さはひとえにその人自身のうちなる神との関係の潜勢力にかかっているからである。たとえこの神との関係が、運命というまったく見当違いの表現が与えられることになったとしても、条件は同じである。

このようなわけで、運命がついに直接的天才を捉えるのであり、その場合これが本来的にはこの直接的天才の最高の瞬間なのである。これを要するに、〔直接的天才のきわみは〕人びとを驚嘆させ、職人たちまでその日常の仕事をうちやって、呆然《ぼうぜん》と見とれるような外に向かっての輝かしい業績の実現なのでなく、当の天才が運命のゆえに自己自身によって、自己自身のまえに崩れ去る瞬間を指すのである。これと同じように、いまや責めが宗教的天才[57]を捉えるのであり、これがまさしく当の天才の絶頂の極《きわ》みに達した瞬間なのである。しかも当の天才が最も偉大となるこの瞬間は、あたかも彼の敬虔な姿が特別祝祭日の荘厳さを思わせるような瞬間ではなく、彼がみずから自己自身をまえにして、罪の意識の深淵に向かって沈潜してゆくその瞬間にほかならないのである。

第四章　罪の不安、あるいは個体における罪の結果としての不安

罪は質的飛躍によってこの世に入ってきたのであり、またそのような仕方で罪は不断にこの世に入ってくる。この質的飛躍が措定されるや否や、不安は止揚されたものと、ひとは考えるかもしれない。というのも、不安とは、自由が可能性において自己を自己自身に対して示すこと〔自由の自己示現〕と規定されているからである。なるほど質的飛躍は、確かに現実性であり、その限りにおいて可能性は不安とともに確かに止揚されているはずである。ところが、実はそうではないのである。というのも、ひとつには現実性というものだけが唯一の要因ではないからであり、また他面、そこで措定された現実性は一種不当な現実性だからである。そこで、不安はまたしても措定されたものおよび将来的なものに対する関係のなかに忍び込んでくる。だが、いまや不安の対象は、一定の或るものであり、不安の無は現実的な何ものかである。というのも、善と悪との区別*はいまや「具体的に」(in concreto) 措定されており、そのため不安はその弁証法的な両義性を失ってしまったからである。このことはアダムについても言えるし、また後代の各個体についても妥当する。なぜなら、質的飛躍によって、彼らは〔アダムも後代の個体も〕完全に同等と言えるからである。

* 善とは何か、という問題は、われわれの時代にとっても、いよいよ切実な問題となってきている。というのも、それはいまや教会と国家と道徳の関係の問題に対して、決定的な意義をもっているからである。ただし、その解答にあたっては、われわれは慎重であらねばならない。真理に対しては、これまで奇妙な仕方で優位が与えられてきた。というのも、ひとは真・善・美という三者を、真なるものにおいて(つまり認識において)把握し、提示してきたからである。善の定義はまったく不可能である。善は自由である。

自由に対して、あるいは自由においてこそ、はじめて善と悪の区別が出てくるのであって、またこの区別は決して「抽象的に」（in abstracto）ではなく、ただ「具体的に」（in concreto）だけあるものと言える。この点からまた、ソクラテス的な方法に完全に通じていない者たちを混乱させる問題が生じてくることにもなる。すなわち、ソクラテスが善というこの一見して無限に抽象的に見えるものを、一瞬にして最も具体的なものに還元してみせることなどが、それである。この方法はまったく正当なものである。ただし、ソクラテスの犯した誤謬は（ギリシア的な見地からすれば、なんら誤謬とは言えないのだが）、善をその外側から（有益なもの、有限的に目的にかなったものとして）捉えた点に存していたのである。なお、善と悪との区別は、確かに自由に対して存在するのだが、しかしそれは「抽象的に」（in abstracto）存在するのではない。〔この区別が抽象的に存在すると考える〕こうした誤解は、自由を何か別のものに、すなわちひとつの思惟の対象にすることから由来するのである。が、自由は断じて「抽象的に」（in abstracto）存在するわけではない。仮にもしひとが自由に対して、善と悪とのあいだで自由にどちらかを選択できる権限を賦与したいと望むなら、自由はまさにその瞬間において、自由ではないのであり、一種無意味な「反省」（Reflexion）でしかないことになる。そのような実験の結果は、思惟の混乱をひき起こす以外に何の役にも立たないだろう。もし仮に自由が善のなかにとどまりっぱなしだとしたら、（sit venia verbo, こんな表現も許されるなら〔敢えて言わしむれば〕）自由は悪のことなど知るよしもなかろう。この意味において、ひとは神について、神は悪のことなど知るよしもない、と語りうるのである。（もし誰かがこの表現を誤解して受けとめるとしても、それはわたしの責任ではない。）こんな御託を並べたからと言って、わたしは決して悪を否定的なもの、「止揚されるべきもの」[(1)]（das Aufzuhebende）などと言うつもりはない。——むしろ、神が悪について何も知らないこと、何も知ることができないこと、また知ろうともしないことは、悪に対する絶対的な刑罰なのである。なお、新約聖書のなかで、ギリシア語の前置詞 ἀπό〔ここから、離れての意〕が、神から離れて遠ざかること、言うなれば神が悪を無視することを示すために用いられているのは、この意味においてである。ひとが神を有限的に解するなら、神が悪を無視してくれることは、悪にとってはまことに好都合なことではある。しかるに、神は無限なものであるから、神に無視されることは生きながら葬られること〔破滅〕なのである。なぜなら、悪はただ悪でありうるためにでさえ、神なしではすまされないからである。ここで聖書の一節を引用しておきたい。テサロニケ後書の第一章九によれば、神を認めず、福音に服従しない人びとについて、こう語られている。――「彼らは主の御顔とその力の栄光から退けられて、永遠の滅びにいたる刑罰を受けるであろう」[2]。

罪が質的飛躍によって個体〔としての人間〕のうちに措定されるとき、善と悪とのあいだの区別も措定されることになる。人間は罪を犯さねばならないなどという愚見を、われわれはどこにも述べた覚えはない。それどころか、われわれは一切の単なる実験的でしかない知識に対して抗議さえしてきた。もう一度同じことを繰り返して言うなら、罪は自由と同様に、それ自身を前提とするのであり、何かそれに先行するものによっては説明できない、ということである。善と悪のいずれをも全く同様に選ぶことのできる「自由意志」(liberum arbitrium)――(このような概念は、どこにも存在しない。ライプニッツ参照[3])――そんな抽象的概念をもって自由と解して、これを自由の始まりに見立てるのは、あらゆる問題の解明を根底から不可能にしてしまうことになる。善悪をあたかも自由の対象であるかの如くに語ることは、自由をも善悪の概念をも、ともに有限化することになる。自由はそもそも無限なものであって、何かから発現してくるものでもない。それゆえ、ひとが人間は必然的に罪を犯すものだなどと言おうとするのは、飛躍という円を直線に分解しようとする試みに他ならない。こうしたやり方が多くの人びとにもっともらしく思われるのは、無思慮が多くの人びとにとって最も自然なものだからである。それにしても、例えばあらゆる世紀を通じて、λόγος ἀργὸς（クリュシッポス）とか、ignava ratio（キケロ）とか、sophisma pigrum もしくは la raison paresseuse（ライプニッツ）〔これらの各古典語は、いずれも「怠惰な理性」を意味する用語〕などと、かくも長きにわたり烙印を押されながら、これらの考察の仕方を賞讃すべきものと見立てた人びとが、いつの時代もあまたを数えたからである(4)。

さて、心理学はふたたび不安をその対象としてもつことになるが、この場合も心理学は慎重であらねばならない。個々の個体〔としての人間〕の生活の歴史は、状態から状態への運動を展開してゆく。それぞれの状態は飛躍を介して措定される。罪は、かつてこの世に入ってきたように、阻止されないかぎり今も入り込みつづける。が、罪の反復のいずれもが単純な必然的結果ではなくて、ひとつの新しい飛躍なのである。そうした飛躍の直前には、いずれも心理学的近似値としての〔心理学的状態に最も近い〕状態が先行する。この状態が心理学の対象である。おのおのの状態にはそれぞれ可能性が現存しており、そのかぎり不安が現存する。罪が措定された後も、事情は同じである。なぜなら、ただ善においてのみ、状態と移行の統一が存するからである。

一　悪に対する不安(5)

（a）措定された罪は確かに止揚された可能性ではあるが、しかしそれは同時に不当な現実性でもある。その限りにおいて、不安は罪と関係をもつことができる。その罪は不当な現実性であるから、それは再び否定されなければならない。その仕事を、不安が引き受けようとするのである。この場が不安の狡知にたけた詭弁のための適切な練習場になる。罪の現実性は、まるで〔ドン・ジュアンにおける〕あの騎士長[6]さながらに、その氷のような右手で自由の一方の手を握り、自由の他方の手は魔力的な弁舌をまじえ、偽りとまやかしの手品を雄弁に演じようとする。*

* この研究の形式からして、私はいちいちの状態についてはごく簡単に、言わば代数学的に示唆するにとどめる。ここは本来の叙述には、その場所ではないからである。

(b) 措定された罪は、たとえそれが自由にとっては縁なき結果であるとしても、同時にそれ自身において結果を担っている。この結果が告知されると、不安〔の関係〕は、新しい状態の可能性であるこの結果の到来とかかわりをもつことになる。仮に個体〔としての人間〕がどれほど深く罪のうちに堕落しようとも、それはさらにもっと深く堕落することができる。そして、この「できる」ということが、不安の対象なのである。この際、不安がいよいよすらぐようなことになれば、それは罪の結果が個体の「肉と血のなかに」(in succum et sanguinem)移行してゆき、やっと罪がこの個体性のなかで市民権を獲得したことを意味するものである。

罪はここでは、もちろん具体的なものを意味している。というのも、ひとは決して一般的に、あるいは普遍的に罪を犯すなどということはないからである。罪の現実性をそれ以前に逆行させようとする罪*でさえも、罪一般と言えるものではないのであり、元来そのような罪はいまだかつて現れたことがないのである。人間のことをいくらかでも承知している者なら、詭弁的方法というものがあって、それはあるひとつの点にだけ妥当するように絶えずふるまうのだが、その一点なるものが実はたえず次々と変わるものだ、ということをよく心得ているであろう。不安は罪の現実性を取り除こうとするが、全部をすっかりというのではなく、ある程度まで、取り除こうとするのである。なお、もっと的確に言えば、不安はある程度まで罪の現実性をそのままに温存しておきたいと思いもするのである。なお、この際、この「ある程度まで」(til en vis Grad) という点に、注意をとどめておきたい(7)。それゆえ、不安は量的規定をもてあそぶことを少しもいとわないのである。否、それどころか、不安がつのればつのるほど、その不安はこうした〔量的規定の〕戯れにあえて深入りしさえするのである。が、それにしても、この量的規定の道化と暇つぶしが、あたかも果てしなく崩れ落ちる砂のなかに掘った漏斗《ろうと》の底で待ち伏せている蟻喰い〔蟻地獄〕さながら、個体を質的飛躍の手のうちに引き渡す段どりになるや否や、不安は慎重に身を退くことになる。ただし、この際の不安は、まだ罪を犯してもいなくて、なおも救われなければならないところの「微小点」(et lille Punkt) をかかえもち、また次の瞬間にはまた別のそうした微小点を伴いもする。悔いという名のもとに深刻かつ厳粛に刻み込まれた罪意識というものは、きわめて稀有《けう》なことである。それにしてもわたしは、自分のためにも、思惟と隣人のためにも、おそらくシェリングならきっと表現したと思われるような仕方で、罪の意識を表現することのないよう、充分気をつけたいと思う。確かにシェリングはどこかの箇所で(8)、まるで音楽の天才について語るのと同じ意味で、行為に関しても天才論を述べている。このように往々にして世間では、自分ではそれと気づかないで、ただひとつの説明の用語がもとで一切を台なしにすることがある。

各人がそれぞれ本質的に絶対者に関与するのでなければ、一切はおしまいである。それゆえ、ひとは宗教的なものの領域においては、とくに限られた人間にしか与えられることのない特殊な天分という意味での天才については、語るべきではない。というのも、天分とはここでは意志することだからであり、意志しない者に対しては、ご当人のためにことさら惜しまないということによって、せめて当人の権利を認めてやりたいと思う。

＊ この罪は、あくまで倫理的な立場から見てのことである。というのも、倫理学は状態に注目するのではなく、その状態が同じ瞬間において、ひとつの新たな罪であるという、まさにそのあり方に注目するからである。

倫理的な立場から言えば、罪は何らかの状態なのではない。それどころか、状態というのは、常にその次の状態への最終的な心理学的近似値点である。そこで不安は、たえず新しい状態の可能性として現存している。最初に述べた状態(a)においては、不安はやや顕著に見えるが、次の状態(b)においては、不安は次第に消え去ってゆく。だが、不安はやはり当の個体の外面にへばりついていて、これを精神の立場から見てみると、その不安は他のいかなる不安よりも大きいことがわかる。最初の状態(a)においては、不安は罪の現実性に関係するもので、この罪の現実性から不安は詭弁的に可能性を導き出してくるのであるが、これを倫理的観点から考えると、その不安は罪を犯していることになる。この場合、不安の運動は、無垢における運動とは正反対のものである。無垢の場合には、心理学的に言えば、不安が罪の可能性のなかからその現実性を導き出すのである。しかるに、これを倫理的観点からみると、罪の現実性は質的飛躍によって出現することになる。なお、〔次の状態〕(b)においては、不安は罪のそれから先の可能性に関係している。この際、もし不安が減少するなら、そのときわれわれとしては、この点につき罪の結果が勝利を占めた、というふうに説明する。

(c)措定された罪は、不当な現実性である。それはなるほど現実性ではあるが、個体によって悔いというかたちで現実性として措定されたものだからである。が、悔いは個体の自由とはならない。むしろ悔いは、罪との関係においては、ひとつの可能性にまで引き下げられている。言い換えると、悔いには罪を廃棄するだけの力はなく、それはただ罪のことを嘆き悲しむだけである。罪は自らの結果をたずさえて前進し、悔いはそれに歩を接してあとを追うが、「いつも一瞬だけ遅すぎる」(9)のである。悔いは強《し》いて戦慄すべきものを直視しようとするが、それはいつもあの精神錯乱のリア王の台詞《せりふ》(おお、これぞ崩れゆく大自然の面影)(10)さながらで、悔いは引き締めるべき手綱《たづな》を失い、あとに残るはただ嘆き悲しむ気力のみである。ここにおいて、不安はその頂点に達する。悔いは狂乱し、不安は悔いへと強化〔増加〕される。罪の帰結は前進する。——それは、あたかも刑吏が絶望的に泣き叫ぶ女の髪をつかんで引きずってゆくように、個体をひきずってゆく。この際、不安はなお先行していて、罪の帰結が到来するまえに、先回りしてそれを察知する。それは、あたかも嵐が到来するに先立って、ひとがわが身に徴してそれを察知するのに似ている。罪の帰結は、さらにいっそう近づいてくる。個体はそれを感じて恐怖に震《ふる》えあがる。——それはあたかも馬がかつてものおじしたことのある場所に来ると、嘶《いなな》きながら棒立ちになるように、全身が震えるのである。罪が勝利を占める。不安は絶望のあまり、悔いの腕のなかに身を投げかける。一方悔いは、ここで最後の試みを敢行する。それは罪の帰結を、罰を受ける苦しみに見立て、破滅〔永劫の罰〕を罪の帰結と解するのである。が、さりながら悔いは敗れ去ったのであり、悔いに対する判決は下され、悔いの〔破滅としての〕「永却の罰」は確かである。その判決の苛酷さは、個体が生涯にわたって刑場にひきずり出さるべし、という点につきる。[11] なお換言すれば、悔いはついに狂乱したのである。

ここに示唆されたことは、人生道において折りにふれ、これを観察する機会は与えられている。こうした状態は、完全に堕落しきった人間の場合に見出されることは稀《まれ》で、むしろ一般的に言って、いっそう深い天性に恵まれた人間にのみ限られるものである。なぜなら、人間が(a)または(b)の状態に転落しないためには、何と言っても不《ふ》撓《とう》不《ふ》屈《くつ》の気力と並みはずれた強靭性が必要だからである。狂乱した悔いが各瞬間ごとに生み出す詭弁をまえにしては、どんな「弁証法」[12]をもってしても、これには所詮お手上げである。このような悔いは、その情熱的な表現においても情念の弁証法においても、真実の悔いよりも遥かに強い慚愧《ざんき》の念とも言える悔いである。（別の意味では、それはもちろん、真実の悔いよりも無力だと言える。だが、この種のことを観察したことのある者ならきっと気づいたことと思われるが、この種の悔いがどれほどの説得の才とどれほどの雄弁をもって一切の異論をしりぞけ、自分に接近するすべての者を納得させるか、こうした気ばらしが一段落したあとで、前述の悔いは再び自己自身のもとに立ち戻り、絶望することになるか、この点は何と言っても注目に値することである。）このような恐るべき狂気の事態を言葉や決まり文句で制止せんとすることは、無意味な努力であって、そんなことを思いつく人は、結局は自分のせっかくの説教も、先の悔いに役立つ基本的な雄弁に比すれば、まるで子供じみた片言にすぎないことを、きっと思い知らされることであろう。当面の問題の現象は、(飲酒・阿片《あへん》・放蕩《ほうとう》などにふけるという)人間の感性的なものとの関係においても現れるばかりか、あるいはまた(傲慢・虚栄心・憤怒《ふんぬ》・憎悪・強情・陰険・嫉妬などという)人間のうちなるより高次の段階のものとの関係においても、同じように現れるのである。個体〔としての人間〕は自らの憤怒を悔いることができる。また当の人間としての人柄が深ければ深いほど、その悔いもまたそれだけ深い。が、悔いは個体を自由に〔解放〕することはできない。この点で個体の思惑は外れる。誘惑が現れる。不安はすでにそれを発見している。いかなる想念も戦慄を覚える。不安が悔いから一切の力を吸いとってしまうと、悔いはめまいを覚える。あたかも憤怒がすでに勝利をおさめたかのように見える。個体は、次の瞬間のために用意されていた自由が粉砕されるのを予感する。その瞬間がやって来るや、憤怒が勝ちを制することになる。

ところで、罪の結果がどのようであれ、このような現象が相当おおげさで仰々しく現れるということは、つねにその人間が相当に深い天性に恵まれていることの徴《しるし》なのである。もっとも実人生においては、こうした現象は稀にしか見かけられないものだが、このような現象をもっと頻繁に見ようとするなら、われわれはまずもって人生のよりよき「観察者」(Iagttager)(13)となるのでなければならない。そのわけはと言えば、このような現象が世間ではとかく人目を忍ぶことに由来するものもあるからで、例えばひとはあれこれの知恵〔処世術〕にすがって、至高の生命の胎児をその誕生に先立って堕胎するという方法により、この現象も所詮は闇に葬り去られることになるのである。こうした場合、ひとは自分の身辺のそこいらの誰か彼かに打ち明けて相談をもちかけておけば、一切はそれで事が運ぶものなのである。そうすれば、こちら当人は直ちに皆と同じような世間並みの人間になれるのであり、それを介して自分がそういう人間だということを証明してくれる若干の信頼できる紳士方をいつでも保証人として味方に引き入れることができるわけである。精神の「苦悩」(Anfægtelse) から身をまもる最も確実な方法は、早いに越したことはないとの流儀で、実に無精神的に徹することである。時宜にかなうことさえ心得ておれば、一切は自然に事が運ぶものであり、例の精神の苦悩の件についても、元来そんなものは存在しないものだとか、あるいは気のきいた詩人の思いつきのごときものとでも放言しておけば、まずはかたがつくであろう。昔は完全性に達する道は、狭苦しい孤独な道であった。巡礼の旅は、いつも迷路の危険にさらされたものだし、罪という強盗に襲われることもあり、またスキタイの遊牧民の危険な「過去」という矢に追跡せられたものである。今日では、ひとは気の合った仲間とともに鉄道で完全性に向かって旅行するので、あれこれ話し合い談論するひまもないうちに、もう目的地に到着という次第である。

真実、罪業の詭弁と対決できる唯一のものはと言えば、それは信仰しかない。加えて、当面の状態にあることそれ自身が〔すでに〕ひとつの新しい罪であることを信じる勇気であり、その不安を不安なしに捨て去る勇気である。それにしても、このことができるのは信仰だけである。が、だからと言って、信仰が不安を絶滅させてしまえるわけではない。むしろ信仰自身が永遠に若くして、不安による死的瞬間から絶えず自己をひき離すのである。このことを果たしうるのは、ただ信仰だけである。なぜなら、ただ信仰においてのみ、永遠に、かつ各瞬間においても〔人間という心・身の〕「綜合」[14]が可能だからである。

ここに述べられたことがすべて、心理学に属しているということは、容易に窺うことができる。倫理的には、個体〔としての人間〕を罪に対する関係において正当に位置づけることが、一切の枢軸をなすのである。かくて個体がそうした関係に立たされるや否や、個体は悔いにつつまれて罪のなかに立つことになる。この同じ瞬間に個体は、理念的に見れば、教義学の手のうちにゆだねられていると言える。この場合の悔いは、言ってみれば最高の倫理的自己矛盾である。なぜかと言うと、ひとつには、倫理学はもっぱら理念性〔理想性〕を要求していながら、その代わりに悔いを受け容れることで満足しなければならないからであり、またひとつには、悔いは何を止揚するかに関して弁証法的に両義的になるからで、しかもこの両義性は、教義学において初めて贖罪（この贖罪において原罪の「カテゴリー」が明瞭になるのだが）によって止揚されるわけだからである。なおまた、悔いは行為を躊躇させるが、この行為こそ実は倫理学の要求するものなのである。そこで結局、悔いの瞬間は行為の欠如となるがゆえに、悔いは自己自身を対象とせざるをえないことになる。それゆえ、かのフィヒテが自分には悔いている暇などはないと語ったこと[15]は、精力と勇気とにあふれた真に倫理的な発言であった。しかるにフィヒテは、悔いをその弁証法的な尖端にまでもたらすことはなかった。もっとも、その尖端におかれると、悔いは自己を措

定したのち、新しい悔いにおいて自己を止揚しようとして、やがて自ら崩壊してしまうことになる。

この節で述べたことは、この書のどの箇所もそうであるように、心理学的に、罪に対する自由の心理学的位置あるいは罪に対する心理学的な近似値的状態とでも呼んでよいものである。だから、これらの論述は、罪を倫理学的に解明するなどとあえて主張するほどのものではない。

二　善に対する不安[16]（悪魔的《デモーニッシュ》なもの）

われわれの時代においては、「悪魔的なもの」（det Dæmoniske）[17]が話題になることは実にまれになった。新約聖書に見られるこの点に関するあれこれの話は、一般にそのまま放置されている。当代の神学者たち[18]は、こうした点を説明しようとして、あれこれの不自然な罪に関する考察に耽りがちになる。そのような場合に、いろいろの実例が見られるのであり、例えば人間が動物的なものの支配下におかれると、人間はまるで動物のごとき声を発したり、あるいは動物のような動作をしたり、また動物的なまなざしを示したりするというのも、そのひとつの実例である。これらは、動物性が人間において明確な形態をとってあらわれてくる場合（ラーヴァターの説く観想学的表情[19]のそれ）もあれば、あるいはまたこの動物性が言わば稲妻のように忽然《こつぜん》としてひらめいて、人間存在の内面に隠されたものをそれとなく予感させる場合もある。——それはあたかも狂気のまなざしや身ぶりが、ほんの一瞬その姿をのぞかせ、いま私の話し相手として分別あり才気あり思慮ぶかいその人物を、裏切って諷刺し、嘲笑し、戯画化してしまうような具合に感じさせるのである。神学者たちがこの点に関して述べていることは、あるいはまったく正しいのかもしれない。が、肝心なのは、それが問題の要点を衝《つ》いているかどうか、という点にある。一般的に言って、前述の〔悪魔に憑《つ》かれているような〕現象は、こう言ってよければ、それこそ罪の奴隷という状態なのだと見なせば、問題点を明瞭に理解していただけるものと思われる。この罪の奴隷という状態については、あのよく知られた子供の遊戯を思い出していただくこと以上に、良き方法を私はとっさに思いつかない。つまり、その遊戯というのは、二人の者がひとつのマントのなかに、あたかもただひとりの人間であるかのようにして隠れる。そして一方がしゃべると、もう一方がその話とはまるで関連のないちぐはぐな仕草《しぐさ》をする、というあの遊びである。というのも、これと同じように動物が人間の姿に身をやつし、かくしてたえず人間の身振りと仕草をまねた茶番劇によって人間を戯画化しているからである。しかし、罪の奴隷の状態は、まだ「悪魔的なもの」ではない。罪が措定されて個体〔としての人間〕が罪のなかにとどまるや否や、そこに二つの形態が可能となるのであり、そのうちの一つが前節で論述されたものである。この点に注意しないと、当面の「悪魔的なもの[20]」を規定することはできない。前述の形態においては、個体は罪のうちにあって、その個体の不安は悪に対する不安なのである。この状況は、もっと高い立場から見ると、善のうちにあるのである。それだからこそ、個体は悪に対して不安をいだいているのである。もうひとつの形態が「悪魔的なもの」である。この形態においては、個体は悪のうちにあり、それゆえ善に対して不安をいだくのである。罪の奴隷となる状態は、悪に対する不自由な関係である。が、「悪魔的なもの」は、善に対する不自由な関係なのである。

それゆえ悪魔的なものは、善にふれられてはじめて真に明らかになる。なおこの場合の善はと言えば、その善は外部から悪魔的なものの境界に近づくことになる。この理由によって注目すべきことは、悪魔的なものが新約聖書では、ほかならぬキリストがそれに〔近づき〕ふれるときにはじめて、本性を現すということである。悪霊《デモン》が群をなしていようと（マタイ福音書、第八章二八―三四、マルコ福音書、第五章一―二〇、ルカ福音書、第八章二六―三九）、あるいは悪霊《デモン》が無口でおし黙ったままであろうと（ルカ福音書、第一一章一四）、現象はいずれも同じであり、善に対する不安なのである。なぜなら、不安は黙って言葉を発しなくとも、叫び声をあげるにしても、自己を表現しうるからである。ここにいう善とは、自由の回復、贖《あがな》い、救い、その他名称はどうであれ、そういったものを意味する。

昔は、悪魔的なものについて頻繁に話題にされたものである。が、この箇所では、博識の学術書や珍本の類を数えたてて引用するような研究は、そんなものがあろうとなかろうと、当節いっこうに無用である。さまざまな時代にわたって実際に行われた種々の考察とか、またいろいろの可能的な見方とかを叙述することは容易である。そういったあれこれの考察とかその方法が、概念を規定するのに手引きを与えてくれる点では、それなりの意義がありうるであろう。

〔まず第一に〕悪魔的なものは、美学的・形而上学的に考察することができる。この場合〔悪魔的という〕この現象は、不幸とか運命などの規程のうちに入り、例えば生まれつき白痴であるということと類比的に考察されることになる。このような場合、この〔悪魔的という〕現象に対するわれわれの態度としては同情的となる。それにしても、数あるトランプ遊びの種目のなかで「願をかける」のが最上の惨めさであるように、この場合の「同情的」であることは、一般的な意味において、社交上の一切の技巧と老練さのなかで最も惨めなものであろう。同情は悩める者の助けになるどころではない、むしろその同情によって当人のエゴイズムを相手のなかで育成する〔庇《かば》ってやる〕ようなものである。概してひとは、この種のことについて深い意味で反省しようとはしないで、その同情によって何とか気やすめをしているだけである。逆に同情する者が、その同情に際して、当面の問題は自分に課せられているのだということを、心底から確信する態度で、悩める者に接してこそ、自分と悩める者とを同一視することができるのであり、かくして問題解決のための努力を自分自身のことととして受けとめ、一切の無思慮やめめしさや卑劣さを排除するときにこそ、このような場合にはじめて同情は、〔価値あるものとして〕その真の意義を獲得することになるのである。またこのとき、同情する者は悩める者よりさらに高い位置で悩むという点で、かの悩める者とは区別される以上、ここに同情はその特殊な意味を獲得することになるであろう。かくて同情する者が、このような態度で悪魔的なものに接するとき、わずかな慰めの言葉とか、施しとか、肩をすくめる身ぶり等々のことは一切問題ではなくなるであろう。なぜなら、この際もし仮に誰かが〔同情のために〕悲嘆するとしても、その人もまた思うに、悲嘆すべき何かをもつにいたったに違いないからである。仮に悪魔的なものがひとつの運命だとすれば、それは誰の身にもふりかかってくるはずである。確かにそのとおり、これは否定さるべくもない。

それはたとえひとが、かのアメリカ大陸の森林のなかで、焚火《たきび》や叫び声や鳴りもの入りで野獣を遠ざけるように、臆病風にまとわれているわれわれの時代において、孤独な想念を孤独のまま隔離しておくために、あるいは種々の気晴らしの方法にたよったり、トルコ軍楽の騒々しい催しにあやかったりなどして、あらん限りの手を尽くしてみたところで、〔悪魔的なものが運命である以上、それは誰の身にもふりかかってくるはずで〕それは何とも否定されるべくもないのである。このような次第で、われわれの時代においてひとは、最高の精神的な「試練」（Anfaegtelse）に関しては、ほとんど無関心であり、それだけまた逆に、洗練された社交や夜会《サロン》につきものの男女関係の葛藤沙汰に対しては、これまたいよいよ興味を示すというわけである。真の人間的な同情が、保証人ないし連帯責任者となって、苦悩を一身に引き受ける場合には、まずどこまでが運命で、どこまでが責めであるか、というけじめが明らかにされなければならない。この区別は、悲痛ながら精力的な自由への情熱を傾けて成し遂げられなければならない。——たとえ全世界が崩れ去ろうとも、またその揺るがぬ信念のゆえに償いがたい損害を蒙るかのように見えようとも、あえてこの区別を貫徹せんがために、である。

〔第二に〕さりながら悪魔的なものは、もっぱら倫理的見地から断罪されながら考察されてきた。どれほど恐るべき峻烈さをもって悪魔的なものが追究され、吟味され処罰されたかは、周知のとおりである。当節われわれは、悪魔的なものの話を耳にするとき、思わず身震《みぶる》いをおぼえる。いまや文明の世、そんなことは起こるまいと考えて、感傷的な思いにほだされる。それも確かに結構なことに違いない。が、それにしても感傷的な同情は、果たしてそんなに誉めるに値するものかどうか。だが、あのようなやり方について判定したり反対したりすることは、わたしの為すべき務めではない。むしろわたしの仕事は、それらについてただ観察し考察することだけである。かつての対処の仕方が倫理的に厳格であったということは、まさにその時代の同情が当節のそれよりよき性質のものであったことを示すものと言えよう。かの時代思想は、〔想念のなかで〕自分をこの現象と同一視することによって、当の「悪魔的なもの」こそ責めであると解する以外に何の説明ももっていなかった。それゆえ、同時代人の思惑としては、悪魔的な人間は、結局そのよりよき可能性に従って、どんな残酷さと厳格さを甘受しても、自ら裁《さば》かれんことを願うべきではないか、と固く信じられていたように見える。* 類似の分野から一例をとりあげるなら、異端者に対して刑罰の適用を、それどころか死刑さえも提唱したのはアウグスティヌスではなかったか。[21] 彼には同情心が欠けていたのだろうか、それとも彼のやり方がわれわれの時代のそれと異なっていたのは、むしろ彼の同情が彼を臆病にしなかったという点にあるのではないだろうか。かくして、彼は自分自身についてこのように言ったかもしれない。——もしわたしがそのような事態になったら、神よ、願わくはわたしを見捨てることなく、わたしに対してあらゆる威力を行使してくれる教会が存在してくれますように、と。ところが、われわれの時代においては、かのソクラテスがどこかで言っていたとおり、世人は病気を治してもらうために、医者に身を切られたり焼かれたりするのを恐れているのである。[22]

* 深刻な苦悩のきわみにあるときに、誰かが勇敢にも、これは運命のせいではない、これこそ責めなのだ、と真心こめて真剣に言ってくれたとき、それにもかかわらず、この言葉に慰めと安らぎを覚えるまでに倫

理的に成長していない人間は、確かに真の意味においてまだ倫理的に成長していない者であろう。なぜなら、倫理的個体としての人間が何にもまして恐れるのは、同情という仮面のもとに、宝物としての自由を詐取しようとして、運命とか何とか言い立てる美学的ごまかしほど恐ろしいものはないからである。

〔第三に〕悪魔的なものは、医学的に取り扱うべきものと考えられたこともあった。それゆえ、それは「散薬と錠剤で」(mit Pulver und mit Pillen)、そして「浣腸」を加えて、という具合に扱われるというわけである。そこで、医者と薬剤師とが協力し合うことになる。患者は、ほかの患者に不安を与えないようにとの気遣いから隔離されることもある。これほど勇敢なわれわれの時代といっても、ひとは患者に向かって、あなたは死期が近い、などと告げてはいけない。また迂闊《うかつ》にも、牧師を呼ぶなどというのも考えもので、患者によっては驚愕のあまり死ぬおそれがあるからである。またひとは患者に向かって、最近同じ病気で誰某《だれそれ》が死んだ、などと告げてはならない。患者が隔離されるとなると、見舞いの訪問客があって、患者の容態を逐一尋ねたがるであろう。担当の医師は、できるだけ早く統計的一覧表を作成し、平均値を算出しておきたいものだ。何らかの平均値が得られたとしたら、そこで万事が解明されること〔説明ずみ〕になる、というわけだからである。このように医学的に取り扱う考察は、当の「悪魔的なもの」という現象を純粋に生理的・身体的なものと見なすわけである。この場合、概して医師たちがそうするように、「わけても」(in specie) ホフマンの或る小説(23)に出てくる医師の一言に尽きる、——嗅煙草《かぎたばこ》を一服つめて、さてと呟《つぶや》く、これは困りましたな、と。

〔以上、見てのとおり〕これほどまでに異なった三様の考え方ができるということは、「悪魔的なもの」ということの現象が実に両義性をおびていることを証明している。すなわち、この現象は身体的・心理的・精神的というすべての領域に、何らかの仕方で帰属しているということである。この意味するところは、悪魔的なものが、通常考えられているよりもはるかに広い範囲にわたっているということであり、これを要するに、人間が「精神によって担われた心と身体との綜合」であるということ、それゆえひとつの〔領域の〕解体が同時に残余のものにも及ぶという点からも説明されうるのである。それにしても、この「悪魔的なもの」がどれだけの範囲にわたっているのかという点にひとたび注意が向けられるなら、この現象を取り扱おうと意図している当人にしてからがこの部類に含まれるということ、さらにまた人間はすべて罪人《つみびと》であることが確かであるごとく、悪魔的なものの痕跡も同じく確実に万人に認められるということ、これらの点がおそらく明らかになるであろう。

ところで、この「悪魔的なもの」の意味するところは、世の時代の推移とともに実に多義に及ぶこととなり、あげくは種々雑多なものまで包括するまでになったので、いまやこの概念をいくらかなりとも限定するのが肝要なことと思われる。この点に関してわれわれはすでに悪魔的なものにつき、ひとつの位置づけを提示しておいたが、まずはこの点に注意していただきたい。無垢については、悪魔的なものは問題になりえない。その反面、悪魔に魂を売り渡したとの証文のゆえに、その人間は心底から悪人に転落してしまったという類のあらゆる空想的な観念も、これまた放棄されなければならない。こうした空想的な観念から、あの古き時代のきびしいやり方の矛盾が生じてきたのである。ひとはこのような観念を〔一方で〕仮定しながら、しかも〔他方で〕

刑罰を加えようとしたのである。だが、刑罰自体は単なる正当防衛のごときではなく、また同時に救済策のごときものでもあった。すなわち、軽い刑罰により本人を救済するか、もしくは本人の死刑により他の悪魔に憑《つ》かれた者を救済するものであった。ところで、救済が問題とされるかぎり、当の個人はまだ悪魔の手に転落していたわけではない。もし当人が悪魔の手中にあったのなら、彼を罰するのは矛盾である。さてここで、悪魔的なものがどの程度まで心理学的な問題であるか、という疑問が提起されるとすれば、それに対する私の回答としては、悪魔的なものはひとつの状態である、というに尽きる。この状態から不断に個々の罪ある行為が発現しうるのである。ところで、状態とは一種の可能性の謂《いい》である。もとよりこの状態もまた、無垢との関係から見れば、これまた質的飛躍によって措定された一つの現実性であることには相違ないのである。

悪魔的なものは善に対する不安である。無垢においては、自由は自由としては措定されていなかった。自由の可能性は個体において不安であった。悪魔的なものにおいては、この関係は逆である。この際自由は、不自由〔隷属〕として措定されている。なぜなら、自由は失われたも同然だからである。自由の可能性は、ここでもまた不安なのである。この相違は絶対的である。なぜなら、自由の可能性はここでは不自由〔隷属〕との関係において現れるのであり、この不自由は自由を目指しての規定である無垢に対して正反対のものだからである。

悪魔的なものとは、自己自身のうちに閉じこもろうとする不自由性〔隷属〕である。が、このことは何としても不可能なことである。自由ならざること〔不自由性〕という境地には、いつも自由に対する関係がつきまとう。このような関係が一見まったく消滅してしまったように見えるようなときでさえ、それは現存しているのである。かくして、不安は〔善との〕接触の瞬間において、たちどころに姿をあらわすことになる（さきに、新約聖書の福音書に関連して述べたところを参照）。

悪魔的なものとは、「閉じこもっているもの」（det Indesluttede）[24]であり、かつまたその意に反して顕わになるもの〔という表裏〕を指すのである。この二つの規定は、同じことを意味しており、かつまた意味すべきはずのものである。というのも、「閉じこもっている者」は、端的に「沈黙している者」の謂《いい》であり、それが自己表現しなければならないときには、その意に反して〔発言という〕意志表示が為されるはずだからである。すなわち、不自由の根底にある自由は、外部にある自由と通じ合うことによって反乱を起こし、ここにおいて個体〔としての人間〕自身が自らの意に反して、不安のなかで自己自身をさらけ出すという仕方で、不自由なる心境を暴露するのである。それゆえ、この閉じこもりとしての閉鎖性は、ここでは全く特定の意味に解されなければならない。なぜなら、通常理解されている意味での閉鎖性は、最高の自由をも意味しうるからである。例えば、ブルータスや王子時代のヘンリー五世[25]やその他は、その実例として、時がくるまで「沈黙」をまもっていたのであるが、やがて時いたって彼らの「閉鎖性」[26]が善なるものの意に結びついていることが明らかになった。この種の閉じこもりとしての閉鎖性は、それゆえ「拡充性」〔展開〕と同一の語と見なされる。かくして、およそ個体〔としての人間〕が何らかの偉大な理念の母胎のなかに閉鎖されている場合ほど、より美しくもまたより高貴な意味において拡充されている例はまたとない。自由こそ、まさに拡充するところのものに他ならない。実際、これと対立した見方として、思うに、〔いまいうところの〕「閉鎖性」という概念を、主として〔勝義において〕(κατ᾽ ἐξοχήν) 不自由性に対して、適用してもよいのではあるまいか。ひとは一般に悪に関して、それは「否定するもの」である、と形而上学的な表現を用いる。個体における悪の作用に注目することにより、この作用のことを倫理的に表現したものが、「閉じこもり」〔閉鎖性〕に他ならない。悪魔的なものは、何ものかをもって自己を閉鎖するのではない。否、それは自己自身を閉鎖するのである。このように、不自由性がほかならぬ自己自身を囚人の境地におとしめるということなのであり、ここに「現存在」(Tilværelse = Dasein) の深い意味が存するのである。自由は、つねに「交わり《コムニカチオン》」をもつものである。(この「交わり」という言葉の宗教的な意味を、この際ひとが念頭においてもいっこうに差支えはない)[27]。これに対して、不自由はひたすら「閉じこもり」(indesluttet) の度合を強めるばかりで、交わりをいささかも望まない。このことは、あらゆる領域にわたって認められうるのである。それは憂鬱症《ヒポコンデリー》や妄想症〔精神病〕となって現れ、それはまた現存在とはまったく相容れることができず、自分を組織的に沈黙のなかに隠蔽するところの最高の情念のなかにも窺われる。* ところで、この閉じこもりが自由によって接触されると、それはたちまち不安になる。日常の言葉づかいのなかにも、きわめてしっくりした表現が見受けられる。ひとは或る人を指して、「あれはむだ話をしない」などと言う。閉じこもり〔閉鎖性〕は沈黙しているものに他ならない。言葉はまさしく「救いの手」、つまり閉じこもりという空虚な抽象から解放するところの救済者なのである。ところで、自己のうちに閉じこもっている悪魔的なものに対して、自由が外から関係する場合に、悪魔的なものは自らの意志に反して言葉を発するように誘導されるのであり、これ〔このきっかけ〕こそ悪魔的なものが解明〔開示〕されるにあたっての原則なのである。[28] これを要するに、発言のなかには「交わり《コムニカチオン》」が含まれているのである。それゆえ、新約聖書のなかで、悪魔にとり憑れた者〔悪霊〕は、キリストが彼に近づいてきたとき、そのキリストにむかって、「われと汝となんのかかわりあらんや」(τί ἐμοὶ καὶ σοί) と言っている。[29] かの悪霊はキリストがやって来たのは自分を滅ぼすためだと思い込んでいるのである（善に対する不安）。また別の悪魔にとり憑れた者は、キリストに別の道を行ってくれるように頼んでいる（不安が悪に対する不安である場合、この不安については、前節〔一〕を参照。この場合の個体は救済へとのがれる）。

＊ 先に述べたことをもう一度繰り返して言えば、悪魔的なものは一般的に世間で考えられているのとはまったく別の範囲を含んでいるのである。これまで述べたところでは、あるひとつの方向における悪魔的なものの型のいくつかを指摘したわけだが、ここではまた別の形態についても提示されることになる。すでにわたしが述べたやり方で、この区別はなされもしよう。これにまさる区別が別にあるのなら、それを選ぶのもよろしかろう。が、あれこれの領域にあっても、よほど慎重になされるべきである。さもないと、一切が混乱することになりかねないからである。

これに関する実例は、人生のうちのあらゆる可能な領域に、あらゆる程度において豊富に提供されている。頑固な犯罪者は決して自分の咎めを告白しようとはしない（当の犯罪者は刑罰の苦しみを受けとめて、善との交わりをもとうとしない、この点にまさしく、悪魔的なものがひそんでいる）。このような頑固な人間〔犯罪者〕に対しては、おそらくめったに使われることのないひとつの方法がある。それは沈黙と、眼光の威力による方法である。仮に或る審問官が充分な体力と精神的柔軟性をそなえていて、たとえ十六時間にわたろうとも心身を微動だにせずに持ちこたえることができるなら、ついには相手の心底からの告白を思わず知らずのうちに吐き出させるのに成功するに違いない。心に疚《やま》しいところのある人間は、誰も沈黙に耐えることはできないのである。もしも独房に閉じ込められようものなら、彼は放心したようになってしまうであろう。ところで、裁判官がその場に同席していて、書記が調書をとろうと待機しているような場合には、当面の沈黙は最も意味深長にして最も辛辣な尋問であり、それにもまして残忍であって、しかも許容されうるかぎりの拷問であろう。もっとも、これほどの訊問は、ひとが考えているほど容易に実現されるものではない。この閉じこもり〔閉鎖性〕にむりやり口を開かせうる唯一のものは、さらに気位《きぐらい》の高い悪魔か（悪魔のうちにも、それぞれ与えられる権力の分担があるものなので）、それとも絶対に沈黙を守ることのできる善か、そのいずれかである。この際、仮に誰かが狡猾にもこの沈黙の尋問によって、閉じこもりを狼狽させてやろうなどと妄想するなら、尋問者自身の方が恥をかくことになり、ついには自分自身の方が不安になって、沈黙を破らざるを得ない事態をまねくに違いない。下っ端《ぱ》の悪魔や、神意識の未熟で低劣な人間に対しては、この閉じこもり〔閉鎖性〕は文句なしに勝利するであろう。そのわけはと言えば、前者は忍耐力がまるでないのに対して、後者は無責任なその日暮らしに慣れていて、口先が軽いからである。閉じこもり〔沈黙している者〕がこんな連中に対してどんな威力を発揮できるか、ところがこの連中の方がどれほど沈黙から洩れ聞くただの一語《ひとこと》を哀願し、懇願するか、それは信じられないほどである。もっとも、このようなやり方で弱者を踏みにじるのは、憤慨すべきことではある。それにしても、こんなことは諸侯かイエズス会士のあいだでしか起こらないことだと、ひとは考えるかもしれない。また、そうしたことに関する明瞭な観念を得るためには、ドミティアヌス[30]とかクロムウェルとかアルバとか、あるいはいつも沈黙の威力を示す合い言葉にされているイエズス会管長などを念頭におかねばならないと、ひとは思うかもしれない。だが、決してそうではなく、〔もっと広汎な世間でも〕それはずっと頻繁に起こることなのである。とは言っても、この現象を判断するにあたって、ひとは慎重であらねばならない。なぜなら、現象は同一であっても、その理由〔原因〕は正反対であることもありうるからである。それというのも、自閉にして寡黙《かもく》の身でありながら、弾圧と拷問を行使する当の個体自身が、実は自分からすすんで対話を望むこともあろうし、また解放をもたらしてくれる気位の高い悪魔を待望しているかもしれないからである。しかしまた、この閉じこもりという閉鎖性によって他人を苦しめている者が、自己の閉鎖性に対してもまた自己流儀にふるまうこともありうるのである。この点だけに限っても、わたしはゆうに一冊の書物を書くことができそうである。もっともわたしは当節の人間観察者の流儀や風習にならって、パリやロンドン見物に出かけたことはないのだが、概してひとはそのような見物にしろ現地に行ってさえいれば、ただの饒舌や行商人の知恵以上のものをとくと身につけられると思いなしているようである。仮にもしひとが自己自身に注意を払うだけでよいのなら、人間のあらゆる可能な心理状態を発見するのに、観察者にとって男五人、女五人、それに子供十人もいれば〔観察する〕材料は充分なはずである。子供が道徳的に崇高な閉鎖性の観念によって高められ、誤解された閉鎖性の観念から救われるということは、きわめて大切なことである。外面的な観点から、子供を独り歩きさせるのに何歳頃が適切かを判定することは、さほどむずかしくはなく容易である。が、それが精神的な面ともなると、そんなに容易なことではない。精神的な面との関係においては、この課題はきわめて困難である。というのも、養育の手伝いを雇うとか、揺籃《ゆりかご》を購入するとか等々によっては、その課題から免れることはできないからである。この場合の秘訣は、つねにその場に居合わせることであって、しかもその場に居合わせていないように〔気遣い〕することでもある。——こうしたやり方によって、子供は真にのびのびと自分自身を発展させることができるのではあるが、さりながら他面、子供の育成の概観を確《しか》と把握するためには、〔家族の誰かが〕やはりその場に居合わせることも軽視されてはならない。その秘訣は子供を最大限、最高度にやりたい放題にさせながら、しかもその外見上の放任と同時にそれとさとられずに、自然体で万事を察知することにある。それを試みるにあたっての時間的余裕は、おそらく誰にでも、宮殿の官吏であれ、その気になりさえすれば、きっと可能であろう。ひとがその気にさえなれば、どんなことも克服できるものだ。父親であれ教師であれ、託された子供のために万事につき尽力しながら、不幸にも、子供をひきこもり〔閉鎖的〕にしてしまったとすれば、それこそ当事者は重大な責任を負わねばなるまい。

さて、悪魔的なものとは閉鎖的なものであり、またこの場合の悪魔的なものとは善に対〔面〕しての不安である。そこで、この閉鎖的なものを不定なXとし、そしてその内容もまたXと仮定しよう。つまり、閉鎖性の内容は最も恐ろしいものであることもあり、また同時にきわめて些事なる場合もありうる。というのも、そんなことが現世にあろうことか、誰もが夢にも思わないような恐れおののくほどのことでも、それには誰もが気にもとめないごとき些事である場合もありうるからである。* そうしてみると、〔閉鎖性の内容である〕Xとしての善とは、何を意味するのであるか。それは、〔閉鎖性が〕顕《あら》わになるの謂《いい》である「啓示」（Aabenbarelse）を意味する。** この場合、啓示〔顕わになること〕はまた、このうえもなく崇高なこと（決定的な意味における救済）を意味しうることもあれば、またこのうえもなく無意味なもの（ふと何気なくもらす空語）を意味することもある。だからといって、ひとはこのことによって惑わされるには及ばない。その〔啓示という〕範疇《カテゴリー》はあくまで同一のものである。仮にこの差異がはじめ眼を惑わすことはあっても、それらの現象は悪魔的であるという点において共通しているのである。啓示された状態〔顕わになること〕が、ここでは善を意味する。というのも、開き解放されることこそ、自由の最初の表現だからである。それゆえ、昔の諺《ことわざ》にも言うとおり、口に出して言えば、魔法の力は消えうせるのである。だから夢遊病者は自分の名前を呼ばれると、眼をさますと言われる。

＊ 自分の範疇《カテゴリー》を用いることができるということ、これこそ観察がより深い意味において意義をもつための「必須条件」（Conditio sine qua non）である。現象がある程度まで表面に現れてくると、たいていの人はそれに気づきはするけれども、彼らには範疇が欠けているために、その現象を説明することができない。仮に彼らが範疇をもち合わせてさえいれば、現象の痕跡が見出されるところならどこでも開けることのできる鍵を持ち合わせていることになる。というのも、現象は範疇のもとにもたらされると、あたかも指輪の精〔霊〕が指輪〔の命令〕に従うように、[31] その範疇に従うからである。

** わたしはここであえて「啓示」（Aabenbarelse）[32]という語を使用した。またこの際、善のことを「透明性」〔透きとおって見えるもの〕と呼ぶこともできるであろう。仮にもし誰かが、「啓示」という語とその「悪魔的なもの」への関係の説明を、あたかもいつも何か外的なもの、例えば手にとるほどあらわな告白のごときを問題視しているかのように、わたしの言い方により誤解する恐れがあるとすれば、わたしは〔啓示という語をここに用いないで〕おそらく別の言葉を選択したことであろう。

さて、閉じこもりとしての閉鎖性は、ひらかれた啓示に向けて、これまた無限に多様で無数のニュアンスをおびた葛藤を展開することになる。というのも、精神的生活の旺盛な生産力が、自然の繁茂する力に劣らないうえに、精神的な諸状態は、花々の多様性にもまして無数の多様性を示しているからである。閉じこもりとしての閉鎖性が開かれてある状態〔啓示〕を願うこともある。つまり、啓示が外部からなされるという仕方で、こちら側〔わが身〕にふりかかってくれるようにと願うのである。（こんな願いは曖昧である。というのも、それはこの場合、啓示において措定された自由と、啓示を措定する自由とに対する関係がいかにも弱々しいからである。それゆえ、この場合、閉鎖された状態〔にある者〕が仮に幸福になるようなことがあっても、やっぱり不自由がなお残存することになる。）閉じこもりの状態にある者は、ある程度まで顕わになることを願うことがあるが、しかし同時になおまた閉じこもりを新たに始めるにあたって残余をのこしておきたいと願う場合もある。（なにごとも「大胆には」〈en gros〉なしえない劣等な精神の場合がこれである。）閉じこもりが顕わになることを願望する場合がある。ただし、「匿名」（incognito）で、こっそりとやりたがる。（この行為は、閉じこもりの状態における最もずるい矛盾である。が、これらの実例は詩人と呼ばれる人びとの生き方に見出される。）これらからしてどうみても、顕わになること〔啓示〕の方が、すでに勝利を占めてしまったかに見える。ところが、そんな瞬間に、閉じこもりの方が最後の試みを企てることによって、狡猾にも顕わになることの方をもろともに一種の欺瞞に変えてしまう。そしてついに、閉じこもりの閉鎖性の方が勝利することになる。*

＊　閉じこもりとしての閉鎖性は、「それ自体としては」（eo ipso）虚偽であり、あるいはそう言いたければ、非真理を意味するものであることは、容易にわかる。ところが、非真理とは、まさに顕わになることに対して不安を抱くところの不自由性にほかならない。それゆえ、悪魔は「虚偽の父」(33)とも呼ばれるものである。ところで、虚偽と非真理とのあいだ、虚偽の虚偽とのあいだ、また非真理と非真理とのあいだ、それらのうちに大きな差異があることは、実はわたしがつねに認めてきたことである。が、その範疇《カテゴリー》は同一なのである。

だが、わたしとしては、こんなことをこれ以上つづけるわけにはいかない。ただ代数的に事例を枚挙するだけでもかたづかないというのに、ましてこれを詳細に叙述するとか、一切を閉鎖して閉じこもっている者の沈黙を破って、その独白を聞きとれるようにするとか、ということにでもなればなおさらである。ところで、この「独白《モノローグ》」（Monolog）こそ、実は閉じこもる者のなす話術にほかならない。それゆえ、閉鎖的な人間の特徴を示すのに、世間では、あの人は独りごと〔自己との対話〕を演じている、などと言うではないか。ここでわたしは、あの閉じこもりのハムレットが二人の友人を警《いまし》めている言葉を借用して言えば、「心にはかけても、口の端にはかけないよう[34]」努めているだけである。

ところで、わたしはここに「ひとつの葛藤」（en Collision）を示唆しておこうと思うのだが[35]、それはそのうちの矛盾がかの閉鎖性自体がそうであるように実に恐るべきものと見られるからである。閉鎖的な人間がその閉鎖性のなかに押し隠しているものはきわめて恐るべきものなので、当人はそれを自分自身に対してさえ、あえて口に出して言うことを避けるほどである。というのも、それを口に出して言うだけで当人〔閉じこもりの者〕は、ひとつの新しい罪を犯すことになるか、あるいはその罪が自分をまたしても誘惑するかのように思われるからである。もし仮にこのような現象が起こるとしたら、その個人のなかに、稀にしか見られないような純粋なものと、不純なものとが混在していると言わざるをえない。そうだとすると、このようなことは、当人が恐るべきことをしでかしながら、そのとき自分自身を抑制できない状態にあったという場合にまず第一に起こりうるのであろう。たとえば、ある人が酩酊して何事かを仕出かしながら、当人は何をしたのか、漠然としか覚えがない。が、それにもかかわらず、それが自分の仕出かしたことだとは、いまにしてはほとんど認めがたいほどひどく乱暴な行為だった、とのことは覚えているというような場合〔がそれ〕である。これと同じようなことは、以前に精神病をわずらったことがあって、そんな自分の過去の状態につき、ある種の記憶をもっている人間の場合にもありうる。ところで、このような現象が悪魔的であるか否かを断定するのは、啓示された状態〔顕わになること〕に対する個体としての人間の態度である。つまり当人がその事実を自由によって貫徹し、自由においてそれを引き受けようとするかどうか、この点にかかっている。彼がそのことを欲していなければ、端的にその現象は悪魔的であると言える。この点は確《しか》と銘記されねばならない。というのも、顕わになること〔啓示された状態〕を願っている者でさえ、本質的にはやはり悪魔的であるからである。要するに、彼は二重の意志をもっていると言える、あえて言うなら、顕わになること〔啓示〕を欲する下位の無力な意志と、閉じこもりを欲する〔前者より〕もっと強い意志との二つの意志をもっているのである。後者の方がより強いということは、その人間が本質的には悪魔的であることを示しているのである。

閉じこもり〔としての閉鎖性〕は、言うなれば自らの自由意志に反しての〔顕わになる謂の〕開放である。(36) 個性がもともと根源的に弱ければ弱いほど、または自由の弾力性が閉じこもりに奉仕しているうちに消耗されてしまって、その消耗の度合に応じて、ついには秘密が人間の殻を破って吐き出されることになる。どんなかすかな触れ合いであれ、ゆきずりの一瞥などであれ、それらが閉鎖性の内容次第では、あの恐るべくも、また喜劇的とも言える「腹話術」(Bugtalerie)(37)を始めさせるに充分である。腹話術そのものは、あからさまに〔直接的に〕うちあけることもあり、また間接的に告白する場合もある。例えば、ある精神病者が他の人間を指して、「ある者は実にいやな奴だ、あれはきっと気がふれているに違いない」等と主張することにより、自分の狂気ぶりを〔間接的に〕暴露するような場合がそれである。顕わになること〔啓示〕は、言葉によって告示される場合もある。その場合、この不幸な人間は、要するに誰かれなしに自分の胸中の秘密を押しつける結果になる。顕わになること〔啓《ひら》き示すこと〕は、顔つきやまなざしによって告知されることもある。というのも、人間がひたかくしに隠していることを、その意に反して明るみにさらけ出すようなまなざしというものがあるからである。また不安のあまり、そのことを理解することが憚《はばか》られるような事柄を、うち明け訴えるようなまなざしがあるかと思えば、また思いがけなくも電光のごとき閃《ひらめ》きのなかを覗《のぞ》きこもうとする好奇心さえそそられないほど打ち砕かれた哀願するようなまなざしもある。さらにまた、閉鎖性の内容の次第によっては、これら一切のことどもは滑稽なものと化することもありうる。というのも、このような仕方で心ならずも不安のなかでうち明けられることどもが、例えばお笑いぐさにすぎぬことだったり、つまらない虚栄心の話だったり、子供じみたこと、ささいな嫉妬のあらわれ、身体上のささいな不具合等々だったりするからである。

悪魔的なものは突発的なものである。この際、「突発的なもの」(det Pludselige)というこの新しい述語は、閉鎖性を他の側面から見たときの新しい表現である。悪魔的なものは、その内容につき反省的に思考された場合に閉鎖されたものとして規定され、その時間につき反省が加えられた場合、「突発的なもの」として規定される。かくして閉鎖性とは、個体〔としての人間〕が〔他者に対して〕実に「否定的なかかわり方」をする結果によるものである。つまり閉鎖性は「交わり」(Communication)に対して自己を不断に隔離しつつ閉じ込めた結果である。ところで、交わりの方は連続性の表現であり、この連続性の否定が「突発的なもの」なのである。閉鎖性はそれ自体なみはずれて連続性をつらぬいているかのように考えられるかもしれないが、事実はその反対である。もっとも、つねに印象にばかり気をとられて放心している虚弱な自己喪失に比べれば、閉鎖性はそれなりに見かけだけは連続性をもっている。閉鎖性に存する連続性は、たえずその尖端で旋回している独楽《こま》がきっと感じているに違いない「眩暈《めまい》」（Svimmelhed）にもたとえられよう。ところで閉鎖性が、千篇一律の悲しむべき「永久運動」（perpetuum mobile）である完全な精神錯乱にまで陥ることがない限り、個体としての存在はやはり〔自己以外の〕他の人間生活とある程度の連続性を保持したいと願うものである。ここで、この連続性に比べると、かの閉鎖性の似而非《えせ》〔見かけだけの〕連続性は、実は突発的なものであることが証示されたことになる。この突発的なものは、いまそこにあるかと思うと、次の瞬間にはもはやそこにない。そして、それはもはやないのかと思うと、またそこに確かにある。このような存在は、なるほど連続性のなかに組み入れることはできないし、また連続性に仕立てあげることもできない。まさしく、このような仕方で表現されるものこそ、実は「突発的なもの」なのである。

さて、悪魔的なものが仮に何か身体的なものであったとしたら、それは決して突発的なものではありえないであろう。熱病とか精神病などは何度か繰り返されるうちに、ついにはその法則が発見されることになる。そしてその法則が、ある程度まで突発的なものを止揚〔廃棄〕することになる。ところが、突発的なものはなんら法則なるものを知らない。それは自然現象には属さないからであり、むしろそれは心理現象なのであり、しかも非自由性の現れなのである。

突発的なものは、悪魔的なものと同じく、善に対する不安である。善とは、この場合連続性を意味する。というのも、救済〔解放〕の最初の表現は連続性だからである。ところで、個体としての人間の生存は、ある程度世間の人間生活との連続性において経過してゆく。[38]が、その間にあって閉鎖性はと言えば、それは個体のなかで連続性の「呪文《じゅもん》」（abracadabra）に則して存続する。

かの呪文は言う、――ただ自己自身とだけ交わりながら、たえず突発的にふるまうばかし。

閉鎖性の内容のいかんによっては、突発的なものが恐るべきことを意味する場合もある。が、その突発的なものの効果は観察者〔局外者〕にとって喜劇的なものに見える場合もある。この意味では、各人だれしも幾らかこの突発的なものをもっているわけであって、それは各人だれもがいわゆる固定観念をもっているのと同様である。

わたしはこれ以上、このことを詳論しようとは思わない。ただわたしの範疇《カテゴリー》を堅持するために、この際わたしが強調しておきたいことは、突発的なものは常にその根拠を「善に対する不安」のうちに秘めているということである。つまり、それは自由が浸透しようとするのを阻《はば》む何かがそこにあるためである。悪に対する不安の場合には、そのなかにある諸形式のうちで、突発的なものに対応するものとしては、弱さを挙げることができよう。

悪魔的なものが突発的なものだということを別の方法で明らかにしたければ、悪魔的なものはいかにすれば最もよく表現できるかという問題を純粋に美学的に考察してみるのも一つのやり方であろう。メフィストフェレスのような人物を表現しようとする場合、彼を本来の姿で把握するよりも、劇の筋の運びのなかでより効果的に使いたければ、彼に台詞《せりふ》を言わせることである。そうしてみると、メフィストフェレスは本来のままに表現されないで、むしろ陰険で機智に富み悪知恵のはたらく人物へとその影が薄められてしまう。このような作為に対して、民間伝承の方は要点を的確に見抜いている。民間伝承によれば、悪魔は三千年にもわたって、いかにして人間を堕落させることができるかにつき、腰をすえて沈思黙考したという、――そしてそのあげくついに、それに対する妙案を見出したというのである。この際、要点は三千年ということにある。つまり、この数学が呼び起こす表象は、まぎれもなく悪魔的なものが沈思黙考する〔閉じこもりとしての〕閉鎖性に関する表象にほかならないのである。ところで、先述したように、メフィストフェレスの正体を色褪《いろあ》せさせたくなければ、われわれは別の表現方法を選ばなければならない。そうしてみると、こんどは、メフィストフェレスが本質的には「黙劇《パントマイム》的」（mimisk）である、*ということが判明するであろう。悪の深淵から響きわたってくるこのうえなく恐るべき言葉も、黙劇《パントマイム》的なものの領域における跳躍の突発性ほどの効果を生み出すことはできない。仮にその言葉がどんなに恐るべきものであろうとも、たとえ沈黙を破る者がシェイクスピアとかバイロンとかシェリーのような人たちであろうとも、言葉というものは、いついかなるときでも、それなりの救済の力をうちに秘めているものである。なぜなら、どれほどの絶望、どれほどの悪の恐怖であれ言葉となれば、どのような暴言であれ、沈黙ほどには恐ろしくはないからである。かくして黙劇《パントマイム》的なものこそ、突発的なものを表現することができるのである。が、だからといって、黙劇的なもの自体が突発的なものだというわけではない。なお、この点に関しては、バレエの巨匠ブルノンヴィル(39)が、独自の演出によりメフィストフェレスについて偉大な功績をのこしてくれた。メフィストフェレスが窓から忍び込んで、その跳躍の姿勢のまま立ちどまっているのを見たとき、その場にいる観客を襲うあの恐怖とは！　この跳躍の身のこなしの技は、あたかも猛禽《もうきん》や猛獣の襲撃するさまを思わせ、それらが一般には完全な静止状態から突発的に生じるため、無限に効果的で、その恐ろしさを倍加させもする。それゆえ、メフィストフェレスは歩行をできるだけ制限しなければならない。というのも、彼にとっては歩くこと自体が跳躍への一種の移行であって、予感された跳躍の可能性を含んでいるからである。バレエ『ファウスト』におけるメフィストフェレスの最初の登場は、〔舞台上の〕場あたりを狙《ねら》ったものでなく、きわめて意味深い思想を含んでいる。言葉とか談話は、それらがどれほど短くとも、つねにある程度の連続性をもっている。まったく「抽象的に」(in abstracto)考えても、それが時間のなかで響くものだ、という理由からしてそうである。ところが、突発的なものは、連続性からの抽象であり、それも先行するものと後続するものとの完全な抽象なのである。メフィストフェレスの場合がそれである。彼はまだその姿を見せない、と思いきや当人はもうすでにそこに来て、まぎれもなくその姿をさらけ出して確《しか》と立っている。その迅速さはと言えば、彼が跳躍のさなかで静止するという以上に、これを強調して表現することはできない。もし跳躍が歩行に移るとなると、効果は弱められてしまう。かくしてメフィストフェレスが以上のように表現され〔演出され〕ることによって、彼の登場は、あたかも深夜の盗人《ぬすびと》(40)にもまして突発的に出没する悪魔的なものの効果を生み出している。というのも、いったい盗人なら何と言っても忍び足でやって来るものと概して思われているからである。だが、同時にメフィストフェレスは、自己の本質であるところのその悪魔的なものが突発的なものであるという自身の素性《すじょう》を、ここで開示するのである。このように悪魔的なものは、前方への運動において突発的なものであり、このような〔突発的な〕仕方で、それ〔悪魔的なもの〕は人間のうちにも現れてくるのである。その人間自身が悪魔的であるかぎり、彼自身はやはり突発的なのである。この際その人間が身ぐるみ悪魔的なものであるか、それともほんの少しだけ悪魔的であるか、等といった点は論外のことである。悪魔的なものとは、常にそうしたものであり、かくして不自由は不安になるのであり、またこのように不安は動くことになる。このような点から悪魔的なものが黙劇《パントマイム》的なものとなる傾向が生じてくるのだが、この場合の黙劇的なものとは、美的なものという意味でのそれではなく、むしろ突発的なもの・唐突なものなどをめぐって、人生においてよく見かける類《たぐい》のものを意味するのである。

＊『あれか＝これか』の著者は、ドン・ジュアンが本質的に音楽的であるということに読者の注意を促している[41]。実にそれと同じ意味で、メフィストフェレスは本質的に黙劇《パントマイム》的であるということができよう。黙劇的なものと音楽的なものとは、事情が共通していて、どんなものも黙劇的になりうるし、どんなものも音楽的になりうるものだと一般には信じられてきたようである。いま『ファウスト』と題されたバレエ作品がある。仮にもしその作者が、メフィストフェレスを黙劇的に把握することがいったいどういう意味であるかを真に理解していたら、『ファウスト』をバレエ化することなど決して思いつきもしなかったであろう[42]。

悪魔的なものは、無内容なもの、「退屈なもの」である。

前述のごとく、突発的なものについて述べた機会に、わたしは悪魔的なものがいかに表現されうるかという美学的な問題に注意を向けてきたので、その点をさらに明らかにするためにもう一度同じ問題をとりあげてみたいと思う。仮に悪魔に言葉を与えて、そこに悪魔を表現しようということになれば、そうした課題を解かねばならない芸術家は、その範疇について明瞭に解しているに違いない。悪魔的なものが本質的に黙劇的なものであることを彼は心得ているが、突発的なものとなると彼の手に負えないのである。というのも、突発的なものは〔悪魔の語る〕台詞《せりふ》によって妨げられるからである。だからと言って彼は、迂闊《うかつ》に口走らせたりなどしてでも何とか真の効果を期待できないものか等と、下手なごまかしを企ててみたりはしないであろう。そこに彼は、まったく正当にもその正反対のものとして、「退屈」[43]（det Kedsommelige）をとりあげる。突発的なものにも何かある種の連続性が対応するが、それは言わば「退屈にともなう」寂寥感[44]とでも称すべきものである。これを要するに、退屈とか寂寥感といったものは、言わば無における連続性である。ここにおいてわれわれは、あの民間伝承にみる数字を、いささか違ったふうに解釈することができる。例えば三千年という数は、突発的なものの方向に〔強調の〕力点《アクセント》がおかれているのではなく、この巨大な〔間隙でもある〕時間は、むしろ悪の無気味な空虚と無内容なものの表象を呼び起こすのである。自由は連続性のなかで静かに休息している。これに対立する〔対照をなす〕ものが突発的なものであるが、それはあたかもすでに久しい昔に死んで葬られ永眠状態にあるかの如く思わせる人間を介して知る、あの何とも曰《いわ》く言い難き静寂さとでも言えるものであろう。この点を理解している芸術家は、いかにすれば悪魔的なものを表現することができるかの手段を見出したのとほぼ同時に、喜劇的なものに対する表現をも合わせて見出したことを悟るはずである。もっとも喜劇的な効果といっても、それはまったく同じやり方で達成されうるのである。すなわち、悪についての一切の倫理的規定を度外視して、もっぱら空虚な形而上学的規定だけを用いるなら、われわれとしては、喜劇的な面を容易に感じさせてくれる〔月並な〕お笑いに接することになろう。*

＊　ハイベルク(45)のヴォードヴィル劇『離れがたき人たち』（一八二七年）の主人公クリスターは税関の見習い職員で、この人物に扮する役者ヴィンスレフの演技はきわめて意味ぶかいものであった。というのも、この役者は「退屈」を正当にも喜劇的なものとして把握していたからである。ところが、恋愛というものはそれが真実であるなら、連続性の内容をもつべきはずなのに、ここではその正反対で無限の空虚なものとなっている。というのも、クリスターが悪い人間だとか、不実であるといったことでなく、それどころか彼はその反対で心の底から熱烈に恋しているからである。この場合、ちょうど彼が税関にいるのと同じように、恋愛の場でも〔臨時職員の〕見習いでしかないという点にあるのである。仮にひとが「退屈」そのものの上に力点をおいてみると、きわめて喜劇的効果が得られることがわかる。税関におけるクリスターの地位からは、喜劇的な一面をとり出そうにも不当な仕方でしか為しえない。なぜならクリスターがいっこうに昇進しないからといって、彼自身には何ら為すすべがないからである。が、彼の恋愛については、当人はまさに自己の「主人」だからである。

無内容なもの・退屈なものは、これまた閉じこもり〔閉鎖的存在〕を示す徴表《しるし》である。突発的なものとの関係で言えば、〔閉じこもりとしての〕閉鎖性の規定はもっぱらその内容についての反省であった。ところで、われわれがここで、「無内容なもの・退屈なもの」という規定をそれにつけ加えてみると、これらは反省において内容に関係し、そして閉鎖性の方は、その内容に対応する形式に関係することがわかる。かくして、全部の概念規定が完結することになる。なぜかと言えば、無内容なものの形式こそ、実は閉鎖性だからである。「わたしなりの言葉づかい」（min Sprogbrug）で言えば、ひとは神のなかに、あるいは善のなかに閉じ込められていることはありえないということ、この点は忘れないでいただきたい。なぜなら、この意味の閉鎖性こそ、まさしく人間の最高の拡充〔展開〕を意味するものだからである。それゆえ、人間に具わる良心が確実に展開しているのであれば、その人間がたとえその他の点で全世界から隔絶されていようとも、それだけその人間はより拡充されているのである。

さて、仮にわたしが近ごろの哲学用語[46]を使おうとするなら、悪魔的なものは否定的なものであり、裏側が空洞になっている妖精のごとき「無」でしかない、などと言うのがせいぜいであろう。が、わたしは、そんな言い方を好まない。というのも、この「否定的」という用語は、世のなかで流通しているうちに如才のない言葉となって、何を言われようとごもっともの意に解されかねないからである。仮にわたしがこの〔否定的という〕言葉を使わなければならないとすれば、あたかも無内容なもの〔空虚〕が閉鎖的なものに対応するように、それは無の形式を意味することになるであろう。しかるに、閉鎖的なものがまさに状態そのものを規定するのに対して、否定的なものは、どちらかと言えば外に向かって規定されるという欠点、言うなれば否定されるべき他者への関係を規定するという欠点をもっている。

否定的なものがいま言ったような意味に解されるのなら、それが悪魔的なものを表すのに用いられても、わたしはなんら異存はない。ただしそれは、否定的なものが最近の哲学によって頭のなかに植えつけられた一切の妄想を、脳裡から一掃することができるものと仮定しての話である。が、否定的なものは次第にヴォードヴィル〔風刺劇〕の登場人物と化してしまったので、この言葉は、いつもわたしの笑いを誘うのである。それは、実社会のなかでか、あるいはかの詩人ベルマン[47]の詩歌のなかで、例えば、最初はただのラッパ吹きであったが、その後、下級の税務官吏となり、それから旅館の主人に、さらに転じて郵便配達人にと職をわたり歩くことになったという滑稽な人物のひとりに出会ったとき、ひとが笑いを抑えることができないのと同様である。こんな調子でアイロニーは否定的なものとして説明されてきた。この説明の最初の発案者は、なんと奇妙なことに、さほどアイロニーのことに精通してもいないヘーゲル当人[48]であった。アイロニーをこの世に初めてもたらし、その名づけ親となったのは言うまでもなくソクラテスであった。しかも当のソクラテスのアイロニーこそ閉鎖的であったのであり、それは神的なもののなかで展開させるために、まず人間に対しては自己を閉ざし、自己自身のうちに閉じこもって、ただ自己自身だけを対象とするところの閉鎖性であったと言ってもよい。それはまた、隠れたところでないしょ話をするために[49]、扉を閉ざして外側の人間を愚弄することから始めた閉鎖性に他ならなかったのである。こうした点に対して、世人はいっこうに無関心なのである。何かしら偶然的な現象がきっかけとなって、誰かがこの言葉を使いだして、「アイロニー」の語として成立することとなった。それを嗅《か》ぎつけて、その口真似をする饒舌の徒がつづく。これらの徒輩はその世界史的見通しにもかかわらず、残念ながら、それらを思索するだけの力が欠落しているせいで、せいぜい彼らの諸概念について知るところは、〔逸話で〕かの優秀な青年がほしぶどうについて抱いている知識となんら大差はないのである。——当の青年は、さる食料品店の採用試験で、ほしぶどうの産地はどこかと質問されて、うちでは横町の「食料品店[50]」から求めています、と答えたという次第である。

さてわれわれは、悪魔的なものは善に対する不安であるという定義にまた戻ることになる。もし不自由が一面では自己を閉鎖して実体化することができ、他面ではつねにそれを欲しないとすれば＊（不自由とはその意志を失ってしまっているから）、悪魔的なものは善に対する不安とは言えないであろう。それゆえ、不安もまた何かとの接触の瞬間に最も明瞭に現れてくる。悪魔的なものが個々の個体にとって恐るべきものを意味するにせよ、またそれが太陽の黒点のようなもの、あるいは魚の目のなかの白点のごとき存在であろうと、全体として悪魔的なものも、部分として悪魔的なものも、実は同質のものなのである。かくして、悪魔的なもののほんの微小な部分でさえも、悪魔的なものによって全面的に操られているものと同じ意味で、善に対する不安を抱いているのである。ところで、罪の奴隷も確かに不自由ではあるが、その方向は、前述のとおり別の方向であって、その不安は悪に対する不安なのである。この点をしっかりと把握していないと、われわれは何ひとつ説明することはできないであろう。

＊　この点は、悪魔的なもの、あるいはその慣用語のもたらす錯覚に対して、つねにこれを見失わないようにしなければならない。というのも、これらの錯覚によって、こうした悪魔的な状態について使用する表現では、不自由が自由のひとつの現象であり、自然の範疇《カテゴリー》によっては説明できないものだということを、ひとはどうかすると忘れてしまいそうだからである。たとえ不自由性が最上級の表現によって、自分はこのような不自由な自分であることを望んではいないと言ってみても、それは本心ではない。不自由性のなかには、つねに願望よりも強い意志がある。このような状態にあるとき「これはきわめて騙《だま》されやすい状態にあるから」、ひとは容易に錯覚におちいるものだ。われわれとしては、誰か或る人の発する詭弁に対抗して、最後まで純粋に自分の範疇を厳守しさえすれば、かの詭弁の徒を絶望に追いやることができるのである。ただ、いまあるこのような状態は、あえてこれを恐れるには及ばない。が、だからと言って、こ

の領域において青年血気に逸《はや》って自らの力だめしなど試みるべきではない。

以上のようなわけで、不自由性〔非自由性〕つまり悪魔的なものは、ひとつの状態であることがわかる。心理学は悪魔的なものをそのように捉え、これを考察せんとするのである。これに反して倫理学の方は、どのようにして悪魔的なものから新しい罪が不断に出来《しゅったい》してくるかを、見とどけようとする。なぜなら、〔倫理学の立場からすると〕ただ善のみが状態と運動との統一だからである。

ところで自由は、さまざまな仕方で失われうるから、それにともなって悪魔的なものもまた多種多様なものとなるわけである。そこで、この多様性を、わたしは次のような見出しのもとで考察しようと思う。――すなわち、［I］「身体的・心的に失われた自由」と、［II］「精神的に失われた自由」との見出し。(51) 以上述べてきたところから読者はすでにお気づきのことと思うが、なるほどわたしは「悪魔的なもの」という概念をきわめて広義的に解しているにしても、しかしよく注意していただきたいのは、わたしが当の概念の限界を逸脱するまでにはいたっていないということである。悪魔的なものを一種の妖怪に仕立ててこれを忌み嫌い、さらにはそんな化けものなどすでに何世紀このかた、この世に姿を見せたこともないとの理由で、これを無視してみたところで、こんな仮定は馬鹿げたことで何の役にも立たないであろう。というのも、われわれの時代ほど悪魔的なものが世にはびこったことは、おそらく一度もなかったであろうからである。ただ当節では、それが精神的な領域に現れている点だけに問題がある。

いかなる意味にせよ、ここで心と身体との関係について、大げさな哲学的考察を展開しようなどと、わたしは意図しているわけではない。というのも、大げさな哲学的考察というのは、例えば心自体が自らの身体を生み出すとはどういう意味なのか（この点はギリシア的流儀にせよ、ドイツ的流儀にもせよ）、シェリングの表現を借用して言えば、「形体化作用」（en Corporisations-Akt）[52]によって、自分自身でその身体を措定するというわけだが、それはどういう意味なのかにまつわる哲学的考察をいうのであり、そんなことはわたしの意図するところではないからである。それゆえ、すべてこの種のことは一切ここでは不要である。わたしの目的のためには、せいぜい身体は心の器官であり、したがってまた精神の器官でもある、という考えを、わたしの乏しい才能に即して必要に際して表現すればよいのである。〔心あるいは精神に対する身体の〕この奉仕的な関係が停止し、身体が叛乱を起こし、自由が身体と共謀して自己自身に対して反抗するや否や、非自由性が悪魔的なものとして、その場に現れることになる。もしかすると、この節で述べていることと前節で述べたこととの差異をまだ的確に把握していない人があるかもしれないから、わたしはここでもう一度その点を指摘しておきたいと思う。自由がみずからの反逆者の側に移らないかぎり、なるほどそこには革命の不安はあるにしても、それは悪をめぐっての不安であって、善をめぐっての不安〔として〕ではないのである。

さて、悪魔的なものが、この領域においては、いかに無数の種々雑多なニュアンスを含んだものであるか、それは容易に察しがつくであろう。そのようなニュアンスのうち、あるものはきわめて微細なものなので、ただ顕微鏡的な観察によってやっと正体を現すようなものもあり、またあるものはきわめて弁証法的であって、それら様々なニュアンスがこの範疇に属するものだということを見抜くためには、当の範疇の適用にあたって並みはずれた能力が必要とされるのである。神経過敏症・ストレス・ノイローゼ・ヒステリー・ヒポコンデリー等々[53]は、すべて悪魔的なものそれぞれのニュアンスであり、もしくはニュアンスたりうる「その可能性」とも言えるものである。このことは、この点を「抽象的に」(in abstracto)語ることをきわめて困難にしている。というのも、それについての話し方がまったく代数的になるからである。ともあれわたしとしては、これ以上このことに立ち入ることは差し控えたい。

この領域における最大の極限と言えるものは、一般に「獣的な堕落[54]」とも呼ばれているものである。この状態における悪魔的なものは、あの新約聖書における悪魔にとり憑《つ》かれたものと同じように、「イエスによって」救済されようとする際の、「我と汝と何のかかわりあらんや[55]」という心境によく現れている。この場合の悪魔的なものは、あらゆる接触から身をひこうとする。つまり、それが悪魔的なものを自由に解放させてやろうという現実上の切迫した状況であろうと、あるいはそれがただの偶然的な出会いであっても、悪魔的なものはあらゆる外的接触を避けたがるのである。実は、この後の場合だけで充分なのである。というのも、不安というのは並みはずれて「接触に対し」敏速だからである。それゆえ、恐怖すべき状態をことごとく身につけている悪魔的なものから、われわれが一般的に受ける返答としては、「もう放っておいてくれ、どうせこのおれは惨めな者なんだ」といった捨て台詞《ぜりふ》に尽きるばかりではない。あるいはまた、そのような〔悪魔に憑かれた〕者は、自分の過去の人生のある時期について語るとき、「あの時だったら、自分も救われていたかもしれない」などと告白することもあるかもしれない。この告白は、およそ考えられるかぎりの最も恐ろしい言葉である。彼を不安がらせるものは、いかなる罰でもなければ、また雷鳴のごとき噂《うわさ》話でもない。そうではなくて、非自由性のなかに沈められた自由と連繋しようとするその言葉のひとつひとつが、彼を不安がらせるのである。また別の仕方でも、不安はこうした現象のなかに現れることがある。このような悪魔的なもののあいだには、不安が充満していて、そこでは互いにしがみつく一種の結束のごときものが見られ、その親密さにおいてはいかなる友情も比べものにならないほどである。フランスの医師デュシャトレ(56)は、その著書のなかで、それに関する実例をあげている。それによると、このような不安の社会性は、その領域のいたるところに見られるもののようである。しかもこの不安の社会性だけが、悪魔的なものがそこに存在することの証拠《あかし》を提供をするものである。というのも、罪の奴隷状態の表現としてそれに類似した状態が見られるかぎり、その不安は悪に対しての不安なのであって、そこにこの社会性は現れないからである。

これ以上わたしは、このことについて論究しようとは思わない。この際、わたしにとって重要なことは、もっぱらわたしの図式を整理しておくことだけである。

II 精神的に失われた自由

（a）一般的注釈　この悪魔的なものの形態は、広範囲にゆきわたっており、ここには多様な現象が見られる。悪魔的なものは言うまでもなく、種々の知的内容に依存するのでなく、むしろ自由が与えられた内容*とか知性との関係において、可能な内容に対していかに関係するかに依存している。このようにして、悪魔的なものは、そのつど種々の現れ方をする、——例えば、「いずれそのうち」という物ぐさなやり方で、単なる好奇心にすぎぬ好奇心として、誠意なき自己欺瞞として、他人にすがって己《おの》が身を慰める女性的なやり方として、高慢な無視として、愚鈍な多忙、等々として現れるのである。

＊　新約聖書のなかに「悪魔の知恵」（σοφία δαιμονιώδης）という言葉が出てくる（ヤコブ福音書、第三章一五）。この箇所に書かれている限りでは、この範疇《カテゴリー》の意味は明らかではない。ところが、これに対して第二章一九「悪魔どもでさえ、信じておののいている」の箇所をあわせ考慮に入れてみると、悪魔の知恵というものは、与えられた知恵に対する非自由的な関係と見ることができる。

自由の内容は、知的に見れば真理であり、そしてその真理は人間を自由にする。[57]が、それだからこそ真理は、自由の行為がたえず真理を生み出すという意味で、その自由の行為なのである。言うまでもなく、わたしはここにおいて才気走った最近の哲学のことを念頭においているのではない。ただ、この哲学の説くところによると、[58]思惟の必然性がまたそれの自由なのであり、それゆえに思惟の自由について「この哲学の」語るときは、ただ永遠的思惟の内在的運動について語っているのにすぎないのである。このように器用な哲学は、人間相互間の「交わり」（Communication）を混乱させ、困難にするのに役立つだけである。これに反して、わたしがここで語ろうとするのは、まったく単純で素朴なことなのである。すなわち、真理はひとえに個体それ自身にとってのみ存在するもので、個体自身が行為しつつ、それを生み出すものだということである。仮にもし真理が何らか別の仕方で個体にとって存在するものであり、真理がいま述べたような仕方で個体にとって存在することが個体によって妨げられるなら、われわれとしては悪魔的なものについてのひとつの現象に出合うことになる。いつの時代にも真理を声高《こわだか》に宣伝する者は大勢いるものだ。が問題は、真理を宣伝する人間が最も深い意味において当の真理を認識しようと欲しているか否か、また当の人間がその全人格を真理によって滲透させ、真理の一切の帰結を一身に引き受けようと欲しているか否か、しかも万一の場合にそなえて自分のための逃げ場所と、真理の帰結に対してのユダの接吻を用意していはしないか、にかかっているのである。

近代になってから、真理については語り尽くされてきた。いまこそ確実性・内面性が強調されるべきときである。かつてフィヒテ[59]がこの言葉を解したような抽象的な意味においてではなく、あくまで具体的な意味においてである。

前記に示唆されるとおり、もっぱら行為によって達成され、かつ行為において存在する確実性・内面性は、その個体〔としての人間〕が悪魔的であるか否かを決定するのである。だから、この範疇だけは確《しか》と保持しておきたいものである。そうすれば、一切が明らかになるであろう。例えば、恣意・不信仰・宗教蔑視などは、一般に信じられているように内容を欠いているのではなくて、例えば迷信・奴隷根性・似而非《えせ》信心などの場合と同じ意味で、まさに確実性を欠いていることがここにおいて明らかになるであろう。これらの否定的な諸現象が確実性を欠いているのは、それらの現象がいずれも内容に対して不安にとらわれているからである。

概して世の成りゆきに関して大言壮語することは、わたしの好むところではない。それにしても、この時代を生きている人間のことを観察したことのある者なら、これらの人間のうちにある不均衡や、彼らの不安と動揺の根拠が、一方では真理がその範囲と分量において、また部分的にはその抽象的な明確さにおいて増大しながらも、他方ではその確実性がたえず減少しつつあるということにあるというこの事実を、よもや否定しようとはしないであろう。われわれの時代においては、霊魂不滅に対する従来のあらゆる試みを集大成してひとつの新しい徹底した確かな証明を導き出すために、何という異常な形而上学的・論理学的努力がなされていることか(60)。しかるに、実に奇妙なことに、このようなことがなされているにもかかわらず、確実性の方はたえず減少しているのである。この霊魂不滅という思想は、それ自体のうちにある種の威力をもっており、その帰結するところにはある重さが加わり、かつまたこの思想を受容する者にはおそらくその全生涯を変革するに匹敵するほどの責任を、負わせるほどのものである。それゆえ、ひとは新しい証明を引き出すことに夢中になって、己《おの》が魂を救い出し、かつ鎮《しず》めるというわけである。このような証明は、純粋にカトリック的な意味における善行以外の何ものであろうか。さらに前記の例について重ねて言えば、霊魂不滅に関する証明をやってのけることはできるが、自分自身は当の霊魂不滅を確信していないという人はいずれも、人間が不滅であるとはいったいどういう意味かということに関して、さらに徹底した理解を迫るようなあらゆる現象に直面するだけで、常に不安を覚えることであろう。そのような人は、まったく単純な人間がまったく単純に霊魂不滅について語るのを聞くだけでも、心をかき乱され不愉快な感じを抱くことであろう。――これとはまた反対に、内面性が欠けていることもありうる。きわめて頑固な正統派の信徒たる者が悪魔的であるという場合もある。彼は知らねばならぬ一切を承知している。彼は聖なるものの前にぬかずく。彼にとって真理とは、もろもろの儀式の総括である。彼は神の玉座にまかり出ることについて語り、またそこで何回敬礼すべきかを心得ている。彼が一切を熟知しているという知識は、あたかも数学の命題をABCという文字を使ってなら証明できるが、DEFという文字におき代えるともはや証明ができないという〔融通のきかない〕人間のそれに酷似している。それゆえ、そうした人間は一言一句そのまま文字どおり同一でないものに接すると、不安になるのである。が、それにしても、この種の人間は近頃のある思弁家(61)になんとよく似ていることか。この思弁家は、霊魂不滅に関する新しい証明を発見していたが、いまやわが生命《いのち》の危機にさしかかったとき、あいにく手もとに当の手控えを用意していなかったがために、せっかくの証明ができなかったというのである。ところで、この両者に欠けているものは果たして何であろうか。それは確実性〔確信〕である。――迷信と無信仰とは、どちらも非自由性の形式である。迷信においては、メドゥーサ(62)の頭の威力さながら、主観性を石に変えてしまう〔化石とする〕威力がその客観性の側に与えられているので、非自由性はこの魔法が解かれることを望まないのである。無信仰については、その最高の一見最も自由な表現は、嘲笑である。ところが、嘲笑にはまさしくこの確実性が欠けているのであり、だからこそ無信仰は嘲笑するのである。それにしても、仮にもしわれわれが何とも多くの嘲笑者たちの存在に接してみて、その存在の内部まではっきり覗き込むことができたとしたら、悪魔にとり憑かれた者が「われと汝と何のかかわりあらんや」[63]と叫んだときのあの不安を思い出させることであろう。それゆえ、おそらくこの種の嘲笑者ほど虚栄心が強く、その場かぎりの喝采《かっさい》に熱狂するものはいないということは、実に注目すべき現象なのである。

それにしても、われわれの時代の思弁家たちは、神の「存在」（Tilværelse）に関する完全な証明を導き出すにあたり、いかばかりか時間と根気と文房具を費やし、どれほど勤勉に、熱心に精を出したことであろう。ところが、その証明の優秀性が加わるにつれて、その確信は減少してゆくように思われる。さて、神の存在に関する思想は、それが個体の自由に対して措定されるや否や、〔同時に至るところに神が存在するという〕一種の「遍在性」（Allestedsnærværelse）をもつようになる。この遍在性の想念は、高慢な人間に対して、たとえ当人が悪事を為すことなど思ってもいない場合でも、どこか困惑的な思いをもたらすことがあろう。実際、この想念と一緒になって美しくも仲むつまじき共同生活のなかで生存するためには、まさに内面性が必要とされるのであって、それはそれの模範的な主人となる以上にさらに困難な芸当である。それゆえ、そのような人間が、神の存在について単純で素朴に語られるのを聞かされると、どれほど不愉快な思いをしなければならないことか。神の存在に関する証明は、おりにふれて人が学問的に・形而上学的に行う仕事であるが、しかし神についての思いというものは、あらゆる機会に身に迫ってくるものなのである。このような個体としての人間に欠けているものとは、果たして何であろうか。それは内面性にほかならない。——これとは反対の方向において内面性が欠けていることもある。いわゆる「聖者たち」(de Hellige)[64]は、とかく世間の嘲笑の的とされている。彼らの方からは、そのことを世間が悪いからだと説明する。が、この説明は必ずしも真実ではない。「聖者たち」がその信仰において自由を欠き、その内面性を欠落しているとき、これを純粋に美学的視点から見ると、それは喜劇的であると言える。その限りでは、世間が彼らのことを嘲笑するというのはもっともである。仮に生まれつき歩行が困難で、正しく身ごなしひとつできない者が、世間においてダンス教師を名乗って出ようと望むなら、その者は喜劇的であろう。宗教的な人間の場合も、事情は同じである。時々ひとは、そのような聖者が自分ひとりでしきりに拍子を数えているのを聞くことがあるかもしれない。――それはあたかも、ある人が自分ではダンスの踊りはできないが拍子なら数えることくらいはできる、と言っていながら、残念なことにその当人は肝心要の歩調がまるで合わせられない、そんな場面に酷似していると言えまいか。かくして「聖者たち」は、宗教的なものは絶対に「通約可能」〔割り切れるもの〕なのであり、それこそ〔宗教的なものは〕ある種の機会や瞬間に属しているものではなく、むしろいつも手もとに常備できるものだと思い込んでいるのである。しかるに「聖者たち」が宗教的なものを割り切れるものにしようとするとき、彼は自由ではなくなる。そんなとき、彼がきわめて低い声でひとりで拍子を数えている姿にわれわれは気づかされる。だがまた、それでもなお彼が踏み足を間違えて、ぎこちなく天に眼を向け、合掌するぶざまなその恰好を、ひとは眼にするのである。このようなわけで、聖者のような人間は、それなりの修行を果たしていない大衆に対して、多大の不安を感じているのである。そこで彼は、自らを元気づけるために、世間は信仰心の篤い者を憎んでいるなどという大げさな想念にとりつかれることにもなるのである。

確実性と内面性は、もちろん「主体性」（Subjektivitet）ではあるが、〔主体性の真意は〕まったく抽象的な意味でのそれではない。一切がかくも恐ろしく大げさになったというのは、要するに最近の知識の不幸である。抽象的な主体性は、抽象的な客観と同じように不確実であり、それと同じ程度に内面性を欠いているのである。ひとが主体性について「抽象的に」（in abstracto）語るかぎり、概してことの真意は把握されていないも同然である。抽象的な主体性には内容が欠けていると言われるのも、実はもっともなことである。仮に主体性について「具体的に」（in concreto）語るなら、当面のことどもが明らかに見えてくる。というのも、自己をひたすら抽象化してしまいたいとする人間は、あたかも自己自身を単に「式部官《セレモニー・マスター》」（ceremonie-mester）にしようとする人間と同様に、まさしく内面性を欠いているからである。

（b）内面性の排除（あるいは欠如）を示す図式　内面性の欠如は〔形式としては〕常に反省の規定をとる。それゆえ、あらゆる種類の内面性の欠如を示す形式は、二つの相互に対応しあう形式になるはずである。ひとは精神の規定について、まったく抽象的に語ることに慣れているので、もはやこの点を改めて洞察しようとはしないであろう。さて、通例で言えば、こうである。――まず「直接性」から出発する。次いで、この直接性に「反省」（内面性）が相対して措《お》かれる。それに次いで、「綜合」が措定されることになる。（なお、この場合の「綜合」は、あるいは実体性・主体性・同一性と、いずれに言い換えられてもよい。なおまた、この同一性は、理性・理念・精神と、いずれに呼び換えられてもよい。）が、現実の領域ではそうはいかない。現実においては、直接性はまた内面性の直接性でもある。内面性の欠如は、それゆえ反省においてはじめて見られるものである。

さて、以上のようなわけで、内面性の欠如の形式は、そのどれもが能動的＝受動性であるか、もしくは受動的＝能動性であるかのいずれかであって、そのどちらであるにせよ、それは自己反省の手のうちにある。内面性の規定がより一層具体的になるにつれて、その形式自体もきわめて多様なニュアンスの変化を受けることになる。「古言」〔諺《ことわざ》〕(et gammelt ord) によれば、ものを解するに二通りあるというが、実際それこれともそのとおりである。内面性はひとつの理解ではある。が、「具体的には」(in concreto)、この理解がいかに理解されるべきかが肝心である。ある話を理解することはひとつのことであり、当面の話のなかで示唆されていること〔わたしにかかわっているものが何であるか〕を理解するのはまた別のことである[65]。意識内容がより具体的になればなるほど、それだけ理解は具体的となる。また、この理解が意識に対して欠如する際には、直ちにわれわれは自由に対して自己を閉ざそうとする非自由性の現象をもつことになる。そこでもっと具体的な例として、そのうちに同時に歴史的契機を含んでいるところの宗教的意識をとりあげてみると、当の意識の理解はこの歴史的契機とかかわりをもつものでなければならない。かくして、ここにおいてわれわれとしては、この点に関しての悪魔的なものの二つの類比的形式を示す一例を手にすることができる。すなわち、ある頑固な正統派の信者が、新約聖書のなかのいっさいの言葉が、該当する使徒から由来したものだということを証明するために、自己の根気と学識のすべてを傾注するとすれば、内面性は次第に消え去り、ついには当人が理解したいと思っていることとはまったく別のことを理解することになろう。また、〔仮に〕ある自由思想家[66]が、新約聖書は紀元後二世紀になって初めて書かれたものだということを証明するために、自己自身の才知をことごとく傾けたとすれば、当の思想家は実に内面性を恐れてのあまり、そのあげくは新約聖書を他のすべての書物と同列におかざるをえないのである。* 意識がもちうる最も具体的な内容は、自己自身についての意識、すなわち個体としての自己自身についての意識である。――それは、ただ純粋なだけの自己意識ではなく、むしろあらゆる人間がもつところのきわめて具体的な自己意識を指す。ただしかしそれは、語彙の豊富を誇り表現力にかけて秀でたいかなる著作家も、いまだかつてその片鱗さえ描写することはできなかったものなのである。〔あらゆる人間は各自そういう自己意識をもっているが〕かくいうこの自己意識は、「観想」（Contemplation）のごときものではない。それをそう思い込んでいる者は、自己自身のことを理解していないことになる。というのも、そう思い込む者は自分が同時に生成のなかに介在していて、静観の対象として完結したものとはなりえないことを知るべきであったからである。それゆえ、この自己意識は行為なのであり、そしてこの行為はまた内面性でもある。そして内面性がこの意識に対応しないとき、そのたびごとに内面性の欠如は内面性を獲得することに対する不安となって現れ、そのかぎり、そこに悪魔的なもののひとつの形式が現前することになる。

＊　なお悪魔的なものは、宗教的領域においては一見、精神的「試練」（Anfægtelse）とまぎらわしいほど類似していることがある。そこに現前しているものが両者のいずれであるかは、「抽象的には」（in abstracto）決められない。例えば、敬虔な信仰をもつキリスト者も不安になることがある。ちょうど聖餐式を受けるときに突如として不安になるように、突如として不安になることがあるという。言い換える

と、これは一種の神的試練である。それが試練であるか否かは、彼が不安に対してどんな態度をとるか、その出方によって明らかになるというわけである。これに反して、悪魔的な性質の人間で、聖餐式に対する純粋に個人的な理解が深く内面性にまで達していて、逆にその内面性を恐れて不安をおぼえ、その不安のうちで、そこから逃げ出そうと企てるまでに宗教的意識が具体的になっていることがある。もっとも、このような人間は、ある程度のところまでは一緒に同行しようとするが、そこまでくると、そこで突然立ち止まって、単に知的にふるまおうとし、なんとかして経験的で歴史的に規定された有限的な個人以上のものになりたいと欲するのである。それゆえ、宗教的試練の座にさらされている者は、その試練が彼を近づかせまいとするものの方へ向かおうとする。が、一方悪魔的な性質の者〔悪魔に憑《つ》かれた者〕の方は、その強い意志〔非自由性の意志〕に従ってそれから立ち去ろうとするが、ただ彼のうちに存する弱い方の意志だけがその方向に進もうとする。この点だけは確《しか》と把握しておかねばならない。さもないと、見当違いを犯して、悪魔的なものをいまだかつてないほど抽象的に考えることになるからである。つまり、非自由性の意志がそれだけで自存しているかのように固定的に考えて、たとえ弱いとはいえ常に存在している自由意志のゆえに、悪魔的な人間がたえず自己矛盾に陥ることになるのを見落とすことになる。――もし誰か人あって、宗教的試練に関する資料を求められるなら、ゲレスの『神秘主義』(67)のなかに欲しがる材料を豊富に見出すであろう。ただし、正直に告白すると、わたしはこの書物をきちんと読み通すだけの根気がどうしても起こらなかった。あえて言えば、本書のなかにそれほどの不安がひそんでいることも確かである。が、それにしても、本書の著者ゲレスが、悪魔的なものと宗教的試練との区別を常に心得ていたわけではなかったこともまた確かで、それゆえに本書を参照する場合には、慎重を要するのである。

もし仮に内面性の欠如が機械的に生起する事象だとすれば、それについて語ることは一切が徒労であろう。ところが、事実はそうではないのである。概して、能動性が一種の受動性をとおして始まるにもせよ、この内面性にまつわる一切の現象には、一種の能動性が存在するのである。能動性をもって始まる諸現象は、何と言ってもひとの眼にとまりやすいから、それらは容易に把握されることになる。ところが、その際その能動性のなかにも一種の受動性が現れていることを、ひとは看過しがちである。かくして、悪魔的なものが語られる際にも、それと相反する現象について一緒に考察することがないのである。

さて、わたしは当面の図式が正しいことを確証するために、二、三の例を検討してみたいと思う。

不信仰―迷信。この両者は、互いに完全に対応しているが、両者ともに内面性を欠いている。不信仰の方は、能動性によって受動的であり、迷信の方は受動性によって能動的であると言える。またあえて区別すれば、前者はより男性的な形態をとったもの、後者はより女性的な形態であると言えるかもしれない。が、この両者の共通の内容は、ともに自己反省なのである。以上を本質的に見れば、両者はあくまで同一のものである。不信仰も迷信も、言うなれば、ともに「信仰」に対する不安なのである。ただし、不信仰が非自由の能動性をもって始まるのに対して、迷信の方は非自由の受動性をもって始まる、といった程度の差があるにすぎない。が、一般的に言って、ただ迷信の受動性の方だけに注意が向けられているかに見える。その点では迷信は、美的・倫理的な範疇《カテゴリー》が適用されるか、あるいはもっぱら倫理的範疇《カテゴリー》だけが適用されるかに応じて、あまり高尚でないとか、罪が軽いとか、等々と評されることになる。迷信のうちには、一般にひとをこのような思いに誘い込む一種の弱さがある。とはいえ、何と言っても迷信には、常に自らの受動性を保持するに足る能動性が共存しているものと考えざるをえない。迷信は自己自身に対して不信仰的であり、不信仰は自己自身に対して迷信的である。両者とも、その内容は自己反省である。迷信の安逸・臆病・小心は、その自己反省〔としての迷信〕を捨て去るより、迷信のなかにとどまる方がよいと考える。不信仰の強情・高慢・自負は、その自己反省〔としての不信仰〕を捨てるより、不信仰にとどまる方が勇ましいことだと思い込んでいる。こうした自己反省の最も洗練された形態は、自分ではこの状態から脱しようと望みながら、それでいて自己満足的にそこに留まることによって、自己自身にとって興味あるものとなる、という形態である。

偽善―躓《つまず》き。この両者は、互いに対応する。偽善は能動性を介して始まり、躓きは受動性を介して始まる。ひとは通常、躓きの方を比較的ひかえめに受けとめ対処する。が、仮に個体としての人間が躓きのなかにとどまっているとすれば、そのためにはその躓きの苦悩を受けとめ、これを維持するだけの能動性が確《しか》と想定されていなければならない。躓きのなかには一種の感受性が存している（これに対して実際、樹木や石ころは躓きを感じたりすることはないではないか）。この感受性は、躓きが止揚される際に、一緒に考慮に入れられるべきものである。これに対して躓きの受動性は、じっと我慢して坐し、いわば躓きの結果として、あたかも利子が利子を呼んで殖えてゆくことの方にずっと快感をおぼえているのである。それゆえ、偽善は自己自身に対する躓きであり、躓きの方は自己自身に対する偽善である。両者ともに内面性を欠いていて、両者ともにあえて自己自身に達しようとしないのである。それゆえ、あらゆる偽善はすべて自己自身に対し偽善をはたらくことで終わるのが落ちである。なぜかというと、偽善をはたらく者はその際、自己自身に対して躓いているのであるか、そうでなければ自己自身が躓きの種になっているからである。そのためまた、あらゆる躓きは、もしもそれが除去されなければ、その場合は他者に対して偽善をはたらくはめになる。なぜかというと、躓いている者は、根深い能動性によって――彼はこれによって躓きのうちにふみとどまっているのであるが――、例の感受性を何か別のものに変えてしまっているので、それがためにいまや他者に対して、偽善的な態度をとらざるをえないからである。ひとりの躓いた人間が、最後におよんでこの躓きを、偽善的な偽装を必要とするものを隠すために、「無花果《いちじく》」の葉として利用したという例は、確かに実人生においてすでにあったのである。

高慢―臆病。高慢は能動性を通じて始まり、臆病は受動性を通じて始まる。が、その他の点では、両者は同一である。というのも、臆病のなかには、善に対する不安が保持されうるに足るだけの能動性があるからである。高慢は奥深い臆病である。というのも、高慢とは真に何であるかを理解しようとしないほど、それほど臆病であるからである。かくて、このような理解が高慢に向かって強要されるや否や、高慢は臆病になり、あたかも爆竹か水玉のごとくにはじけては消え去ってしまう。臆病は奥深い高慢である。というのも、それは誤解された〔いつわりの〕高慢の要求さえも理解しようとしないほど、かくも臆病だからである。が、それにしても臆病は、このように尻込みすることによって、それは自分の高慢を披瀝しているのである。なお加えて臆病は、自分がほとんど敗北したことがないことを勘定に入れることを心得ていて、それゆえ自分はいまだまったく損害を受けたことはないという高慢の消極的表現からして高慢なのである。きわめて高慢な人間が、何事にも断じて自分からはあえて手を出そうとしないほど臆病であったり、また自分の高慢を傷つけられまいとして自分をできるだけ小さく見せかけようとするほど臆病であったりする場合も、この実人生には見受けられるとおりである。もし仮に能動的に高慢な人間と受動的に高慢な人間とを一緒に並べてみられるなら、前者が破滅して本性をあらわすその瞬間に、臆病者が根本的にはいかに高慢であるかを思い知らされる機会をもつであろう。*

* デカルトはその著『情念論』[68]（*Skrift de affectionibus*）において、あらゆる情念には常に反対の情念が対応しているが、ただ驚嘆の念だけは例外である、と述べている。詳細な論述の割には、いささか迫力に欠けるが、デカルトが驚嘆の念を例外扱いしたという点がわたしには興味深く思われた。それというのも、周知のように、プラトンおよびアリストテレス両者の考えによれば、驚嘆の念は哲学の情熱をなすものであり、一切の哲学的思惟はこれによって始まるものだからである。それはともあれ、驚嘆の念に対応するのは「嫉妬」[69]（Misundelse）であり、近代哲学ならさしずめ懐疑とでも言うべきところであろう。だが、この点にこそ、肯定的なものの代わりに否定的なものをもって始めようとするところにこそ、近代哲学の根本的誤謬がある。「一切の肯定は否定である」（Omnis affirmatio est negatio）と言われるとき、ひとが「肯定」（affirmatio）の語を最初にもち出しているのと同じ意味で、肯定的なものこそ常に第一のものである。肯定的なものと否定的なものとどちらが第一のものであるかという問題は、きわめて重要な問題である。ところで、肯定的なものに賛意を表明した唯一の近代哲学者は、おそらくヘルバルト[70]であろう。

（c）確実性と内面性とは何か？　このことに関して定義を与えることは確かにむずかしい。だが、わたしはそれこそ厳粛さ《エルンスト》〔真剣〕である、と言っておきたい。ところで、この「厳粛さ」というこの言葉は、おそらく誰にでも理解できるはずだが、しかし他面において、この言葉ほど考察の対象となることの稀な言葉は確かにそうは多くない。これは実に奇妙なことである。マクベスが王を殺害したとき、彼はこう叫ぶ。

今より後は、この世で真剣《まとも》なものは何もない。いっさいは戯ればかり、名誉も徳も絶え果てた。生命《いのち》の酒はすでに酌《く》み干された。(71)

さて、マクベスはまぎれもなく殺人者であった。それゆえ、彼の口からもれ聞く言葉は、恐ろしいまでに胸に迫る真理を含んでいる。が、内面性を失った人間なら誰しもが、マクベスと同じように、「生命の酒はすでに酌み干された」と語りうるのであり、その限りではまた「今より後は、この世で真剣《まとも》なものは何もない。いっさいは戯ればかり」と言えるのである。というのも、内面性こそ永遠の生命《いのち》に向かって湧き出る泉なのである。(72)この泉から湧き出るものこそ、真剣さにほかならないからである。そして伝道者が、「一切は空である」(73)と言うとき、彼はほかでもないこの真剣さのことを「念頭において」(in mente) いるのである。これに反して、真剣さが失われた後に、「一切は空である」と語られる場合には、それはそのことの現れとして能動的＝受動的な表現（憂鬱《ゆううつ》と傲慢《ごうまん》のそれ）であるか、ないしは受動的＝能動的な表現（軽率と機知のそれ）である。ことによると、泣くこともあれば、笑うこともあるが、いずれにもせよ、真剣さは失われているのである。

わたしの知るかぎり、「真剣さとは何か」についての定義が下されたということをいまだ聞いたことがない。仮にそれが本当であるのであれば、これまた悦ばしいことである。だからといって、わたしは一切を融合してしまう当世流儀の流動的な思惟がかの定義を廃棄してしまうのを高く評価するわけではない。否むしろ、その逆であり、こと実存の諸概念に関しては、いつも定義を差し控えようという気づかいがそこに見受けられるからである。というのも、概して本質的に違った仕方で理解されねばならないもの、あるいは自分で違った仕方で理解してきたもの、ないしはこれまでとは一般にまったく違った仕方で好きになったものを、定義の形式で理解しようとすれば、それは自己にとって疎遠な何か別のものになるがゆえに、ひとは誰もそうした定義の形式で理解することなど到底できないであろう。現に恋愛している者が、「恋愛とは何か」という定義に没頭してみたところで、それによって喜びや満足をおぼえることはありえないし、いわんやそれによって恋愛が促進されるなどと言うもおろかであろう。神が存在するという思いにひたり、日ごとその交わりのうちに生きている者は、神に関する定義をつづり合わせて、せっかくの表象を自ら破壊してみたいとか、それが破壊されるのを見届けたいなどと願うようなことはよもやあるまい。真剣さの場合もまた事情は同じで、それを定義すること自体がすでに軽率であるほど、真剣な事柄なのである。かく言うのは、わたしの思索が不鮮明だからでは決してない。あるいは小利口に立ち回る思弁家から（とかくこうした思弁家は、ちょうど数学者が証明に夢中になるように、概念の展開に熱中しては、まるでかの数学者さながらに、「ではいったいこれの証明はどうなるか」と問いかけるのだが）、わたしが自分で語っていることをわたし自身がよくわきまえていないのではないかなどと疑われることを恐れているわけでもない。なぜなら、わたしの考えによれば、わたしがここで述べていることこそ、どんな概念の展開にもまさって、当面の問題を真剣に知っていることの立派な証明であるからである。

さてわたしは、真剣たることについて定義を与えたり、この語につき抽象の洒落を弄したりする気はないが、この際一定の方向性を示唆してくれる意見を付記しておきたいと思う。例えば、ローゼンクランツの心理学のなかに、[74]「心情」(Gemüt) についての定義が見られる。その心理学書(例えば、三二二頁)によれば、心情は「感情と自己意識との統一」であると言われる。これに先立って、なお書中、より適切な説明が見られる。――すなわち、「感情は自己意識に対して自己自身をひらき、また逆に自己意識の内容は主観によって自己自身のものとして感じられることになる。こうした〔感情と自己意識の〕統一こそ、心情と名づけられうるのである。なぜなら、仮に認識の明瞭性とか感情についての知識が欠けていると、〔その場合には〕ただ自然的精神の衝動とか直接性の「緊張」があるだけだが、これに対してもし感情が欠けているとしたら、〔その場合は〕精神的現存在の究極の内面性に到達してもいなければ、精神の自己と一体になっているわけでもなく、単に抽象的な概念が存在するにすぎないからである」[75](三二〇―三二一頁)。ところで再び、感情とは精神の「心性」(Seelenhaftigkeit) と意識との直接的な統一」である(二四二頁)と規定する当のローゼンクランツのそれを遡ってゆき、この「心性」に関する規定のなかに直接的な自然の規定との統一が考慮されているのを想起しつつ、われわれは一切を総括してみると、ひとつの具体的な人格の観念が得られることになる。*

＊ わたしとして好ましいことは、わが読者がつねにわたしとほぼ同じ程度に読書しているものと想定することである。この想定は、読者にとっても著者にとっても、どちらにも多くの手間を省いてくれるものである。そのようなわけで、わたしはわが読者がローゼンクランツのこの著書をご存じのことと想定するが、

万一そうでなかったなら、一読することをお勧めしたい。というのも、これはまことに有益な書物だからである。概して、人間生活に対するその健全な感覚と人間味のある関心によって卓越している著者が、もし仮に空虚な図式に対するかの熱狂的な迷信を捨て去ることができたなら、彼はときおり滑稽な感を与えるようなことは避けられたであろう。彼が諸節のなかで展開しているそれらの叙述は、明解である。ただわれわれが理解に苦しむ唯一のことは、一方の誇大な図式に対する、他方の具体的な叙述との不均衡なことである〔例示すると、二〇九以下の頁を参照。自我と自我、自我の項の一、死。その二、自我の支配と隷属〔主・奴〕の対立〕。

さて、真剣さと心情とは、真剣さの方が心情の本質のより高次の、またこのうえなく深い表現である、という言い方によって、互いに対応している。心情は直接性のひとつの規定である。これに反して真剣さは、心情を獲得した根源性〔心情の獲得された根源性〕であり、自由の責任において保持された心情の根源性であり、また至福を享受する資格を認められた心情の根源性である。心情の根源性は、まさにその歴史的発展においてはじめて真剣さのうちに見られる永遠的なものを指し示すのであり、それゆえ真剣さは決して「習慣」〔常習《くせ》〕にはなりえないのである。ところで、ローゼンクランツはこの場合の習慣を〔当面問題の『心理学』の書のうち〕もっぱら「現象論」（Phænomenologie）の節のもとでのみ論述し、「心霊論」（Pneumatologie）の節では取り扱わない(76)。だが、習慣はまた心霊論〔人間論《アントロポロギー》(77)〕の節にも属し扱われるもので、永遠なものが反復から消え去るや否や、習慣が生起してくることになる。真剣さ〔真摯《しんし》〕において根源性が得られ保持されると、そこに継起と反復が介在することになるが、一方この根源性が反復のなかで欠如すると、そこに習慣が現れる。真剣な人間はまったくその根源性のゆえに真剣なのであり、この根源性を介して、当の真剣な人間は反復において回帰することになる。生き生きとした内面的な感情のうちには、この根源性が保持されていると言われるが、感情の内面性は真剣さが面倒をみなければ、たちまち冷却しかねない火なのである。また他面、感情の内面性はその気分においても不安定なのであり、言い換えるとそれは場合によって内面性の度合が異なるのである。一切をできるだけ具体的に言うために、一例をあげておきたい。例えば、聖職者たるものは日曜日ごとに定められた祈禱書を介して祈りを唱えなければならない。あるいはまた、日曜日ごとに子供たちに洗礼を授けなければならない。さてこのような場合、自分では感激したりしていても、火は消え去ってゆく。彼はひとの心をゆすぶり感動させようとする。が、それもこれも、あるときは強く、あるときは弱い。ただ真剣さだけが、日曜日ごとに「規則正しく」（regelmäßig）同じ根源性をもって同一のものへ還帰することができるのである。*

＊　コンスタンティン・コンスタンティウスの『反復』における命題は、「反復は現存在（Tilværelse）の真剣さである」という。が、これに反して、王室調馬師たることは、仮に当人が馬に乗るたびにそれをおよそ可能なかぎりの真剣さでやるとしても、それは人生の真剣さではない、と彼が言ったその発言も、実は上記の意味に照らして理解されるべきである。

ただしかし、真剣さが同じ真剣さをもって、再び還帰しなければならないこの同一のもの〔同一性〕とは、真剣さそれ自身でしかありえない。というのも、もしそうでないとすれば、それは「屁理屈」（Pedanterie）になるからである。この意味における真剣さとは、人格そのものを意味するのであり、そして真剣な人格だけが真実の人格であり、また真剣な人格だけが真剣さをもって事を為すことができるのである。というのも、真剣に事を為すためには、まず何よりも真剣なるものの対象が何であるかを知っていなければならないからである。

人生においては、「真剣」「真摯なること」[78]が話題になるのはなんら珍しいことではない。例えば、ある者は国債のことで真剣になり、ある者は範疇《カテゴリー》のことで、またある者は芝居の上演のことで真剣になる、等々である。何でも真剣になると、こうした始末になることを暴露するのがアイロニーである。この際、アイロニーの仕事は多忙をきわめる。というのも、場をわきまえず真剣《むき》になってしまう人間は誰でも、まさに「それだけで」(eo ipso) 喜劇的だからである。たとえこんな具合に喜劇的な恰好に仕立てられた同時代人やその世論が、どんなに真剣《むき》になってこれを支持しようとも、喜劇的なるを免《まぬが》れまい。それゆえ、ある人間の究極の真価をはかる尺度《ものさし》としては、人生において彼を真剣にさせたものは何かということの秘密をかぎ出すこと以上に確実な物指しは他に存しないのである。というのも、ひとは「心情」(Gemyt) を具えて生まれてくることはあるが、真剣さを具えて生まれてくることはありえないからである。「人生において当人を真剣にさせたもの」という表現は、もちろん当の個人が最も深い意味でその真剣さを獲得したことの拠りどころにつき、厳密な意味に理解されなければならない。なぜかと言えば、ひとは真剣さの対象であるものにつき、心から真剣になったのちには、その気になりさえすれば、さまざまな事柄をも真剣にとり扱うことができるからである。要するに問題は、ひとがこうした真剣な対象につきまず真剣に対処したか否か、ということである。いかなる人間も、この対象をもっているはずなのである。つまり、それは当人自身だからである。この対象〔自分自身〕に真剣にならないで、何かそれ以外のもの、つまり何か大きくて騒々しいものに真剣になった者は、その当人のなしたそれらすべての真剣さにもかかわらず「道化師」(spøgefugl)である。たとえ彼が束の間のアイロニーの目を欺きとおせたとしても、「神もし欲し給わば」(volente deo)かならずや、彼は喜劇的となるであろう。なぜなら、アイロニーというものは真剣さに対して嫉妬《しっと》ぶかいものだからである。これに反して正当な場所で真剣にふるまえる者は、それ以外の一切のことについて感傷的にも嘲笑的にもこれを扱いうるということによって、自らの精神が健全であることを証明するであろう。もっとも、真剣さの道化たるの徒輩は、こうした〔正当な場で真剣にふるまえる〕者の目線からすると、それまで真剣視していたはずの事柄が思わず嘲笑されるのに接して、背すじに冷たさを感じ身ぶるいするかもしれないのだが——。が、それにしても、こと真剣さに関しては、かりそめの冗談をも許されないことをかの徒輩は知っておくべきである。もしもこの点を忘れようものなら、かつてアルベルトゥス・マグヌス[79]が傲慢にも神に対して自己の思弁を誇ったとき*、この神学者の身に起こったことが、かの徒輩の身の上にも起こるかもしれない。アルベルトゥス・マグヌスは〔神に対して自己の思弁を誇ったという〕かの傲慢のゆえに、そのとき突如として痴呆になったのである。あるいは、あのベレロフォン[80]の身に起こったようなことが、彼の身にも起こるかもしれない。——ベレロフォンは使命を果たすときには悠然《ゆうぜん》と自らの天馬《ペガサス》にまたがっていたが、地上の一女性との密会のためにその天馬を悪用しようとして、落馬の憂き目をみたのであった。

＊　マールバッハ『中世哲学史』[81]第二巻三〇二頁注参照。――「アルベルトゥスは突如として愚者から哲学者になり、また哲学者から愚者になった」。また、テンネマン『哲学史』[82]第八巻第二部四八五頁注参照。――「なおもっと詳細な話がもうひとりのスコラ学者シモン・トルナケンシスによって伝えられている。彼の意見によれば、アルベルトゥスは三位一体説を証明したのだから、神はアルベルトゥスに対し恩を感じてしかるべきだ、と言われる。なぜなら、実際、当のアルベルトゥスがその気にさえなれば、もっと端的に言うと、「実際、もしも私が悪意と敵意をもってその気になりさえすれば、よりいっそう強力な根拠をもって三位一体を無力化し、打倒し、反駁することができたであろう」と力説しているからである。この報いとして、この立派な学者は痴呆となり、文字をおぼえるのに二年もかかるほどの愚者になったという。テンネマン『哲学史』第八巻第一部三一四頁注参照。それにしても、アルベルトゥスが果たして実際にそんな言葉を発したのかどうか、これも同じく彼に帰せられている例の三大詐欺師〔モーゼ、キリスト、マホメット〕という中世における有名な瀆神の言葉を、彼が事実口外《こうがい》したことがあるにせよ、それらはともかくとして、彼に欠けていたのは、確かに弁証すること、あるいは思弁する際の緊張した真剣さではなく、むしろ自己自身を理解する点における真剣さであった。これに類似した話は、実に多く見られるであろう。実に、われわれの時代においては、思弁が神自身でさえ自分の立場が危《あや》ぶまれるほど権威をほしいままにしているのである。神はまるで国民集会が自分を専制君主にするのか、立憲君主にするのか、不安な面持《おもも》ちで坐して待ちわびている君主さながらである。

内面性という確信〔確実性〕こそ、真剣さである。こんな言い方をすると、なんだかもの足りない感じがする。せめてわたしが、真剣さとは主体性である、純粋な主体性である、「包括的な」(übergreifende) 主体性である、とでも言いさえすれば、きっと多くの人びとは真剣に耳を傾けてくれたであろう。ところで、わたしとしては真剣さを、また別の仕方で表現することもできる。

内面性が欠如するとなると、精神はすぐさま有限化されることになる。それゆえ内面性は、人間のうちなる永遠性であり、言い換えると、それは人間における永遠的なものの規定なのである。

さて、悪魔的なものを正しく学ぼうとするには、われわれは永遠的なものが個人においてどのように把握されているかという点に注目してみればよい。そうすれば直ちに事の次第がわかるであろう。この点に関しては、当節は観察するのに充分な材料を提供してくれる。永遠的なものは、われわれの時代においては話題にのぼることが多く、その際排斥されたり受容されたりしている。そのどちらにしても（排斥されるにせよ、受容されるにせよ）、内面性が欠如しているのが見られる。が、それにしても、永遠的なものを正しくどこまでも具体的に理解していない者*は、内面性と真剣さに欠けているのである。

＊　コンスタンティン・コンスタンティウス(83)が『反復』のなかで「〔反復は人生の真剣さであり、〕永遠性は真の反復である」と言ったのは、疑いもなくこの意味だったのである。

わたしはここではあまり詳細にわたることは避けたいが、二、三の点だけは指摘しておきたいと思う。

(a)　ひとは人間のうちにある永遠なものを否定する。その同じ瞬間に、「生命《いのち》の酒は酌《く》み干《ほ》された」(der Lebenswein ist ausgeschenkt) のである。そのような個々人はことごとく悪魔的なのである。永遠的なものが措定されると、現在的なものはそうあってほしいと望むものとは別のものとなる。ひとはこうなることを恐れているので、このため善に対する不安のなかにいるのである。そこで、ひとは仮にそうしたければ、その意の及ぶかぎり否定しつづけることはできるが、だからと言ってひとは永遠的なものから人生を完全に切り離すことはできない。またひとはある意味で、ある程度まで永遠的なものを承認しようとするそのときでさえ、また別の意味において、より高い程度においてそれを恐れることになる。またひとがどんなに永遠的なものを否定しようと、それ〔永遠的なもの〕から完全に離脱することはできないのである。われわれの時代においては、ひとは永遠的なものを、抽象的なそれに媚びるような言い方で承認するような場合でさえ、あまりにもこの永遠的なものをひどく恐れているのである。あたかも当節、政府当局者たちが世間の不穏分子に対して神経をつかい恐れをなしているように、同様にあまりに多くの人たちが、ただひとりの不穏分子に対して不安を感じおびえているのである。ところで、この不穏分子こそ、実は真の平安、つまり永遠性なのである。そこで、人びとは瞬間を説くことになる。そこでは、あたかも地獄への道程は善意で敷きつめられているようだが、永遠性の方はただの瞬間によっていとも簡単に抹殺されてしまう。それにしても、なにゆえに人びとは、そんなにあわただしく急ぐのか。永遠というものがないものとすれば、瞬間は永遠が存在するのと同じだけ長く存在するはずである。だが、永遠というものに対する不安は、瞬間をひとつの抽象的存在に化すことになる。——永遠的なものをこのように否定すると、そのことは、直接的にも間接的にも、多種多様な仕方で現れてくるものである。すなわち、嘲笑として、分別ある常識における無味な陶酔として、忙中の思いとして、現世の移ろいゆく無常感として、等々である。

(b) ひとは永遠的なものをまったく抽象的に把握する。永遠なものは青い山脈と同じく、時間性にとって境界をなす。が、時間性のなかで力強く生きている者は、この境界にまでは到達しない。この境界を窺う〔見張っている〕「個別者」（den Enkelte）は、さながら時間の外に立っている国境守備兵である。

（c）ひとは永遠なものを空想のために時間のなかにひき入れる。こんな仕方で把握されると、永遠なものは魔術的な効果を発揮する。ひとはそれが夢なのか現実なのかを知らない。あたかも月光が、照らし出された森や広間のなかにふるえながら射《さ》し込むごとく、永遠は憂《うれ》えながらに夢みる思いで、またからかうように、瞬間のなかをのぞき込む。永遠的なものへの想念は、ひとつの空想的な逍遥《そぞろあるき》となり、その気分はいつも、わたしが夢を見ているのか、それとも永遠性の方がわたしのことを夢みているのか、といったありさまである。

あるいはまた、ひとは永遠的なものを、こうした魅惑的な二重性をぬきにして、まったく純粋に空想の対象として理解する。この理解は、「芸術とは永遠の生命の先取《せんしゅ》である」という命題[84]のうちに明確に表現されている。というのも、詩とか芸術は単に空想をなだめるもの〔宥和《ゆうわ》〕にすぎず、直観の「意味深さ」（Sinnigkeit）はあっても、真剣さの「真心《まごころ》」（Innigkeit）はもちえないからである。――ひとは空想の金箔によって永遠性を飾り立てながら、またその永遠性に憧れもする。――ひとは永遠性を黙示録風に観想し、ダンテを自負する。[85] もとよりダンテは、空想的直観を大いに高く認容したとしても、だからと言って倫理的判決の実施を中止するようなことはしなかった。

（d）ひとは永遠なものを形而上学的に把握しもする。ひとはそのことを「自我‐自我」[86]（Ich＝Ich）と言う。そして遂に当の自分自身が世にも最も笑うべきもの、つまり純粋自我とか永遠の自己意識とかになってしまう。またひとはしきりに不滅性について説く。そのあげく、当人自身が不滅なものにでなく、不滅性と化すことになる。それにもかかわらず、ひとは自分が不滅性を体系のなかに位置づけていなかったことを発見し、次いでそのための席を付録のなかに設けることを考案した。こんな笑止なやり方に関して、ポウル・メラーが「不滅性はいたるところに存在していなければならぬ」と言ったのは、まことに理にかなった言葉である。(87)ところが、不滅性というものがポウル・メラーの言うとおりのものだとすれば、時間性もひとが望んでいるものとはまったく別のものとなってしまう。あるいはまた、永遠性は形而上学的に、ただし時間性がそのなかに喜劇的に保存されているといった仕方で、把握されもする。純粋に美学的・形而上学的な立場から見ると、時間性は喜劇的である。というのも、時間性は矛盾であり、喜劇的なものは常に矛盾というこの範疇《カテゴリー》のなかに収まっているからである。さて、永遠なるものをまったく形而上学的に把握し、しかも何らかの理由によって時間性をその〔永遠性の〕なかに採り入れようとするなら、これこそ何と言っても喜劇的なことであり、それはあたかも、永遠的精神がいくたびか金に困ったことがある等々という記憶をもっているといった類のものだからである。ところで、ひとが永遠なるものを救い出そうとして、この際になされた一切の労苦はことごとくが無駄であり、空騒ぎにすぎない。というのも、純粋に形而上学的には、いかなる人間も不滅になることはなく、いかなる人間も自己の不滅性に確信をもつようにはなりえないからである。が、まったく別の仕方で不滅性を確実にする場合には、喜劇的なものは顔を出さないであろう。たとえキリスト教が、人間は自分の語ったすべての虚《むな》しい言葉についても〔審判の日に〕申し開きしなければならぬ[88]と説き、われわれはそのことを、すでにこの世においてその明白な徴候が見られる総括的追憶〔想起の全体〕から単純に理解しているとはいえ、それにしてもキリスト教の教えが、不滅の者は一切を忘れ去るためにまずレーテ〔Lethe, 忘却の河〕の水を飲むというギリシア的思想〔観念〕[89]と対比されることによって最も鮮明になるにしても、このことからその記憶〔想起〕が、直接的にも間接的にも、喜劇的になるという帰結は決して出て来ないのである。ところで直接的にというのは、ひとが滑稽なことを想起することによるのであり、また間接的にというのは、その滑稽な事柄が本質的な決定に変えられるということによるのである。申し開き〔弁明〕と審判《さばき》〔判断〕が本質的なものであるということの理由から、この本質的なものは非本質的なものに対して、さながら「忘却の河《レーテ》」（Lethe）の水のごとき働きをするであろう。もっとも、概してひとが本質的なものとは思ってもいなかった多くのことが、本質的なこととして明白になることもまた確かである。人生における戯《たわ》けたこと、偶然的なこと、日常茶飯事なことども、等々のなかには、魂はもとから〔本質的に〕居合わせていなかったのであり、それゆえそれらは一切消え去るであろう。ただし、本質上もとからそこに居合わせていた魂にとって、それらは消え去ることはない。だが、そうした魂にとってそれが喜劇的な意味をもつことはまずないであろう。もしひとあって、喜劇的なものについて充分に思いをいたし、たえずその範疇を明確にしつつ実質的に研究してみるなら、喜劇的なものはまさしく時間性に属するものであることが容易に理解されるはずである。というのも、時間性には矛盾があるからである。形而上学的にも、また美学的に言っても、喜劇的なものが結局は全時間性をのみ込んでしまうことを抑制したり妨げたりすることはできない。

このことは要するに、喜劇的なものを使いこなせるに充分成長してはいるが、「それとこれとの間に」（inter et inter）確《しか》と区別すべきものを区別するだけに充分成熟していない者にはありがちなことである。これに反して、永遠性においては、あらゆる矛盾はとり除かれ、時間性は永遠性によって貫徹され、永遠性のなかに保存されている。が、この永遠性のなかには喜劇的なものたるや、なんら痕跡《あとかた》もないのである。

しかるに、ひとは永遠性について真剣に考えようとはせず、永遠性に対して不安を抱き、この不安があれこれの逃げ道を思いつかせる。だが、これこそ悪魔的なものなのである。

第五章　信仰による救いの手としての不安

グリムの童話のなかに、「不安な気持ちになること」[1]を知りたくて、冒険の旅に出る若者の話がある。さしあたって、この冒険の旅をする主人公が、その旅先でどれほど恐怖すべきことに出会ったか、などの問題については、この際われわれにとってはどうでもよいことである。むしろこの際わたしが言いたいのは、不安な気持ちになることがどんなことかを知っておくことこそ、誰もが通過しなければならない冒険ではないか、ということである。なぜなら、さもないと人間というものは、いちども不安になったことがないということのために、あるいはひとたび不安のなかに崩れたことによって滅びてしまうからである。それゆえ、不安になることを正しく学んだ者は、最高のことを学んだことになるのである。

もし仮に人間が動物か天使だったとしたら、ひとは不安になることはなかったであろう。ところが、人間はひとつの綜合なのであって、そのために人間は不安になりうるのであり、そのひとの不安がより深く大きいものであればあるほど、その人間は偉大なのである。ただし、それは一般的にひとが解しているような意味に、つまり不安を外的なもの、〔人間の外部にあって〕外から迫ってくるものと解せられるべきではない。むしろ、そうではなく、人間が自ら不安を生み出す、という意味に解されねばならない。キリストの名において、「わたしは不安のあまり死ぬほどである」[2]と語られたこと、またユダに向かって「汝《なんじ》が為そうとしていることを、今すぐ為すがよい」[3]と言われたことは、実にこの意味においてのみ理解されなければならない。かの恐ろしい言葉、ルターのような人でさえ、その箇所について説教するとき、不安におそわれたという、あの「わが神、わが神、どうしてわたしをお見捨てになったのですか」[4]という言葉ですら、前の言葉ほどには強く苦悩を表してはいない。なぜかと言えば、この後の言葉ではキリストの現にある状態が表現されているのに対して、前述の言葉では現にそこにないところのある状態に対する関係が表現されているからである。

不安は自由の可能性である。この意味での不安だけが、信仰を介して〔信仰と結ばれ〕、ひたすらに教化育成してくれるものである。この意味での不安は、一切の有限性を破壊しつくし、かくしてそのあらゆる欺瞞を暴露するのである。またどんな大審問官も不安のようにかくも身の毛のよだつ拷問を用意していないし、またどんな探偵も不安ほど、かくも狡猾に容疑者の弱りきったすきを狙《ねら》って襲いかかる巧妙さを身につけていない。あるいはまた、容疑者を捕える罠《わな》を、不安ほど誘惑的にしかけるすべを心得てはいない。また、どんなに頭の切れる裁判官でも、不安ほどに、かくも被告を尋問しつくすことはできない。不安の手にかかっては、誰も不安から逃げ出すことはできない。一切は万事休すなのである。――気晴らしのときも、雑沓《ざっとう》のなかであろうとも、仕事の最中であっても、昼となく、夜となく……。

不安によって教化育成される者は、すなわち可能性によって教化育成されるのである。可能性によって教化育成〔人間形成〕される者にしてはじめて、自己の無限性に従って教化育成されるのである。それゆえ、可能性はあらゆる範疇のなかで最も重いものである。もっとも、われわれはしばしばその反対の声を耳にすることもある。――すなわち、可能性はきわめて軽く、現実性の方こそきわめて重い、とその〔反対の〕声はいう。が、それにしてもわれわれは、こんな話を誰から聞くのか。それは可能性が何であるかを、まったく知らないところのあわれな連中からである。そのような連中のことだから、自分たちが何の役にも立たなかったし、これから先も何の役にも立ちそうにもないということを現実性によって思い知らされたとき、彼らは虚構をこらして、可能性を実に美しく魅力的なものに仕立て直したのである。このような可能性の根底にあるものはと言えば、せいぜいのところ、若気《わかげ》の虚栄心とでもいったような、実に恥ずべきものにほかならない。それゆえ、この〔可能性は〕きわめて軽いと言われているときの可能性は、一般的には幸福とか幸運などの意味に理解されている。が、これらのものは決して可能性ではない。それは人間の堕落を飾り立てようとする欺瞞的な虚構なのであり、それも言うなら人生や摂理についてほどよく苦情を申し立てる理由をみつけ、自分を偉く見せかけんとする機会を狙っての思いつきである。否、可能性においては、一切がひとしく可能的である。真に可能性によって育成された者は、恐怖すべきものも、快適なものも同様に確《しか》と把握しているのである。それゆえ、そのような人間が可能性の学校を卒業して、自分はこの人生からは絶対に何ひとつも要求できないことを知り、また恐怖すべきもの・堕落・破壊がどんな人間とも扉を接して同居していることを、あたかも子供がＡＢＣを知る以上に熟知したうえで、さらにまた加えて自分の恐れていたあらゆる不安が、すぐ次の瞬間にわが身上にふりかかってきたのを経験を通して学んだ場合には、そのひとは現実性に対して別の説明を与えるであろう。そして彼は現実性を讃えるであろう。仮にもし現実性が彼のうえに重くのしかかったとしても、なおこの現実性の方を、あの可能性よりははるかにずっと軽いと思いなすであろう。かくして、可能性だけが人間を形成し教化することができるのである。なぜなら、有限性と、個人がそのなかに座席を指定されている有限的諸関係は、たとえそれらの諸関係が小さな日常的なものであるにせよ、あるいは世界史的なものであるにせよ、それらはただ有限的にしか人間形成できないからである。ひとはいつでもそれらを、お喋りの種にすることができるし、またいつでもそれらを違ったふうに小細工することができ、またいつでもそれらを値切ることができ、いつでも何らかの仕方でそこから逃げ出すことができ、そしていつでも少々距離をおくことができるし、いつでもひとは絶対的な仕方で何かを学ばされるなら、それをいつでも断わることができるのである。仮にもしひとが絶対的な心境で何かを学ばねばならないとすれば、それにたずさわる当の個人は再び可能性を自己のうちにもたなければならない。そして、そこから学ぶべきものを自己みずから養い形成しなければならない。仮に、そのものがすぐ次の瞬間にはそれが彼によって形成されたという事態を認めず、絶対的に彼からその支配する力を奪い取るとしても。

が、それにしても、個体〔としての人間〕がこのように絶対的にまた無限に可能性によって形成教化されるためには、当の個体は可能性に対して誠実であって、かつ信仰をもっていなければならない。この場合の「信仰」ということだが、わたしはここでは、ヘーゲルがどこかで自分の流儀ながら、(5)これをきわめて正確に表現しているやり方に従って、無限性を先取するところの内的確信という意味に理解しておきたい。可能性のもろもろの見定めが誠実に行われるならば、可能性はあらゆる有限性の秘を明かすであろう。が、同時に可能性はそれら〔有限性〕を無限性のかたちで理想化するであろう。かくして、可能性は不安のなかで個人を圧倒するであろう。が、ついには個体〔としての人間〕は信仰を先取することによって再び不安を克服することであろう。

わたしがここで述べていることは、多くの人びとにはきわめて面倒臭い話のように思われるかもしれない。世間の人びとは、いまだ不安を覚えたことがないことを誇りとしているからである。これに対して、わたしはこう答えるであろう。——「ひとは確かに人間に対して、また有限的なことどもに対して不安をもつべきではない。だが、可能性の不安を卒業した者にしてはじめて、もはやいかなる不安にもならないよう修練〔育成〕されているのであって、それも当人が人生の恐怖すべきことどもから逃げようとするからではなく、これら人生の恐怖すべきものといえども、それは可能性の恐怖に比べるなら、つねに弱いものだからである」と。これに対して、論者〔語り手〕が、自分はいまだかつて不安を覚えたことがない、それが自分の偉大さだ、などと思い込んでいるのなら、わたしはよろこんでその人にわたしの説明をこう言い聞かせてやりたいと思う。
——「それこそ貴方《あなた》が無精神〔精神の欠如〕(aandløs)だからだ」と。

個体〔主体性としての人間〕が自己を育成してくれるはずの可能性を欺くならば、当人は決して信仰にたどりつくことはあるまい。またその人の信仰は、せいぜい有限性の才知〔分別〕といった程度のもので、それはあたかも当人の学校が有限性のそれ〔学校〕であったのと同じである。ところが、ひとはこの可能性をあらゆる仕方で欺くのである。というのも、さもなければ、誰でも窓からちょっと頭をつき出すだけで、可能性がただちに訓練をはじめるのを充分に見てとれるに違いないからである。例えば、〔カレーの開城を描いた〕ホドヴィエツキーの銅版画[6]がある。これは四つの気質から観察されたところを描いたものである。この芸術家の課題は、さまざまな印象を、四つの気質の表情のなかに反映させることであった。きわめて日常的な生活のなかにも、確かにいろいろの事件が起きるものである。が、問題は、個々人における可能性が当の自己自身に対して誠実であるか否か、に存するのである。二年間露を吸って生きのびたというインドの隠者の物語が伝えられている。――あるとき隠者は人里に出没して酒の味を知り、ついに酒に溺れるようになったという話である。この話も、他の同類の話と同じように、いろいろな仕方で理解することができる。それは喜劇的にも、また悲劇的にも解することができるであろう。だが、可能性によって教化育成される人間にとっては、このような話はただ一つあれば充分なのである。ただちに彼は、かの不幸な人物〔隠者〕と自分とを絶対的に同一視する。彼は脱出するにあたっての有限性の逃げ道をまったく知らない。いまや可能性の不安は、彼をとらえて獲物にするが、やがてこの不安はついには彼を救われびととして信仰のもとに引き渡すに違いない。かくて信仰以外のところでは、彼にとっては休息はありえない。というのも、他の安息所はいずれも、世間のひとの眼には分別あるものと見えようとも、ただの饒舌の場でしかないからである。見られるがよい。可能性というものは、かくも断乎として教化育成してくれるものなのである。現実的には、人間がもはや余すところ何もなしというほど不幸の境地になったことは、いまだかつて一度もなかった。そこで常識が、「抜け目なくやりくりさえすれば、何とかなる」と広言するのも、なるほどもっともである。[7]

だが、それにしても不幸の最中に可能性の全課程を修了した者は、一切を、現実においては誰ひとりそれほどまでに喪失したことがないほどの一切を喪失したのである。ところが、もし仮に彼が自分に対して教えてくれようとしている可能性を欺くことなく、彼を救い出そうとする不安を無下に斥けるようなことさえしなければ、そのとき彼は一切を再びとり戻すことになる。たとえ現実において、一切を二倍にして得た者があったとしても、それ以上に彼は一切をとり戻しているのである。というのも、可能性の学徒は無限性を獲得したというのに、他方の者の魂は有限性のもとで息をひきとったからである。現実性においては、もうこれ以上は沈めないという深さ以上に深く、あるいは前人未踏の深さを越えて深く沈んだという例《ためし》はない。ところが可能性のなかへ沈んだ者は、めまいを起こし、視力はかき乱され、それゆえ誰かが溺れる者に投げてくれる救いの藁《わら》である物差し〔物事の目安〕をもはや摑むことができない。なおまた、彼の耳も閉ざされて、このため同時代人のもとで取り決められた人間の相場がいくらなのか、おまえも人並みの人間だという声も、彼にはいっさい聞こえてこない。彼は絶対的に沈んだのだ。しかし彼は、またやがてその深淵の底から、現世のありとあらゆる重圧やら恐怖にもうち勝って、軽やかに再び浮かびあがってくる。それにしても可能性によって教化育成される者は、有限性によって育成される者のように、悪しき社会に転落し、あれこれと道を踏み違えて危険にさらされてはいないにしても、あるひとつの破滅の危機にさらされているということ、それは自殺であるが、この危機を私は否定しない。このような〔可能性によって教化育成されようとする〕者がそうした修業に向けての途上にあるとき、不安を誤解し、そのため不安がその当人を信仰へと導くことなく、逆に信仰から離反させたとすれば、もはや彼には救いの手はなく万事休すである。これに反して、正しく教化育成される者は不安のもとに踏みとどまり、不安のありとあらゆる欺きの手によって惑わされることなく、過ぎ去ったことを正しく記憶にとどめる。そうすれば不安の襲撃は、確かに恐怖すべきものではあるにしても、それは彼にとってもはや回避すべきものではなくなる。いまや不安は彼に奉仕する〔従僕のごとき〕霊に転じて、思いがけず彼をその欲するところへと案内しようとする。こうなると、不安が不意にやって来て、あたかも老獪《ろうかい》な手口で、〔不安が〕いまやこれまでとは全く比べものにならない新手の恐るべき威嚇《いかく》手段を見つけ出したかのようなそぶりを見せても、彼はしりごみしたりしない。まして、騒ぎ立てたり、とり乱したりして不安を遠ざけたりすることもない。むしろ彼は不安を歓迎しさえする。あたかもソクラテスがおごそかに毒杯を仰いだように[8]、彼もまたおごそかに不安に挨拶する。彼は不安と一緒に、うちに閉じこもる。あたかも苦しい手術が始まろうとするとき、患者が手術する医師にむかって言うように、彼も「どうぞよろしく」と言う。そこで不安は彼の魂のなかに侵入する。不安は一切を限なく探索し、有限的な瑣末なものを不安がらせて、彼の外に放逐し、かくして彼をその望むところへと導いてゆくのである。

何かしら異常な出来事がこの世で起きるときがある。また、ひとりの世界史的な英雄が他の英雄たちを身辺に集めて英雄的な行為をなしとげようとするような場合がある。あるいはまた、危機が到来して、一切のものが重要性をおびてくる場合がある。そんなときに人びとはその場にぜひとも居合わすことができればと願う。というのも、それらは人間の教化形成に役立つとみられるからである。あるいは、そういうことも可能かもしれない。だが、もっと身近に、徹底的に人間が教化形成されるのにはるかに容易な方法がある。仮に可能性のある学童を、ひとりユトランド半島の荒野[9]のただなかに置いてみるがよい。そこは何らの出来事もなく、最大の出来事といえば、一羽の大雷鳥が羽音を立てて飛び立つことがあるくらいである。だが、少年は、世界史の舞台で喝采を博しはしたが可能性によって教育されなかった者にまさって、はるかに完全に、より正確に、徹底して一切を体験するのである。

個体〔主体性としての人間〕が不安によって信仰へと自己形成されるとき、不安は自らが生み出したものを根こそぎ取り去ってしまう。不安は運命を発見する。ところが、個体がその運命を信頼しようとすると、たちまち不安は一変してその運命を持ち去ってしまう。というのも、運命は不安と同様に、そして不安はまた可能性と同様に、絵本のなかに見る〔あれこれ文字づらを組み合わせると、どうにでも読める〕「魔女の手紙」（Hexebrev）のようなものだからである。個体がその運命に対する関係において、このように自己自身によって再形成〔改造〕されない場合には、当の個体は有限性によっては決して根絶することのできない弁証法的残余をつねに保有することになろう。それはちょうど、富くじに対する信頼心というのも同じで、その信頼を自発的に捨て去らない以上は、絶えず賭博に負けつづけるという事実があっても、だからと言ってそれへの信頼を失うことはないものである。まったく取るに足らぬ事柄に関してさえ、個体としてのわたしが何らかの策略を講じようと企てるや否や、たちまち不安が現前する。それ自体としては実に取るに足らぬ瑣末《さまつ》事であるから、外なる有限性から見ると個体としては、それについて何ひとつ学ぶことはありえないようなものである。ところが、不安は手早い手口として、直ちに無限性の切札、範疇《カテゴリー》の切札をもち出す。(10)が、個体はこの切札に対応しきれない。このような個体としての人間は、外的な意味での運命を、その運命の転換を、その運命の敗北を恐れはしない。というのも、この人間のうちにある不安がすでに運命を育成していて、およそ運命が奪い去ることのできるものは、すでにこれを無条件に奪い去っているからである。ソクラテスは『クラテュロス』[11]のなかで、自分自身によって欺かれるということは恐ろしいことだ、それは欺瞞者〔騙《だま》し手〕をいつも手もとにおいておくようなものだから、と言っている。が、同じくことは思いようで、またこうも言えるであろう。——欺瞞者〔騙し手〕を自分のそばにおくのも、これまた幸福ではあるまいか。それというのも、有限性が干渉しないうちに、善意による欺きとして、いわば子供を乳《ち》離《ばな》れさせてくれるようなものだとも言えるからである。われわれの時代においては、仮に個々の人間がこのように可能性によって教化育成されていないとしても、人間各自が心底から確信をもって善を学びたいと願うのであれば、どんな人間にとってもわれわれの時代は、実に好都合なすぐれた特色を具えていると言える。時代が平和で静かであればあるほど、また一切が型どおり正確に動いてゆき、善がそれなりの報酬を得るというのであればあるほど、その時代の個体としての人間はそれだけ容易に自己欺瞞に陥りやすいものである。すなわち、当人はその努力において、なるほど立派ではあるが、有限的な目的の追求ではないかという点で、自ら思い違いをしかねないのである。ところが、これに反してわれわれの時代では、これから人生の舞台に立とうとする者が、あたかもエリコからの道中で、強盗に襲われたあの男[12]に似ているということを悟るのに、おおかた十六歳になるのを待つまでもあるまい。そこで有限性の悲惨のなかに沈むことを欲しない人間は、最も深い意味で必然的に無限性に向かって突進せざるをえないことになる。このようにひとまず無限性を目指して方向を定めることは、可能性における教化育成と類似したところがあり、事実またこのような方向づけは、可能性によらずしては起こりえないことである。ところで、思慮分別〔常識〕が勝ち負けにつき完璧なほどの計算のあげく、その賭けはもう自分のものだというときに――ただし、その勝負が目下のところ勝ち負け不定のとき、不安が現れる。そこで不安は、悪魔に向かって〔厄除けの〕十字を切る。すると、思慮分別はもはやどうすることもできない。分別ある才知による巧妙な計算も、不安が可能性の全能をもってつくり出す偶然を前にしては、まるで噓のように消え去ってしまう。きわめて取るに足りないことにおいてさえ、個々の人間が悪がしこい方向転換をこころみようとするや否や、たちどころに不安が現れる。また個体としてのわたしが何とかして巧妙に立ちまわろうとする際にも（現実は不安ほど厳格な試験官ではないから）、多分それが成功するだろうという確率はきわめて高いと見られる場合でも、不安は直ちに現れる。問題はきわめて取るに足りない事柄だからという理由で不安が簡単に処理されてしまうと、不安はこの些細な事柄に対して何とも重大な意味をもたせてしまう。あたかも歴史が、マレンゴの田舎町を(13)、あの大会戦の役割のゆえにヨーロッパ史にとって重大な場所に見立てたように。それにしても、個体としての人間は自己自身の力によって「思慮分別」〔悟性的小利口〕から脱却しないかぎり、自己の確立はおぼつかないであろう。というのも、有限性はいつもただ断片的にしか説明せず、決して全体的には説明しないからであり、また自分の思慮分別がいつも失敗を重ねるような人間は（こんなことは現実においては考えにくいことだが）、その理由を思慮分別のなかに求めて、もっと分別ある者になろうと努めるものだからである。信仰の助けをかりて、不安は摂理のうちに安息を見出す〔摂理のうちに安らう〕ように個体としての人間を育成するのである。不安が発見するもうひとつのものは責め〔負い目〕であるが、この責めに対する関係も同様である。単に有限性によってのみ自分の負い目〔自分が責めあるものであること〕を知る者は、有限性のなかに自己を見失っているのである。それというのも、有限性のなかでは、ある人間が負い目〔責め〕あるものであるか否かは、外面的な、法律的な、きわめて不完全なやり方でしか決定されないからである。それゆえ、単に警察の判断や高等裁判所の判決とかにたよって、自分の責めを知るにいたるような人間は、自分が責めあるものであることを本来の意味では決して理解していないのである。というのも、仮にある人間が責めあるものであるとすれば、その当人は無限に責めを負っているからである。それゆえ、有限性によってのみ教化育成されている人間は、警察もしくは世論の判断によって責めあるものと断罪されない場合には、その当人は世にも滑稽で、このうえもなく憐れむべき存在となるであろう。それは一般の平凡な人間よりは少しはましだが、聖職者ほどには及ばない品行方正の模範ともなる人である。これほどの人間がどうしてわが人生においてなおも助けを必要とするのであろうか。もしかしたら当人は生前中にして「世の鑑《かがみ》」（en Exempelsamling）に列せられるかもしれないというのに。有限性から、われわれは多くのことを学ぶことができるが、ただしきわめて平凡で、堕落した意味でのほかには、不安になることを学ぶことはできない。これに反して、真の意味で不安になることを学んだ者は、有限性のさまざまな不安が演奏をかなで始め、有限性の弟子たちが正気を失い、勇気を失うというときにあっても、あたかもダンスでもするかのような足どりで〔人生を〕歩むことができるのである。このようなわけで、人生においては往々にして誤解が起こりがちである。例えば、「心気症《ヒポコンドリー》」[14]（Hypochondrie）の患者は、日常のつまらないことに対しても不安を覚えるが、重大なことが実際に起こると、かえって当人はほっと安心する。それはなぜか。どれほど重大な現実性といえども、彼自身が生み出した可能性、しかもそれを生み出すために自分の力を用いたその可能性ほどには恐ろしくはないからである。が、そのかわりに今度は現実性を対象にして自分の全力をそれに注ぎこむことができるのである。とは言っても「心気症《ヒポコンドリー》」の人間は、可能性によって教化育成された人間に比べれば、不完全な「独学者」（Autodidakt）でしかない。というのも、「心気症《ヒポコンドリー》」というのは、身体的な条件に一部依存するものであり、そのため偶然的なものだからである。* 真の「独り《ひと》学ぶ者」（Autodidakt）とは、ある著者も言っているとおり、** それと同じ程度に「神に仕えて学ぶ者」（Theodidakt）なのである。あるいは理知的な面を連想させる表現を避けるなら、「知恵の愛〔哲学〕にひたすら奉仕する職人」（αὐτουργός τις τῆς φιλοσοφίας）*** であり、またそれと同じ程度に「神事に仕える者」（θεουργός）である。かくして負い目〔責め〕に関して、不安によって育成される者は、贖罪にいたってはじめて安息することになるであろう。

ここで本書の考察は終わる。つまり、その出発点にもどったところで終わるのである。心理学が不安の問題を考察し終わると、不安は教義学にゆだねられなければならない。

* それゆえハーマンは「心気症《ヒポコンドリー》」（Hypochondrie）という用語を高尚な意味に解して、次のように言っている。「現世におけるこの不安は、それにしても、われわれが現世とは異質の存在だということを示す唯一の証拠である。というのも、仮にわれわれに欠如するものが何もないとしたら、われわれもまた異教徒や超越論哲学の学徒[15]と同じように、神について何も知らず、愛すべき自然に呆然と見とれている以上に、

よくは為しえなかったであろうからである。いかなる郷愁もわれわれを襲うことはなかったであろう。この不敵な不安、この聖なるヒポコンドリーは、思うに、犠牲獣たるわれわれを塩漬けにして、現世の腐敗から守ってくれる火なのである」（『著作集』第六巻一九四頁）。

＊＊　『あれか＝これか』参照。(16)

＊＊＊　クセノポン『饗宴』参照。ソクテラスはこの書のなかで、自分自身についてこの表現を用いている。

訳　注

表題・題辞・序文

（1）「原罪」は言うまでもなく教義学上の問題である。が、原罪をめぐるその問題につき、「不安」という心理現象の考察を通して、道案内的・予備考察を企てようとするというのが、この副題の主旨である。ところで、原罪は不安と無関係でない。とはいえ、心理学は原罪そのものを問題の対象とすることはできない。そこで心理学は、原罪をめぐってその問題に関し、一つの心理学的気分としての「不安」を扱うにとどまる（vgl. R. Thomte, p.221）。

（2）ラテン語による表記の著者名「ヴィギリウス・ハウフニエンシス」（Vigilius Haufniensis）は仮名であるが、字義としては「商都《ハウフニア》（コペンハーゲン）の夜警番」の意。――目下、市中に不安に包まれた精神的状況が予見されるが、それこそ端的に言って、ニヒリズムという正体不明の新時代精神の風潮が去来し始めていることを、当の夜警番なる著者が、書中を通して読者に警告しようとするのである（vgl. *The Concept of Anxiety*, Translated with Introduction and Notes by R. Thomte & A. Anderson, 1980. p.201）――以下引用に際しては、vgl. R. Thomte と略記する。

（3）原典の表題の裏面に記された題辞の要旨としては、同時代のデンマークにおける時代的思潮、とくにヘーゲル学徒の思弁を念頭にして、著者キルケゴール自身の本書とり組みの態度表明とも受けとめられる。文中の「ソクラテス独特のあの区別」とは、『ソクラテスの弁明』（21d）を指す。以下は、著者が多年「北方の賢者」（Magus im Norden）として私淑したドイツの哲学者ハーマン（Johan G. Hamann, 1730-88）の書『ソクラテスの回想記』（*Sokratische Denkwürdigkeiten*, Amsterdam, 1759）からの引用語句を交じえて語らしめる。ただし引用は、ロート編『ハーマン著作集』第二巻一二頁（Hamann's Schriften, hrs. von Fr. Roth, 1821）に依拠するが、原典の厳密な逐語的な引用ではない（vgl. R. Thomte, p.222）。

（4）ポウル・マルティン・メラー（Poul Martin Møller, 1794-1838）は、キルケゴールの青春時代に最も敬愛したデンマークの詩人・哲学者である。キルケゴールがコペンハーゲン大学在学中を通じて最も影響を受けた同大学の教授のひとり、その指導のもとで、師匠の同名の小論文を拠りどころにして、これを学術論文に仕立てあげ、さらにマギスター学位論文『アイロニーの概念――たえずソクラテスを顧みつつ』（一八四一年）として完成、これにより学位の授与に浴する。この献辞には、かくしてキルケゴールの尽くせぬ感謝の意がこめられており、愛すべき詩人の詩のなかでも最愛の詩「デンマークに寄する讃歌」からの詩句で充たされていることでも、その謝意が切ないまでに窺われもする（vgl. R. Thomte, p.222）。

（5）原典では、巻頭のこの箇所に《Forord》との語が充てられているから、「序文」の訳語が適切である。この「序文」は、後になって構想変更により、当初予定されていた「序文」に代えて、目下見るとおりの短文に急遽書き改められたものである。なおまた、当初予定されていた「序文」の方は、後にニコラウス・ノタベネ著との仮名に変更されたうえ、さらに『序文ばかし――時と場合に応じて、それぞれの階層に向けての娯楽的読本』と題され、八篇の序文だけから成る独立の文学的著作に仕立て直されて、発展的に解消されたものと見なされる。

（6）ヨハネ福音書、第三章二九。

（7）創世記、第一二章三。

（8）マタイ福音書、第六章三四。

（9）キルケゴールの青春時代において、デンマーク第一のヘーゲル学者と言えば、疑いもなくハイベルク（J. L. Heiberg, 1791-1860）を挙げるに誰しも異存はないであろう。その十九世紀デンマークの文学・思想界に君臨したハイベルクは、若きころに自然科学の研究の方向に進みたいと希望したが、その当人をして「自然科学」から「哲学」へと転向せしめる機縁となったものこそ、実はヘーゲルの「哲学体系」との出会いだったと言われる。いま視点をかえて、『序文ばかし』によると、当のハイベルク先生がまたもや天文学に熱中し、新年の贈物として『ウラニア』(*Urania*)という年鑑を刊行した経緯が窺われる。目下指摘するところの一節は、ハイベルクの当の年鑑に見える文章を揶揄したものと推考される。また、「疑わしい価値」とか「当面の権威」とかの語句を含む文脈には、ハイベルクに代表される同時代デンマークのヘーゲル主義者のことが念頭におかれている(vgl. R. Thomte, p.223)。

(10) 巨人アトラスは、ギリシア神話によれば、オリュンポスの神々に対する叛逆罪で冥界に追われ、そこで地球の西端に立ち余生を賭して、その肩で地球を支えるように命じられたという。

(11) マタイ福音書、第七章二一。

(12) ピリピ書、第二章一二。

(13) この場合の「思弁」(Spekulation)とは、いわゆる「悟性」的立場の静的な思惟の抽象性を超え出て、「対立をその統一において把握する」という理性的立場の動的な思惟の謂《いい》である。このような思弁に基づく哲学が、ヘーゲル哲学をもって代表とする十九世紀ドイツ「思弁哲学」として、キルケゴールの青年時代には、デンマーク思想界の「権威」となって君臨していた。当面の「思弁」という語を含むこの一節は、何らとり立てていうほどの内容ではないが、こんなさりげない文脈のなかにも、著者の思想上の態度表明が明確に見受けられる。

(14) 例えば、ある人の「博士論文」が、その時代の「権威」として承認されると、「印刷差し支えなし」(印刷許可)との意味をこめて、その文書は「検閲済」(Imprimatur)との保証を得ることになる。なおこの箇所は、十八世紀デンマークの文豪ホルベルク(L. Holberg, 1684-1754)の喜劇作品『エラスムス・モンターヌス』(Erasmus Montanus, 1731)の第三幕三景にその典拠をもつ。——「いまコペンハーゲンで、検閲済の人は誰か?」(vgl. E. Hirsch, S. 241)。

(15) 前注5で指摘したとおり、本書の序文は現行のごとき「書簡文」形式に改められた。書簡は末尾に、「謹んで申し上げる」旨の挨拶語（敬白）を添えるが、目下風雲は急を告げるの思いに立つ「夜警番」たる著者は、読者に直接語りかけるスタイルを踏襲しているかに見える。

緒論

(1) 巻頭の「序文」のあと、この箇所は本書への導入部門として Indledning（=Einleitung）の語が使用されている。この語には「緒論」ないし「序論」の訳語が妥当であろう。

(2) 原文にして三、四行そこいらの一節にすぎないが、その含むところは、本書全体のライトモチーフ（主要動機ないし主題）とでも言えるのであろうか。この問いかけの一節は、本書の末尾の言葉に対応する。――「ここで本書の考察は終わる。つまり、その出発点にもどったところで終わることになる。心理学が不安の問題を論じ尽くすや否や、不安は教義学に引き渡されなければならない」。

(3) 「現実存在」（Existenz）という語に着目するようになって以来、キルケゴールはソクラテスの手助けを介して、「自己を忘れる」という人間としての在り方、言うなれば「身のほどを忘れた自惚《うぬぼ》れ」に等しい人間のあり方に警告を発する。いま、本書の仮名の著者（コペンハーゲンの夜警番）もまた、この主旨をわが読者に語りかけているのである。

(4) この箇所の論旨としては、同時代のデンマークのヘーゲル主義者ハイベルクによって紹介された「時代精神」の動向が如実に窺われる。加えてヘーゲル学者ハイベルクは、当のヘーゲル哲学の基本思想を同時代のデンマークの民間に普及させるために、雑誌『コペンハーゲン飛行便』（*Kjøbenhavns flyvende Post*, redigeret af J. L. Heiberg, 1834-36）を刊行したが、当面の問題の箇所には、その雑録の「時事問題」にからめて、ヘーゲル主義への皮肉が読みとれる。

(5) この箇所で言われる「論理学」は、ヘーゲル哲学体系『エンチュクロペディ』のうちの「論理学」のことが意味されている。本書は、周知のとおり、(I)「存在論」、(II)「本質論」、(III)「概念論」の三部によって構成されており、いまこの箇所でキルケゴールが詳論している「現実性」は、第(II)部「本質論」の最終章に該当する。それゆえ、ヘーゲルの原典に即して言えば、『論理学』全体の最終章ではない。このようにキルケゴールにおいては、原典中に字句的に正確を欠く引用が多く見受けられる。なお、この箇所の論拠としては以上のとおりであるが、その要旨としては、キルケゴールによる「ヘーゲル論理学批判」の一端、とりわけ「現実性」という概念が論理学のなかで扱われることの困難を指摘するところにある。――つまり現実性には、「現実存在」(Existenz)と同様、そもそも偶然性という概念が本質的に付属しているのであり、この点に気づくとき、論理学はこれを黙認せざるを得ないでないか。この視点に立ってキルケゴールは、「いったい現実性〔あるいは現実存在〕とは何か」について考察することの苦境を語ろうとしているのである(vgl. *Der Begriff Angst*, übersetzt, mit Einleitung und Kommentar, hrsg. von H. Rochol, 1984, S.182. なお他に R. Thomte, p.224)。

(6) この箇所において、「キリスト教の信仰を何ら立ち入った規定もなく直接的なものと見なす」との立場は、まず典拠として、「信仰と直接知」とを同義にまで拡大解釈したヤコービ(F. H. Jacobi, 1743-1819)の信仰理解につきヘーゲルが関心を示した点に端を発する。が、原典のこの箇所の真意につき、もっと具体的に言えば、キルケゴールの批判の対象は、同時代のデンマークにおける神学上のヘーゲル主義者マルテンセン(H. Martensen, 1808-84)およびラスムス・ニールセン(Rasmus Nielsen, 1809-84)の思弁に向けられたものであることが窺われる(vgl. R. Thomte, p.224)。

(7) 「根本的誤謬」(πρῶτον ψεῦδος)とは、英語で fundamental error と言うが、その真意としては、信仰を直接的なものと見なす立場は誤謬である、との点を指す。前注に記すヤコービの信仰理解、またそれを継承する神学者マルテンセン流の立場をいう。前注6を参照。

(8) この一節中にさりげなく使用されているデンマーク語 ophæve は、ドイツ語の aufheben(止揚する)

に対応する。——直接的なものは、その理由だけで止揚される、という論理的に正しい考え方も、立場をかえて教義学では戯語《たわごと》（臆見）にすぎないと見なされることにもなる。この種の視点からのキルケゴールによるヘーゲル批判は、『哲学的断片』および『後書』において頂点に達する（vgl. R. Thomte, p.225）。

（9）デンマーク語 Forsoning（和解・調停）は、同系統の語族としてドイツ語 Versöhnung（宥和）に対応するが、ヘーゲルはこの語に彼の宗教的含意をこめて常用している。これに対して、キルケゴールと同時代のデンマークのヘーゲル学者は、この語をさらに論理学の領域にも転用し、元来の宗教的意味としての他に、「和解＝調停（媒介）」のふくみをこめて使用していることが知られる。すなわち、テーゼ（正）とアンチ・テーゼ（反）との対立概念を媒介する「綜合《ジンテーゼ》」概念の含みをもつ。デンマークのヘーゲル主義者P・スティリング『思弁的論理学の学への意義に関する哲学的考察』（一八四二年）四五頁以下参照（vgl. R. Thomte, p.225）。

（10）この箇所では、ドイツ観念論において示される「思弁的知識」を表現するのに、帰するところ認識する主観と認識されるもの（客観）との同一性として、「主観＝客観（的なもの）」（das Subjekt = Objektive）という定式を得る。この一行を書いているキルケゴールの脳裏には、シェリングの哲学が去来していたのに違いない。本書刊行に先立つこと二年前の一八四一—四二年に、キルケゴールは「ベルリン大学でのシェリング講義」に列席し、熱心な聴講生ぶりを発揮していたから、この文脈にはそれらの反映が読みとれる。——“Kierkegaards Nachschrift der Schellings-Vorlesung von 1841,” S. 105f. ——ドイツ活字体によるシェリングの講義に添えて、デンマーク語で筆記されたもの（vgl. A. M. Koktanek, *Schellings Seinslehre und Kierkegaard*, 1962）。

（11）「その当人」とは、これに対応する原語を独語で示せば、der Betreffende（当該の者・当事者）がそれにあたる。第三人称で示された「当人」とは、一般的な「ひと」ではなく、言うなれば「才知の人」に適する彼は、ときの時代思潮としてのドイツ・ロマン主義ないし「ドイツ観念論」の動向を熟知している点で、さしずめ「時代の動向を見つめる観察眼をそなえた」かのコペンハーゲンの「夜警番」として仮名の著者を指しているとも解せられよう（vgl. H. Rochol, S.7）。

（12）ヘーゲル自身およびその学派によって使用される「啓示」（自己啓示）の用語は、一貫して“Selbstoffenbarung”（たとえば『エンチュクロペディ』§383）だが、一方キルケゴール自身は、あえて“Manifestation”の語を用いている。

（13）シェリングによると、「知的直観なくして哲学はない」という。それというのも、「知的直観」こそ絶対的なものを理解する能力だからであり、それも言うなら、「主観と客観の無差別」である絶対的なものを直接的に直観する認識能力であると見なされるからである。――シェリング『学術研究の方法に関する講義』（一八〇三年）のうち、第四講を参照（vgl. R. Thomte, p.225）。

（14）前注に関連して、「構成」（Konstruktion）については、シェリング『超越論的観念論の体系』（一八〇〇年）のうち、第三章（超越論的観念論の根本命題による理論哲学の体系）、――物質の「構成」における三つの要素《モメント》（磁気・電気・化学的過程）を参照（vgl. R. Thomte, p.225）。なお前注10とも関連してのことだが、この時期のキルケゴールがドイツ観念論のうち、とりわけヘーゲル哲学に対して、否定的であるにもせよ特別の関心を示していたことは周知のとおりである。ただし、「現実存在・実存」（Existenz）なる語に特別の関心をよせるようになって以来、ヘーゲル批判を介してキルケゴールのシェリング哲学に対する関心の度合は、いよいよ高まってゆき、ついに一八四一年十一月（ベルリン大学でのシェリング講義に列席）をもってその頂点に達する。そこで、前注10とも関連して、本書執筆のさなか、著者キルケゴールがシェリング哲学のどこに共感を示し、どこに失望したかを、キルケゴールその人の『旧蔵書目録』（*Katalog over Søren Kierkegaards Bibliotek*, udgivet af S. Kierkegaard Selskabet, med Indledning ved N. Thulstrup, København, 1957）に徴して、その手がかりなりとも予想するにあたって、そんな思想史的動向に関心をよせる読者の方々への手引きにでもなればと、以下を紹介しておきたい。

（1）Schelling, *Philosophische Schriften*, 1809.

（2）*Vorlesungen über die Methode des academischen Studium, von Schelling*, 1830.

（3）*Bruno oder über das göttliche und natürliche Prinzip der Dinge, von Schelling*, 1842.

（4）Schelling, *Vorlesungen, gehalten in Sommer 1842 an der Universität zu Königsberg von K. Rosenkranz*, 1843.

（5）*Schelling's Erste Vorlesung in Berlin 15, November 1841*.

（15）キリスト教的な意味では、「ロゴス」（logos）とは「神の言」をいう（ヨハネ福音書、第一章一）。ギリシア哲学のうち、ヘラクレイトスによると、「ロゴス」は万物を支配する理法を指す。概して哲学では、「ロゴス」は思考（思想）を指すのであり、かくして論理学において「ロゴス」は真の信条に達するものと言える。——当面の原典の主旨は、先の訳注9に引く同時代デンマークのヘーゲル主義者スティリングの前掲書（S.11）を介して、斯界の困惑ぶりに対する批評とも見える（vgl. R. Thomte, p.225）。

（16）この一節の訳文作成については、このたび旧訳に手を入れ新たな訳文を作成するにあたり、新独訳に依拠した（vgl. H. Rochol, S.8）。

（17）この箇所の冒頭の論理学とは、ヘーゲルの思弁的論理学を指す。まず、この論理学においては、ヘーゲルのいわゆる弁証法的運動を展開するに際し、その推進力として「否定的なもの」（det Negative）がとり込まれている。この箇所には、キルケゴールのヘーゲル「論理学」解釈の反映が読みとれるように思われる（vgl. R. Thomte, p.225）。

（18）ヘーゲル論理学において、弁証法的展開に際してその推進力としての「否定的なもの」は、対立を生み出す力としての原動力なのに違いない。初めから在ったものとしての「自己同一」（テーゼ）は否定を介して自己の他者なる「反対定立」（アンチ・テーゼ）の境地を得る。この自己の「反対定立」の境地は、「必然的な他者」（das notwendige Andere）と呼ばれる。なお、この自己の「反対定立」の境地を指して、キルケゴールはいわゆる反定立として「反対‐肯定」（Kontra-Position）と呼んだのであろう（vgl. H. Rochol, S.186f.）。

（19）スタール夫人（Staël-Holstein, 1766-1817）は、フランスの女流文学者で、その著『ドイツ論』（一八一四年）のなかで、こう書いている。しかし正確には、ドイツ思弁哲学一般を指して言ったのであり、とくにシェリング哲学を名指して批評したのではない（vgl. H. Rochol, S.186）。

（20）デンマークの同時代のヘーゲル学者たちが主張する「体系」を念頭にしての皮肉と受けとれよう。

（21）この箇所にいう「ソクラテスが讃えたあの〔対話〕術」の典拠としては、プラトン対話篇『ゴルギアス』（471d）がある。当面の一節は、本書刊行の三年前（一八四一年）、マギスター論文『アイロニーの概念——たえずソクラテスを顧みつつ』の余韻ともみえる「ソクラテス礼讃」が窺われるところとも言える。ただし、引用文を字義どおりに解していない点は、他の場合と同様で、原典の真意を直訳体で示すのでなく、当面の引用者みずからの意図に即して伝達しようとするのである（vgl. E. Hirsch, S.242）。

（22）ガラテア書、第三章二四―二五参照。

（23）アリストテレス『ニコマコス倫理学』第一部九章（1099a）参照。

（24）この箇所に挿入したギリシア語 κατ᾽ ἐξοχήν〔kat' exochen〕は、「卓越した意味での」ないし「典型的な意味で」との趣意であるから、それなりに訳文を工夫し本文とした。

（25）確かにハイベルク教授は、自ら主宰する『年報』のなかで、キルケゴールの『反復』をとりあげ、書評をかねて論及してはいるが、しかしこの書の本性をまったく理解していない。というのも、原著の意図としては、個体としての人間存在における、つまり精神の領域での「反復」を扱っているのだが、これに対してハイベルク教授の主旨は、当面の反復をもっぱら自然現象に帰するところの事象として解釈しているからである。それにしても、『反復』の副題《サブタイトル》が「実験心理学の試み」とある点から推しても、本書がその主題として自然現象など扱うはずがないとハイベルク教授は察知すべきであった（vgl. R. Thomte, p.227）。

（26）以上、長文からなる原注には、段落がない。原典の各版が、いずれもデンマーク語初版本に依拠しているからである。われわれの邦訳では、読み易さを考慮し、原典中の文章上の接続を示すダッシュ（——）符号の箇所について、これを改行に改めた。凡例にも記したとおり、当面の訳文作成については、最初の独訳として啓蒙的役割を示したシュレンプ訳を参考にし、またヒルシュ訳の他にも、新英訳ならびに、マイナー版「哲学叢書」所収の新独訳に依拠した（vgl. E. Hirsch, S.16, S.242, H. Rochol, S.16）。

（27）「厳密な意味で」、いわゆる観念的な学問と同格として付記された〔 〕内の「倫理学」の語は、訳者が英訳者の意見に従ってこれを付記した（vgl. R. Thomte, p.19）。

（28）ディオゲネス・ラエルティオス『ギリシア哲学者列伝』第九巻第七章（四四）参照。——デモクリトスによると、原子は大きさと数において限りがなく、それらは万有のなかを渦巻き状態で運ばれる、と言われる。——なお本文中、右の挿入句の一行は唐突《とうとつ》にきこえるようだが、前掲書はキルケゴールの生涯を通じての愛読書のひとつだったことによると言えるかもしれない（vgl. R. Thomte, p.228）。

（29）この箇所は、シュライエルマッハー『キリスト教信仰』（一八二一年、第二版一八三〇年）を指す。一八三三年、ときにこの神学者の最晩年なるも、コペンハーゲン大学訪問を介して、デンマーク思想界に熱狂的な影響をもたらした。当時、同時代のドイツ思想界の状況に明るく、その仲介の役をつとめたのが、デンマークの若き神学者マルテンセンであった。キルケゴールは当の新進学者より神学思想につき個人指導を受け、その際とりわけシュライエルマッハーの教義学を学んだと言われるが、この文脈はそれらの状況を反映している（vgl. R. Thomte, p.228）。

（30）旧来の倫理学は、新しい時代の要請を克服できずに坐礁した。これに代わって登場した新しい倫理学は、当面の課題として Idealität〔観念性・理想性〕を提示する。いまキルケゴールの念頭を去来しているのは、ドイツ・ロマン主義の影響を受けて到来している北欧ロマン主義の時代思潮で、その課題としての

Idealität の主意は何と言ってもその理想性にある。かくして当面の新時代の志向性は、「下から上へ向かっての動き」にほかならないのである。

(31) あまねく知られているように、キルケゴールは一八四一―四二年ベルリン大学冬期セメスターとして実施されたシェリングの「啓示の哲学」講義に列席した。彼は〔その年の〕十一月十五日、初回の講義で、初めてシェリングその人を見たとき、「見かけは何とも風采のあがらぬ男」のようだ、と故郷の友人に伝えた。が、十一月二十二日第二回目の講義では、その感激の様子を日記にこう記している。「シェリングが現実性という言葉を、現実性に対する哲学の関係として述べたとき、まるで思想の胎児が私のなかで喜びに躍動するかのごとく感じた。いまや私はわが希望の一切をシェリングに懸けることにした」(Papirer, III A179)。これを頂点にして、キルケゴールのシェリングに対する期待が失意に転じたことは、これまた周知のとおりである。が、それにしてもシェリングの講義に対する受講生として、キルケゴールはこの際に大量のノートを作成している。ところがシェリングがその第五講義のなかで、消極哲学と積極哲学とのあいだの区別を示した点については、それらのノートのなかに充分に書きとめられていないように推考される(vgl. R. Thomte, p.229, E. Hirsch, S.243)。

(32) この一行は、ライプニッツの想念をその典拠としているのではないかと推考される。本稿を起草している当の著者からみて、ライプニッツはほぼ二百年前の人であるところから、「古い哲学において」との枕《まくら》言葉が添えられたのであろう。―― Leibnitz, *Opera Philosophica*, Erdmann's ed, 1840, S.78 (vgl. R. Thomte, p.229)。

(33) あくまで観察をぬきにして、思惟の対象として罪の現実性を考察せんとするのが、新しい使命をおびた〔第二の〕倫理学の立場であることを説こうとしている(vgl. H. Rochol, S.20, 196)。

(34) 周知のように、ヘーゲルは自己の哲学体系を概説的に展開した『エンチュクロペディ』において、学を三区分したが、その第三篇「精神哲学」では、諸学がさらに次のように三区分されることになる(とくに、

第三八七節参照)。

(1)「主観的精神の学」(人間学・現象学・心理学)
(2)「客観的精神の学」(法学・道徳性・人倫)
(3)「絶対的精神の学」(芸術・啓示宗教・哲学)

ちなみに、この三区分法が一世を風靡し、ヘーゲル主義の立場に立つK・ローゼンクランツは、主著『心理学』(ケーニヒスベルク、一八三七年刊)の表題のわきに、「主観的精神の学」の一行を付記している(*Psychologie oder die Wissenschaft vom subjektiven Geist*, von K. Rosenkranz, 1837)。当面の問題を思考するキルケゴールの脳裏には、右に記す経緯が反映していたものと推考されるのである(vgl. R. Thomte, p.229)。

第一章

(1)「原罪の前提として〔同時に原罪をその起源にさかのぼって解明するものとして〕の不安」。あるいは「不安を〔原罪の前提にして〕同時にその起源にさかのぼって説明するところの原罪の前提としての不安」。――原典の意味するところに即して、長いタイトルを直訳による試みで示すと、以上のような訳文になる。なお、訳者はその主意に従って、本書では簡略にまとめたが、前記の要旨にてらして理解してもらいたい。なお、デンマーク語原典による読み方に関しては、次に示す書を参照されたい。――旧拙訳『不安の概念』拙訳注(大学書林)、四二頁参照。

(2) 本章の主意を理解する鍵とも言える「原罪」に対する手引きとして、キルケゴールはさしあたって歴史上のキリスト教の教会内に伝承される「原罪」という伝統的な概念につき、まず最初に一節を割いてこれを展望している。本文中に、「弁証法的空想」と呼ばれている箇所は、概して、ローマ・カトリックの原罪に対する見解を指す。また「歴史的空想」と呼ばれている点は、十七世紀のオランダに発した神学の一学派である「誓約派の教義学」によるその見解を指す。なお、ギリシア正教会の考え方とプロテスタントの教会のそれとの間にあっては、一方にはアウグスティヌスの解釈、そして他方にはテルトゥリアヌスのそれが介在していると見なされる。残念ながら「原罪」についての伝統的な概念では、アダムの罪がアダム自身に対してどんなことを象徴として意味したのかを説明してくれない。それはただ人類に対するアダムの罪の成りゆきを扱っているだけだからである。それにしても、キリスト教の教義上の諸概念の不適切さは、人間の実体の存在論的制限を罪となすというそうした傾向に存しているのではないか（vgl. R. Thomte, p.230）。

（3）概して、キリスト教の信仰告白に従えば、堕罪以前のアダムは、神と同じ姿（神の似姿）を具えていたとされる。しかるに、このような状態が堕罪によって喪失したことにより、原罪という概念のもとに定められた現在の人類の状態が成立することになったのである。シュライエルマッハーは、この楽園の始まりと堕罪という考え方を批判的に論駁することにより、教義学からこれを追放した（『キリスト教信仰』〔第二版〕六一節、七三節参照）。キルケゴールも、楽園の始まり（堕罪以前の原態）という教会の教義学の考え方を「空想的な前提」と呼んでいるから、あきらかにシュライエルマッハーの批判の基盤に立っていると言える。しかも、キルケゴールの本書中のこの観点は、当面のこの基盤からさらに一歩前進することにより、「不安の概念」の手助けを介して、シュライエルマッハーの前掲書（七三節）に述べられたアダムの「堕罪以前の原態」を想像する際の諸々の困難を克服しようとするひとつの試みでもある。――およそ以上のような点を、独訳者ヒルシュは注記している（vgl. E. Hirsch, S.244）。

（4）「弁証法的な空想」とは、すでに本章訳注2で指摘したとおり、ローマ・カトリック教会教義学において提示される原罪に対する見解を指す。その経緯については、次の注5において補足する。

（5）「神によって与えられた超自然的にして驚嘆すべき贈物」（donum divinitus datum supranaturale et admirabile）とのラテン語による引用文について、「原典《テキスト》」には、近現代語による訳文が付記されていない。

英訳書によると、この典拠としては、トマス・アクィナスの書から採用されたものとされる（vgl. R. Thomte, p.230）。

なお右につき、カトリック教会の教えとしては、その考え方の根本ともなる真の原点について、きわめて過激な立場を表明しているかに見える。端的に言ってそれは、いわゆる「神の似姿」として極端にまで孤高にして神々しい「（アダムへの）贈物」という考え方を受容する際に顕著に窺われる（vgl. E. Hirsch, S.244）。

（6）十七世紀オランダに発祥した神学の一学派「誓約神学」によれば（なおそれに限らず、正統カルヴァン派の教義学においても同様に）、「アダムの堕罪以前の原態」は、端的に約言すると、「誓約」の意味に受けとめられることになる。換言すると、神は人類の全権代表者としてのアダムとの誓約に基づき、アダムおよびその子孫に対し完全な掟の実行という条件で永遠の至福を許されたのではなかったか、との考えにゆきつく（vgl. E. Hirsch, S.244）。

（7）『シュマルカルデン信仰箇条』（Ⅲ、Ⅰ・3）参照。――ちなみに、宗教改革期、神聖ローマ帝国皇帝のプロテスタント圧迫に対抗して、一五三二年中部ドイツのシュマルカルデンにおいて、ルター派の諸侯・帝国都市が結成し防衛同盟が成立した。まさに当面の歴史的動向を反映して、ルター『シュマルカルデン信仰箇条』は成立したものだが、ドイツ語原本としては、一五三八年刊になる。ただしキルケゴールがこの箇所に引用しているのは、ラテン語原本からのもので、近代語訳の付記がない。訳者は、この箇所の注記に際してレクラム文庫版に依拠した（vgl. *Der Begriff Angst*, hrsg. von U. Eichler, Reclam 1992, S.193）。

（8）**ἁμάρτημα πρωτοπατορικόν**（hamartæma protopatrikon）は、「始祖の罪」ないし「先祖の過失」の意。現在流布している注釈付きデンマーク語版のテキストでは、den første Faders Synd の訳語が充てられている。

（9）「元祖の罪」（vitium originis）は、テルトゥリアヌスの用語で、「原罪」を説明しようとして用いられたもの。彼の『魂について』（*De Anima*, 41）参照（vgl. R. Thomte, p.230）。

（10）「（始祖から伝えられたものなるが故の）根源的な罪」とは、アウグスティヌスの用語で、peccatum originale（"quia originaliter traditur"）これすなわち、「原罪」の概念を示している。この箇所の原典の叙述は、複雑で把握しがたいが、キルケゴールによれば、ここにおいてやっと「原罪」の概念が成立したものと見なされる（vgl. R. Thomte, p.27）。

（11）プロテスタンティズム（新教）は、「神の似姿の喪失、根源の義の剝奪」（corentia imaginis dei, defectus justitae originalis）などというスコラ的諸規定を拒否するばかりか、さらに原罪を「刑罰」と見なす説を含めて、これらの点をも拒否することになる、の意（vgl. R. Thomte, p.230f.）。

（12）さらに原罪を「〔刑〕罰」（poena）と見なす説、つまり「信仰告白の弁証」によれば、「欲望」は刑罰であって罪ではない、と反対者は主張する旨を含めて、これらの点を拒否する。『アウグスブルク信仰告白書の弁証』（*Apologia Augustanae Confessionis*, 1530-31, II, 38, 47）参照。

（13）vitium〔悪〕・peccatum〔罪〕・reatus〔罰〕・culpa〔責め〕——確かに、これらの単語はいずれも罪の意をもつが、その語意につき、いわゆる「階層説《クリマックス》」（Klimax）をなしているか否か。ヒルシュによれば、これはキルケゴールの単なる語呂遊びとも推考される（vgl. E. Hirsch, S.245）。

（14）「……かくていま、またアダムの先例にならって、罪を犯した者どものうえに神の怒りがもたらされつつある」（nunc quoque afferens iram dei iis, qui secundum exemplum Adami peccarunt）——この箇所の文脈につき、問題点となるところは、独訳者ヒルシュによると、原罪に関するアウグスティヌスの論説の一節をペラギウス流に平易化した経緯にあるとも解される。ただし、そう読むと、せっかくの原罪の概念は止揚されることになる。そう考えると、キルケゴールによって引用された当テキストの一節も、その典拠不詳と言わざるをえない（vgl. E. Hirsch, S.245）。

（15）「かくて、われわれはみな、アダムとイヴの不従順のゆえに、神の憎みたもうところとなった」（quo

git, ut omnes propter in obedientiam Adae et Hevae in odio apud deum simus, Formula Concordiae）――宗教改革により成立したルター派教会は、一五三〇年その基本的立場を『アウグスブルク信仰告白』（*Confessio Augustana*）として公表したが、その後同教会内部で教理的論争があり、主要問題としては神の恩寵と人間の自由意志との関係などに要約される。前記の『アウグスブルク信仰告白書』およびその「弁証」の起草者メランヒトンは、ルターの弟子にしてその後継者であったが、先師の没後その立場から遊離したこともあって、その意に反して教理的論争の火種の原因をなした。これらの論争を和解の道へと導いた当面の信仰告白書こそ、『一致信条』（*Formula Concordiae*, 1580）にほかならない。以来、ルター派教会の主要な信仰告白と見なされる。前掲書、第二部一の九参照（vgl. R. Thomte, p.231）。

（16）　ドラコン（Dracon）は、前七世紀末のアテナイの法律家で、苛酷な刑法の制定者として知られる。ほとんどささいな犯罪に対してまで死刑を科したとの評判で、これがためドラコン流の峻厳な法は、日ならずして廃せられたとも伝えられる（vgl. R. Thomte, p.231）。

（17）　本節の冒頭の論旨を要約した訳注3を参照。

（18）　ペラギウス（Pelagius, c.360-429）は五世紀はじめのイギリスの神学者で、原罪を否定し、ひとは皆生まれながらにアダムと同じく、堕罪以前の状態にあり、善にも悪にも傾向をもたない者と見なされる。罪は先天的でなく、人間が意志するときに生ずるものだという。彼はこれらの教説をもってペラギウス派の祖とされた。が、ペラギウス主義を奉ずるこれらの教説は、当時教会から異端の宣告を受けた。また、ソッツィーニ派の祖ソッツィーニ（一五三九―一六〇四）は、イタリアの神学者で、その教義的特徴は、まず伝統的な原罪説の否定のほか、三位一体とキリストの神性の否定をかかげる。なおまた、汎愛派ないし博愛派〔的個人主義〕（Philanthropic individualism）とは、十八世紀後半に活躍したドイツの教育者J・B・バセドウの教育学上の運動（博愛主義運動）に由来する「急進的な道徳的・宗教的個人主義」を指す（vgl. R. Thomte, p.231）。

(19) この箇所に使用されているデンマーク語 Slægt は、一般的に〔人〕類・種〔属〕を意味する。他の箇所においても同じ用語が繰り返し使用されていて、例えばヒルシュの独訳書では、そのつど対応語 das Geschlecht（類・種）があてられている。多義的な含みをもつ語である以上、Slægt＝Geschlecht で統一すると、テキストの意味にずれが生じかねない。あえて統一するなら、むしろ類概念としての「類」を意味する Gattung の方が妥当でないか、つまり Slægt＝Gattung ではどうかと、レクラム文庫の訳者は注記している（vgl. Reclams Ausgabe, aus dem Dänischen übersetzt von G. Perlet und U. Eichler, S.35,194）。

(20) この箇所は、根拠と目標とが一体となって合一する運動、つまり本質的に自己自身において矛盾対立する生の展開であるところの運動を指す、とヒルシュは注記している（vgl. E. Hirsch, S.245）。

(21) この箇所のラテン語による引用文は、意訳すれば、次のとおりである。――「〔われわれがその末裔《まつえい》で〕自然的にして種子から生じ〔神と最初に〕誓約をなせし人類の開祖」（caput generis humani naturale, seminale faederale）というこの表現は、ルター派の教義学の古典籍によく見受けられるもので、当面の問題の一文もそれであり、例えば、その典拠を次に示せば、――ブレトシュナイダー『ルター派教会の教義学綱要』（一八三八年）第二巻七〇頁（*Handbuch der Dogmatik der evangelisch-lutherischen Kirche*, von K. G. Bretschneider, 1-2, Leipzig, 1838）。なお、この古典籍は、キルケゴールの『旧蔵書目録』に確認される。ただし、右引用語句については、キルケゴール自身の自由な加筆による、と独訳者ヒルシュは注記している（vgl. E. Hirsch, S.246, R. Thomte, p.231）。

(22) キルケゴールにとって、「質」（Qualität）ないし「質的飛躍」は、「現象」（Erscheinung）とその概念のユニークな性格を象徴的に意味する独自の用語である。いま指摘するこの箇所を含む一節には、自注を挿入しながら、キルケゴールは角度をかえて、「質」ないし「質的飛躍」について自らの見解を述べている。まず、量的規定を提示し、それとの関係において質を語る。「量から質へ」の移行として、それは飛躍ないし「質的飛躍」と呼ばれる新しい境地にゆきつく。さしあたって、この考え方のヒントを、キルケゴールはヘーゲルの「論理学」から学びとったことは確かである。が、目下たどりついた新境地としての「質的飛躍」は、論理の内在性の破壊というジレンマにより、この時点でこのカテゴリーのあり方として論理学の枠をすでに超え出ていることになる、とキルケゴールは言う。以上の次第により、キルケゴールはヘーゲルに反対して「飛躍」は論理学のうちに何らの場所をもたない、と主張するわけである。すなわち、それは自由による以外に、必然性によって生起するものではないからである。徳から背徳への移行は、決して量的経過ではあるまい（vgl. R. Thomte, p.232, E. Hirsch, S.246）。

（23） シェリングは旧友ヘーゲルに逆らって、絶対的精神と自然との差異を推考しようとして、ついに量的差異を棄て質的差異を採る境地にゆきつく。「観念」（精神）と「実在」（延長する自然）という両極をなす「勢位」（Potenz）において、絶対者は自己顕示するものと想念される。感覚的世界の発端は、絶対者からの離脱ないし転落のためと見られる。シェリング『わが哲学体系の叙述』（一八〇一年）のうち、第二三節参照（vgl. R. Thomte, p.232）。

（24） 緒論の訳注34において指摘したK・ローゼンクランツ『心理学』についての一節を参照。ちなみに同書にこうある。――「ヘーゲルの論理学書の冒頭に哲学者の美しい叙述が見られる。読者にはその一節を思い出していただくだけでよいのだが、ヘーゲルによると、ある種の質はその量の変化によって、別の質へと飛躍することがある、云々」（同書三三二頁）――（vgl. R. Thomte, p.232）。

（25） ローゼンクランツ『シェリング――一八四二年ケーニヒスベルク大学での講義』、一八四三年刊（Scientia Verlag, 1969）。本書は、キルケゴールの『旧蔵書目録』においても確認されるとおりであるが、いま当面の原注にも記されているとおり、キルケゴールは目下新刊書として注目されている本書を介して、シェリングの哲学観を熟知するに役立てたものと推考される（vgl. R. Thomte, p.232）。

（26） 同時代デンマークのヘーゲル学者で、文学者J・L・ハイベルクのヴォードヴィル『批評家と野獣』のなかの登場人物で、法律家志望の老学生の台詞――「もう一寸《ちょっと》のところで、ローマ法の試験に合格する予定だ、という証明書なら、いつでも提出してみせます」（vgl. R. Thomte, p.233, E. Hirsch, S.246）。

(27) ヘーゲルによると、「堕罪に関する〔モーゼの〕神話の内容は、一つの根本的な教義〔信仰箇条〕の基礎をなしている。この教義とは、人間は原罪を負うものであるから、救済されねばならないという教えである」（『エンチュクロペディ』第二四節補遺⑶）——以上のごとき一節を介して、ヘーゲルはこう語っている。「論理学は認識を取り扱うものであり、堕罪の神話にも認識とその起源とか意義が取り扱われている以上、論理学のはじめに堕罪の神話を考察するのは、適切なことであろう」（同上）——（vgl. E. Hirsch, S.246）。

(28) キルケゴールの少年時代に流行したかと思われるデンマークの子供たちの愉快な口真似の遊び、いわゆる語呂合わせは、デンマーク語の原文では、次のとおりである。——"Pole een Mester, Pole to Mester, ... Politi Mester." 英訳者は、この箇所につき翻訳できないとして、W・ラウリーの旧訳を採用している。拙訳としては、これらを参照しての試訳（vgl. R. Thomte, p.32, 233, E. Hirsch, S.246）。

(29) この箇所の主旨は、シュライエルマッハーの『キリスト教信仰』（一八二〇―二二年）によれば、「最初の罪」の分析においてアダムとイヴにも妥当するものとして、常にあらたな側面から見直されるべき命題とされる（vgl. E. Hirsch, S.246）。

(30) 創世記の神話によると、アダムの子孫である後世の人間は、生まれながらに罪を負うものとされ、これを原罪という。これを言い換えると、人類の祖が犯した最初の罪のことが前提となっているのがわかる。この箇所の命題にいう原罪とは、キリスト教の教義として、世間では「遺産として相続された罪」として伝えられているものだ、とキルケゴールは言う。

(31) 若きキルケゴールが当時屈指の神学者マルテンセンの下で神学研究生であった頃、この教説の典拠となるものを、初期キリスト教の伝道者パウロの書簡のうちに認めたことの自負心がこの箇所の文脈に反映しているのが窺われる。すなわち、ロマ書第一五章一二―二一、コリント前書第一五章二一―二二（vgl. R.

Thomte, p.233)。

(32) この箇所の文章上の構文は、AかBかの構成で、そのうち後半の部分(さもなければ……以下)に意味上の重点がおかれている。拙訳では、とりあえず次の英訳に従って訳文を作成したので、参考までにそれを引いておきたい——"... or one may be equally justified in saying this about every individual who by his own first sin brings sinfulness in to the world." (vgl. R. Thomte, p.34)。

(33) この箇所の拙訳「施設にあずけられた者」とは、原典では「青色の少年たち」(de blaae Drenge)となっている。キルケゴール時代のコペンハーゲンにあった孤児院でのことを著者は想定して、この一行を書いているものと推定される。当施設にあずけられた少年たちは、全員青色の制服と番号で統一されていたから、彼らは自分たちの名前より、むしろその番号で相手を呼び合っていたと言われる(vgl. R. Thomte, p.233)。

(34) この箇所では、キリスト教の「教義学者たち」と複数で呼ばれているが、さしあたってキルケゴールの念頭にあったのは、当時ヘーゲル右派を代表するプロテスタント神学者マールハイネケ(P. K. Marheineke, 1780-1846)のこと、とくにその主著『キリスト教教義学の根本教理』(一八二七年)に関してではなかったかと推定される。それというのも、本書においてマールハイネケは、ヘーゲルの『宗教哲学』の書中の命題に基づき、「直接性の概念と、善・悪の区別なき状態としての無垢の概念」とを、同一に見立てているからである。またこの視点から解するかぎり、最初の罪は自己意識の通過的契機と見なされることになる(vgl. R. Thomte, p.233, E. Hirsch, S.247)。

(35) 原典には、この箇所に付したカギ括弧《かっこ》はない。が、訳者としては、ヘーゲル得意の「文言」を明確に示すために付記した。ただし、キルケゴールがヘーゲルの原典に依拠して批判を付しているわけではなく、むしろ同時代のデンマークのヘーゲル学徒の書を通して、世間に流布している「ヘーゲル」を念頭にしての批評であろうと推考される。なお、「直接性」(Unmittelbarkeit)とは、中間の媒介をおかない、ありのままの〔抽象的〕状態として、論理的には第一歩を示す概念でもある。信仰の直接的確実性を説くヤコービの立場は、ここに成り立つ。

(36) この箇所は、ヘーゲル『エンチュクロペディ』の第一部『小論理学』のうち、巻頭の「予備概念」二四節（補遺(3)）において、詳述の対象とされた「堕罪の分析」が念頭におかれている、と推考される（vgl. R. Thomte, p.233f.）。

(37) 無垢の概念につき、本節の冒頭の論旨が重複するので、それらの本文とともに、訳注34および35を重ねて参照されたい。

(38) ヘーゲル『エンチュクロペディ』の第一部『小論理学』において、こう書かれている。「この純粋有は純粋な抽象であり、したがって絶対に否定的なものであって、これは〔純粋有と〕同じく直接的なものと考えられるなら、無である」（§ 87）——（vgl. R. Thomte, p.234）。

(39) 堕罪に関するモーゼの伝説をよく考えてみると、人間の精神的生活に対する認識の一般的関係がよくわかる。まず、直接性における精神的生活は、無垢として現れる。が、精神の本質には、直接態が否定されることが含まれているのである。重ねて、訳注36を参照（vgl. R. Thomte, p.234）。

(40) ロマ書、第三章一九。

(41) 詩篇、第五一章五。「私は咎《とが》ある者として生まれ、罪ある者として母は私を身ごもった」とある原文を、キルケゴールは自らの心境を重ね、この一節の前半を自分流儀に改変して、「私は悲惨な境遇のなかに生まれ、云々」と記している（vgl. E. Hirsch, S.248）。

(42) レオンハルト・ウステリ『新約聖書の諸篇との関連から見てのパウロ流の教義概念の発展』（L. Usteri, *Entwickelung des Paulinischen Lehrbegriffes in seinem Verhältnis zur biblischen Dogmatik des Neuen Testamentes*, 1824）参照。——スイス出身の神学者ウステリ（一七九九—一八三三）は、若くして没したが、少壮にしてベルリンでシュライエルマッハーおよびヘーゲルに就いて学び、とくにシュライエルマッハーの影響を受けた弟子ながら、独自の考え方をもつ神学者として当時注目された。なお、前掲書は好評をえて版を重ね、著者生前中の一八三二年に第四版を刊行、改めてその序文を書いているほどである。また、著者没後の一八三九年には、そのデンマーク語訳書が刊行されるまでになったことを付記しておく（vgl. E. Hirsch, S. 248, R. Thomte, p.234）。

（43）「このところ神学は、あまりにも思弁的に云々」との一節は、おそらく当面のデンマークの神学界が、マルテンセン流儀のヘーゲル主義の思弁に転落している旨を指しているとみられる。なお、余談ながら、後年編まれたキルケゴールの『旧蔵書目録』を通覧するのに、意外にも前注に記す話題のウステリの独語版の原書の記載がなくて、その代わりにデンマーク語の訳書が記載されている。すなわち、*Udvikling af det Paulinske Lærebegreb i dets Forhold til det Ny Testamentes bibelske Dogmatik*, Et exegetisk-dogmatisk Forsøg af L. Usteri, Overs af W. J. Boethe. 1839. ——ともあれ、当面話題のウステリの本書に接して、さらに先年受講したマルテンセンの講義「思弁的教義学序説」の印象を介して、キルケゴールは「思弁的云々」の冒頭の言葉を書いたものか、と推考される。

（44）この［ ］で括った部分の数行が、最も流布しているヒルシュの独訳書では削除されている。が、本訳書では、デンマーク語原典に依拠して、さらにマイナー「哲学叢書」とか、レクラム文庫の独訳書などを参照のうえ、これを訳出した（vgl. R. Thomte, p.39）。

（45）フランツ・フォン・バーダー（Franz von Baader, 1765-1841）の『宗教哲学に関する講義』（*Vorlesungen über religiöse Philosophie*, München, 1827）第二五章参照。——ミュンヘン大学は、一八二七年に創立された新設大学で、前掲書はバーダーにとっては生まれ故郷の大学に招かれての初講義であったよし。ときに六十二歳。奇しくも同年、当の新設大学に看板教授としてシェリングが招かれ、こちらは時に五十一歳。シェリングは「ミュンヘンにおける初講義」に続き、名著としても周知の『近世哲学史講義』などをはじめ、「神話の哲学」および「啓示の哲学」などの講義を披露した。一方、バーダーは哲学から神学に転向した思想家として知られるが、彼はすでに一八〇四年、ミュンヘンに設立された学士院の総長として著名なヤコービという信仰哲学への新境地を拓いた老鬼才と親交を結んでおり、同時に、若き才気煥発の哲学者で知られたシェリングとも親交を結んだことは周知のとおりで、何よりも冒頭の書がそれらの奇縁を示す。ところで、デンマークの首都コペンハーゲンの王立図書館内「キルケゴール文庫」において『キルケゴールの旧蔵書の〔競売に際しての売立〕目録』（*Auktionsprotokol over S. Kierkegaards Bogsamling*, Ud. af H. R. Rohde, Det Kongelige Bibliotek, 1967）が復刻・公刊されていて、この冊子はわれわれの関心をそそる。例えば、キルケゴールが当面の自注にも記すとおり、「その多くの著書のなかで、迫力ある簡潔な筆致で語る」フランツ・フォン・バーダーという思想家の書に魅了され、北国の小都市にありながら、当時なんと二十六点にわたる大小の書の蒐集につとめているその熱意にふれて、われわれは改めて驚かされるのである。この小冊子を見ていると、冒頭の書（『宗教哲学講義』）の他に、その翌年刊行になる『思弁的教義学講義』（一八二八年）をも合わせて、キルケゴールがバーダー必読の書と見ていたことを思わせる。

（46）　前六世紀末、ペルシア王カンビュセスが、ペルシオン攻略に際して、エジプト人の神聖視する動物（聖牛）を陣頭にかざすことにより、相手の攻撃をひるませ、戦勝したという故事（vgl. R. Thomte, p.234）。

（47）　この箇所のデンマーク語 Skyld og Synd に対して、ヒルシュは Schuld und Sünde の独語を充てている。これをあえて日本語の直訳体で示せば、「法律上の罪と宗教上の罪」ないし「外的の罪と内的の罪」の訳語も可能であろう。が、この箇所の前後の文脈を考慮して、本文のような訳文に定めた（vgl. R. Thomte, p. 40, E. Hirsch, S. 38）。

（48）　原典には、「欲情」（concupiscentia）の意を明確に示すため、『アウグスブルク信仰告白』第二条から、ラテン語の原文を（　）を付して引用しているが、本書ではラテン語原文を省略した（vgl. R. Thomte, p.234）。

(49) 創世記、第二章一七、第三章一五を参照（vgl. R. Thomte, p.234）。

(50) 当面の一行を考えようとして立ちどまった本節が、奇しくも本書のタイトルと同名であるのに接して、まず読者としての訳者には、仮名の背後の原著者の本書によせる思いのまことに切なるものが印象的で、何とも感慨深いものがある。著者は、まず人間存在の第一歩を考察するに際し、当時としてはその発想法の独自性に注目して「心理学的手引き」というやり方を導入した。まず、著者の手の内をさぐるのには、この際キルケゴールのかの『旧蔵書目録』を通覧してみるのがよい。著者キルケゴールにとって最も身近であった同時代人の学者のうち、ミュンスターおよびシッベルンの両人が「心理学」概説書を企ててくれていたことは好都合であった。すなわち、前者については、『一般心理学綱要』（*Grundrids af den almindelige Psychologie*, ved J. P. Mynster, 1830）、後者については、『一般生物学の手引きによる心理学』（*Psychologie, indledet ved almindelig Biologie*, af F. C. Sibbern, 1843）。この他に、若きキルケゴールが著作活動に入る以前に、ヘーゲルおよびシェリングを学ぶのにその手引きとしたK・ローゼンクランツの諸書のうち就中、主著『心理学――主観的精神の学』（*Psychologie oder die Wissenschaft vom subjectiven Geist*, von K. Rosenkranz, 1837）を、心理学の参考書として精読していたに違いないことを想像させる。これらの経緯を受けて、われわれの著者は、相当に自負をもって本文にこう書いたのに違いない。――「不安の概念が〔目下流布している〕「心理学」書のなかで取り扱われた前例は、ほとんど無きに等しい」、さらに加えて「不安という概念は恐怖やそれに類した概念とはまったく異なったものだ」との指摘がなされている点は、とくに注目されてよい。

(51) 不安の規定は、心理学的な両義性をもっと言われる。その実例として、「不安はひとつの共感的反感（sympathetische Antipathie）であり、またひとつの反感的共感（antipathetische Sympathie）である」は、よく引かれる命題である。これを立ち入って説明する箇所としては、次の段落で、子供たちのことを観察してみると……以下（vgl. R. Thomte, p.235）。

(52) この箇所の一文につき、訳文を作成するのに苦慮し、旧独訳ながら捨てがたいシュレンプ版を含め参照した。なお、デンマーク語原典による直訳体ついては、旧拙訳(大学書林刊)、一三一頁を参照。

(53) 創世記、第二章一七。

(54) 創世記、第二章一七 (vgl. Reclams Ausgabe, S. 195)。

(55) キルケゴールの著作活動について言えば、概して二十五歳にしての処女作『いまなお生ける者の手記より』と二十八歳のときのマギスター論文『アイロニーの概念について』を除き、まず三十歳のときの大作『あれか=これか』をもって第一作に見立て、その著作活動が開始されたと見なされるが、このような展望に立てば、当面われわれの関心の対象としている本書は、第五作目にして著者ときに三十一歳、著者の生前中すべての著述が自費出版であるとはいえ、デンマークの読書界ではきわめて少部数ながら、著者はそれらの「読者を意識して」執筆していたことが行間に窺われる。目下、この箇所で、「多くの思想家たちを困惑させた云々」とあるのは、同時代のコペンハーゲン在住の斯界の大家ミュンスター、クラウセン、マルテンセン、ハイベルク等々を指す。

(56) 本節(六)の全文は、「原罪の前提にして、同時に原罪をその起源にさかのぼって説明するものとしての不安」という。本節(六)を含む第一章の見出し(全文)に同じである。本節の主旨としては、「原罪の前提としての不安」(Angest som Arvesyndens Forudsætning)であるから、これを小見出しとした。本節(六)は、第一章の結論に充てられているため、本節の見出しが第一章のそれに準じたものと推考される。訳注1を参照。

(57) ヤコブ書、第一章一三、一四。

(58) マルコ福音書、第一二章二五。

(59) デンマーク人として、ヘーゲル最晩年の弟子となったハイベルク(J. L. Heiberg, 1791-1860)は、ヘーゲル没後ただちに、『哲学の哲学、あるいは思弁的論理学に関する講義への手引き』(*Ledetraad ved*

Forelæsningerne over Philosophiens Philosophie eller den speculative Logik, 1831-32）を刊行し、デンマーク思想界にヘーゲル思弁哲学を紹介するのに貢献した。この書は、「ヘーゲル論理学体系」への真面目な入門書である。が、こうした風潮が転機ともなって、キルケゴールが本書を執筆中の一八四四年の頃ともなると、「ヘーゲル主義者」（Heglianer）をもって自ら任ずるエピゴーネンが輩出し、例えばヘーゲル哲学用語として周知の「移行」をきわめて安易に使用して、「可能性が現実性へと移行する」などと言う云々、とキルケゴールは当面の一節を書いている。彼の脳裏には、コペンハーゲンのとある町かどで、「ヘーゲル主義者」の語りの光景が去来していただろう。

（60）この箇所に添えられているラテン語の liberum arbitrium は、先行する要因を恣意的に自由に選択する意志力との意味で、「恣意的自由」あるいは「自由意志」（fri Vilje = freier Wille）の意。キルケゴールは、当面の「まったく無関心な（equilibrium）意志〔恣意的自由〕」を、思想上の妄想」として、古来これに言及する者なしと指摘しながら、別に遺稿のなかで、ライプニッツがこれを「弁神論」のなかで巧妙に論証している旨、言及している。――*Pap*. IV. C31, C39（vgl. R. Thomte, p. 236）。

（61）堕罪がなければ、神と人間との関係の歴史はどうなっていたか、神の「インカルナティオ」（incarnatio）〔託身・受肉〕という表現も起こりえなかったのではないか、等々の古い教会神学伝来の論争問題は、キルケゴール当時、シェリングとかフランツ・フォン・バーダー等の影響を受けて、コペンハーゲンにおいて周知の神学者たちの間で関心事だったことが窺われる（vgl. E. Hirsch, S. 249）。

（62）グリム童話中の「利口者のエルゼ」の話。――当人（エルゼ）は、目下未婚の娘、家に閉じこもって空想に耽る……。自分は将来結婚して、子供に恵まれるだろう。が、不幸にして、その子が事故で死ぬ。いま、そのことを想像すると、大声をあげて泣けてしまう。そこへ家族がやって来て、一同がもらい泣きするという話（vgl. R. Thomte, p. 236）。

（63）概して世界創造を記す伝承年代は、紀元前四千年とも言われる。ネブカドネザルの新バビロニア王としての在位は、およそ紀元前六百年とされる。本文中に、四千年とあるのは、著者の思い違いであろう。ダニエル書、第四章三三、参照（vgl. R. Thomte, p. 236）。

(64) サロモン・ソルディン（Salomon Soldin, 1774-1837）、「本屋のソルディン」として、さまざまな逸話で知られた奇人、当時のコペンハーゲンに実在の書店主で、キルケゴールの本書執筆のころは、当のソルディン没後間もないことゆえ、市中のあちこちで、この種の逸話が耳にされたのに違いない（vgl. R. Thomte, p. 236）。

(65) 本章では、まず「原罪」の概念についての歴史的ヒント、そして最初の罪の概念、さらには無垢の概念、等々を媒介として、人間存在にとって罪が何なのかを検討しようとしている。著者キルケゴールの視点に立って概説されたこれらの想念は、「当世の敬服すべき学者諸先生」方からは確かに「非学問的」と見なされるのもやむをえない。というのも、これら学者諸先生方は、学問たるものが「体系」（百科全書）である以上、罪についても「体系」のなかにその居場所を獲得せねばならぬ、との見解に立つからである。本書にみられる著者のこの想念が、反体系を目指すライトモティーフとなって、二年後に主著とも見なされる『哲学的断片に対する非学問的後書』を生むことになる。

(66) 児童の「藁《わら》の燃え火・火縄あそび」、すなわち子供のさがしもの遊びで、隠された宝物を鬼が見つけ出しそうになると、Tampen brænder!（藁《わら》に火がついた＝火事だ）とはやし立てる。――キルケゴールは当時のデンマークの「子供の遊び」に見立て、同時代の神学・思想界の動向を揶揄している（vgl. H. Rochol, S.226f.）。

第二章

(1) 第一章の冒頭の訳注で指摘した課題、つまり「原罪をその起源にさかのぼって説明するものとして不安」と表裏の対をなす課題が、当面の第二章の主要テーマをなす。すなわち、「〔累進する〕原罪の経緯を説明するものとしての不安」(die Angst als Erbsünde progressiv verstanden) がそれである (vgl. H. Rochol, S. 54, 227, R. Thomte, p. 52)。

(2) この一節を含む冒頭以降の長文から成る文章構成がやや複雑で、訳者としては、次のように解釈した。——人類の歴史に参与した主体（主語）は、後世の個人としての人間（個体）を指す。当の個体が、習慣になぞらえられる人類の歴史にあずかることになった結果、さらに反省的になったと言われるわけは、この場合もやはり個体につきまとう不安がこの世に入ってくるのに、その意味が違うというその点に由来する。なお原典の文章の構造について、訳文作成上、英訳その他レクラム文庫を参照した (vgl. R. Thomte, p. 53, Reclams Ausg., S. 63)。

(3) この箇所の読み方は、英訳その他を参照 (vgl. R. Thomte, p. 53, Reclams Ausg. S. 63)。

(4) ロマ書、第八章二二参照。

(5) 第四章「罪の不安」のうち、第二節参照。

(6) 第一章第一節の訳注22を参照。

(7) 「前記の現象」とは、数行前の注目すべき言葉、すなわち「人間が単に自分自身に対する不安から責めを負う者となるかのように見えるという現象」を指す。

(8) ルカ福音書、第一八章一一参照。——「神よ、私は……のような人間にならなかったことをあなたに感謝します」。

(9) この箇所の人称代名詞（三人称）の彼は、数行前の「心理学的観察者」を指す。以下の「彼」も、漠然とながら同じ名詞ないし端的に「心理学者」を指す。わずか二頁に充たぬ本節は、第二章「原罪の結果としての不安」の途中に挿入された断片的な一節で、同時代における話題の「応用心理学」についての、本書の著者キルケゴール自身の「感想」と見なされてよい。

(10) 「自由の可能性における自由の自己自身への反省」あるいは「自由がその可能性に向かって自由の自己

自身における反省」との訳語を、ヒルシュの独訳で示せば、次のとおりである。——“die Reflexion der Freiheit in sich selber nach ihrer Möglichkeit”（vgl. E. Hirsch, S. 55）。

（11）この箇所の訳文は本文に示すとおりであるが、英訳参照による訳文を示せば、次のとおり。——「アダムの罪によって人類の罪性が措定されたということの意味が、例えばアダムが直立して歩行する等々と同じ程度の意味に受けとめられるならば、云々」。なおまた、ロマ書、第五章一二を参照（vgl. R. Thomte, p. 57, 186）。

（12）原典では、聖書の言葉としてロマ書から「被造物の切なる〔不安な〕待望」（ἀποκαραδοκία τῆς κτίσεως）という聖句がギリシア語で引用されている。この箇所は、断片ながら、原語を示して聖書解釈の一端につき、神学者キルケゴールの卓見ぶりが窺われる。——「被造物も、切実なる思いで神の子供たちの現れを待ち望んでいる」（ロマ書、第八章一九）参照（vgl. R. Thomte, p. 237）。

（13）「感性という浅ましい境地（Elendigheden, Sandseligheden）それ自身がすでに罪性である」（at Endeligheden, at Sandseligheden som saadan er Syndigheden）との訳文について、訳者は定本『全集』（第二版）に依拠して、テキスト本文の訳語を定めた。なお原典の初版および再版によると、「有限性・感性それ自身がすでに罪性である」と、主語にあたる二つの単語のうち前者が、Endeligheden（有限性）に変更されている点に注意されたい。ちなみに、ヒルシュの独訳では、これを採用しているが、それ以後の新独訳本（H. Rochol）およびレクラム文庫版では、むしろ冒頭の考えに依拠している。なお、訳者としては、これらの流れを考慮したうえ、前文のごとき訳文を採用した（vgl. R. Thomte, p. 237）。

（14）「シェリング学派の若干の思想家たち」について、原典の草稿では端的に、エッシェンマイヤー、ゲレス、ステフェンスなどの名が挙げられている。が、キルケゴールの『旧蔵書目録』によると、同じ北欧人としてのステフェンス（H. Steffens, 1773-1845）に寄せる関心が就中《なかんずく》高かったと見え、以下に掲げる書目からもそのことが窺えよう。——『人間学』（*Anthropologie*, 1822）、『キリスト教的宗教哲学』（*Christliche*

Religionsphilosophie, 1839)、『遺書、シェリングの序文を付して』(*Nachgelassene Schriften von H. Steffens mit einem Vorworte von Schelling*, 1846) など。なお、ステフェンスは若き日ドイツ留学（一七九八―一八〇二年)、とりわけイエナ大学で哲学を学んだことが機縁となって、後にシェリング学派の筆頭に数えられることとなる。若きステフェンスはこれらの哲学的成果を身につけてデンマークに帰国、翌一八〇三年コペンハーゲン大学において公開講義を実施、これらの成果を披露した。――『H・ステフェンスの哲学講義概説』(*H. Steffens' Indledning til philosophiske Forelæsninger i Kiøbenhavn*, 1803) がそれである。なお、キルケゴールは『日記』(*Papirer*, VI, B29, S.106) のなかで、この際のステフェンスの第一声たるシェリング流儀の「自然哲学」講義が、デンマークのロマン主義の運動に刺激を与えた、と証言している (vgl, R. Thomte, p.187)。

(15) ヘーゲル『論理学』第一巻のうち、プラトンの『パルメニデス』に関して述べられた箇所に即して、この記述が試みられたのではないか、と推考される (vgl, R. Thomte, p.237)。

(16) シェリング『人間的自由の本質に関する哲学的研究』(一八〇九年) 参照 (vgl, Sämmtliche Werke, IV, S.291, R. Thomte, p.237)。

(17) シェリングが一八四一―四二年に、ベルリン大学において実施した「啓示の哲学」に関する講義を指す。ときにキルケゴールは二十八歳、コペンハーゲンでの婚約破棄事件の直後にあたり、傷心のさなかベルリン大学に来て、右の講義を聴講したことはすでに述べたとおりである。なお、キルケゴールの『旧蔵書目録』には、右の件に関連して、きわめて注目すべき書目が見える。すなわち、*Schelling's Erste Vorlesung in Berlin 15. November 1841*, Stuttgart und Tübingen 1841.

(18) マールハイネケ (Ph.Marheineke, 1780-1846) は、ハイデルベルク大学教授、ヘーゲル学派中の正統派に属する。当面問題のマールハイネケの小論文とは、『シェリングの啓示哲学批判』(*Zur Kritik der Schellingschen Offenbarungsphilosophie*, 1843) を指す。なお本書は、キルケゴールの『旧蔵書目録』にも認められ、所蔵者としては多年手中にして、シェリングの哲学を理解する一助としたものと推考される。

(19) 原典中、デンマーク語の「変化」（Alteration）という語に付随する両義性の妙味についての原注の訳文を作成するにあたって、デンマークにおけるキルケゴール研究家V・セーレンセンの付注による「原典」中、当面問題の該当箇所について参照した（vgl. S. Kierkegaard, *Begrebet Angst, Indledning og Noter ved V.Sørensen*, Gyldendals Uglebøger, 1960, S.92）。

(20) 不安について端的に語るこの一節は、著者の最も得意とする語りの一例、ないし名言として、研究家によってしばしば引用される周知の場面でもある。なお、第一章のうち第五節の「見出し」が、本書と同じ「不安の概念」となっていて、記述にも重なる箇所が見えるので重ねて参照されたい。

(21) 第一章のうち、第五節の該当箇所に付した注50を参照。時代の要請として登場した新興の学問であるはずの「心理学」（Psychologie）の限界が指摘されている。なお、冒頭の訳注1の指摘を重ねて参照ねがいたい。

(22) 当面の一節を記述している際、著者の心中には、きっと「質的飛躍」の想念が去来していたのに違いない。この考え方については、第一章のうち第二節の冒頭にかかわる訳注22を参照されたい。

(23) わたしは大口をひらいた深淵の前に立つとき、たちまちわたしの眼は深淵の底をのぞき込みたがる。その誘惑に負けてそれとひきかえに、わたしは目まいを覚える。わたしの眼が深淵を凝視することさえしなかったら、わたしは目まいを起こすことはなかったであろう。これを要するに、深淵はわたしにとって、まずは共感的関係にありながら、同時にわたしの目まいの原因として反感的関係にあるとも見なされよう。

——前注20参照。

(24) 「不安の無」（Angestens Intet）とは、不安の対象としての無なのであって、これこれと指し示すことのできないもの、何とも名づけがたきものがこちらに接近してくる——それこそ、もろもろの「予感から成る複合体」（en Complexus af Ahnelser）とでも言うべきものなのである。この予感とでも言われるようなものが、個体に向けて接近してくる。それらは、不安のなかで何かを具体的に意味しているわけではない。それこそ（逆説的な言い方をすれば）、「無を意味している」のである（Obgleich sie in der Angst wiederum *Nichts bedeuten*, vgl. Reclams Ausg., S.73）。

（25）緒論のうち、二九頁、正しい概念に正しく対応するはずの「気分」〔雰囲気〕（Stemning = Stimmung）に付記された原注＊を参照。――なお、私事ながら訳者は若き日、修士論文「キルケゴールのヘーゲル批判」の審査につき、川原栄峰先生から、とくにハイデガーとの関連につき、貴重な助言を教示されたことがあり、先生の著書から当節に関連する箇所を引いておきたい。川原栄峰『ハイデッガーの思惟』（理想社、一九八一年）第一部第八章のうち、「気分」三〇四―三一五頁参照。

（26）デンマークの喜劇作家ホルベルク（L. Holberg, 1684-1754）の喜劇『エラスムス・モンターヌス』（Erasmus Montanus）のうち。イエロニムスとエラスムスはともにこの戯曲の登場人物で、この場面は第四幕四場から。なおホルベルクは、コペンハーゲン大学教授として、哲学・形而上学を語る教養人であったが、詩人で散文家としても著名であるうえ、何よりもその演劇活動によって、デンマークにおけるヴォルテールに比せられるほどである。ついでに、キルケゴールの『旧蔵書目録』によると、『ホルベルク作デンマーク演劇集』全七巻（L. Holberg, *Den danske Skue-plads*, 7 Tomer, 1758-88）を所蔵していたことが確認される（vgl. R. Thomte, p.238）。

（27）この箇所でのキルケゴールの想念は、完璧な芸術作品では美と精神はまったく同等であると主張するヘーゲルの見識に対して、正反対の立場を展開していることがわかる。本書刊行の前年、『あれか＝これか』を刊行し、その第一部で著者は、人生に対する美的態度の諸相を展開しながら、美の追求が結局は絶望に終わらざるをえないことを示した。この箇所では、著者は不安を語りながら、思わず若きほとばしる想念をもって、美学的領域にひそむ不安へと読者を誘う（vgl. R. Thomte, p.238）。

（28）前注の主旨に従って、著者はギリシア的美を語る一例として、ギリシア人の代表的な彫刻をとりあげ、それらの作品の美のかげに隠された「秘密」を解き明かそうと試みる。この一節において、彫刻美を象徴するとされる絶世の美人ヴィーナスは、周知のとおり「美と愛の女神」としてギリシアの女神アプロディテを指す。ローマ神話ではヴェヌス（Vēnus）と呼ばれ、端的に性愛・色情・色欲を指す。

(29) アポロン（Ἀπόλλων = Apollōn）は、音楽・医術・予言を司り、太陽神と同一視される。そのギリシア本土では、デルポイの神殿が当のアポロン崇拝の中心として周知のとおり。アポロは、アポロン神のラテン語形を示す。

(30) ジュピターは、ローマ神話ではユピテル（Iuppiter）と呼ばれ、ギリシアの最高神ゼウスと同一視される。

(31) バッカス（Bacchus, Bakchos）は、ローマ神話の酒神、ギリシア神話ではディオニュソス（Dionysos）を指す。

(32) ガニュメデス（Ganymedes）は、ギリシア神話・ローマ神話ともに、ゼウスないし神々の酌人、つまり酒を給仕する美少年を指す。

(33) 創世記、第三章一六参照。

(34) マタイ福音書、第二三章四。

(35) いわゆるシュレーゲル兄弟（兄アウグスト・ヴィルヘルム、弟フリードリヒ）は、十八世紀末から十九世紀初頭にかけて、ドイツのイエナ大学をまきぞえにし、フィヒテおよびシェリングの哲学体系を媒介として、ドイツ理想主義の基盤を確立するとともに、ドイツ・ロマン主義の文学運動をその旗手として展開した。キルケゴールの『旧蔵書目録』を通覧すると、彼の若き日、ドイツ・ロマン主義をへて母国デンマーク・ロマン主義へと移りゆく時代を彼が経験したことを実証する多数の文献を見ることができ、旧蔵者がこうした思潮につき、どれほど熱心に関心を向けていたかが如実に窺われる。なお、本文に記すF・シュレーゲルの全集とは、正確には次のとおり。—— *Fr. Schlegel's sämmtliche Werke*, Bd.1-10（1822-25）。

（36）「矛盾」は、デンマーク語で Modsigelse と表記されるが、この箇所の原典では、このデンマーク語に対応するドイツ語の Widerspruch を、カッコに並記して強調している点が注目される。端的に言って、ヘーゲル哲学における中核としてのこの概念を念頭において、キルケゴールがとりわけ当面の関心事を鮮やかに分析・展開している点からして、この一節は屈指の箇所に違いない（vgl. E. Hirsch, S. 254）。

（37）クセノポン『メモラビリア』（ソクラテスの思い出）第二巻六章三二―三三参照（vgl. R. Thomte, p.238）。

（38）前掲書、第一巻三章八参照。

（39）キルケゴールの『旧蔵書目録』によると、啓蒙時代のフランス哲学者ピエール・ベイルの大冊『歴史考証事典』（一六九六―九七）のドイツ語版、Herrn Peter Baylens, *Historisches und Kritisches Wöterbuch*, I-IV（1741-44）を所蔵していたことが確認される。キルケゴールがフランスのかの啓蒙期の思想家に注目するにいたった機縁は、何と言っても「単独者」思想に対する啓蒙をもたらしたともみられるかのドイツ啓蒙哲学の元祖ライプニッツを読んだことだと推考される（vgl. E. Hirsch, S.254, R. Thomte, p.239）。

（40）プルタルコス『英雄伝』の「ペリクレス」のうち、第二四章二参照（vgl. *Plutarks Levnetsbeskrivelser*, I-IV のうち 1800-11, II. S. 210f.）。

（41）クセノポン『饗宴』第二章一〇節参照（vgl. R. Thomte, p.239）。

（42）ガラテア書、第三章二八。――「男性も女性もその区別はない。ひとみな、キリスト・イエスにおいてひとつだから」。

（43）以下に続く〔 〕内の文章は、本書の草稿（*Papirer*, VB 53, 34）から補足して付記することにした。訳者としては、当面の文脈を理解する助けになろうかと考えてのことである（vgl. E. Hirsch, S.255）。

（44）この箇所の直前の一節に、「不安とは人間本性の完全性を示す表現である」との注目すべき言葉が眼をひく。また、「不安が多ければ多いほど、感性も多大だ」と言われる。また一般に、男性に比して女性の方がより感性的であり、また感性豊かであると言われ、かくして女性の場合には、男性に比して不安がより大きい、という命題が導かれることになる。こうした想念がこの一節に反映している。この箇所は、アダムに比して、後代の個体としての人間がかかえる不安と感性との「量の増加分」を指す。

(45) 〈 〉を付した一節から、キルケゴールの思惟を理解する鍵ともなる注目すべき言葉を要約して指摘しておく。――「単純な移行によって、量的なものを質的なものに転化させてしまうより多くの量などこの世のなかに見られるはずもない、云々」の箇所では、ヘーゲル論理学における「移行」という概念の曖昧さを指摘する一方で、キルケゴールは、自己の心中にひそむ不安の無限なる量的上昇がもっぱら神への無限なる信仰の境地に到りつくとすれば、それは単純な自然的移行によるのではなく、むしろ「質的飛躍」という主体的決断によってこそ達成され、それ以外にはありえないと説こうとしているのである(vgl. E. Hirsch, S. 255)。

(46) 出エジプト記、第二〇章五。

(47) ローマの叙情詩人ホラティウス(Q. Horātius, B.C. 65-8)の『諷刺詩』は、ラテン文学の黄金期を代表する詩人の作品として知られる。当面の問題のラテン語による引用が、その『諷刺詩』(第一巻第一章七〇行)からの一句であると、出典をわれわれに初めて明確に教示してくれたのは、リヒターによる独訳書である(vgl. L. Richter, S. 68)。――ちなみに、キルケゴールの『旧蔵書目録』によると、ホラティウスの作品集(Q. Horatii, *Opera ed F. G. Doering*, 2vol. Lipsiae, 1815-24)の所蔵が知られる。

(48) 「量的な[多少という]のは、まさに無限なる限界である」(das Quantitative ist eben die unendliche Grenze)。この箇所で問題となる量的無限性については、ヘーゲル『大論理学』第一巻「有論」、第二章「定有」のうち、C「無限性」の項目において説かれている量的無限性について参照(vgl. R. Thomte, p.239)。

(49) 前記の訳注45において、キルケゴールの思惟を理解する鍵とも言える一例を指摘したが、当面の箇所もまた、前記にかかわるキルケゴール独自の思惟の真髄として注目される。――不安というのが、「責め・咎めの意識」（Schuld-bewußtsein）につきまとわれたものである以上、この素朴な意識が「キリスト教的罪意識」（das christliche Schuld-bewußtsein）に転ずるのも至極もっともであろう。そして、この意識につきまとわれた個体としての人間存在は、「罪に対する不安によって〔またしても新たな〕罪を生む」のではないか、との極限状況の前に立たされることになる。この極限に対して、もうひとつの別の極限が見え隠れする。すなわち、それこそ「責めあるものとなる〔ことに対する〕不安によってではなくて、責めあるものと見なされることによる不安のなかで責めあるものとなる」との極限状況である。不安が両義性をもつと言われるのは、この点を指す。キルケゴールは若き日、敬虔主義的流儀のキリスト教的罪意識を媒介として、神に対する倫理的・宗教的反抗を経由し、やがて最も深い宗教的罪〔責め・咎め〕意識へと自己形成してゆく（vgl. E. Hirsch, S.255）。

(50) 前注の指摘のとおり、若きキルケゴールは、敬虔主義的流儀のキリスト教的罪意識によって、感性と罪性が彼にとって同一のものと見なされるように仕向けられたと言うが、それも「やっとものごころのつく幼少の頃から」との付言を読むわれわれには、それが少年キルケゴールにとって父ミカエルからの躾《しつけ》を思わせる。本文によれば、アダムの罪によって、罪性がこの世に入ってきたのであり、それと同時に性欲が生じてきて、この性欲がアダムにとって罪性を意味することになった、と言われる。また一方、感性と不安とは釣り合いのとれた関係にあって、感性が豊かで多大であれば、不安の量も多大で豊かである。これらの関係がその展開の頂点として、量的に「より多くのもの」の極限が現前することになる。

(51) 量的に「より多くのもの」が最大限の極限（das höchste Mehr）に達したとき、展開は頂点に達する。この境地が自己否定して次の境地へ向上するのは、もはや単に量的「移行」によるのではなく、〔次の境地への〕「質的飛躍」（qualitativer Sprung）なのである（vgl. H. Rochol, S.80, 248）。

(52) デンマーク語の慣用句「前例の権威にあやかって」（om Exemplets Magt）につき、レクラム文庫の独訳では、über die Macht des Beispiels との決まり文句が充てられている（ibid. S. 89)。

（53）「最近の超哲学的時代」（disse sidste Superphilosophiske Tider）とは、同時代ながら、キルケゴールがコペンハーゲン大学に入学して間もない頃のデンマーク思想界の一面を指す。すなわち、時の人ヘーゲル生前中、デンマーク人として唯一の弟子として自認していたハイベルクは、師の没後直ちに、『哲学の哲学、あるいは思弁的論理学講義』（*Forelæsningerne over Philosophiens Philosophie eller den speculative Logik*, 1831-32）を第一声として、母国デンマークにヘーゲル哲学の普及とその定義づけを目指して、一般大衆から遊離しての思想活動を開始した。若きハイベルクの当面の思想的企ては、一世を風靡するに足る思想的活動ではあったが、大衆から遊離している点で、ヘーゲル主義の啓蒙活動期は「最近の超哲学的時代のそれ」（disse sidste superphilosophiske Tider）と呼ばれる。このような斯界の哲学の傾向に背を向けて、キルケゴールは自己の哲学を、体系でなく断片的で、非学問的（unvidenskabelig）に見立てた。

（54）「ラナ・パラドクサ」（rana paradoxa）は、「背理・逆説の蛙」の意。蛙の脚とイモリの尾をもつ伝説的な動物で、当時の生物学により、一種の大きなオタマジャクシに与えられた学名のよし（vgl. R. Thomte, p.239)。

（55）「罪とは主我的なもの〔自己本位・我欲なもの〕である」という罪についての定義は、新プラトン主義の神秘主義的なヤーコプ・ベーメ（J. Böhme, 1575-1624）とか、シェリングないしヘーゲルなどの影響を受けた大方の神学者たちが掲げる共通の定義とも見なされる。自己本位（我執）という点では、有限的な主観性が自らの支えともなっているはずの神的な生命根拠から離反するとの主旨に立つ。すなわち、はき違えた自主性を目指そうとする主観性の意志をいう（vgl. E. Hirsch, S. 256)。

（56）「近代の学問」（den nyere Videnskab）とは、具体的に言うと、次の書を指している。――カント『単なる理性の限界内における宗教』（一七九三年）、第一篇「人間の本性に存する根本無」のうち、（3）本節を参照。それによると、旧約聖書中、創世記にある原罪説は、根本悪という説明しがたい事実を象徴的に語ったものと見なされる。他に、ヘーゲル『法哲学』第二部「道徳性」(Die Moralität) のうち、第一三九節参照 (vgl. L. Richter, S.72)。

(57) この箇所の自然哲学とは、十八世紀末から十九世紀初頭にかけて、ドイツ・ロマン主義の影響のもとで、イエナの哲学界に登場した若きシェリングの「自然哲学」ないし、その影響を受けた若きヘーゲルの「自然哲学」を指す。なお、この箇所の論述の典拠を、われわれはキルケゴールの『旧蔵書目録』を介して推察できる。

(58)「神秘的説教者」(Mystagog) とは、十九世紀デンマークの詩人・牧師にして神学者グルントヴィ (N. F. S. Grundtvig, 1781-1872) を指す。一八〇二年、ドイツから帰国したばかりのデンマークの哲学者でその従兄《いとこ》にあたるステフェンス (H. Steffens, 1773-1845) の特別講義 (『哲学講義概説』、一八〇三年刊) こそ、生ける言葉のうちに潜むその魔力によって、何よりもまずこの神学生の心に感銘を与え、眠れる魂を呼び覚ましたという。コペンハーゲン大学におけるステフェンスの右の哲学講義を通じて、青年はドイツ・ロマン主義の思想、とりわけシェリングの哲学を知った。この哲学思想との出合いおよびその影響は、キリスト教に対して信仰心もなく懐疑的でさえあった青年の魂をその絶望状態から救い、彼の人生に転機をもたらしたばかりか、思想活動へと動機づけたという。——『集英社 世界文学大事典』2、当訳者の担当による「グルントヴィ」の項二〇—二二頁参照。

(59) この一節の文意は難解で解釈に苦しむが、前注にも関連してドイツ・ロマン主義の思想のうち、とりわけシェリングの影響を受けた神学者および哲学者たちによる神話の取り扱い方が指摘されている。とりわけグルントヴィの主著『北欧神話』(*Nordens Mythologi*, 1808, 1832) に対する主観的な解釈が批評されている (vgl. L. Richter, S. 72)。

(60) 周知の「汝自身を知れ」をめぐって、この箇所を記述するキルケゴールの脳裏には、まず同時代のデンマーク・ヘーゲル学者たちによるその理解を基盤にして、あるいはこれを否定的媒介として、キルケゴール独自の見解を確立し、本書における当面の論拠とするねらいが去来していたものと推考される。なお前掲のデンマーク・ヘーゲル学者の文献としては、スティリング『思弁的論理学に関する哲学的考察』（*P. M. Stilling's Philosophiske Betragtninger over den spekulative Logik*, 1842）、ハイベルク『〔ヘーゲル〕論理学課程への予備的講義』（J. L. Heiberg, *Indlednings-Foredrag til logiske Cursus*, 1835）。なお、これらの参考文献は、キルケゴール『旧蔵書目録』にも記載されている（vgl. R. Thomte, p.240）。

(61) ルター正統派の教理によると、復活後の人間は確かに性的な区別を有するが、しかし生殖に資する肉体的機能となると、もはやこれを有しない、とされる。

(62) ルター正統派の教理によると、天使は非身体的な霊であり、性的なものから脱却している、とされる。

(63) キリストの人格《ペルソナ》に関して言えば、キルケゴールが人的異性間の肉体交渉によらぬ超自然的な生殖をその前提におくのは、正統派の教理への信頼からであろう。それゆえ、処女の子としてのキリストには、性的なものが衝動として与えられていないと見なされることになる。——前注61、62を含め、当面の箇所ともその論拠として、キルケゴールは聖書のほかに、次の書を主軸にしたものと推考される。*Handbuch der Dogmatik der evangelisch-lutherischen Kirche*, von K. G. Bretschneider, 1-2, 1838. なお、キルケゴールの『旧蔵書目録』によると、前掲書のほかに、同著者の編になる『新約聖書のギリシア・ラテン語手引き《マニュアル》辞典』（*Lexicon manuale graeco-latinum in libro Novi Testamenti*, auctore C. G. Bretschneider, 1-2, 1829）が確認される（vgl. R. Thomte, p.79, 240）。

(64) 古代ローマの喜劇作家テレンティウス（P. Terentius, B.C. 195-159）は、アフリカのカルタゴから奴隷としてローマに連行されながら、その生来の文学的才のゆえに、縁あってギリシア的教養のある貴族の恩顧を得、そこから当時の上流の人びとの用いた純粋なラテン語によって著作活動に入り、わずか三十幾歳かの短い生涯ながら、六篇の喜劇作品を遺した。彼の名言として、「人の数だけ意見がある」とか、当面の問題の言葉「ひとひとりを知ることは万人を知ることである」などが知られる。この周知の名言は、作品『フォルミオ』（*Phormio*, II. 1.265）からの省略引用であり、正しくは unum cognoris, omnes noris（もし汝がひとひとりを知らば、汝は万人を知れり）。キルケゴール自身はテレンティウスの戯曲をデンマーク語訳書（*Terentses Skuespiel*, af H. Guldberg, 1-2, Kbh. 1805）によって愛読している。なお彼は、テレンティウスの全作品について、当時入手しうる限りの諸版本を入手し愛蔵していたことは、キルケゴールの『旧蔵書目録』によって確認することができる。なお、訳者が本書の拙訳を企てるに際し常に座右の書として参照した英訳本の訳者（R. Thomte）によると、当面の問題の命題は、キルケゴールの心理学的方法の根本原理を形成しているという。かのテレンティウスの命題の原意が、「ひとりの人は他のひとりの人と同じである」に縮約されるのであり、この金言は概して僭越とか傲慢に受けとめられかねない言葉でもある。なお、原注＊＊の箇所を再考されたい（vgl. R. Thomte, p. 241f.）。

（65）原典では、この箇所において、「明朗性」を示すのに、ドイツ語 Heiterkeit を付記している。独訳者E・ヒルシュの推測によれば、キルケゴールはヘーゲルがニュルンベルク・ギムナジウムの校長として終業式で述べた「式辞」（Gymnasial-Reden）を論拠として、この箇所の論述を展開したのではないか、という。すなわち、ヘーゲルはギリシア精神を語るのに、その憂愁と明朗性という表裏の二面性を念頭においていたと見られる（vgl. E. Hirsch, S.236, R. Thomte, p.241）。

第三章

（1）この箇所の冒頭にいう「近代哲学」とはドイツ観念論を指すが、本書ではたいていフィヒテおよびシェリングまでも含めず、端的にヘーゲルを指している。目下、当面の問題とされているのは、「移行」（Overgang = Übergang）という範疇であり、ヘーゲルは『エンチュクロペディ』第一部「論理学」（一六一節とその補遺）において、「移行」につき自説を述べている。——概念の運動は、或るものの移行でもなければ、或るものの反省でもない。つまり概念の運動とは、ある種の発展なのである。なお、前掲箇所の「補遺」によれば、こうも言われる。「或るもの〔他者〕への移行は、有〔存在〕の領域における弁証法的過程であり、或るもの〔他者〕への反省〔反照〕は、本質の領域における弁証法的過程であり、概念の運動はこれに反して発展なのである。ただし発展とは、すでに潜在していたところのものを顕在させるにすぎないのである」。

以上のごときヘーゲル論理学は、結局のところ、「移行」を説明しえない、とキルケゴールは主張する。――「ギリシアで最初期の古代哲学は、運動を問題視することに専心した。例えば、世界はどうして現存する（blive til）に至ったのか、元素相互の構成的関係はどうか、といった問いに占められていたものだ。……近代哲学は、とりわけ運動、それも論理学上の運動に専念したものだ。が、最近の哲学は運動に対して責任を果たしていない」（*Papirer*, IV, A54, 1843）。

「ヘーゲルは移行の範疇につき、その真価を認めて正当に取り扱うことがなかった。いま、この範疇を、アリストテレスの κίνησις（変化）についての教えと比較してみるのも一考かと思う」（*Pap*., IV C80, 1842-43）。

キルケゴールは思惟の領域における弁証法的移行と情緒的移行（自由の領域に生起し飛躍を含むそれ）とを区別する。「量的制限から飛躍なき質的制限への移行ということは可能か、そんなところに生なるものがいったいあるか」（*Pap*., IV C87, 1842-43）。本書の決定稿から零《こぼ》れ落ちた前記の未定稿からも、キルケゴールの想念が読みとれる（vgl. R. Thomte, p.241f.）。

(2)「〔己が〕臍を見つめる人びと」（ομφαλοψυχοι）とは、東方教会に見られる深遠なる神秘的静寂主義の瞑想にひたる修道士たちのスタイルのこと。「〔自分の〕中心をなす臍《へそ》を凝視する人」の境地になりきれば、ある種の神秘的な無我と法悦の心境に達することができるのではあるまいか、とする（vgl. R. Thomte, p.242）。

(3) ヘーゲルによると、本質の概念といっても、その凝固した状態の一切がとり去られると、それは無と同一ではないか、と言われる。では、いったい「無」とは何の謂《いい》か。なお、無ないし「無前提」については、『大論理学』（W. L., *Werke* III, S. 63, 68）参照。

ちなみに、キルケゴールの『日記』（*Papirer*）から、無と無前提に関して、「ソクラテスとヘーゲルとの諷刺的対話抄」（点描）を次に紹介しておきたい。

ソクラテスは、涼しい夕刻、泉の傍に耳をそばだてるようにして坐っている。一方ヘーゲルは、机に座してトゥレンデレングルクの『論理学研究』II、一九八頁を読書中のところだ。が、何かソクラテスに話しかけたくて歩みよる。

ソクラテス　君はいったいどんな前提から始めるのかね。

ヘーゲル　まったくどんな前提からも始めない〔無前提から〕です。

ソクラテス　それはもっともだ。それで結局きみは始めないわけだね。

ヘーゲル　わたしが始めないですって。二十一巻もの書物を書いたこのわたしが……。

ソクラテス　これは驚きだ。君はたいしたいけにえを捧げたものだね。

ヘーゲル　でもわたしは無から始めるのです。

ソクラテス　それは何か〔何ものか〕から出発することではないのかね。

ヘーゲル　いいえ、むしろ逆〔何でもないものから〕なのです。……（*Pap*., VI, A145）――（vgl. R. Thomte, p.242f.）

（4）　アリストテレス『自然学』第三巻一（200b 12ff.）。

（5）　ソクラテス以前の初期ギリシア哲学として目下俎上に載せられているのは、ピュタゴラス学派とエレア学派だが、さらに視野が拡大され古代ギリシア哲学全般を含めて、キルケゴールが古典哲学を批評するのにその典拠としているのが、『テンネマンの哲学史』（W. G. Tennemann, *Geschichte der Philosophie*, I-XII, 1798-1819）である。本書は、古典的名著としてすでに誉れ高いが、キルケゴールもまた終生にわたり本書を座右の書とした。なおまた、キルケゴールによる本書からの抜粋については、遺稿（*Pap.*, IV C3）を参照（vgl. R. Thomte, p.243）。

（6）「瞬間」とは、運動と静止との中間にあって、いかなる時間のなかにも存在しないものとして、この際「奇妙なもの」（ἄτοπον）と呼ばれる。「アトポン」なるこの形容詞は、他に字義的に「場所をもたぬ」との意味をもつ。この用語の微妙な含み（両義性）を指して、「このギリシア語はすばらしい」と絶句まがいに付記した原注のうちに、キルケゴールの生の声がきこえるようである（vgl. R. Thomte, p.244）。

（7）最も抽象的な表現として、「純粋有」をもって始める最近の哲学とは、主としてこの場合ヘーゲル哲学を指すことは明らかである。この箇所に関しては、『エンチュクロペディ』第二部「自然哲学」のうち、第二四七節補遺（§ 247, Zusatz）参照（vgl. R. Thomte, p.244f.）。

（8）「弁証法的魔術」（det dialektiske Hexerie）とは、永遠と瞬間の両者がひっきょう同一のものであるかのように仕立てあげて見せる手法のことで、この場合ドイツ観念論のうちヘーゲルおよびシェリングが念頭におかれているように見える。例えばシェリングも永遠を「不易ないま」と規定しているからである。さりながら、両者ともに一方では、哲学史の伝統に依拠していることが判明する。例示するに、プラトン『ティマイオス』（*Timaios*, 37c-38b）、アリストテレス『自然学』（*Physica*, 221b）、およびアウグスティヌス『告白』（*Confessiones*, XI, 10-11）を参照（vgl. R. Thomte, p.245）。

（9）「飛躍の弾力性」（Springets Elasticitet）について、マイナー版「哲学文庫」によると、die Elastizität des Sprungs との訳語が充てられている。この弾力性とは、新しい質的転換を包み込む柔軟性をいう。一方「移行」はただ量的増大を繰り返すばかりだが、これに対して「飛躍」は新たな異質を受け容れる余裕（柔軟性）を秘めている。移行は世のなかをただ惰性的に渡り歩くあり方だが、そうした習慣（慣性）を断ち切る主体的決断は「飛躍の弾力性〔柔軟性〕」のうえに成り立つ（vgl. H. Rochol, S.91, 254）。

（10）デンマーク語原典『キルケゴール著作集』を初めてドイツ思想界に向けて訳述・紹介するのに貢献した

独訳者シュレンプは、この箇所の文意をよりよく理解するのに、この一文を挿入した。訳者はこの試みをよしと見立て、〔 〕内に引用することによりシュレンプ神父の功労を今後にとどめることとした。

(11) 前訳注7・8・9にも関連するが、本文で言われる「最近の〔ドイツ〕哲学」とは主としてヘーゲルを指すが、そのヘーゲルの思惟をかくまで刺激するきっかけをもたらしたのは、むしろ若きシェリングであったろうと推測される。ちなみに、キルケゴールの『旧蔵書目録』によると、当人が『シェリング初期著作集』(*Schelling's philosophische Schriften*, Erster Bd, 1809) なる稀覯本を秘蔵し、シェリングの初期自然哲学にまで関心をよせていたことが窺われる。さて、当面われわれが立ち止まっているこの箇所は、著者が時間論の一端を披露している妙味ある証言として注目される。つまり第三章の冒頭の部分、長い序言に充てられているかに見えるこの箇所、ここにおいて展開される時間についての語りは、当人が嘲笑するかのヘーゲルの思弁にもまして相当に難解である。これを理解する手引きとして、前掲注8に指示した古典的文献（プラトン、アリストテレス、アウグスティヌス等のそれ）に加え、なお当面の問題として、ヘーゲルの時間論について、『自然哲学』(§259. その節の補遺) 参照 (vgl. R. Thomte, p.245)。

(12) この箇所の叙述に際しては、ヘーゲル『歴史哲学』第一部第二篇 (*Werke*, IX, S.200) が論拠とされたものと推考される (vgl. R. Thomte, p.245)。

(13) ヘーゲルはイエナ時代に、哲学体系の素案を示す「エンチュクロペディ」の試みから、「自然哲学」の部門に一歩立ち入ると同時に、その領域での学術用語を独自に考案するにあたって苦慮している。この箇所で言えば、時間・空間の概念もそのひとつで、「継起」（縦のつながり nacheinander としての時間）、「並列」（横のつながり nebeneinander としての空間）がそれである。キルケゴールは右のヘーゲル哲学用語を原語ドイツ語のまま引用している (vgl. R. Thomte, p.86)。

(14) ヘーゲル『精神現象学』のうち、A「意識」、〔I〕「感覚的確信」についての分析を参照。

(15) 「現在することは内容の充溢《じゅういつ》せるもの」とは、神の現在するを指し示す言葉として、古代ローマの喜劇作家テレンティウスの作『フォルミオ』（*Phormio*, III, 1, 1, 345）からの引用句とみられる。なお、この古代の喜劇作家については、第二章の訳注64参照（vgl. R. Thomte, p.241f.）。

(16)「瞬間」を表すデンマーク語 øieblikket は、ドイツ語の Augenblick に対応し、字義的には「眼のひらめき」を意味する。ものごとの真相を捉えるのに、あたかも眼のひらめきの如き瞬間的な一視を要する場合があり、それこそ刹那的な瞬間をいうのである。

(17) 北欧アイスランドに伝わる「サガ」（Saga）文学は、主として中世の英雄伝説の散文化として独得の文学形式を具えている。この箇所に記されているフリティオフとは、同地の英雄王子を扱った散文による物語『フリティオフ・サガ』の主人公で、海の彼方に思いをよせるインゲボルクはその恋人。キルケゴールの若き日、この古典文学に取材したスウェーデンの詩人テグネール（Esaias Tegnér, 1782-1846）の同タイトルの書『（長篇叙事詩）フルティオフ・サガ』（一八二五年刊）が、北欧の全土ですこぶる話題になった。若きキルケゴールがこの書をどんな思いで読んだものか、察するに同書の挿絵にてらして、本文の箇所の情景を思い浮かべたものかと推考される（vgl. E. Hirsch, S.259, R. Thomte, p.245）。

(18) デンマーク語原典を初めてドイツ語圏に紹介訳述するのに貢献したシュレンプ訳の補足だが、原典を読む手引きともなるゆえ、この前後の箇所のみならず全体にわたって〔 〕内に蛇足を加えた。

(19) プラトンの想起説については、『パイドン』（72E）参照。――プラトンによると、魂の不死を証明するのに、想起説がもち出される。ひとは自然現象のなかで美とか善とかについての知覚を得るわけだが、それらの知覚は、その当人がこの世に生まれてくる以前に、その魂がすでに身上としていた普遍的概念という知識によって説明されるのである以上、この世では、言うなれば、かつて知っていたそのことを思い出している〔想起〕にすぎないのではないか、という（vgl. R. Thomte, p.246）。

(20) この箇所の行間に根ざすギリシア思想として、プラトン『パイドン』（64Aff.）参照。――死とは、魂と身体とが分離することであり、哲学する者は魂そのものとなることを目指す以上、「死ぬことの練習」

に徹することである、という（vgl. R. Thomte, p.246）。

(21)「わたしがある人に道を行かせようとして、その道行きの方向も目標も与えず、ただ行けと命ずる場合」——そんな場面を仮定してみよう。原典中この箇所の一行は、ひとつの想像図であって、われわれの常識的考え方を転換して、主体的であるはずの人間自身が静止して、客体としての道の方が人間に向かって動くと仮定した場面を想定してみられよ。重ねて釈明すれば、この箇所はその前文（「瞬間が存在しなければ、永遠的なものは過去的なものとして、背後に現れる」）に対する著者自身の解説あるいは自注であるとも言える（vgl. E. Hirsch, S.259）。

(22) (a)ギリシア的な見解は、瞬間をまったく措定しない立場であり、その観点からすると、永遠は現存在の背後に置き去りにされることになる。これに対して、(b)ユダヤ教的な見解は、瞬間を限界として措定する立場である。この観点からすると、いまだ瞬間のなかに容《い》れられないもの、すなわち未来的なものが永遠的なものとなる（ユダヤ教的終末論参照）。(c)以上の二つの見解に対して、キリスト教的見解は、「永遠なものによって充たされた瞬間」を知っている立場である（vgl. E. Hirsch, S.259）。

(23) ガラテア書、第四章四。

(24) ドラクマンの原典校訂によると、この箇所はテクストの読み方次第で、次のごとき二種の訳文が可能である。——(a)「自由の可能性が可能性の前に立ち現れると、自由は倒れる」。これに対して(b)「自由の可能性が自由の前に現れる場合、自由は倒れる」。最初の独訳者シュレンプおよびヒルシュは、前者(a)の方を採用している。他はおおむね後者(b)を選択している。訳者は、おおむね英訳者（R. Thomte）の方針をよしと見て、これに従った。

(25)「質的飛躍」（det qualitative Spring）という用語は、この箇所にいたるまでにも何度か使用されているから、すでにお気づきの向きもあろう。この際あらためて、キルケゴール固有の考え方を凝縮した独自の用語として注目しておきたい。元来、信仰とは神と人間という「無限性と有限性」とのあいだに介在する断絶（質的差別）のうえに成り立つ境地として、これを拠りどころにキルケゴールの信仰論が語られる際に、「質的飛躍」を説く弁証論として、ここに言うところの「質的弁証法」が成立することになる。これに対して、ヘーゲル哲学の立場においては、周知のように「主観的なものと客観的なものとの一致」（主観＝客観）が説かれるところから、主観的なものを量化する立場となり、ついに神と人間との本質的な矛盾を止揚する「量的弁証法」が説かれることになる。キルケゴールの前記の考え方は、先立つヘーゲルの根本思想を土台にして、これを拠りどころにしながらも克服・派生した立場と見なされる。

（26）レッシング『古代人はいかに死を描いたか』（*Wie die Alten den Tod gebildet?*, 1769）―― *G. E. Lessing's Sämmtliche Schriften*, I-XXXII (1825-28), III S.75-159.

（27）この箇所の一行にこめられたキルケゴールの想念は、翌年（一八四五年）刊行の講話『想定された機会によせる三つの講話』のうち、第三の話「埋葬の機に」で、「死についての真剣な考え方」の総括が語られるが、その萌芽をなしているのではないか、とヒルシュは注釈している（vgl. E. Hirsch, S.260, R. Thomte, p.246）。

（28）キルケゴールは、著作家のなかでも本文中に自ら注記する自注の術にかけては、すこぶる巧妙にして、洒落を発する点では群をぬくとの定評を得ている。この箇所は、多数の自注のなかでもとりわけ出色の佳作と見なされよう。

（29）原典の小見出し「無精神性の不安」（Aandløshedens Angest）は、各独訳では、おおむね“Die Angst der Geistlosigkeit”の訳語が充てられている。ただし、W・ラウリーの英訳によれば、“Dread owing to the default of spirit”（精神の無いこと〔放心〕による不安）という含みのある訳語が充てられている。拙訳では、これらを参照し、訳語を定めた（vgl. *The Concept of Dread*, translated by W. Laurie, 1957, p.83）。――なお補足すると、訳者はかつて哲学演習の授業において、本書を原典講読のテキストとして学生諸君と親密に討論するというこれ以上ない機会に恵まれた。その際の共通の意見では、英訳者ラウリーの読み方をよしと解した。その後、訳者は新仏訳を入手して読むうち、やはりその方向にゆきつく。すなわち「精神喪失〔放心〕による不安」（l'angoisse de l'insensibilité spirituelle）――（vgl. *Le Concept d'angoisse*, traduit par P. H. Tisseau, p.192）。

(30)「アイロニーの人」ないし反語家・皮肉家とは、ソクラテスを指していることは明白である。これに対して「フモリスト」（Humorist）ないし諧謔家とは、「北方の賢者」（Magnus im Norden）との異名をとり、十八世紀後半にあって異色のドイツ・プロテスタントのもとで「信仰哲学」を説いたハーマン（J. G. Hamann, 1730-88）を指す。なお、ハーマンの『ソクラテスの回想録』（*Sokratische Denkwürdigkeiten*, 1759）は、キルケゴールの愛読書としても知られる。本書の中扉の題辞（epigraph）を参照。

(31) コリント前書、第二章四。

(32) マタイ福音書、第五章一三。ルカ福音書、第一四章三四。――もし仮に塩が無味というばかになったら、食べものの美味は何によってとり戻せるか、の意味。右福音書中、この塩についての比喩は、人生におきかえても味わい深いであろう。

(33) ヘーゲルは「運命」（Fatum = Schicksal）につき、「必然性」と同一のものとして多くの場所で語っている。例えば、「必然性としての運命」につき、『歴史哲学』第二部「ギリシアの世界」第二篇二章「ギリシアの神の本性」参照。また『宗教哲学』第二部第二篇「精神的個性の宗教」(6)「ギリシアの宗教における形態を欠く必然性としての運命」参照。さらには、『エンチュクロペディ』第一部「論理学」第一四七節「補遺」（Zusatz）参照。なお、キルケゴールの『旧蔵書目録』によれば、本書執筆の当時、これらの文献上の典拠につき目通しの上、これを掌握していたことが推考される。

(34) コリント前書、第八章四。

(35) 第一章のうち、五「不安の概念」における当面の問題点に関して指摘したとおり（訳注50・51参照）、不安の規定は心理学的な両義性をもっているゆえ、要するに「不安はひとつの共感的反感である、云々」

との周知の命題にゆきつく。——目下われわれの直面している箇所の文脈においては、神託との関係にしばられている異教徒の心理ないし心境に対して、右の命題を摘要しての論理展開がみられる。異教徒の心境を察するに、彼らは神託に頼る思いで「共感」を示しながら、別の角度から見るとき、かの同じ神託に対して実に「反感」を覚えることにもなる。

(36) 本節の見出し「運命として規定された不安」に従って、主として「運命」(Fatum = Schicksal) のことが経緯《たてよこ》に検討されている。その典拠として、あたう限りキルケゴール自らの論述に彩《いろど》りをそえているのが、ヘーゲルの百科全書的知識のそれであったことは疑うべくもない。訳注33は、その一つの例証である。本節もこの箇所にまで展開されてきて、罪と負い目の概念が検討され、それとの関連において、「摂理」(providentia divina) の概念、つまり göttliche Vorsehung (神的予見) が問題視されることになる。——キリスト教神学では、この世の出来事の一切が神の予定調和とでも言える「神の経綸」に従っておこなわれるとされる。人間も世界も、その存在の根拠は神にあると見なされるからである。神に従うために与えられた自由を、ひとが濫用し自分の欲望を充たさんがために用いるとき、そこに罪が生じることとなったばかりか、ひとは死すべき運命を背負い込むことともなった。かくて、イエス・キリストにおける救いの信仰によってこそ、罪と死との運命にある人間は解放されることになる。なお、この箇所を含む本節の論理展開としては、ヘーゲルの想念に触発されながら、それを介してキルケゴールの叫びとも聞こえるその心境(ヘーゲル批判にゆきつくキルケゴールの想念の独自性)が随所に窺われる。それにしても、「責めは質的飛躍によってこそ生起するのである」。かくして、一切が止揚されるのは、信仰への飛躍によるのである (vgl. H. Rochol, S.270)。

(37) この箇所に Genie (=Genius) なる語が唐突に用いられているかに見えるが、これらをめぐる論述が当面の一節の末尾まで展開される。ラテン語に由来する派生語として、この語はまず「守護の霊・守護神・独創力」などの意味から、その擬人化として「天才・天才的な人」を指す。天才の主軸をなす守護霊としての独創力とは、言うなれば主体性の謂《いい》であろう。この箇所のテーゼ「天才〔その主軸をなす守護霊〕はそのものとして主体性である」は、キルケゴールの周知のテーゼ「主体性が真理である」と表裏をなすと解されよう。なお、この箇所の論旨は、ヘーゲルの次に示す論述から示唆されたものと推考される。――『エンチュクロペディ』Ⅲ「精神哲学」四〇五節補遺(3)、および『美学講義』第一部第三章（*Werke*, X, S.364f.）参照（vgl. V. Sørensen, S.232, R. Thomte, p.247）。

(38) 未だ媒介を経ない、その意味で直接的な「即自態」（Ansich）なる用語は、この際ヘーゲル哲学独自の用語として使用されている点が一目瞭然である。つまり、ヘーゲル哲学では、「即自」とは「他なるもの」と関係なしに、単にそれ自身において問題視されることを意味する。なおヘーゲル自身が自己の哲学用語を考案するうえで、まず念頭においたのはカント哲学のそれである。そこでカントの場合はと言えば、「即自」とは人間の認識能力の形式から独立して存在するひとつの対象を意味する。なお、キルケゴールはこれらを予想したうえで、この箇所においてヘーゲル的「即自態」の概念を当面問題の「天才」に適用することを通して、自己自身の論理展開を試みているものと推考される。すなわち、天才というものは自己内に「行為の法則や意図」を所有するものだと、端的に自他ともに承認を得ているということである（vgl. R. Thomte, p.247）。

(39) この箇所の en Secondlieutenant（＝Unterleutnant）は、軍隊用語で軍の階級として「少尉」を示し、尉官の最下位にあたる。この箇所から本節の末尾まで、ナポレオン（Napoléon Bonaparte, 1769-1821）の場合を例にとって、論述を展開している（vgl. E. Hirsch, S.261）。

(40) 一八〇〇年二月、ナポレオンは第一統領となる。五月、彼はオーストリアと戦うため、総司令官として軍を率いてアルプスを越え、ときに六月十四日、イタリアの小村で行われた、いわゆる「マレンゴの戦闘」で、オーストリア軍に勝利した。

(41) 一八〇四年十二月二日、ナポレオンは皇帝の冠を受ける。翌一八〇五年十二月二日、アウステルリッツにおいてナポレオンはオーストリア・ロシア連合軍に勝利した。なお、一八一二年ナポレオンはロシアに侵入、同年九月七日ボロディノの戦いをへてモスクワ入城。しかるに、モスクワ越しに太陽が昇ったとき、皇帝は「アウステルリッツの太陽はいまいずこ?」と言ったと伝えられる（vgl. R. Thomte, p.247）。

（42） プルタルコス『英雄伝』カエサル篇、三八参照。

（43） フェロー諸島は、北大西洋にあるデンマーク領の群島で、この地域で話されるフェロー語は、アイスランド語とともに、古代北欧語のなごりをとどめていると言われる。なお、この注記の一節にまつわるエピソードに関しては、山室静『北欧文学ノート』（東海大学出版会、一九八〇年）参照。

（44） デンマーク語「現存在」（Tilværelse）は、独語訳ではDasein に対応するが、現在ではハイデガー哲学の基本的用語として周知のとおりである。なお、キルケゴールがこの用語に注目したのは、ヘーゲル「論理学」における「定有」〔定在〕（Dasein）という抽象概念からヒントを得たことによるが、さらにこれを介して「人間存在」の根本的なあり方を示す基本用語へと高揚させたことは評価されてよい。ちなみに、ハイデガー哲学のこの基本用語は、右のごときキルケゴールの視点から触発されたことによるものである（vgl. H. Rochol, S.275）。

（45） タレーラン（Ch. M. de Talleyrand-Périgord, 1754-1838）は、貴族の出ながら司教という立場で、ときの革命を支持したばかりか、極め付きとしては「教会財産国有化」を提案し、教皇より破門された。激動の時代の政治家としては、革命時代・ナポレオン帝政時代・ブルボン王政復古時代を通して、数度外相をつとめた。ウィーン会議では正統主義を唱え、フランスの利益擁護に活躍したと評価される。以上は、この人物についての辞書的な横顔である。――天分ある才人としてのタレーランが宗教性（信心）にかかわるその関係を問題とするこの一節において、キルケゴールはある意味で自らの身を隠しながら、自己自身の心境を語っているようにも見える。問題の才人は、貴族の出である点で、エリート・コースを進むはずであったが、生来身障者であったがゆえに、彼の志向性としては、ときの教会のなかでひとつの地位に就《つ》くことであった。が、人生の道半ばタレーランは、方向を転じて、まったく世俗的な立身出世の道を歩むために、これまでの聖職の地位を放棄した。この際キルケゴールの示唆するところによると、天分に恵まれた才人が生来不具であったこのことは、あるいは神からの合図だったかもしれないのであり、もし仮に彼がこの点に気づき、この時間的で直接的な仮象を蔑視することにより、自己自身に立ちかえり神聖な道に方向転換していたとしたら、なんとすばらしい宗教的天才が出現していたことであろう、という（vgl. R. Thomte, p.247）。

(46) 人間は「現存在」（Tilvaerelse）である以上、直接的なものとしての時間性を超え出ることはできない。その意味で人間存在は、時間性に「隷属する」ほかないのであり、そのかぎりで人間は時間の奴隷であると言われることになる。世間で言われる不滅の名声でさえ、一時的な制約（時間性の規定）をまぬがれないものである以上、われわれは実体なき虚言にまどわされることなき「自我の確立」に専心すべきなのである。——これらの行間には、キルケゴールの真意がきこえるようである。訳者の若き日、卓をたたいて「テキストの行間を読め」と、懇々と諭してくださった今は亡き恩師桝田啓三郎先生の謦咳《けいがい》に接しえた幸いを思い、いま一言書き添えておく。

(47) この箇所にいう「宗教的天才」（religieust Genie）なる語につき、一言付記しておく。キルケゴールによると、天才的詩人とか数学上の天才のような意味で、「宗教上の天才」なるものが存在するわけではない。この際、「宗教的天才」なる用語によって意味されているのは、造詣の深い「宗教通」のごときものではなく、むしろ「天分ある宗教人」といったところであろう。なお、本章のうち、第三節の後半から末尾までを参照。あるいは、『二つの倫理的・宗教的小論』（一八四九年）のうち、(2)「天才と使徒との差異について」参照（vgl. R. Thomte, p.247）。

(48) カルポクラテス（Karpokratēs，二世紀ごろ、アレクサンドリア出身、グノーシス派所属）——ローマに出て、プラトンの影響のもとで、充実した人間の霊魂は、悪業のきわみまで経験し、これらを経由して、ついに救いに達することになるという、いわば「信仰至上主義」を説く点が注目される。キルケゴールがこの考え方の「変形」（variation）を、ヘーゲルの哲学的思惟のなかに巧妙に見出し得たことは、これまたさすがである（vgl. R. Thomte, p.247）。

(49) 旧約における犠牲の繰り返しは、言うなれば、犠牲の不充分なるを暗示しているようなものであり、また「罪の現実的な関係が措定されていない」かぎり、とうぜん犠牲は繰り返さざるを得ないことにもなるものである。――ヘブル書、第九章一一以下参照。このヘブル書の記述は、宗教改革者によって、ローマ・カトリックのミサの供物に反対する拠りどころと見なされた（vgl. R. Thomte, p.247）。なおまた、キルケゴールは、この点に関して宗派上の対立を知り、それ以後自分の立場上プロテスタント側に与《くみ》する態度を表明することになる（vgl. E. Hirsch, S.261）。

(50) 第二章「原罪の結果としての不安」のうち、第二節中の訳注58に記す十九世紀デンマークの詩人・神学者グルントヴィの横顔を参照されたい。なお、当面の論述に際して、いまいうグルントヴィの次のごとき歴史書が批判的に踏み石におかれていたものと推考される。すなわち、グルントヴィ『世界年代記概観――主としてルター時代に即して』（N. F. S. Grundvig, *Udsigt over Verdens-Krøniken: fornemelig i det Lutherske Tidsrum*, 1817）。なおまた、当面の問題を考えるに際して、キルケゴールは、ヘーゲルの『歴史哲学』を念頭においていたのではないか、とも解釈される（vgl. R. Thomte, p.247f.）。

(51) 前述の訳注38の内容を示す本文によれば、「天才は、言うなれば全能なる即自態（Ansich）であり云々」とあるをいう。なお、「天才はその直接的な規定性のもとにとどまっている」とは、直接的な「即自態」（Ansich）のうちにとどまっていることを指す。

(52) キルケゴールは『哲学的断片への後書』において、中世修道院運動の絶対的な本性の疑問点を指摘している。というのも、当修道院の生活を説く主旨そのものにしてからが、本来あるべき宗教的省察をぬきにして、宗教的なものに対する近視眼的性急さのゆえに、安易に世俗を放棄して修道院生活を理想とする旨を、まるであたりまえの生き方として飾り立てていたからである（S. V. VII 351-54）――（vgl. R. Thomte, p.248）。

（53） ルカ福音書、第一七章三三、マタイ福音書、第二五章二一、両書をふまえての釈義（vgl. R. Thomte, p.248）。

（54） 才人タレーラン（十八世紀フランスの政治家・外交官）については前注45参照。なお、当面の箇所は、当のタレーランが一八〇七年スペインの公使に向かって、「言葉が人間に与えられているのは、自己の想念を隠すためだ」と言ったとの伝承にもとづく。なおまた、十八世紀の英国の詩人ヤング（E. Young, 1683-1765）が、その詩「夜の想い」（Night Thoughts）のなかで、ひとがおしゃべりにすがるのは、「わが無想念なるを隠さんがため」と詠じている。――この点にキルケゴールは注目したものと推考される。因に、キルケゴールの『旧蔵書目録』によると、右ヤングの詩集の独訳本を所蔵している（vgl. *Pap.*, V A 19, 1844）。

（55） 正しくは同時代の「わら人形」（Sjouerproklamant）を指す。同時代の時事批評家ゴールスミットが通俗新聞『コルサール』紙で諷刺したことで、あたかも「時の人」として話題となった下世話の人気者・低俗な民衆の政治家のごときを指している。われわれの著者キルケゴール自身もまた、本書刊行の翌々年には、「火中のひと」として諷刺の対象となり、悩まされることになる。いわゆる「コルサール事件」がそれである。

（56） 概して自由について抽象的に語られる場合、自由は必然性との対立として把握されることになる。実際、現実を生きるなかで、ひとは自らが自由であるとして実感する。が、それと同時にひとは、責めある自分を実感しもする。この場合、自由とはひとがまさにその意志を実行するにあたって、事実上の制約とか喜びに対しての「反抗心」（Trods）をいうのではない。当面問題の場合について言うと、ひとは責任を負うにあたって、自らすすんで自発的に、すなわち主体的に自由でありたいと思う、そのような心境を指すのである。なおこの場合、あえて逞しい精神力という意味で「力」（Kraft）なる語を使いたければ、その派生語として「強靭な人柄であること」（Kraftmeierei）の語が妥当するかもしれない（vgl. H. Rochol, S.281, V. Sørensen, S.233）。

（57）宗教的天才については、前訳注47を参照されたい。

第四章

（1）ヘーゲル哲学用語のうち、周知の用語が当面の場面では、批判的な意をこめてドイツ語のまま引用されている。なお出典としては、ヘーゲル『大論理学』第一巻「有論」のうち(3)「成の止揚」（Aufheben des Werdens）の箇所に見られる「止揚」という周知の用語につき、ヘーゲル自身の「注釈」を参照（vgl. H. Rochol, S.287, U. Eichler, S.198f.）。

（2）原典では、テサロニケ後書（テサロニケ人への第二の手紙）からの引用が聖書ギリシア語原文だけで、近代語訳は付記されていない。因に、訳者が依拠しているR. Thomteの英訳書では、聖書ギリシア語原文に英訳を添えている。が、当訳者としては、この際聖書ギリシア語の読み方が問われているのではないゆえ、本邦聖書から邦訳のみを引用するにとどめた（vgl. R. Thomte, p.112）。

（3）ライプニッツ（G. W. Leibniz, 1646-1716）が生前に公刊した唯一の著書『弁神論』（*Essais de Théodicée*, 1710）のうち、第三一九—二〇節参照。なお、キルケゴールの『旧蔵書目録』によると、ライプニッツの著書としては、二巻本のラテン語版の他に、当面問題の本書の独訳本の所蔵が確認されている。『神の善意、人間の自由および悪の起源に関する弁神論』（*Theodicee, das ist, Versuch von der Gute Gottes, Freiheit des Menschen, und vom Ursprunge des Bösen, … auch mit neuen Zusätzen und Anmerkungen vermehret*, von J. Gottscheden, Hannover und Leipzig, 1763）——（vgl. H. Rochol, S.286f.）。

（4）古代ギリシアのストア学派クリュシッポスの断片から拾い上げられた用語 λόγος ἀργός さらにはギリ

シア哲学をラテン語圏に移植することに貢献した功績とともに、自らも学者としてストア学派の考え方を受け容れながら、新アカデメイアの考え方をも共有するという折衷的なローマ哲学者キケロ（Cicero, B. C. 106-43）の用語 ignava ratio を典拠として、ライプニッツは自ら「怠惰な理性」にからむ想念を展開する機縁となった（前訳注を参照）。――以上のことから、この段落までの一節において、キルケゴールの思惟のうちには、以下のごとき思惟が重ねて去来していたように見える。すなわち、一切が運命的必然性にもとづく以上、人間がどう意欲し行為するかは、なんら究極の意味がないのではないか、との想念に尽きるのであり、またそんな考え方をよしとみた人たちが何世紀にもわたっていたことも忘れてなるまい、云々（vgl. R. Lichter, S.103, V. Sørensen, S.234）。

（5） 第一節の見出しは原典では、Angest *for* det Onde となっている。独訳で示すと、例えば哲学叢書版も、レクラム文庫版も、ともに Angst vor dem Bösen, また訳者の依拠する英訳本では Anxiety about evil, これら下線の前置詞にこめられた（悪に直面・対面して、向き合って等）微妙な意味を考慮して訳語を定めた。

（6） キルケゴールは本書執筆の当時、モーツアルトの歌劇『ドン・ジョヴァンニ』（Mozart's *Don Juan*, oversat af L. Kruse, 1820）を、王立劇場で観劇するに際し、その手引きとして通読していた旨、諸家により指摘されている。（ただし、キルケゴールの『旧蔵書目録』では、これに関連する書目は確認されない。）それはともかくとして、目下当面の問題の場面は、第二幕のラスト・シーンで青年貴族ドン・ジョヴァンニは、かつて婚約者の父（騎士長）を殺害してしまったが、当の騎士長がいまや石像の客になりすまして、かの青年貴族の宴席への招きに応じ訪ねてくる。そして彼は青年貴族と握手をする。「石像」の客の手の「氷のような冷たさ」に、思わずドン・ジョヴァンニが戦慄するという場面を念頭にして、キルケゴールはこの箇所を執筆したのに違いない（vgl. H. Rochol, S.290, R. Thomte, p.248）。

（7） 第四章の冒頭は、「罪は質的飛躍によってこの世に入ってきた」との命題をもって始まる。そして、この質的飛躍を介して罪は個体〔としての人間〕のうちに定着する。このような機縁に際し、つきまとい介在していたのが、不安であった。しかも不安は、個体のうちに罪意識を定着させるべく「質的飛躍」の手のうちに個体を導く手引きを役割とする。文脈の背景には、ヘーゲルの量的弁証法に対する皮肉が見える。「ある程度まで」という量的規定をどれほど重ねてみても、「量から質への移行」はありえないという一種キルケゴール流儀の「思弁」の展開が読みとれるように思われる（vgl. H. Rochol, S.291）。

（8） シェリング『超越論的観念論の体系』（一八〇〇年）、――この書の該当箇所（*Werke*, I Abt. Bd III, S.549）にみられるシェリングの言葉を介して、キルケゴールのシェリング批判が窺える。両者間における個別性をめぐっての「差異」を前提にして、倫理的・宗教的・キリスト教的著作家としてのキルケゴールの立場から見れば、実存的「個別者」の倫理的概念をその美学的概念にはめ込んでよしとするシェリングの見方は、何としても根本的堕落にほかならない、と帰結されることになる（vgl. R. Thomte, p.248f., E. Hirsch, S.263）。

（9） 原文にみる「いつも一瞬だけ遅すぎる」（altid et Øieblik for sildigt）は、独訳では immer einen Augenblick zu spät となる。人間はある事態に臨んで、いつも「遅すぎる」（zu spät）という反省をもって、歯ぎしりを覚えるほかないのである。この想念は、つねにニーチェの思惟にも見える（vgl. H. Rochol, S.293）。

（10） シェイクスピア『リア王』第四幕六場。キルケゴールは、『旧蔵書目録』によっても確認されるとおり、ティークとシュレーゲル共訳になる『独訳全集』（*Shakespeare's dramatische Werke*, I-XII, Berlin, 1839-40）を典拠として、問題の台詞を独訳のまま引用している。すなわち、"O du zertrümmert Meisterstick der Schöpfung!" ――本文に引用するこの台詞は、ほんの呟《つぶや》きにすぎぬが、ここは坪内逍遥訳の雰囲気にあやかった（vgl. R. Thomte, p.249）。

（11） キルケゴールの生前中に起稿、次々と加筆を経るうち遺稿となって、没後の刊行（一八五九年）になる『わが著作活動の視点』を重ねて読むと、当面の箇所の難解な語意がいくらか読みとれるように思われる。

この書はわずか百頁ばかりの小冊子で、後半の部分に父の死の一行があって、ときに著者二十五歳、当時彼は人生の道に踏み迷い、危機に直面し、まさに「破滅」（Fortabelse）の途上にあったという。なお、独訳者ヒルシュの注釈によれば、「破滅」を表すデンマーク語は、他に「永劫の罰」の意を含むという。なお、訳者はあたうかぎり、この碩学の注釈を訳文に反映するよう努めた（vgl. E. Hirsch, S.263, R. Thomte, p.249）。

（12）理にかなわぬ、あらゆる困難をも乗り切ってみせるあのヘーゲル的思弁の論法としての「弁証法」をもってしても、の意味。このような箇所にも、ヘーゲルへの揶揄《やゆ》を含む戯評を交じえての才人キルケゴールの文体の特色が窺われる。

（13）原語 Iagttager は、日常用語で「観察者」を意味する。この語を諸家の流儀にならってドイツ語で示せば、der Beobachter になる。ただし、この箇所での原語の真意としては、人生の表裏に精通したところの「観察者」の意である。

（14）「綜合」（Synthese）とは、この場合、「時間的なものと永遠的なものとの綜合（人間）」を指す。すなわち、人間は「心と身体との綜合」である以上、その内的契機をなす「心・身の調和」こそ、人間にとっての最高の条件なのであり、この箇所によれば、信仰においてのみ、その最高の条件を充たす「綜合」は可能である、と要約されることになる（vgl. H. Rochol, S.293）。

（15）出典としては、ヤコービ（F. H. Jacobi, 1743-1819）が一七九九年にフィヒテ（J. G. Fichte, 1762-1814）に宛てて示した公開状に対するフィヒテ自身の回答とされる（なお、キルケゴールの原典にみる引用は、正確ではない）。因に、Fichte, *Nachgelassene Werke*, III S.349, *Fichte's sämmtliche Werke*, V S.565, VII S.14 参照――（vgl. R. Thomte, p.249, E. Hirsch, S.263）。

（16）（§ 1.）Angest for den Onde（悪に対〔面〕しての不安）につづき、（§ 2.）Angest for det Gode（善に対〔面〕しての不安）が扱われる。この両節においては、まず罪をまえに、あるいは罪に対する不安をまえにして、罪以前に立ち返ってこれを夢想する試みが前段をなす。そして次に（§2）、いっそう深く罪に沈むまえの不安をめぐっての試みが本節の主旨をなす（vgl. *Begrebet Angest*, noter ved V. Sørensen, S.234）。

(17)「デーモン」（demon）は、ギリシア語のダイモン（daimōn）に由来する語で、通常は「悪魔・悪霊」を意味する。なお、デンマーク語の原典による det Dæmoniske は、ドイツ語による対語《ついご》としては das Dämonische にあたる。この言葉そのものとしては、倫理的判断以前のものと見なされるが、「新約聖書」で表現されるキリスト教の考えの配下では、これに倫理的な意味が加味されることになる。それゆえ、この語は極端に悪魔的な意味を含むことにもなる。なお、本節中、数行先に重ねて問題視されるので、その際重ねて注釈する。

(18)キルケゴールの『旧蔵書目録』のなかに、幸いにして当面の文脈に適合する同時代の神学者の書が見出される。まず、H・オルスハウゼン著『新約聖書の全篇に関する聖書的注解』全四巻、一八三七―四〇年（*Biblischer Commentar über sämmtliche Schriften des Neuen Testaments, zunächst für Prediger und Studirende*, von H. Olshausen, 1-4, Königsberg, 1837-40）。この種の大冊の書を所蔵していた点が注目されるところだが、それ以上にキルケゴールはこの種の書を念頭にして、当面の箇所の本文を記述したのではないか、と英訳者は注記している（vgl. R. Thomte, p.249）。

(19)J・C・ラーヴァター『観想学的断片――人情通と人間愛の促進のために』全四巻、一七七五年（*Physiognomische Fragmente, zur Beförderung der Menschenkenntniss und Menschenliebe*, von J. C. Lavater, I-IV, Leipzig, 1775-78）。なお、キルケゴールの『旧蔵書目録』にも見えるところから、原典の本文の記述は、実際に右の大冊を通覧したうえでの一種の感想であることが窺われる（vgl. R. Thomte, p.249）。

(20)「悪魔的なもの」（det Dæmoniske）という語にまつわる概要については、前記の訳注17に記すとおりである。そして、この語にこめられた概念が本節全体のまぎれもない主題をなす経緯が以下に語られることになる。原典のうち、わけても本節は、キルケゴールの根本思想の一端が窺われる最も重要なドクメントであると言える。因に、本邦のキルケゴール研究者のあいだでは、原語の独訳としての"das Dämonische"をキーワードとして、原典の根本思想を重箱読みするその典拠ともなる箇所でもある点で、以下カッコ入りの用語として読んでいただきたい。

(21) こんにち斯界の通念としては、アウグスティヌスの四一一年のカルタゴでの講話からも窺われるように、異端のドナトゥス派に対する国家の強制的処置を支持したのは、あくまで彼らを正しい信仰へと導かんがために愛の務めとしてのものであったと、見なされる。が、原典の当面の箇所において、アウグスティヌスが異端者に対して死刑を提唱したと解されているのは、キルケゴールの旧蔵になるテルトゥリアヌスの書（*Tertullianus sämtliche Schriften*, Bd. 1-2, 1837）の読解の反映とも推考される。また、アウグスティヌスの引く聖書の一節（ルカ福音書、第一四章二三「人々を強いて連れきたり、云々」）は、伝統的に中世教会が異端者に対してとった処置の「神学的根拠」と見なされる（vgl. R. Thomte, p.249）。

(22) プラトン『ゴルギアス』四七九a参照。

(23) ドイツ後期ロマン主義の作家ホフマン（E. T. A. Hoffmann, 1776-1822）の作品は、かのボードレールをして「高級な美学の綱要」とまで絶讃せしめたものだが、他方キルケゴールはその青春時代には、このドイツ・ロマン主義の作家の作品を愛読した他に、マギスター論文『アイロニーの概念——たえずソクラテスを顧みつつ』（一八四一年）においては、ロマン主義的アイロニーの概念を考察するに際し、卓見を啓蒙された痕跡が窺われる。なおまた些事ながら、周知の『旧蔵書目録』を検するに、当面問題のホフマンにつき、愛書家としてのキルケゴールのこだわりが見える。ひとつは、『ホフマン選集』（*Hoffmann's Auserwählte Schriften*, Bd. 1-10, Berlin, 1827-28）。そして他は、『ホフマン小説集』（*Hoffmann's Erzählungen*, Bd.1-5, Stuttgart, 1839）——なお、原典中のこの箇所の場面は、右ホフマンの小説『生霊《いきりょう》』（Doppelgänger）のうち、生きた同一人物の表裏の二面性（二重人格）を念頭にしているものかと推考される（vgl. R. Thomte, p.250）。

なお他事ながら、同時代の作家アンデルセン（H. C. Andersen, 1805-75）もまた、ドイツ・ロマン主義の作家シャミッソー（A. Chamisso, 1781-1838）の作品（『影を売った男』）からヒントを得て、自らの傑作「影」を書いたのだが、これもまた一つの時代思潮の反映と言えよう――拙文「アンデルセンの〈影〉に寄する讃歌」（岩波『図書』六七三号、岩波書店、二〇〇五年五月）参照。

(24)「閉じこもっているもの・沈黙」（det Indesluttede）に対応するドイツ語は、das Verschlossene であるが、この語は人間の日常生活のなかで、あたりまえの日常性に背を向けて、自己のなかに閉じこもる〔沈黙〕という人間存在のあり方を示す。当面のこの用語は、キルケゴールの心理学的視点として注目に値する（vgl. R. Thomte, p.250）。

(25)この場面にあたって、キルケゴールは、いずれもシェイクスピアの戯曲『ジュリアス・シーザー』および『ヘンリー五世』（第三場）を思いうかべていたものと思われる。ここはとりわけブルータスのことが念頭にあったのに違いない。訳注10を重ねて参照されたい（vgl. R. Thomte, p.250）。

(26)人間が外的現象から一歩後退し内的状況にある場合、それが閉じこもりとしての「閉鎖性」（Indesluttethed = Verschlossenheit）として規定されるのであり、あえて発言しないことからこの語は「沈黙」との意味をあわせもつことになる。

(27)「交わり」の宗教的意味としては、キリスト教における聖餐式が想定される場合、そこでは神と人との「交わり」とか、信徒間の「交わり」が考えられる。本文中のこの箇所にいう「交わり」（Communicere）も、実を言うとキリスト教における信仰を介しての「交わり」と、その意の通じるものがある、とキルケゴールは言おうとしているのである（vgl. R. Thomte, p.250）。

(28)この箇所の原文を忠実な訳文で示せば、次のようになる。――「この際、悪魔的なものをXで表示し、その悪魔的なものに対する自由の関係がXの外部にある何ものかと仮定せよ、そうすれば、悪魔的なものが明るみに外化されるにあたっての原則は、それが自らの意志に反して言葉を発するということである」。

(29) マルコ福音書、第五章七、ルカ福音書、第八章二八。

(30) ドミティアヌス（Domitianus, 51-96）は、ローマ皇帝。クロムウェル（Cromwell, 1599-1658）は、イギリス軍人・政治家。アルバは、ゲーテの初期の作品『エグモント』（*Egmont*）の登場人物。ちなみにゲーテは、人間の理性的な力をもってしてはどうにもならない神秘的な力の意を含む「悪魔的」（dämonish）なる言葉に共感し始めた初期の作品（前掲書）において、これをテーマにしたとみられる。なお、前掲の訳注20をも参照（vgl. *Begrebet Angest*, Indledning og Noter ved V. Sørensen, S.170）。

(31) 初期シェリングの思想を信条として、若きステフェンスはデンマークの地に北欧ロマン主義の思想を定着させた（第二章のうち、訳注14を参照）。この影響下で自己形成したエーレンシュレーガー（A. Oehlenschläger, 1779-1850）は、『アラビアン・ナイト』に取材した詩劇作品『アラディン――不思議なランプ』（一八〇五年）によって、デンマーク・ロマン主義の地位を確立した。なお、この文豪はキルケゴールのコペンハーゲン大学在学中、世間で人気の詩人にして同大学の美学担当教授でもあった。この箇所は、前掲の詩劇を念頭にしている（vgl. Dasselbe, hrsg. von H. Diem und W. Rest, S.746）。

(32) ヘーゲル没後十年にあたる一八四一年晩秋、ポスト・ヘーゲルを目指すその旧友シェリングのベルリン大学での講義に列席したキルケゴールは、ときに二十八歳、最初はつとめて熱心な聴講生のひとりであった。「実存」（Existenz）とか「現存在」（Dasein）なる用語を駆使するシェリングの語りに共感したキルケゴールも、やがて講義が進むにつれて、かの「啓示」（Offenbarung）の哲学を語る老哲学者に対して失意を覚えることになる。なお、この箇所でキルケゴールが使用している Aabenbarelse は、ドイツ語では Offenbarung にあたる。すなわち、この箇所の本文にもいうとおり、「啓示」とは閉鎖性が「顕わになる」（offenbaren）の謂《いい》として、第一義的にはこの上なく崇高なことであり、端的に言えば極限状況における「救い」を意味するのである。だが、「啓示」という語は同一範疇ながら、一転して「無意味な空語」

に聞こえることにもなる。当のキルケゴールはシェリングの講義を重ねて聴講しているうち、こともあろうに老哲学者がその「啓示」を通俗的に語り始めたのに耐えかねて、足早にベルリン大学を立ち去ることになる（vgl. Dasselbe hersg. von L. Richter, S.188）。

（33）ヨハネ福音書、第八章四四。

（34）シェイクスピア『ハムレット』第一幕第二場の終わりの台詞。なおデンマーク語の原典においては、"allem einen Sinn, aber Keine Zunge" というドイツ語訳が引用されている。すなわち、キルケゴールはこの箇所をシュレーゲル、ティーク共訳による独訳書から引用したものと推考される。ちなみに、キルケゴールの『旧蔵書目録』によれば、*Shakespeare's dramatische Werke*, übersetgt von A. W. Schlegel und L. Tieck, 1-12, Berlin, 1839 なる大冊が確認される。これら大部の訳書は、ドイツ・ロマン主義運動の主軸をなす詩人と思想家による共同作業の成果として注目されているもの（vgl. R. Thomte, p.250）。

（35）原典中、これまでにも幾度かは、一人称の「わたし」が文中に顔をみせることがあった。が、目下この箇所では、これまでになく、この「わたし」が閉鎖的人間の立場に身をおき、心中にひそむ心の「葛藤」（en Collision）を披露しておきたいとして、モノローグ風に語るのが際立っている。文意は独演のパントマイムにも似て理解に苦しむが、独訳者ヒルシュに従って、このモノローグこそ実は、キルケゴール自身の人生の秘密を洩らしている場面だと想定して読めば、いくらか理解への手引きとなるように思われる。――以下の文脈は、生来の狂気じみた不安や絶望的な自暴自棄の感情から発せられた神に対する冒瀆的な反抗的行為をめぐって、キルケゴールの胸中に出来していた「原体験」ではないか、と推考されなくはないのである（vgl. E. Hirsch, S.266）。

（36）Det Indesluttede er den ufrivillige Aabenbarelse. この原文を直訳で示すと、次のようになる。――「閉鎖されたものは、心ならずもの〔自由意志によらない〕開放である」。ちなみに、レクラム文庫でも、右原文の直訳体としてこう表現されている。Das Verschlossene ist die unfreiwillige Offenbarung.（vgl.

Reclams Ausg. S.151).

(37) いわゆる「腹話術」とは、例えば非個性的な人形があたかも心底から声を発するように話しているかに思わせる話術・独白をいう。古代ギリシアでは、神託を示す話術として最適のスタイルともみられた。ドイツ語では、Banchredekunst と呼ばれる。

(38) 「アブラカダブラ」(abracadabra)――古代人が魔除《まよ》けとか厄除《やくよ》けとして用いた呪文だが、現代人にはその意味不明。因に、ドイツ語の表記は Abrakadabra だが、他は英・仏語ともにデンマーク語の原典表記と同じである。なお、これらの点をふまえて、概して各独訳者は ein Kontinuitäts-Abrakadabra「連続性の呪文」と解している (vgl. L. Richter, S.119, Reclams Ausg., S.153)。

(39) 『ファウスト』という表題のバレエが、一八三二年にコペンハーゲンにおいて初演され、すこぶる評判になった。バレエ作者は、当時デンマークの舞踊家A・ブルノンヴィル (Antoine A. Bournonville, 1805-79) で、コペンハーゲンにおけるバレエの指導者として名声を高めたばかりか、ヨーロッパ各地でも舞踊家として公演を重ねた (vgl. R. Thomte, p.250, Reclam Ausg, hersg. von V. Eichler, S.199)。

(40) テサロニケ前書、五章二。

(41) 『あれか＝これか』第一部〔A〕(美的段階)「直接的・エロス的なものの諸段階、あるいはエロス的なもの」が各テーマ別に三区分されていて、その「第三段階」においてドン・ジュアンが論述されている。この論述が原典の本文に付した原注の主旨をなす (vgl. L. Richter, S.181f.)。

(42) 前記の訳注39を前提にして、当面の原注の問題提起につきいかに解すればよいか。原典の読み方次第で、意味深長でもある (vgl. R. Thomte, p.250)。

(43) デンマーク語の「退屈〔なもの〕」(det Kedsommelige) は、ドイツ語の das Langweilige にあたる。なお、Tilværelse＝Dasein (現存在) などとともに、当面の「退屈なもの」という気分がキルケゴールの原典 (シュレンプ独訳書) を介して、若きハイデガーの思索に寄与したことは注目されてよい。

ところで、「退屈」（Langweiligkeit）は、人間が自己と向かいあって自己反省するのに最適の機会である。が、ひとは一般に退屈を感じるとき、そうした自己から眼を逸らさんがために、せっかくの退屈を度外視してしまう。――こうした「退屈論」をめぐっての思索から、『哲学への寄与』を執筆するにいたったハイデガーの哲学形成にまつわる独得の魅力につき、訳者の若き日、おりにふれて川原栄峰先生から漏れ聞いたものだが、この際、先生の何とも魅力的な語りを読者に紹介しておきたい。――論文「ハイデガーにおける退屈から性起への思惟の道」は、川原栄峰『ハイデッガー賛述』（南窓社、一九九二年）所収。

(44) この箇所のデンマーク語 Uddøethed は、ドイツ語の Ausgestorbenheit にあたる。的確な訳語を示すとなると、言葉に窮するが、例えば Die Stadt ist wie ausgestorben.「町は人が死に絶えたかのようだ（寂寥を極めている）」のごとき慣例表現に従って、当面の原語に「寂寥感」との訳語をあてた。

(45) ハイベルク（J. L. Heiberg, 1791-1860）は、ヘーゲル晩年の弟子にして、デンマークにおける代表的ヘーゲル主義者のひとり。キルケゴールの同時代にあって、詩人・思想家として芸能界屈指の巨匠であったハイベルクは、とりわけ歌・踊り・黙劇を挿む諷刺劇として知られるヴォードヴィル劇（vaudeville）を得意とした。目下、この箇所で問題とされている諷刺劇『離れがたき人たち』（*De Uadskillige*, 1827）は、いまいうヴォードヴィル劇のひとつ。クリスターはその登場人物で、当のクリスターに扮する役者ヴィンスレフは、その初演の一八二七年から一八三四年まで、つまり彼の死の年まで、「あたり役」としてこの役をつとめたと言われる（vgl. R. Thomte, p.250）。

(46) 「近頃の哲学」につき、本書の刊行（一八四四年）時から推して、著者の脳裏に去来していたのは、何と言ってもその前年一八四三年、ベルリン大学におけるシェリングの「哲学講義」に列席したおりの感想であると思われ、わが意を得たりの側面と期待はずれの側面とがその行間から読みとれるように思われる。

(47) ベルマンとは、十八世紀スウェーデンの国民的詩人のカール・ミカエル・ベルマン（K. Michael Ballmann, 1740-95）を指す。主として北欧の民衆の生活を題材にした稀有の詩人として知られる。が、おざなりの辞書的説明では、この詩人の素顔は把握しきれない。元来、大ブルジョワの家柄の生まれ、首都ストックホルムにおいて高等官吏の地位を約束されながら、詩才に長《た》けたベルマンは、若くして「北欧のヴィヨン」とまで異名をとるほどのその破滅的日常生活による借財のゆえに母国を追われてノルウェーへ逃亡、その後北欧の各地を遍歴するも、終生母国語を忘れることなく、それを介して独自の詩的世界を確立した。こんにち、北欧文学史では、ベルマンはスウェーデン語最大の詩人のひとりに数えられる。なお、原典中、当面の箇所において、キルケゴールは詩人ベルマンにつきわずか数行ふれているにすぎない。が、詩人＝哲学者キルケゴールの『旧蔵書目録』によれば、ベルマンの代表的な詩書を秘蔵し愛読していたことが窺われる。—— *K. M. Bellmans Skaldestycken*, Bd. 1-2, 1814, *Fredmans Epistlar*, af K. M. Bellmann, Bd. 1-2, 1816.

（48） この箇所の論述の拠りどころは、キルケゴールのマギスター論文『アイロニーの概念——絶えずソクラテスを顧《かえり》みつつ』（一八四一年）にある。なおまた、ヘーゲル『哲学史』および『歴史哲学』のなかでも、ソクラテスのアイロニーについての記述がみられる（vgl. R. Thomte, p.250）。

（49） マタイ福音書、第六章六——「戸を閉じて、〔秘密裡に〕隠れたところにいるあなたの父に祈りなさい」による。キルケゴールはソクラテスのアイロニーを神的なものに関係する内面性の遮蔽《しゃへい》と見なし、聖書の一節を拠りどころに、自分の宗教的態度の方向性を見定めようとしているかに見える（vgl. E. Hirsch, S.266）。

（50） 原典では、この逸話を伝える文中、この箇所に Professor とあるが、Provisioner（＝provision dealer）の意、つまり「食料品店」と読み換えて訳文を作成した（vgl. R. Thomte, p.250, E. Hirsch, S.266）。

（51） I「身体的・心的に失われた自由」（Friheden tabt somatisk-psychisk）は、字義どおり「自由の身体的・心的喪失」との訳文も可能である。いかにもギリシア流儀と言われるのは、語義的に Psychē＝sōma（心と身体、心身）の伝統的考え方を背景としていることにもよる。またII「精神的に失われた自由」（Friheden tabt pneumatisk）は、字義どおり、「自由の精神的喪失」（Die Freiheit, pneumatisch verloren）との訳文も可能であろう。

（52）シェリング『人間的自由の本質に関する哲学的論究』（*Philosophische Untersuchungen über das Wesen der menschlichen Freiheit*, 1809）の本論のうち、個体における悪の体質の形成をめぐる考察のなかに、シェリング用語（Korporisation）が見られる。キルケゴールはこれを拠りどころに、デンマーク語の表記法に従って、en Corporisations Akt と表現したものと推考される（vgl. R. Thomte, p.251, E. Hirsch, S.267）。

（53）悪魔的なもののニュアンスとして指摘されている一連の用語が、これを耳にするだけで、あまりに身近にあって現代の日常用語として親近感を覚える。参考までに対応する英語を掲げておく。——A hypersensibility, hyperirritability, neurasthenia, hysteria, hypochondria (vgl. R. Thomte, p.136).

（54）原語 den dyriske Fortabthed（＝die tierische Verlorenheit）につき、直訳を示したが、なお別の訳語を示せば、「畜生道への堕落」とか「畜生への転落」など。

（55）「あなたはわたしとなんのかかわりがあるのです」（τί ἐμοὶ καὶ σοί）——マルコ福音書、第五章七。

（56）フランスの医師デュシャトレとは、Parent Duchatelet（1790-1836）のことで、その著書として、『パリ市街における売春について』（*De la prostitution dans la ville de Paris*, 1836）が確認される。ただし、キルケゴールの『旧蔵書目録』には本書の所蔵は認められない。なお、ヒルシュの注釈によると、キルケゴールはかのローゼンクランツの『心理学』（一八三七年）の書中の引用文から当面の一件に関する情報を得て、これを典拠としたのではないかと推考される（vgl. E. Hirsch, S.267, Reclams Ausg. S.200）。

（57）ヨハネ福音書、第八章三二。

（58）最近の哲学とは、この場合ヘーゲル哲学を指す。とりわけ、ヘーゲル哲学体系『エンチュクロペディィ』のうち、第一部「論理学」予備概念のうち三五節参照（vgl. R. Thomte, p.251）。

(59) フィヒテ「知識学の概念について」(Über den Begriff der Wissenschaftlehre, 1794) ―― (vgl. R. Thomte, p.251)。因に、「原典」のレクラム文庫版によれば、フィヒテの前掲論文（知識学の概念）は、同じ文庫版三二頁（Reclams Ausg. S.32）に見える。

(60) この箇所の行間にさしあたって予想される書は、若きフォイエルバッハ（L. Feuerbach, 1804-72）の匿名刊行になる宗教批判書『死と不死に関する思想――ある思想家の手稿から』（*Gedanken über Tod und Unsterblichkeit: aus den Papierens eines Denkers*, 1830）であろうと推考される。この書の著者によれば、個別的な不死の否定という想念は、ヘーゲル哲学から導出されるという。こうしたフォイエルバッハ流の批判に対抗して、逆に「魂の不死性信仰」を新たに基礎づけようとする哲学者と神学者の仕事が、フォイエルバッハ以後に展開されることになる（vgl. E. Hirsch, S.268, R. Thomte, p.251）。

右はいわゆる「ヘーゲル左派」に端を発するドイツ思想界のひとつの動向だが、これを受けて当面のデンマーク思想界において注目されたのは、キルケゴールの先駆をなす詩人・哲学者ポウル・M・メラー（Poul M. Møller, 1794-1838）の代表的論文「人間の不死性を証明する可能性についての想念」（Tanker over Muligheden af Beviser for Menneskets Udødelighed, 1837）に集約される。が、当面の論考の筆者メラーは、この翌年に世評を知ることなく四十歳半ばで世を去った。因に、キルケゴールの『旧蔵書目録』によると、『ポウル・メラー遺稿集』全三巻（*Efterladte Skrifter*, af Poul M. Møller, Bd. 1-3, 1839-43）が確認される。この点からも察するに、キルケゴールは目下当面の箇所を執筆中、右の恩師の書を座右に置いていたに違いない。なお重ねて、本書の表題・題辞・序文への訳注4参照。

(61) 「近頃のある思弁家」とは、同時代デンマークにおけるヘーゲル主義者を指す場合が多い。この場合、時代思潮の影響を受けてヘーゲル左派として、フォイエルバッハもどきの「霊魂不滅」云々の論述が識者間にも目立つところから、皮肉をこめてかく呼ばれたものとみられる。

(62) メドゥーサはギリシア神話中の三姉妹の怪物（ゴルゴンたち）のひとり。その頭髪は蛇で、黄金の翼をもつ。メドゥーサはもと美しい処女で、その髪は彼女の自慢だったが、知恵の女神に罰せられてその美貌を取りあげられ、美しい巻き毛の髪は蛇に変えられてしまったという。いまや見るも残忍な怪物で、それをひと目でも見るや、たちまち見る者を化石にするほど恐るべき威力をもつという。——読みすごしてしまいかねないこの箇所も、立ち止まって熟読すると、神話の主旨を巧妙に採用することにより、目下言わんとする論理を展開するキルケゴールの文章作法の魅力が、遺憾なく発揮されていると言える。

(63) 「あなたはわたしと何のかかわりがあるのです?」——マルコ福音書、第五章七。なお前掲訳注55の本文を重ねて参照。

(64) キルケゴールの青春時代、商都コペンハーゲンにおいて、新教のうち「ヘルンフート派」(Herrenhutische Gemeinschaft)の信徒たちは、世間で「聖者たち」(die Heilige)と呼ばれていた。なお、原典中この箇所の前後にみえる時代思潮の光景としては、重ねて前訳注60を参照。なおその他に、ヘーゲル学派のひとり、ミシュレ『神の人格性と霊魂不滅、あるいは精神の永遠の人格性に関する講義』(*Vorlesungen über die Persönlichkeit Gottes und Unsterblichkeit der Seele oder die ewige Persönlichkeit des Geistes*, von K. L. Michelet, 1841)を読書しての想念が、この場にまつわりついているように推考される。右大冊の書は、キルケゴール『旧蔵書目録』によっても確認される(vgl. E. Hirsch, S.268)。

(65) 「古言」によればとの、独白もどきの語りは、真に解したと思いつつも、なお反省させられたりなど、真意を把握するのに困惑を禁じえない。英訳の他に、旧訳とはいえ、シュレンプ訳を採るべきは採り、ヒルシュ訳その他を参照し、以下の如き訳文を定めた(vgl. R. Thomte, p.142ff.)。

(66) この「自由思想家」とは、この前後の文脈から推して、同時代のヘーゲル左派のひとりと見なされるブルーノ・バウアー(Bruno Bauer, 1809-82)を指し、とくにその主著『共観福音書〔マタイ・マルコ・ルカ〕の福音書史批判』(*Kritik der evangelischen Geschichte der Synoptiker*, 3 vol, 1841-42)を、キルケゴールは念頭にして、この一節を書いたものと推考される(vgl. R. Thomte, p.251)。——なおまた、キルケゴールの『旧蔵書目録』によると、ブルーノ・バウアー自らの刊行になる『思弁的神学雑誌』（*Zeitschrift für spekulative Theologie*, Bd. 1-3, Berlin, 1835-38）の所蔵が確認され、この点からしても、この「自由思想家」に注目していたことが推考される。

（67）ドイツの歴史家ゲレス（Joseph von Görres, 1776-1848）の主著『キリスト教の神秘主義』（*Die christliche Mystik*, I-IV$^{1\text{-}2}$, 1836-42）を指す。キルケゴールの『旧蔵書目録』によれば、なるほど大冊であることが確認される。本文にも「正直に告白すると、わたしはこの書物をきちんと通読するだけの根気が起こらなかった」とある。また手控えにも、右の感想と同じく、本書の内容の不気味さのあまり注意深く読み通しえなかった、云々が記されている（*Pap.*, V B63, usw.）——（vgl. R. Thomte, p.251）。

（68）原注のうち、この箇所のデカルトの著書が、キルケゴール自身の初版本によると、ラテン語で、Cartesius, *Skrift de affectionibus*. と標記されている。なおキルケゴールの『旧蔵書目録』によれば、デカルトの著書については、前掲書を含むラテン語版 *Descartes Opera philosophica*, Amsteldami, 1678 の全一冊が確認される。このラテン語版によると、当面問題の『情念論』については、Tractatus de Passionibus Animae と標記された後に但し書きとして、Passiones, sive Affectus Animae と付記されている。これらを典拠としてキルケゴールは、自身の初版本にデカルトの『情念論』を Skrift de affectionibus と記したものと推考される。些事にこだわるようだが、著作家キルケゴールの若き日の、ささやかなラテン語教師としての経験のしからしめるところか、こんな行間にも古典語に対する取り組みの一面が垣間《かいま》見られる。さて、『不安の概念』刊行の前年（一八四三年）、キルケゴールにとっては無念ながら、未完に終わった力作『ヨハンネス・クリマクス、または一切のものが疑われねばならぬ』（*Johannes Climacus eller De omnibus dubitandum est*, 1842）があって、この未定稿によると、「キリスト教信仰」（den kristelige Tro）と「哲学的懐疑」（den filosofiske skepsis）の関係が、ギリシア哲学から近世・近代哲学に至るまでの哲学史的基盤に基づいて論及されている。——以上の点を踏まえたうえで、当面の冒頭に記すデカルトの著書『情念論』(Les Passions de l'Âme, 1649) につき、目下の問題点を付記しておきたい。すなわち、デカルトの前掲書、第二部「情念の数と順位」のうち五三節において、「驚嘆〔驚異〕(admiration) はあらゆる情念のうち最初のものと考えられる。驚嘆には反対情念がない」とある(vgl. E. Hirsch, S.269, R. Thomte, p.252)。

(69) 前訳注でふれた近世におけるデカルトの考えに対して、キルケゴールの考えによれば、「われわれの時代」ではむしろ、「驚嘆の念に対応するのは嫉妬である」という。なお、この点について詳細は、キルケゴールの『文学評論』(*En Literair Anmeldelse*) のうち、邦訳では改題されて刊行されている『現代の批判』(桝田啓三郎訳、岩波文庫)五二頁以下を参照。

(70) ヘルバルト (J. F. Herbart, 1776-1841) は、一七九四年イエナ大学に入学、ときのひと・人気教授フィヒテの「知識学」の講義に列席、その傍ら初期フィヒテに依拠する若き才人シェリングの最初期の論文を読破・批評するという才知の横顔をもちながら、当のヘルバルトの「実在論」の萌芽は同時代の斯界の評価の圏外にあるかに見える。一八〇一年、イエナ大学において、ポスト・フィヒテの空席を埋めるに若きヘーゲルが後任として選ばれたように、その直後ヘルバルトもゲッティンゲン大学に職を得たが、ほどなくかのカント哲学の誕生の地、北方ケーニヒスベルク大学に招聘《しょうへい》され、この地において彼の著作の大部分が完成したものとみられる。われわれの原典中、本文の自注のなかでヘルバルトの哲学の立場にふれながら、キルケゴールの『旧蔵書目録』中にヘルバルトの書が一冊も見当らないのは、いったい何としたことか。察するに、本文のこの箇所の記述は、ローゼンクランツの書を拠りどころにしたものかと推考される。なおヘルバルト著『一般的形而上学』(*Allgemeine Metaphysik*, 1828-29) II、二〇一—〇四節において、カントおよびその後のドイツ観念論に反対して、ヘルバルトが断言するところによると、事物の客観的実在およびその定在《ダーザイン》は、知覚する主観から独立していて、一切の否定を締め出すところのものだという(vgl. R. Thomte, p.252, L. Richter S.133)。

（71）シェイクスピア『マクベス』第二幕第三場。原典では、シュレーゲルとティーク共訳のドイツ語訳に従って引用されている。拙訳では、坪内逍遙訳に従った。

（72）ヨハネ福音書、第四章一四。

（73）伝道の書、第一章二（伝道者とはソロモンのこと）。

（74）ローゼンクランツの心理学とは『心理学、あるいは主観的精神の学』（Karl Rosenkranz, *Psychologie oder die Wissenschaft vom subjektiven Geist*, 1837）を指す。当面の箇所において詳述されているローゼンクランツの「心情」（das Gefühl）についての定義は、自らの私淑するヘーゲルのそれと幾らかその意を異にする。なお、ヘーゲルは『歴史哲学講義』（第四部・第一篇・第一章）において、「心情」（das Gemüt）とは概して精神の漠然とした全体性のこと、つまり精神状態全体にかかわるもの、云々と記述している。——なお、キルケゴールの『旧蔵書目録』によると、ローゼンクランツの著書としては、前掲書の他に、『ヘーゲル哲学体系の批判的解説』（*Kritische Erläuterungen des Hegel'schen Systems*, 1840）を愛蔵していて、自らヘーゲル哲学を理解するのにあたって、よき手引きとして役立てていたものと推考される（vgl. R. Thomte, p.252, E. Hirsch, S.269）。

（75）この箇所のローゼンクランツの心理学書からの引用文は、ドイツ語の原文がそのまま引かれている（注74前掲書、三二〇―三二一頁）。

（76）原典初版本では、この箇所の一行は次のとおりである。——「ローゼンクランツはこの場合の習慣をもっぱら書中、「現象論」（Phænomenologie）の節において取り扱っていて、「心霊論」（Pneumatologie）では扱っていない」。その後、デンマーク語版の全集校訂によって、キルケゴールの思い違いによる本文の誤謬の指摘があり、それに従って独訳者ヒルシュも、本文には原典の文脈を残しながら、巻末の注釈のなかで、原著者の勘違いに由来する曖昧さを訂正している。——「ローゼンクランツはこの場合の習慣を、〈現象論〉の節ではなく、むしろ〈人間論〉（Anthropologie）の節において論述している」（Rosenkranz,

Psychologie（Anm, 67）S.157 ff.）。――以上の訳注を作成するに際し、訳者はとりわけレクラム文庫の注釈から教示を得た（vgl. E. Hirsch, S.270, Reclams Ausg, S.173f., 201）。

（77）前訳注75のような記述方法のうえに、なお訳注76で指摘するごとき原著者の単純な思い違いが重なって、読者を混乱させた。さらに加えて端的に指摘すると、当面の箇所では、ローゼンクランツの使用する用語「人間論」（Anthropologie）を、デンマーク語におきかえて「霊魂〔心霊〕論」（Pneumatologie）なる用語を用いたことで、われわれ読者をさらに狼狽させる（vgl. Reclams Ausg. S.174, 201, V. Sørensen, S.237）。

（78）前訳注74において、ローゼンクランツの「心理学」書を拠りどころに、「心情」についての定義から始まって、いまや真剣さが話題の主軸におかれているかに見える。ただし、デンマーク語 Alvor（その独訳 Ernst）には、この箇所の前後全体を通して、おおむね「真剣さ」なる訳語を充てたが、むろん唯一の訳語でこれを統一することはできない。「真摯」なる訳語を充てた箇所もある。その他では、厳粛・本気などの訳語も思いあたるが、これらの用語のすべてを連想しながら通読するしかない、というのがわれわれの「演習」（原典講読）の授業での帰結であった。

（79）アルベルトゥス・マグヌス（Albertus Magnus, 1193?-1280）は、ドイツのスコラ学者。アリストテレスの哲学にその範を求めて、哲学・神学・自然学にわたる広汎な知識をわがものとしたことから、その博学のゆえに Magnus〔大〕との尊称を冠せられることとなったドミニコ会修道士。彼の学風は弟子トマス・アクィナスによって後世体系化されたという。

（80）ベレロフォン（Bellerophōn）とは、ギリシア神話のなかの英雄。この箇所の一節は、この英雄にまつわる逸話で、公私混同の筋違いの行いは結果として、そのひとの全人生までも台無しにする、との教えを示している（高津春繁『ギリシア・ローマ神話辞典』、岩波書店、一九六〇年、二五八頁参照）。

（81）マールバッハ『中世哲学史』は、キルケゴールの『旧蔵書目録』によると、*Geschichte der Griechischen*

Philosophie ... und Geschichte der Philosophie des Mittelalters von G. O. Marbach, Leipzig, 1838-40を指す。

（82）テンネマン『哲学史』とは、*Geschichte der Philosophie von W. G. Tennemann*, I-XII, Leipzig, 1798-1819を指す。この書もキルケゴールの『旧蔵書目録』のうちに確認される。ことにテンネマンの哲学史は、キルケゴールの青年期以来の愛読書と見なされる（vgl. R. Thomte, p.252）。

（83）コンスタンティン・コンスタンティウス（Constantin Constantius）は、キルケゴールの美的著作の偽名であり、この箇所は『反復』の著者を指す。桝田啓三郎訳の同書（岩波文庫）二〇六頁以下を参照。

（84）当面、問題となるこの命題について、その典拠についての議論は、まずは、デンマーク版全集の校訂者ドラクマン（A. B. Drachmann）の指摘に端を発する。すなわち、キルケゴールの若き日の恩師にして詩人・哲学者ポウル・メラーの『遺書』（Paul M. Møller, *Efterladte Skrifter*, Bd. II）のなかに、「芸術は浄福なる生命の先取である」との命題が確認される（ibid. S.217）。が、その後、右の指摘とはまた別の角度から話題が加わる。時の新進気鋭の思想家マルテンセン（H. L. Martensen, 1775-1854）が、デンマーク随一のヘーゲル学者ハイベルクの主宰する『思弁的理念の雑誌ペルセウス』第一巻（一八三七年）に、「ファウストの理念に関する考察」を寄稿。この論中に、「黙示録的な詩〔文学〕は審判の日の先取である」との命題が確認される。が、独訳者ヒルシュによれば、キルケゴールが本文において示している解釈は、人間マルテンセンに向けられている以上、当面の問題としては不適切でないか、という（vgl. R. Thomte, p.253, E. Hirsch, S.270）。

なお、原典では右の本文の末尾にドイツ語が二箇所、Sinnigkeit（意味深さ）とInnigkeit（真心）が原語のまま挿入されている。われわれの訳書では、原語に邦訳を添えて本文に見られるとおりとした。

（85）この箇所はなお前注に関連する。ドラクマンの注釈によれば、当時「ヴォードヴィル」（諷刺的風俗劇）を得意とした詩人ハイベルク（J. L. Heiberg, 1791-1860）に評判の喜劇作品『死後の霊魂』（*En Sjæl efter Døden*, 1841）を念頭にしての論述と見なされる。なおまた、当の喜劇作品をめぐってマルテンセンが同年『祖国』（*Fædrelandet*）紙に寄せた評論に対する当てつけとも解せられる（vgl. R. Thomte, p.253）。なお、参考までに、ハイベルクの『死後の霊魂』は、「黙示録的喜劇」（en apocalyptisk Comedie）との副題から、ダンテの『神曲』をお手本にしながら喜劇《コメディー》風に仕立てられたものとみられる。作者ハイベルクは、ときに五十歳、死を想念するにほどよい年齢にあたる。喜劇のあらすじを示せば、ひとりの男の死から一切が始まる。——彼はデンマークはコペンハーゲンの善良なる市民としてよく生きた。その男の死後の魂の道ゆきはこうである。彼はまず天国の門前にゆき、聖ペテロに生前の次第を告白する。が、彼はキリスト教の教義をなんら身につけていない以上、天国に迎えてもらう資格はないと拒否される。失意のなかで、ギリシアの詩人アリストパネスを訪ねて、当面自分にとって祝福された土地はどこかを問う。が、詩人の対応は何ともそっけない。「霊魂よ、汝は地獄へ行くほかない」と。かくて、霊魂の彷徨はなおもつづく。かくしてメフィストフェレスなる人物にめぐり会う。この紳士から、さまよえる霊魂は、これから行くことになるだろう、しかも自分を快く受け容れてくれる、そんな国を指示される。なんと、それこそコペンハーゲン。天国とは、死後に受け容れてもらえる場所というのが一般的な通念であった。が、いまやコペンハーゲンこそ、実は自分の存在すべき真の場所、すなわち「天国」であることがわかったのである（cf. *En Sjæl efter Døden*. ed. H. Reitzel 1965, *A Soul after Death*, trans. by H. Meyer, Mermaid Press, 1991）。

（86）フィヒテ哲学の基盤をなす『全知識学の基礎』（Fichte, *Grundlage der gesamten Wissenschaftslehre*, 1794）における自我の哲学を指す。それによると、自我は部分的に経験的自我と、部分的には絶対者と本質的に絶対的で、しかも同一的である純粋自我から成る、とされる（vgl. R. Thomte, p.253）。

（87）ポウル・メラーの論文「人間の不死性を証明する可能性に関する想念」については、『遺稿集』（*Efterladte Skrifter*, Bd. II. S.188-200）参照。なお合わせて、前訳注60を参照されたい（vgl. R. Thomte, p.253）。

（88） マタイ福音書、第一二章三六――「人はその口《くち》にするあらゆるむだな言葉について、さばきの日に申し開きをしなければならない」。

（89） この箇所は、プラトン『国家』の巻末の論述（621 b-d）が念頭におかれている。――「かくして、グラウコンよ、物語は救われ滅びはしなかった。……われわれは忘却の河〔レーテ〕を渡って魂を汚さずにすむことだろう。云々」（『プラトン全集』第一一巻『国家』、藤沢令夫訳、岩波書店、七五八頁参照――（vgl. R. Thomte, p.253）。

なお、蛇足ながら、われわれの原典を通読し巻末も近くにきて思うに、著者キルケゴールの思索の深さはもとよりのこと、多年にわたり読書が広範囲に及んでいる点に驚嘆を禁じえない。当面のプラトンに関する書目につき、キルケゴールの『旧蔵書目録』を検するに、古典語によるプラトン著作集の他、『プラトン事典』（*Lexicon Platonicum*）とか、近代語では周知のシュライエルマッハーの独訳による『プラトン著作集』（*Platons Werke*, übers. von Fr. Schleiermacher, Berlin, 1817-28）の他、デンマーク語訳では、ギリシア語原典に対訳を付した諸版が見出される。目下、われわれの直面している『国家』についてみると、『プラトン国家論――原典ギリシア語からの近代語訳・詳細にわたる注釈を付す』（*Platons Stat, oversat af det Græske og oplyst ved Anmærkninger*, af C. J. Heise, 1831）なる文献に依拠したことが窺われる。

第五章

（1） キルケゴールの原典では、「不安な気持ちになること」（at aengstes）とあるが、グリム童話では「怖い思いがしたくて旅に出た男のはなし」（Das Märchen von einem, der auszog, *das Fürchten zu lernen*）となっている。この箇所では、不安な気持ちと、怖い思いとは根本的に異なるものだ、との相違点の確認から論及される（vgl. R. Thomte, p.253）。

（2）マタイ福音書、第二六章三八。マルコ福音書、第一四章三四。

（3）ヨハネ福音書、第一三章二七。

（4）マルコ福音書、第一五章三四。

（5）「ヘーゲルがどこかで」とあるこの箇所は、ヘーゲル『宗教哲学』第一部「宗教の概念」（全集第一五巻、二二二頁以下、二二八頁以下参照）の、信仰に関する節を念頭において論述されている。ヘーゲルによると、「信仰とは、主体が無限的内容（神）と内的関係に立つ直接的確信」と見なされる。が、キルケゴールの発言はヘーゲルのこの見方を自己流儀に解釈したもので、原典からの忠実な引用によって考証したものではない。——ちなみに、キルケゴールの『旧蔵書目録』を通覧してみると、ヘーゲルに関する文献を、当時としてよくぞここまでと思われるほど蒐集し読書している（vgl. E. Hirsch, S.271, R. Thomte, p.253）。

（6）ホドヴィエツキー（Daniel Chodowiecki, 1726-1801）は、ドイツの画家、または銅版画家として知られる。キルケゴールの『旧蔵書目録』によると、ラヴァーター『人相学的断片』（J. C. Lavater, *Physiognomische Fragmente*, I-IV, Leipzig, 1775-78）の大冊が所蔵されていて、その巻頭の扉に、ホドヴィエツキーの作「カラスの別離」（Les Adieux de Calas）と題する銅版画が挿入されている。この銅版画の題名の由来は、こうである。——当時カルヴァン派に属した事由で宗教的葛藤に巻き込まれ犠牲となって処刑され評判となった人物、フランスの商人ジャン・カラス（Jean Calas, 1698-1762）が、処刑前、「家族とのお別れ」をゆるされる、そのひとときが題名となった。さて、この箇所でホドヴィエツキーの銅版画につき付言するなら、「カラスの別離」が妥当であり、本文にいう「カレーの開城を描いた」銅版画は、スイスの銅版画家リップス（J. H. Lips, 1758-1817）の作品として知られるから、キルケゴールは（独訳者ヒルシュの言葉のとおり）「自らの記憶だけをたよりとしているため」二つの絵を混同したのではないか、と推考される。この箇所の的確な指摘は、独訳者リヒターの注による（vgl. R. Thomte, p.254, Liselotte Richter, S.143）。

（7） 原典の初版本で確認すると、いまわれわれの読んでいるこの箇所には、べた組みで段落がない。が、原典を初めてドイツ思想界に紹介した独訳者シュレンプ（Chr. Schrempf）版に従って改行を採用した。さはあれ、学術上の意味は含まない。

（8） プラトン『パイドン』一一七b参照。

（9） 一八四〇年七月、キルケゴールはコペンハーゲン大学神学部の最終試験を終え、ときに二十七歳、思い立って先年死別した父ミカエルの故郷ユトランド半島の各地への旅行を約一か月にもわたって実施した。後年の「日記」のなかに、この旅行からの思い出が随所に見られる。次に示す一節もその一例である。——「恐ろしいことに、その男は少年の頃に、ユトランドの荒野で羊の番をしていたとき、相当に苦しい思いをし、飢えに苦しみ、精根尽き果てて、丘に登って神を呪ったということだ。——そしてその男は、八十二歳の年齢になっても、そのことを忘れることができなかった」（*Pap.*, VII A5）。

なお、原典中、当面の箇所の叙述——「ユトランド半島の荒野のただなかに、可能性のあるひとりの学童を置いてみるがよい。云々」の文脈に重ねて、著者キルケゴールは、かの荒涼たるユトランドのヒース荒野の羊飼いの少年であったわが父のありし面影《おもかげ》を多分に想起していたものと推考される（vgl. R. Thomte, p.254）。

（10） 目下この箇所を読むのに、これに関連する前述の箇所として、本章二七九頁を参照されたい。——「不安によって教化育成される者は、すなわち可能性によって教化育成されるのである。可能性によって教化育成〔人間形成〕される者にしてはじめて、自己の無限性に従って教化育成されるのである。それゆえ、可能性はあらゆる範疇のなかで最も重いものである」（vgl. R. Thomte, p.254）。

（11） プラトン『クラテュロス』（四二八d）によれば、ソクラテスは〔クラテュロスに向かって〕語りかける。——「自分はさきほどから、わが知恵に驚嘆して信じられないほどだ。自分は何を言っているのか、再吟味しなければならないように思われる。自分が自分によって瞞《だま》されるということは、何より危険なことだから。瞞《だま》し手が束の間も離れないで、つきまとっているとすれば、これほど危険なことはない。あの詩人ホメロス流に言うなら〈後先《あとさき》〉ともに注意して眺め渡すよう努めるべきだと思われる。云々」（『プラトン全集』第二巻所収、水地宗明訳、岩波書店、一三六頁参照）——（vgl. R. Thomte, p.254）。

（12）ルカ福音書、第一〇章三〇。ただし聖書では、「エルサレムからエリコへ下る途上で」とある。

（13）マレンゴはイタリアの田舎町。この地を舞台にして、一八〇〇年六月十四日、ナポレオン率いるフランス軍がオーストリア軍との決戦のすえ、これを敗北させたことが、近代ヨーロッパ史のなかに重大な出来事として記されることとなった。第三章注40参照。

（14）「心気症＝ヒポコンドリー」（Hypochondrie）とは、人間だれしも多少は心あたりのある「神経ないし鬱《うつ》の病」の現象を指す。というのも、人間だれも自分の健康状態には気くばりするが、いつかその限度を超えて必要以上に心配するとき、不安にとらわれ、「心気病《や》み」の症状を訴えることになるからである。キルケゴールは原典中、「自注」の箇所で記しているとおり、当面の学術用語を「北方の賢者」（Magnus in Norden）として知られるハーマン（J. G. Hamann, 1730-88）から学び得た。ちなみに、キルケゴールの『旧蔵書目録』を検すると、ハーマンの該当の書（*Hamann's Schriften*, hrsg. von Fr. Roth. Bd. 1-8, Berlin, 1821-43）を確認することができる。

なお、この風変わりな用語 Hypochondrie は、「外来の語彙・術語」として十九世紀初頭、キルケゴールの世代以前にすでに斯界には紹介され、周知の専門用語として流布していたものと推察される。それらの件は、次の如き辞典によっても確認することができる。——『デンマーク語学術用語集』等（vgl. Dansk Glossarium, af Jens Leth, København, 1800. Dänisch = Deutsches Wörterbuch, durch Hans C. Amberg, Copenhagen, 1810, Kortfattet Lexikon over fremmede Ord, Konstudtryk..., af L. Meyer, København, 1837）。

（15）一般的に哲学の常識で言えば、「十九世紀の超越論哲学」とは、概してフィヒテ、シェリングおよびヘーゲルまでも含めて語られる。が、当面の問題として、この箇所の「超越論哲学の徒」（die Transcendental Philosophen）とは誰のことを指しているのか。この火付け役は、ケーニヒスベルク生まれで、カントを介して哲学への方向性を身につけた「北方の賢者」ハーマンそのひと。当人は十八世紀のひとであるから、この文脈に即して言うと、右の学徒はフィヒテおよびフィヒテ派の徒〔信奉者〕を指していると推考される。

（16） この箇所で、「ある著者も言っている」とは、前掲書中の仮名の著者判事ウィルヘルムの手記を指す（vgl. R. Thomte, p. 254, E. Hirsch, S. 272）。

訳者解説　キルケゴールの『不安の概念』を読む――心理学の視点を顧慮しつつ

一　本書が書かれるまでの身辺の動向（その一）

キルケゴールの不安に関する概念は、まず第一に当人自身の生立《おいた》ちと生家にからまる悲劇的体験がその背景になっている。キルケゴールは自分の人生をかえりみて、こう語っている。――「自分は恐ろしい憂愁《ゆうしゅう》の重圧のもとにあって、厳格にして熱烈にキリスト教を教え込まれた。人間的に言えば、その受けた教育は、まるで狂気じみていたように見える」と。かくして青年時代のキルケゴールを支配していたのは、憂愁の悩みであって、この根本的感情から一日として解放されることはなかった、と言われもする。若きキルケゴールは、自己の気質を特徴づける憂愁を、「霊魂と肉体との不均衡」に由来するものと見なしていたようで、しかもこの憂愁の悩みこそ、あたかも「肉《にく》中の刺《とげ》」として、終生自ら負うべき宿命のごとくに考えていた。

それにしても、一見して狂信的なまでに、自己自身のうちに沈潜しようとするこの性癖は、後年キルケゴールの著作活動の原点ともなった。かてて加えて厳格なキリスト教徒としての父の影響は、キルケゴール当人の聖書理解にも反映し、かくして「ひとはいかにしてキリスト者となりうるか」との問いが彼の著作活動の一貫したテーマとなって定着することになる。

冒頭にいうキルケゴール自身の生家にまつわる悲劇的体験につき、少し具体的に言うと、彼は七人兄姉の末子で、まず九歳のとき、未婚の長姉マーエンの死に接したのをはじめ、やや間があって十九歳のとき、二番目の姉ニコリーネが死産児を分娩して後に死亡したのを知った。翌年三番目の兄ニールスの悲報に接し、またその翌年の二十一歳のときに母の死に直面したばかりか、その数か月後には三番目の姉ペトレアがこれまた産後に死亡する、といった一家にたび重なる悲運、それらから受けた体験は何とも筆舌に尽くしがたいものであったに違いない。末子の眼からみて、兄や姉たちは、いずれも三十三歳を超えて生きていないわけで、いつしか彼は、自分もまた三十三歳以上には生きられないものと確信するようになった。キリスト者として、あろうことか二度にわたる父の犯した罪、これらの罪に対する天罰がいまや全家族のうえにふりかかるに違いない……。これを転機として、受動的でより多く気分的な憂愁に代わって、むしろ主体的な動きとしての不安、それも死に対する何とも言えない不安が、若きキルケゴールの心中を駆けめぐるようになる。「不安」の概念を吟味検討するにあたって、キルケゴールの脳裡に以上のような想念がへばりついていたことは疑いえない。だからこそ、主著『不安の概念』は、ある意味においてキルケゴールの自叙伝とさえ評されるのである。

それにしても、厳格なキリスト教徒であったわが父の罪意識は、きわめて異常なほどで、それがキルケゴールの生涯に重くのしかかり、多くの問題を投げかける原因になった。いま、不安の分析に際しても、この罪意識がまつわりついている。かくてキルケゴールは、「罪が不安を引き連れて入ってきた」との理由により、不安の分析に先立って、まず罪の分析から始める。父は、何ごとにも幼なく無知であった少年の頃、ユトランドの荒野で羊の番をしていて、空腹のあまり神を呪ったというが、それにしてもいったいなぜこの無知な少年が罪を犯すにいたったのだろうか。この問いは、やがて若きキルケゴールの心中において、人間の自由意志を問うキリスト教の基本概念に連なることとなり、ここで改めて「なぜアダムは最初の罪を犯したのか」、つまりいかにして堕罪が起こったのか、という問いが青年の心中を去来することになる。

周知のとおり、アダムが第一の罪を犯すにいたった経緯は聖書に書かれている。アダムは善悪を知る木の実を食べることを神によって禁じられていたが、蛇にそそのかされて神意にそむき、遂にエデンの園を追放されるはめになった。それにしても、アダムはなぜ神意にそむいたのか。堕罪にいたる以前のアダムは、無垢であり無知であったはずではないか。そんな無知なるアダムが、どうして神意など理解しえようか。しかるに、無垢なる者が責めある者に転落することになるのは、いったいなぜなのであろうか。

そのとき、「不安という見知らぬ力《ちから》」がなぜか無垢なるアダムの心を捉えたのに違いない、とキルケゴールは解する。――アダムは不安をおそれるが、おそれながらも当の不安に共感を覚えたのではないか、という。その点でアダムには責めがある、とキルケゴールは言う。木の実を食べてはいけない、という神の禁止の言葉は、アダムのうちに「食べようと意志すれば、〔取って〕

食べられるではないか」との自由の可能性を示唆したのに相違ない。これまで無垢を素通りしていったものが、いまやアダムの心中に入り込んできた――それはまだ無でしかないが、「やればやれるではないか」との意識を生じさせた。そしてこの意識が不安の念にかられ、かくて気がついたとき、アダムはついに罪を犯して責めある者となっていた、と言われるのではないか。

　ところで、キルケゴールによると、罪を犯すきっかけとしての不安は、ただ漠然として心につきまとう不安とどこか異なって見えるが、本質的にはそれに違いはないと見なされる。人間は精神であり、精神の本質は自由であり、可能性にほかならない。その意味でキルケゴールによると、「不安は自由のめまいである」と言える。底知れぬ深淵《しんえん》をのぞきこむとき、ひとは転落するのではないかとの不安の念に駆り立てられ、「めまい」を覚える。同様に、精神は自己の可能性をのぞき込んで、その底知れぬ深さに思わず「めまい」を覚えることになる。これが「不安」という精神現象なのではないか、とキルケゴールは言う。

　ちなみに、不安は恐怖とは根本的に異なる。恐怖とは、ある特定の対象におびえることで、その（恐怖の）対象がなくなれば、恐怖という心理現象もまたなくなるのである。これに対して、不安にはこれといった対象がない。「何でもないこと」（無）が、かえってひとを不安にさせるのである。何の支えもない中途半端な状態にあること自体に、ひとは不安を覚えるのだが、それこそ人間存在の構造自体が何らの支えもなく、不安を呼び起こす原因でもあるわけである。

　なお付言するに、人間が単に動物か天使であれば、不安に陥ることはありえない。が、人間は精神である以上、常に不安につきまとわれるのであり、しかも精神が偉大なればなるほど、可能性も多く、可能性が多いほど不安も多いと言える。動物には不安はなく、精神の豊かな人間なればこそ不安を覚えることもまた多いわけである。キルケゴールが本書のなかで指摘したかったのは、このような「不安」の正体ではなかったか。

二　本書が書かれるまでの身辺の動向（その二）

1　ラテン語学校

キルケゴールの著作活動を考えるとき、われわれはときとして、その原点に立つ父ミカエル・ペダーセンのこと、あるいはまた哲学者にとっての永遠の婚約者レギーネ・オルセンの面影がからまってくるのが感じられるが、いまはそれらにはふれない。が、それはそれとして、本論に入るまえに、いまひとつ些事ながら一言注意を喚起しておきたい。

一八二一年、キルケゴールは八歳のとき、コペンハーゲンの市中、奇《く》しくもニュトーアの自宅の近隣にあって当時評判のラテン語学校「ボルガデューズ・スコーレ」（Borgerdydsskolen）に入学した。それは、もっぱら古典語を学習するだけの語学専門学校ではなく、別名「市民道徳学校」であったという点を考えると、同時代の日本になぞらえて言うなら、古典語としての漢文の学習のみならず、「儒教・修身道徳」を育成する藩校のごときを想像することができよう。それにしても、才に恵まれたこの少年が、コペンハーゲン大学に入学するまでの九年間に及ぶ基礎教育をこの特異な学舎で学びえたことは、将来の人生にとって何とも幸運であったろう。――校長ミカエル・ニールセンは、自身またラテン語担当の教師でもあって、教室では、ラテン語文法の規則にも似て、人間的に実に厳格な先生として、見かけは生徒たちから畏《おそ》れられていたとの噂が伝わる。キルケゴールは後年、著作活動を開始するや、その第一作『あれか＝これか』の第二部において、判事ウィルヘルムの眼を通して、かの懐かしい校長の面影を描いている。(1)

それにしても実際、その校長の目線《めせん》ではキルケゴールというひとりの生徒がどう見られていたか。幸いにも、それを証言する文書《もんじょ》が遺されている。――生徒がこの学校を卒業し、コペンハーゲン大学に進学するにあたって、当の生徒に関する「調書」（Skole-Vidnesbyrd）と、大学総長宛の「内申書」（Skole-Testimonium）なるものが伝存していることは、才人キルケゴールならではの奇縁を思わせる。(2) 確かに、キルケゴール当人はこの件を知っていたばかりか、それ以上にこの学舎から受けた筆舌に尽くしえぬ恩恵を忘れたことはなかったとみえて、後年（一八四三年）に学校の校風にも重なる『建徳的講話』（Opbyggelige Taler）を刊行した際に、「ボルガデューズ・スコーレの校長、わが若き日の忘れえぬ先生、いまもなお敬愛つきぬお方に」との献呈の辞を付して、一書を贈呈しているほどである。(3) それこれを含めて、校長とその信頼すべき生徒との間柄を反映してか、一八三七年、ときに二十四歳のキルケゴールは、コペンハーゲン大学神学部に在学中、その生涯に一度だけ教師という職業を体験させてもらった。それもかつての母校で上級ラテン語の教師をつとめたのである。

以上のごとく、若きキルケゴールは生徒としての九年のうえに、青年期の教師としての一年を加算して、約十年にわたり当ラテン語学校と関係をもったことが確認される。この点から何が判るかというに、端的に言って、青年はこの古典語に対して自然体で対処できる心構えが身に付いたということ。かく受けとめて間違いでない証拠として、かの『キルケゴール旧蔵書目録』[4]を通覧すると、当の哲学者は古典語に対して実に雄大な受容性をもって接していたことが如実に窺われるのである。目下『目録』を介して知られる旧蔵書の点数は約二千二百点余であるが、そのうち古典語のなかでもラテン語の占める割合いが実に高いことがわかる。なかんずくラテン語の文法書については、母国語のデンマーク語で書かれたもの以外では、ドイツ語で書かれたラテン語文法書がとくに目立つ。

2　コペンハーゲン大学神学部

さて一八三〇年十一月、キルケゴールはコペンハーゲン大学神学部生として第一歩をふみ出す。[5]そして彼が初めて神学を学ぶにあたり自分にとって最適任者に見立てたのが、当時合理主義神学者として評判のH・N・クラウセン教授[6]であった。しかも願ったりかなったり、彼がクラウセンに就《つ》いて神学の極意としての「教義学」を学んでいる最中に、ドイツの偉大な神学者シュライエルマッハー（Fr. Schleiermacher, 1768-1834）のコペンハーゲン訪問という出来事があった。この思想的機縁を介して、キルケゴールの教義学の研究は、シュライエルマッハーの「キリスト教信仰」に重ねて進められることになる。なおまた、当面のシュライエルマッハーの教義学の特性をよりよく理解するために、その他の教義学の書として、マールハイネケ（Ph. Marheinecke, 1780-

1846）のそれとか、フランツ・フォン・バーダー（Franz von Baader, 1765-1841）のもの[7]にまでも関心を示していたことが、キルケゴールの『旧蔵書目録』から窺われるのである。

先述のとおり、クラウセン教授の尽力により、当代随一の神学者シュライエルマッハーのコペンハーゲン来訪が実現した際、キルケゴールにとって神学部の先輩にあたるH・L・マルテンセンがシュライエルマッハーの講演の通訳をはじめ、古都滞在中の一切の雑務を担当したことを機縁に、同じくシュライエルマッハーに対し関心を深めていたキルケゴールは、先輩マルテンセンに一層接近することになった。かくして、シュライエルマッハーの教義学をめぐって、先輩マルテンセンが後輩キルケゴールを指導するという私的な勉学の機会が短期間ながら継続した。後輩にとっては実に得るところ大きかったに違いない。というのも、デンマークの学徒マルテンセンは先学シュライエルマッハーに対して熱狂的に接近しながら、肝心の神学の学説上のこととなると、その論敵ヘーゲルの立場の方を支持するという非道に転落しているではないか、と後輩は先輩の非を見定めうる境地にまで達したからである。[8]これに対してキルケゴールの方は、シュライエルマッハーの教義学に共感を覚えるにつれて、改めてもっぱら「キリスト教の信仰」（die christliche Glaube）の真意をさぐるうち、ついに「反ヘーゲル」の方向につき進むことになる。

なるほど念願かなった神学部において、かくも充実した神学の勉学に存分に励んでいたが、キルケゴール家の意向としては、兄ペーター同様、末子セーレンもまた、四年間の在学中に神学国家試験を受験、かつそれに合格し牧師への道を確定していなければならなかった。が、末子はこのような家庭内のしばりに反抗し、秀才の兄ペーターへの反抗心も半ば加わって、神学を中断し文学への方向転換を企てたものと見える。とはいえ、それにはそれに値する「企て」を実行してもよいと触発・決断するだけの「思想」の根拠が存在していなければならない。この思想の主体、ないしその根拠それこそ、キルケゴール当人にとって本書『不安の概念』を捧げるまでに私淑するにいたったかの教授ポウル・マルティン・メラー[9]の魅力に他なるまい。彼こそ、「哲学者にして詩人」(en digter, der også var filosof) にふさわしい人物であった。キルケゴールもまた、真の意味でこのひとの作風の影響を受けて愛弟子《まなでし》だったからこそ、後世「詩人哲学者」と呼ばれることになるのである。

キルケゴールと師ポウル・メラーとの運命的な出会い、この両人の真の意味での生きた人格的交流の期間は、わずか両三年ばかしであったが、日常の時を超えて師弟間に定着した友情の念が深いものであったことは想像を絶するほどであったろう。いま改めて、本書の巻頭にかかげられた「献辞」を熟読してみよう。この短文にこめられたわが師と呼べるメラー教授のギリシア的思惟・人生観の何とすばらしいことか、これこそ最初本名で刊行されるはずであった本書の著者の偽わらざる心情の発露というべきであろう。なおこの表題に添えられた長文の副題《サブタイトル》については、訳注1を参照されたい。この主旨としては、原罪という教義学上の問題を斟酌《しんしゃく》すると、それが不安という気分と無関係ではないことが判明するゆえ、この不安につき心理学上の気分としてひとつのヒントを提供しようというのである。ところで、キルケゴールはこの際当面の問題をわがものとするのに、同時代の新興学問としての「心理学」の書のうち、何《いず》れの書を念頭においていたのか。序《つい》でながら、キルケゴールの注目するヘーゲルは、学の体系の一部『精神現象学』のうち、

（B）「自己意識」の章、その自立性と非自立性をめぐっての閲《せめ》ぎ合いの際に、「不安」（Angst）という語にただ一度だけ注目するが、(10) この語はそれ以上の役割を演じることはなかった。

3 新興学問・心理学

ところで、キルケゴールがコペンハーゲン大学神学部に入学した当時、同神学界を支配していたシュライエルマッハー流儀による「調停神学」（Vermittlungstheologie）の象徴的存在として君臨していた神学者その人こそ、ミュンスター（J. P. Mynster, 1775-1854）であり、この人を措いて他に適任者はいまいとまで言われるほどの評判であった。キルケゴールが大学入学の前年、十五歳のおり、その当時聖母教会の副牧師であった当のミュンスターから堅信礼を受けたという厚遇もあって、奇しくも神学部の学生となった当初はもとより、それ以後にわたっても、キルケゴールは多分野にまつわる著作家としても周知のミュンスターの『雑纂』（*Blandede Skrifter*, af J. P. Mynster）を拠りどころにして、各書に親しんでいたことが『旧蔵書目録』からも窺われるのである。(11) ともあれ、若き神学生がこのような読書三昧《ざんまい》の手引きを介して、新興学問としての心理学に共感する切っ掛けとなったのは、何と言っても博識の神学者ミュンスターの『通俗的心理学綱要』（一八三〇年）を措いて他にはあるまい（なお、この心理学書は、後年『雑纂』にも再録されている）。——神学者による異色の本書は、小冊子ながら斯界のなかでも、例えばシッベルンの主著『心理学』(12)（*Psychologie, indledet ved almindelig Biologie*, af F. C. Sibbern, 1843）などの参考文献を適切に紹介しながらの通俗的な手引きの書ではある。が、それはそれとしてミュンスターには、他に『記憶について――心理学的ひとつの試み』(*Om Hukommelsen : En psychologisk Undersøgelse*)と題する小冊子もある。またこの点に相即するように、シッベルンにも前注12で紹介した主著『心理学』書の他に、なお『人間の精神的本性とその特質――ある種の心理学への一つの企て』(*Menneskets aandelige Natur og Væsen : Et Ugkast til en Psychologie*, I-II, 1819)と題する主著に含めてもよい大冊の書がある。この両書とも、心理学を主題とするが、見られるとおり副題《サブタイトル》が添付されている。前書は、概して「生物・生命論」(Biologie)から提起された心理学との意をこめて、新興学問への一つの試論であり、後書の方はどちらかと言うと控え目に「心理学」という新興学問への一つの寄与ともなれば幸いとの主旨が察知される。ミュンスターの書もシッベルンのそれも、両者ともにキルケゴールにとっては肯定的にも否定的にも実に関係の深い思惟の源泉と言えるものだが、奇しくも当面の問題を解く鍵に相当するこの両書はともに、方向性としては、人間の精神的本性・特質を探究する際に、その深層心理を見きわめんがための一つの方法として、心理学の適用をよしとするものである。その心理学の一つの企て、つまり理念としての心理学の構想から一歩立ち入って、応用心理学として深層心理をさぐる「実験心理学」の方向性が見定められることになる。確かにキルケゴールは、目下われわれが読もうとしている本書『不安の概念』において、(応用)心理学という表現を用いようとしているが、端的に言ってそれがかの先学の方法論を指していることは間違いないであろう。

4　モールベック編『デンマーク語辞典』

なお蛇足《だそく》ながら、右に述べたことに関連して、一、二のことを書き添えておきたい。先の注記12で紹介したマイヤーの『簡易外来語辞典』とともに、キルケゴールが執筆に際して常に座右において愛用した辞書と言えば、モールベック編『デンマーク語辞典』（*Dansk Ordbog*, af C. Molbeck, 1833）を措いて他に代わるものはあるまい。例えば、この辞典によると、「不安」（Angest）とは、心中につきまとう現実的な悩み（心痛）をいう。例えば、――彼女は大きな不安を耐えしのいだ。つまり、「死の不安」（Dødsangest）＝「死に対する不安」（Angest for Døden）という死の緊張に耐えた。――このように日常の用語辞典において「不安」という語が、かく説明された最初の用例ではないかと思われる。それにしても十九世紀半ばという時代は、おりしも新興学問が台頭する時期にあたり、わずか二十年余のうちにモールベックの定本『デンマーク語辞典』は改訂を余儀なくされ、その増補版（一八五九年刊）が世間に普及した。「不安」の語も次のように増補されている。――「無思慮というか、ただ不安と恐怖につつまれて思慮定まらずというか」そんな心境を、ミュンスターは「不安」と名づける。この不安がもっと大きな不安を呼び起こすのであり、それが「死の不安」（Dødsangest）、つまり「死に対する不安」（Angest for Døden）なのである。また哲学者シッベルンによると、「勇気と希望をもってしても恐怖が除去されない限り、これは不安と呼ばれる」との注釈が加わることになる。[13] 博識の神学者ミュンスターは、主著『キリスト教信仰論に関する考察』（*Betragtninger over de christelige Troeslærdomme*, 1833）において、キリスト者でさえ神を前にしての境地にありながら、「死の不安」におそわれる心境を問題視している。書中、彼は「教義学」(Dogmatik)において、人間の極限状況を語るのに「心理学」の手引きに依存せざるをえない事態に気づいた。このような心境からミュンスターは、学友の哲学者シッベルンの『心理学』書から手引きを受けながら、自らも『心理学』書を刊行したほどである。この観点からみると、前記のミュンスターのキリスト教信仰論の研究は、神学と心理学との両分野にかかわる点で、今日いうところの「学際的」(interdisciplinary)な研究と言ってよいかもしれない。

5 ニヒリズムの意識

以上のような点から、われわれの注意を喚起する新興学問としての「心理学」に託された課題のうち、当面われわれの注目するところは、「不安」(という心理的現象)の正体に他ならない。この局面を見定めるためには、キルケゴールのマギスター学位論文『アイロニーの概念について――たえずソクラテスを顧みつつ』(一八四一年)につき、その論旨のヒントをさずけてくれた恩師、故ポウル・メラーの同名の小論文「アイロニーの概念について」(Om Begrebet Ironie)を参照するのが、この場合もまた最良であろう。[14] それによると、ヨーロッパ精神史に目下ニヒリズム意識の兆候が予感されるという。不安とはこのニヒリズム意識(その気分)なのであり、それがいまコペンハーゲンの街路や住まいにまで侵入してきて、市民たちの意識をおびやかそうとしている。恩師ポウル・メラーが前記の「小論文」において警告しているのは、実にこの点なのである。[15] かくも差しせまった「時代の危機」から市民を守らねばならぬ、そんな発想がわれわれのこの匿名の書の前提にこめられているように見える。前注15をもからめて、もう一歩われわれの時代の方にひきよせて、人間としての生き方を問うなら、次のような「あれか＝これか」の問いにゆきつくかもしれない。——ひとはよく生きるのに果たして絶対者たる神を必要とするか、それとも神を必要としないか。仮にもし神を必要とする場合、しからば神は果たしてどのようなかたちで求められるのか。ただひとりの者（単独者）として神のまえに立つことに望みをかけて、ただひたすら信仰論の確立に専念しようとするキリスト教的思想家を一方の極に立てるなら、ひとは概してそこに「単独者」（der Einzelne）の思想を説くキルケゴールの如き思想家を想定するであろう。しかるに、ヨーロッパにおけるキリスト教の人間観をみると、それは人間性の凡庸化・平均化・卑小化の傾向を生むことにならないか。仮にもしそうなら、これこそ人間性の危機と言うべきであろう。こうした危機を救うために、「神の死」を宣言せざるをえず、ニヒリズムのただなかで、「永劫回帰」（ewige Wiederkunft）とか「運命愛」（amor fāti）の決断を通じて、自己の回復に望みをかける無神論的思想家を他方の極に立て、ひとはそこにニーチェ（F. W. Nietzsche, 1844-1900）のごとき思想家を想定する。キルケゴールかニーチェか、二者択一のこのテーマは人間の生き方の根幹にかかわるであろう。[16] ちなみに、デンマークの文芸批評家ブランデス（G. Brandes, 1842-1927）は、同世代のよしみでニーチェ生前中に親密な交流のあった北欧人として稀有の人だが、看板の書『キルケゴール——批判的人物像』（一八七七年）によっても著名で、ドイツ語版『キルケゴール——文学的人物像[17]』（*S. Kierkegaard : Ein literarisches Charakterbild*, 1879）を刊行し、ニーチェの手もとにも贈呈したのだが、後年ニーチェの発狂（一八八九年）という不運に絡まって、果たして当のニーチェがキルケゴールの書を読む機会を得たか否か、定かではない。

三　キルケゴールとドイツ観念論

1　ベルリン大学でのシェリングの講義

ヘーゲルの没後十年を経た一八四一年、われわれにとって問題の書『不安の概念』の構想を得て執筆にとりかかる二年前のことだが、キルケゴールはベルリン大学におけるシェリングの講義に列席した。そのときの講義の様子について、キルケゴールは『日記』のなかで、こう書いている。――「私はシェリングの第二講の講義を聴講できてとてもよかった。何と言ってよいか、筆紙に尽くしがたいほどだ。シェリングが「哲学と現実」との関係にふれて、《現実性》(Wirklichkeit)という語を口にしたとき、思想の成果が私のうちで喜びのあまり躍動した。私はそのとき以来シェリングの語ったあれこれの言葉をほとんど一言一句記憶にとどめている。〔現実性という〕右の一語、それが私の哲学的苦悩と苦痛とを思い起こさせた。――私はいま、自分の希望のすべてをシェリングに賭けている(18)」。

一八四一年、このときキルケゴールは二十八歳、一方ではマギスター学位論文『アイロニーの概念について』をコペンハーゲン大学哲学部に提出し、それをめぐっての公開答弁を無事終えた解放感にひたり、他方では恋人レギーネ・オルセンとの恋愛体験の破局による心痛をいやしたいという願望もあって、あえてベルリン大学行を思い立ったのであった。ポスト・ヘーゲルを予想してのシェリングの講義は、「啓示哲学」(Philosophie der Offenbarung) と題するもので、当時ヨーロッパ各地から大方の賛同者を得て評判となったものである。[19] が一方では、シェリングの講義は何かしら前途多難を思わせた。なるほど、なおもヘーゲル学徒の牙城《がじょう》となっているベルリン大学に招聘《しょうへい》されたのである以上、当の語り手がひたすらヘーゲル哲学の批判を通じて、自らの哲学の新たな可能性を模索している時期でもあっただけに、その講義は何かしら全ヨーロッパの思想界の大いなる期待のうちに開始されることとなったのである。驚くなかれ、シェリングによることの『講義概要』(*Schelling's Erste Vorlesung in Berlin, 15 November 1841*, Stuttgart und Tübingen, 1841) が小冊子ながら直ちに各地で公刊された。そのことをもってしても、この講義にかけたシェリングの熱意のほどが察せられるであろう。[20] それにしても、キルケゴールがいったいなぜシェリングの哲学にこれほどまで関心を寄せることになったのか。これについては、にわかに確定しがたいが、若きキルケゴールがシェリングのベルリン大学での講義に列席した年より四年を遡る一八三七年においてすでに、当の本人が『日記』のなかにシェリングの哲学についての研究の跡をとどめている。なおまた、『キルケゴール旧蔵書目録』を通覧してみると、当の本人が当時としてはシェリングの著書を思いのほか多く所持していたこと、なおもっと言えば手持ちのこれらの文献を通じて、ドイツ観念論の哲学をすでに相当深く研究していたであろうこと、これらの点が窺い知れるであろう。なお言い換えると、若きキルケゴールは、これら贅沢すぎる蔵書を介して、反ヘーゲル主義に見立てられるシェリングの哲学的態度に魅せられてゆくうち、いつしかそれを自分にとっての生きた哲学者像となし、そこに自らの哲学的問いを解決するための手助けを求めていったのではないか。キルケゴールの言い方によると、実存する者は自己の唯一の「現実性」に無限の関心を向けることによって、内面的主体性を獲得するのであり、そしてこの主体性のうちにこそ真理は存するのである。ところが、同時代のヘーゲル主義者にあっては、「現実性と哲学」との間に距離をおいているばかりか、「現実性」に対する哲学の関係そのものも抽象化されているではないか。このような視点から反ヘーゲル的な潮流のなかに立つことになった青年キルケゴールは、反ヘーゲル主義的理論の代弁をシェリングの哲学講義に期待したのに違いない。なるほど、キルケゴールはベルリン滞在中、その初めの頃はシェリングの講義を筆記したその雑記帳を清書するのに実に長時間かけて苦闘している有様を、コペンハーゲンの旧知・親友方がた宛の手紙に告白している。が、この秘かな期待もやがて失意に変わることになる。つまり、彼がベルリンでシェリングに求めたのは、この哲学者のいわゆる「積極哲学」において展開される当の「存在論」（存在の勢位《ポテンツ》・展相論 Potenzen-lehre）ではなかったからである。右旧知・親友方がた宛の手紙に、「シェリングの晩年の講義は残念ながらそれほど多くの意義はない」とか、「シェリングについてはまったく期待はずれ」とか、さらには「シェリングは限りなく戯言《たわごと》をもらしている」とまで書き送り、ついにシェリングを放棄するにいたった経緯を伝えている[21]。これらの手紙を投函するやキルケゴールは、ベルリンを立ち去り、翌年（一八四二年）三月初めにコペンハーゲンに帰郷することになる。

以上は、キルケゴールの青年時代の思想形成において重要な意味をもつベルリン大学におけるシェリングの講義をめぐっての一挿話である。なおキルケゴールの著作活動が、第一作『あれか＝これか』の刊行をもって、あたかも堰《せき》を切ったごとく精力的に開始されることになるのは、前述のベルリン大学行の翌年の一八四三年からである。そしてこれらの著作活動を支える原動力こそ、他でもないドイツ観念論（ならびにキリスト教神学）に関する地道な研究に由来するものであったに違いない。すなわち、それは彼がコペンハーゲン大学に入学して以来たえず関心をもってきたもので、それらの研究によせるその情熱こそ、この青年を、結果はともあれ、ベルリン大学行へと駆り立てたのであろう。

2 デンマークのヘーゲル学徒・ハイベルク

なお、話は錯綜するが、かつて学生時代のキルケゴールが後年恩師となる人シッベルン教授から「キリスト教哲学」の講義を受けたり、また若き講師マルテンセンからシュライエルマッハーの教義学に関して個人指導を受けていた頃のことだが、キルケゴールによる論説[22]が初めて『コペンハーゲン飛行便』（*Købenbavns Flyvende Post*）というその頃話題の週刊誌に掲載された。この雑誌を主宰していたのは、文学者・思想家ハイベルク（J. L. Heiberg, 1791-1860）で、このひとは若き日ヘーゲル主義者として斯界に君臨していた。その『自伝的断片』（*Autobiographiske Fragmenter*, 1839）によると、この文学者が哲学に共感し、就中ヘーゲル主義に帰依した経緯がよくわかる。[23]――十九世紀、ドイツ北端部の州シュレースヴィヒ＝ホルシュタインは、デンマーク・プロイセン・オーストリアの三国がその領有をめぐって紛争のあった土地だが、若きハイベルクはその首都のキール大学にデンマーク語・デンマーク文学担当の教師として赴任した。運命的な出会いとでも言えようか、この大学で彼は、偶然ながらドイツ系デンマーク人で、哲学担当の教授と懇意になった。後でわかったことだが、当の教授は名をベルガー（J. E. Berger, 1772-1833）といって、若き日イエナ大学に学び、フィヒテを知り、その傘下に立つシェリングやステフェンスとも昵懇《じっこん》であったという。縁は異なものベルガーは、かつてイエナ大学で高名であった哲学者ラインホルトが故《ゆえ》あってキール大学に転任して来て、先年退職をむかえ、その後任に当たるというわけである。(24) かくして若きハイベルクは、ベルガーの手引きでヘーゲルの『エンチュクロペディ』を通読したことで、この「哲学体系」に多少ながら習熟しえた。そこで彼は、一八二四年の夏期休暇を利して、当の哲学者に面会すべく、ベルガーの推薦状を懐《ふところ》に、ハンブルクを経由して一路ベルリンを目指す。かくて、おりよく哲学者ヘーゲルに面会しえた。——哲学者は親切をつくして未熟な問いに答えてくれたばかりか、また家族をまじえての楽しい一時《ひととき》を共有させてくれた、と先述の『自伝』のなかで述懐している。当初からベルリン滞在を二か月と予定して、ベルリン大学でヘーゲルに学んだ何人かの弟子たちとも深い親交を結び、可能な限りの勉学に勤《いそ》しむ異国の若き学徒に、哲学者は共感を示してくれたのかもしれない。ときあたかも一八二四年の夏のおわり、（この時点で、ヘーゲルの主要著作としては、『精神現象学』、『大論理学』、『哲学的エンチュクロペディ』、『法哲学』等が知られるが）われわれのハイベルクは、ヘーゲルの「哲学体系」をなすこれらの書を手みやげにしてベルリンを出立《しゅったつ》した。帰途ハンブルクに立ち寄り、ホテルに投宿していたとき、近隣のペテロ教会の礼拝堂から美しい讃美歌が流れてきて、あたかも稲妻の光のようにヘーゲル哲学体系の全体像を一気に照らし出してくれたという思想上の体験をもつことになる。この決定的な出来事が、ハイベルクの『自伝』に示す「ヘーゲルへの回心」（Omvendelse til Hegel）という精神上の出来事である。一八二四年八月、ハイベルクは以上のような貴重な体験をもって帰国した。

十九世紀前半、それも二〇年代半ばの頃コペンハーゲンにおいて、「決定論」（Determinisme）の名のもとに、人間の意志の自由をめぐって論争が巻き起こっていた。わがデンマークの思想界の動向を展望したうえで、斯界に一石を投ずるべく若きハイベルクは、シュレスヴィヒ＝ホルシュタインの首都キールの地からコペンハーゲンの思想界に向けてわがヘーゲルの思想を紹介した。すなわち、『人間の自由について――この課題をめぐっての最近の論争をかんがみて』（*Om den menneskelige Frihed : i Anledning af de nyeste Stridigheder over denne Gjenstand*, Kiel, 1824）との論考[25]がそれである。著者の自認のとおり、これこそヘーゲル哲学をデンマーク思想界に紹介した最初の書であって、しかも当面の相対立する両極（二つの考え方）を綜合する立場をつとめることになるとも解せられた。かくして若きハイベルクは、これを契機として約十年余にわたってヘーゲル哲学の紹介に専念することになる。まずは哲学的著作として、次いで哲学講義としてである。前者を代表する著作は、『現代にとっての哲学の意義について』（*Om Philosophiens Betydning for den nuværende Tid*, 1833）であり、後者の仕事としては、『哲学の哲学、あるいは思弁的論理学の講義の手引き』（*Ledetraad ved Forelæsningerne over Philosophiens Philosophie eller den speculative Logik*）と題して、王立陸軍士官学校において一八三一年に実施された通年講義の成果である。[26] なお、この「思弁的論理学」の手引きの書は、注26に記す以外に、大型の私家本仕立ての稀覯《きこう》本として単独に流布し、専門分野筋では高く評価されて、当の著者ハイベルクを、いつしかデンマーク随一の「ヘーゲル学者」（Hegelianer）に仕立てあげることになった。しかるに、ハイベルク自身は単なる「ヘーゲル学者」にとどまるをよしとしなかった。むしろ彼は、かのヘーゲルの思弁哲学の方法に基づき、「詩と文芸・芸能」の美学を駆使する文学者たるを目指していた。一方、若きキルケゴールはすでに前注22で指摘したように、神学専攻の学生の身ながら、当のハイベルクの主宰するかの「週刊誌」に文芸批評を発表して以来、これを契機としてなお三たび同誌に論説を書く機会に恵まれた。[27] こうした奇縁を介してキルケゴールは、時の人ハイベルクの文芸サロンに足を運び、おりおりの機会にその主宰者ハイベルクの語りを介して、知られざるヘーゲル思弁哲学の背後に隠された魅力を学び覚えた。――以上のごとく、キルケゴールは何はともあれ自分をとりまく学問の雰囲気には恵まれていたから、一八四一年に当人が待望のベルリン大学に赴き、ポスト・ヘーゲルを目指し満を持してのシェリングの講義に列席して、当初の万感の思いもたちまち失意に結果することになったのも、しょせん無理からぬことだったと言えるであろう。

3　自己告白としての「不安の概念」

以上は、本書『不安の概念』が書かれた時期のあとさき、おりにふれて著者キルケゴールの心中に去来していたであろう精神的状況のあらましである。ときに三十一歳、若きキルケゴールの心中にうずまく心安からぬ「不安」、これと言って対象の見えない不安なる気分、わが亡父の罪意識にまつわる不安、これを介して家系のうちに潜む罪意識にからむ不安、端的に言ってこうした想念が本書の背景をなす。それこそ、つまるところ「死をまえにしての不安」（Angest for Døden）の謂《いい》で、人間としての極限の心理的気分のことを指すが、同時代の『デンマーク語辞典』のモールベックの考えによると、「これと言って対象の定まらぬ思い」と注釈されている。要するに、「死を予感しての不安」のうちにある人間の心中の心理的気分のごときがそれである。本文中の訳注でも指摘したとおり、モールベックの辞典の方針は同時代の風俗・習慣にからむ日常語でさえ、その時代の学術書の成果に依拠する際には、その典拠を明示するのが慣例である（なお重ねて、当面の解説中、小見出し「新興学問・心理学」および『モールベック編・デンマーク語辞典』の要点を思い起こしていただきたい）。――ともあれ若きキルケゴールが神学部の学生時代を通じて、その筋では巨匠のクラウセンとかミュンスターによる講義・講話を介して学び覚えたキリスト教における「罪意識」については、多年にわたって考えあぐねた経緯《いきさつ》は周知のとおりである。が、罪の極みとしての「原罪」に関する教義学にかかわる根本問題につき、当節の「不安」という心理学的気分を手がかりとして、これを解明したいという多年にわたる念願がいよいよ実現することとなった。幸いなことに、コペンハーゲン大学時代の恩師シッベルンは、哲学の教授として「形而上学」の講義の他に、当時の新興学問としての「心理学」の講義をも担当していて、しかもその分野の啓蒙的著述もあって世間で注目されてもいた。それにつき、ある精神医学の分野にたずさわる医師で、異色の研究書の著者の指摘するところによれば(28)、全く不透明な時代状況のなかで、キルケゴールが当面の書『不安の概念』を論述するにあたって参照した同時代の斯界の文献としては、まず第一にかのシッベルンの主著『心理学的病理学』(29)（*Psychologisk Pathologie*, 1828）が最有力のものである、と推定している点は何と言っても卓見であろう。確かに、この精神科医としての著者は、世間では「感情の心理学」（Følelsernes Psykologi）とも呼ばれ、専門的には「心理学的病理学《パトロギー》」と呼ばれる専門分野のなかで、キルケゴールの時代を代表する哲学者シッベルンだけが、人間の心中に去来する「不安」という精神現象を問題視している、との点を的確に指摘したのである。つまりシッベルンは、大小の「心理学」書(30)において、心中に去来する「恐れ」（Frygt）を説き、それが不安に関連するものと見立てている。すなわち、「恐れが勇気とか希望をもってしても、もはや交替するものが他に何もないと受けとめられるとき、これこそ不安と呼ばれる」(31)とシッベルンは説く。キルケゴールにとって先行する師匠シッベルンの「心理学書」を通し、また師匠の語りを介して、当の弟子は「不安の概念」につき有益なヒントを得たことは、いまやかの精神医の指摘をまつまでもあるまい。

なお余談ながら、また十八世紀半ばに刊行された『デンマーク語学術用語の便覧』(32)によると、「不安」（Angest）の語につき、その注釈としてこうある。――「あたかも人《ひと》が、差し迫って来るような、何とも得体《えたい》の知れぬ罪悪に対する恐れに対して、できれば何とかしてそこから〔わが身が〕救われたいと願う、そんな心境をいう」と。――「不安」（Angst）という語が、デンマーク語の学術用語として斯界で採りあげられた最初の記述ではないか、とも推定される。なお、この記述はキルケゴールの没後四年、モールベックの『デンマーク語辞典』の改訂増補版（一八五九年）にも転載され、さらにひろく世間に周知されることとなった。

　さて、かの精神科医の目線による前述の主旨とは別の角度から、同時代の新興学問としての心理学的視点に基づき、当面の思想状況を改めて考慮し直してみようと思う。人間の心の底にひそむ何とも形容しがたき「虚《むな》しさ・空虚」に根ざす「気分」、「おりにふれての感想」（Strøtanker）として、文字どおり断片的に心によぎる想念、ひとが何と言うか（いわく言いがたき）不透明な対象を前にして不安（な気分）におそわれる、そんな心境、を語ろうとしたひと（先学）、それこそキルケゴールの畢生《ひっせい》の恩師P・M・メラーにほかならない。——ひとは不透明な対象の前に立つと、これこれといった具体的な対象が見当たらない。その意味で、当の正体は「無」ではないのか。そんな正体不明の無をまえにして、ひとは不安な気分におそわれる。——そんな心境を詩人哲学者メラーは、「おりにふれての感想」（Strøtanker）として語ったのである。[33] あるいはまた、こんな呟きも聞こえる。「ひとは何だかよくわからないXを前にして不安［な気分］になる。その対象は、何だかよくわからない。これこれといった具体的な対象があるわけではない。対象がない［これこれといった対象が見当たらない］という意味で、その正体は無だと言ってもよい。そんな何と言ってよいかわからない気分、それこそこれを不安と呼ぶしかない。云々」——詩人哲学者メラーは、右のごとき思いを長くない生涯のあいだ胸中に秘め、時に応じて「おりにふれての感想」として書き綴《つづ》っている。それらの語りのうち、最晩年のこの「感想」のなかに、「深層心理学」（Dybdepsykologi）と題して、当時としてはかなり斬新な用語を披露している点が注目される。[34] 周知のように、ニヒリズム（Nihilism）の語幹になる nihil とは、「無たること・虚無」を意味する。当のメラー教授の警告によれば、目下デンマークの民衆のあいだに、この虚無の誘惑として「ニヒリズムの思想」が、あたかも伝染病まがいに侵入してこようとしている。さてわれわれとしては、この思想を前にしてこれをどう受けとめるか、この際の身構え、主体的態度の確立を示唆してくれたのが当の愛すべき詩人哲学者メラー教授ではなかったか。——本書の巻頭言を飾る美しいあの「献辞」の真意をもういちど、思い起こしていただきたい。

それにしても、不安の対象が「虚無」(nihil = Nichts) でしかない以上、それを感じる人間がそんな心境とどのように向かい合うのか。これをどう思惟するか、無と向かい合う心境が、いつか神への思いに転じて、決断・飛躍するその結節点に「信仰」が起きて来るのではないのか。あたかも「百尺竿頭にあって一歩を踏み出す」という、かの心境への心がまえを教えてくれたひと、それこそ「わが敬慕せしひと」ポウル・メラー教授にほかならない。

四　本書の構想の概要

キリスト教に根ざす伝承によれば、人間はがんらい善悪の差別を知らない無垢《むく》の状態にあったわけで、それが実は故あって、その無垢の状態から「転落」せざるを得なかったものと見なされるのである。本書ではこの点を考証するために、まず概して旧約聖書のうち、創世記におけるアダムとエバの堕罪の物語が、「心理学」という新興学問の方法を手がかりとして分析・検討されることになる。なるほど、堕罪に関するこの語りはキリスト教における罪理解として古来周知のことと見なされるが、しかしこの創世記にみる原罪の想念は、必ずしも通俗的とは言いきれまい。むしろキルケゴールの方法は、この原罪の想念を土台におくことにより、かくて若き日自ら体験した精神的彷徨と不安を重ね合わせ、これを心理学的に分析してみせるそのやり方ゆえに、実に斬新な手法であると言えるであろう。――キリスト教の原罪の前提には、すでに不安が介在していたかにみえる。これを逆に言うと、人間の心のなかには、言わば根源的動力として不安が秘められているのではないか、とも解せられるのである。

以上の要点からして、本書の構成としてまず第一章では「原罪の前提、つまりその起源としての不安」の経緯《いきさつ》が論究される。つまり、創世記におけるアダムとエバの物語の解釈を介して、原罪の起源の問題が提示される。――人間は精神として、心身（霊魂と身体）の綜合であると言われる。本書の仮名の著者ヴィギリウス・ハウフニエンシスによると、最初の人間アダムこそ人類の代表者に見立てられるが、ただその状態は「無垢《むく》」（Uskyldighed）であるという。この「無垢」なるは、無知に他ならない。かく無垢である人間は、それゆえ精神としては規定されないで、「心的なもの」（sjælelig）と規定されることになる。この精神ならざる精神は、人間のうちにあって夢をみているが如しである。確かにこの状態には平和と安息があるかに見えるが、同時に「何か別のもの」があるようでもある。が、とはいえそこには、不和や争いの種になるものは一切存しない。「何もない」ということ、それは「無」を意味するが、この「無」が不安を呼び込む、と言われる。

第二章では、「原罪の結果としての不安」、その経緯《いきさつ》が論究される。つまり、アダムによる原罪が、それ以後の人類のうち、各個人においていかに進展したかの考察を介して、不安の進展が説明される。アダムの罪意識とともに、男女の性意識が措定され、これによって羞恥心が生まれ、人類史の歴史が始まる。いまや原罪は堕罪に転じ、かくして堕罪の結果としての不安は、この際「客観的不安」と「主観的不安」との二種に区分される。——まず「客観的不安」とは、罪がこの世に入り、それが被造物全体に対して作用を及ぼし意味をもつようようになった状態を指す。これに対して「主観的不安」とは、個々人のうちに生じた不安のことを指す。ここでは無垢なる個人における不安が考察される。この不安の対象としての無は、ある意味で原罪を意味するが、それは［A］「世代関係の結果」であるとともに、［B］「歴史的関係の結果」でもあることがわかる。（かく世代と歴史を通じての罪の伝達が論じられる。）

第三章では、「罪意識を欠く罪の結果としての不安」の経緯《いきさつ》が論究される。この章のはじめに、時間と永遠との関係の分析を主軸にしてのキルケゴール独自の時間論が見られる。すなわち、人間は心と身体との綜合であり、またこの綜合は精神によって構成されるという。——これを原典《テキスト》の定義に即して繰り返せば、「人間は心的なものと身体的なものとの綜合であると「見な」されたが、同時に時間的なものと永遠的なものとの綜合である」とも規定される。なお、この後者の綜合は「瞬間」において成就されるという。——「仮にもし時間と永遠とが互いに触れ合うべきものとすれば、それは時間のうちにおいてのみ起こることでなければならない」[35]。この場合の綜合は、「瞬間」において可能となるという。すなわち、「瞬間はもともと時間のアトムではなく、永遠のアトムなのであることがわかる。瞬間は時間における永遠の最初の反映であり、いわば時間を停止させようとする永遠の最初の試みである」（一六一頁）。――かくして、仮名の著者は、この「瞬間」の概念を介して、異教主義（ギリシア主義）・ユダヤ教・キリスト教という三者各々にみられる罪の意識と不安の関係を考察する。

第四章では、「罪の不安、あるいは個体における罪の結果としての不安」の経緯《いきさつ》が論究される。つまり本章は、「下から上へ」という弁証法的運動の行程としては、次の最終章（キリスト教としての最高段階）の手前の立場にあたる。そこで罪が個体のうちに措定されると、直ちに生じてくる善と悪の区別が問題視されることになる。そのうち、「善に対する不安」としての「悪魔的なもの」（デモニッシュなもの）の分析には、当の悪魔的なものにおける「不安」の経緯《いきさつ》が克明に開示されている。例えば、「悪魔的なもの」においては、その自由が失われて不自由（非自由性）に転落している状態にあると言われる。それは心身ともにその自由を喪失している状態のことを指す。本章にみられるこの「悪魔的なもの」（デモニッシュなもの）の分析は、なるほど書中にあって最も鋭い洞察力を示していて、それこそ後年「深層心理学」（Tiefenpsychologie）と呼ばれる新興学問の領域に、一歩踏み込んだ先駆として注目されてよいであろう。[36]

第五章では、結論の最終章として、「信仰により〔個として自己を〕救済するものとしての不安」の経緯《いきさつ》が論究される。あらゆる角度からの「不安」の分析を介して、人間存在の真相にせまるこれらの試みは、ここに至ってやっとその前途に光明を見いだすことになる。「人間は正当に不安になることによって、最高のものを手にしうる」のである。かくして人間は、最高の段階としてのキリスト教との関係に立つ地点「信仰の場」にたどりつきえて、そこでやっと出口らしきものを見いだすことになるであろう。かくて人間の心的気分としての「不安」は、「自由の可能性」であり、かくなればこそ、「信仰への手引き」を介して、教義学に席をゆずってやっと「止揚」（揚棄）されることになる。——いまや人間《ひと》は、かくして「不安」の手引きによって真実の「信仰」に結ばれるとき、逞《たくま》しく自己形成する機運を得て、そこに真のキリスト者としてのわが身を見いだすであろう。

（1）『全集』（*Samlede Værker*, udgivet af A. B. Drachmann, J. L. Heiberg og H. O. Lange, 1920-36）第二巻、二九〇頁。『キルケゴール著作集』（白水社刊）第四巻『あれか＝これか』第二部下、一八六頁参照。ただし邦訳では、「ギムナジウム」との訳語が充《あ》てられているが、この箇所のそれは、当面問題の「ラテン語学校」を指す。

（2）N・トゥルストルップ編『キルケゴールに関する手紙と文書類』第一巻、一九五三年（N. Thulstrup, *Breve og Aktstykker, vedrørende S. Kierkegaard*, I.）四—六頁参照。

（3）P・A・ハイベルク『キルケゴールの青年時代の心理学的素描に寄せて』（*Bidrag til et psykologisk Billede af S. Kierkegaard i Barndom og Ungdom*, ved P. A. Heiberg, 1895.）九一頁参照。

（4）N・トゥルストルップ序文付『キルケゴール旧蔵書目録』、キルケゴール協会編、一九五七年（*Katalog over S. Kierkegaards Bibliotek*, udgivet af S. Kierkegaard Selskabet, med Indledning ved N. Thulstrup. 1957.）。この書は小冊子ながら、キルケゴールの生涯にわたる読書の傾向とか、最も肝心のその著述にまつわる典拠を窺う原点として、最適の参考文献である。——余談ながら、訳者は先年、デンマーク国・

コペンハーゲン大学神学部内「キルケゴール・インスティチュート」において、当面の訳書（本書）のテーマを含む年来《ねんらい》の諸々の課題につき、文献の調査を実施させてもらったことがある。その節、貴重図書閲覧の窓口・担当主任ジュリア・ワトキン（Julia Watkin）女史から諸冊子を頂戴したが、そのうちの一冊、貴重な『キルケゴール旧蔵書目録』は、訳者にとっては願ってもない最良の手引き書となった。それ以来、年々歳々この小冊子の頁をめくるに興味津々《しんしん》たるを覚える。が、歳月は人を待たず、かくも貴重な助言をさずけてくれた先学、J・ワトキン女史も今は亡い。往時を偲《しの》んで、この北国の学者に対し謝辞をしるしておきたい。

（5）セーレンには八歳年長の長兄ペーターがいて、兄は同じラテン語学校を経由、同コペンハーゲン大学神学部に入学、父ミカエルの願いどおり在学四年内に神学国家試験に合格、目下牧師への道の途上にあった。

（6）クラウセン教授（H. N. Clausen, 1793-1877）には、『神学研究に関する考察――受講生諸君のために』（*Betragtninger over det theologiske Studium, helligede sine Tilhørere*, 1833）のごとき恰好の入門書があって、受講するのに便であった。なおクラウセン教授の主要著書は、『キルケゴール旧蔵書目録』中にも見られるが、これらの碩学の書を介してわれわれは、若きキルケゴールが神学の根本学をなす「教義学」（Dogmatik）を学んだその経緯を窺うことができる。

（7）まずはマールハイネケ『学としてのキリスト教教義学の根本原理』（Ph. Marheinecke, *Die Grundlehren der Christlichen Dogmatik als Wissenschaft*, 1827）、その他として、フランツ・フォン・バーダー『思弁的教義学に関する講義』（Franz von Baader, *Vorlesungen über spekulative Dogmatik*, 1828）を指す。

（8）K・ローゼンクランツ『ヘーゲル伝』（中埜肇訳、みすず書房、一九八三年）書中、「ベルリンと哲学」の節、二七九頁以下参照。

（9）ポウル・M・メラー（Poul Martin Møller, 1794-1838）は、首都コペンハーゲンのあるシェラン島の南端に隣接するロラン島の牧師の子、とくに彼の父は古典語に通じた知識人だった由《よし》、子は父に似てニュケピングのラテン語学校を卒業後、コペンハーゲン大学神学部に在学中、神学の学位を取得。その後ひき続き古典語としてギリシア語・ラテン語の研鑽を積み、それらを介して古代ギリシア哲学の研究に従事。また青春期に芽生えた詩人としての才覚は詩作にも従事させた。若き詩人の夢多き願望もあってか、船付き牧師として遠路の旅を目指す。――デンマーク船で喜望峰を越え、時にデンマーク領で知られた西インド諸島を経由、中国までも足をのばす。帰国後、この体験談として『あるデンマーク人学生の奇譚《きたん》』（*En dansk Students Eventyr*）および「中国への旅をめぐる覚え書き」（Optegnelser på Reisen til China）を執筆（『遺稿集』第三巻所収）。かくして三十歳代半ば、片や若き詩人として世間を席巻《せっけん》していた彼は、ノルウェーの首都クリスチャニア（現在のオスロ）大学に哲学教授として赴任。一八三〇年、キルケゴールが十七歳でコペンハーゲン大学に入学したその同じ年度に、メラーも願いかなって母校に招聘されていた。そしてこの年度の夏講義において、メラーは「道徳哲学講義」（Forelæsninger over Moralphilosophien）を担当した。確かに新入生としてのキルケゴールはこの講義を聴講したはずだが、残念ながらこのときメラーの真意を理解しえたか否か、定かでない。が、後年『不安の概念』を執筆中、キルケゴールの机の上には、刊行されたばかりのメラーの『遺稿集』第三巻（*Efterladte Skrifter*, af Poul M. Møller, 3 Bd. 1843）があって、あのときの「講義」（道徳哲学）を熟読して、メラーの真意にふれて、いまさらのごとく先生への思いを新たにしたのではないか。かく想像してみると、真の意味で両人が相見《あいまみ》えることになるのは、当のキルケゴールがメラーの「形而上学」講義を受講した年度（一八三六年）のことで、それはメラー教授が享年四十四歳で急死する二年前にあたる。

（10） ヘーゲル前掲書、（B）「自己意識」の章のうち、「自己意識の自立性と非自立性」の節（平凡社ライブラリー版同書（上）二二三頁）参照。

（11） 例えば、『信仰という概念の発展』（*Udvikling af Begrebet Tro*, 1821）とか、『同一性に関する論理学的覚え書き』（*Logiske Bemærkninger om Identität*, 1826）、さらには『キリスト教教義学の概念について』

（Om Begrebet af den christelige Dogmatik, 1831）等の他に、『通俗的心理学綱要』（*Grundrids af den almindelige Psychologie*, 1830）といった新興学問にまで、若きキルケゴールが共感を示していたことが推察される。

（12）なおシッベルン（F. C. Sibbern, 1785-1872）は、主著『心理学』（*Psychologie*, 1843）の序論のうち（§1）において、「魂（Sjæl）という語が、合成語として《魂・精神論》（Sjælelære）という意に用いられる場合、いまや慣例として新興学問としては、Psychologie（心理学）という新語が用いられる」と述べている。なおまたキルケゴールが原稿執筆の際に、常に座右において参照の便に供したマイヤー著『簡易外来語辞典』（*Kortfattet Lexikon over Fremmedord*, af L. Meyer, 1837）においても、先述の主旨と同様の説明が見出される。

（13）以上の説明は、モールベックの新増補版『デンマーク語辞典』（*Dansk Ordbog*, Anden forøgede Udgave, 1859）に基づき、その「増補部分」の忠実な訳文である。なお、これまた余談ながら、当面われわれの関心事である博識の学者モールベック（Molbeck, Christian, 1783-1857）は、一八四〇年五十代半ば、辞典編纂のあいまを利して、コペンハーゲン大学において「歴史哲学に関する講義」全十五回を担当した。一八四〇年と言えば、キルケゴールがコペンハーゲン大学に入学し、学生として十年目にあたり、世間で「万年学生」（Studiosus in Perpetuum）呼ばわりされていた頃のことだが、ただ彼がこの講義を聴講したか否か定かではない。――話はさらに脇道にそれるが、訳者がかつてデンマークに留学していたおりのこと、コペンハーゲン大学の近隣の裏通りに、《Lynge og SøN》という由緒ある古書店があって、夕方宿舎に帰りかける頃、私はしばしばその店に立ち寄ったものである。店主（Max Giesel）はなかなかの愛書家で造詣が深く、立ち寄るたびに各種の稀覯本、キルケゴールの初版本などを惜しげもなく見せてくれたりした。それらの時のある日、店主のMaxから、一冊の小冊子を進呈され、「よく読んでみよ」と諭された。それは、『コペンハーゲン大学での歴史哲学講義』（*Forelæsninger ved Køvenhavns Universitet over Historiens Philosophie*, af C. Molbech, 1840）と題する紙装の冊子で、先述のモールベックの講義に際し、当時の受講生はこのテキストを手中にして出席したものとみえる。先に小冊子と言ったが、実は概して立派な学術書である。博識の言語学者モールベックが、ここデンマークでも時代の象徴としてヘーゲルの『歴史哲学講義』にあやかりながら、キルケゴールお得意の「実存」（Existents）、「現存在」（Tilværelse = Dasein）、「単独者・個別者」（den Enkelte = der Einzelne）などの用語を、キルケゴールに先立って語っているところは、何とも興味津々たるものがある。

（14）『ポウル・メラー遺稿集』第五巻所収（*Efterladte Skrifter*, af Poul M. Møller, III udg, 1855-56. 5 Bd. S. 152-58）参照。

（15）U. Andreasen, *Poul Møller og Romantismen-den filosofiske idealism i Poul Møllers senere forfatterskab*, 1973, S.44f. ——キルケゴールは前述の次第を仮名《かめい》の著者「コペンハーゲンの夜警番」の眼を通して警告せしめるのだが、表面では「夜警番」の名のもとに自らの名を隠しながら、実はその名は、当のキルケゴールこそ、ヨーロッパの時代思潮がデンマークの玄関口たる「商都コペンハーゲン」に入ってこようとするのを見定めるのに最適任者ではないのか、との自負の表明とも解せられるのである。

（16）K・レーヴィット『キルケゴールとニーチェ——ニヒリズムの神学的・哲学的超克』（K. Löwith, *Kierkegaard und Nietzsche, oder theologische und philosophische Überwindung des Nihilismus*,1933）につき、同著『キルケゴールとニーチェ』（中川秀恭訳、未来社、一九六七年）所収参照。

（17）ちなみに、G・ブランデス著のドイツ語版によるキルケゴール評伝は、一九七五年にオルムス書店（Georg Olms Verlag）から復刻本が刊行されている。

（18）S. Kierkegaard, *Die Tagebücher*, 1834-55, Ausgewält und Übertragen von T. Haecher, 1953, S.148. ——ちなみに、このときキルケゴールはベルリン大学におけるシェリングの「啓示哲学」（Philosophie der Offenbarung）に関する講義に列席、一八四一年十一月二十二日から翌年四二年二月四日まで、シェリング（第一講）二十項目、同（第二講）二十項目を要約して清書。キルケゴール『遺稿集』（*Papirer*, Bd. XIII, S. 253-329）所収。なお、これらの受講ノートを読む手引きとしては、次の書が最適である。——A. M. Koktanek, *Schellings Seinslehre und Kierkegaard*, 1962. この書中には、「一八四一年のシェリング講義」のキルケゴール筆記全文の独訳を収める。

(19) 例えば、エンゲルス（F. Engels, 1820-95）は、マルクスと共に（その出会いは一八四四年以降）共産主義理論の形成に努めた周知の人。その生まれはドイツ・ライン州のバルメン市にある紡績工場主の家柄だが、この地方の学校を卒業後、思うところあってベルリンに赴いて軍務に服するかたわら、弱冠二十歳、余暇を得てベルリン大学の聴講生となり、哲学に関心をよせる絶好の機会を得た。ときあたかも一八四一年、ヘーゲル没後十年にあたり、旧友シェリングは満を持して、ときの宮廷フリードリヒ・ヴィルヘルム四世ならびにベルリン大学当局の支援のもとに招聘されることとなり、自ら温存中の「啓示哲学」を語るに最高の場を得ていたのである。こうした時代の精神が去来せんとする際、その決定的瞬間に居合わせた一青年の眼を通して、その場面を紹介すると以下のとおりである。——シェリングが「啓示哲学」について講義を行う第六番講堂、その講壇のすぐ前列に、大学の名士とか学界の大家の特別席があり、その背後にあらゆる地位・信条の代表者たちの席があって、あとはごったまぜ。それらの席からドイツ語・フランス語・英語・ハンガリー語・ポーランド語・ロシア語等々が入り乱れて話されているのが聞こえる。——「そのとき、静粛に、との合図が鳴りひびいて、シェリングが講壇にのぼる。〔哲学者は〕中背・白髪、澄んだ青い目、その目の表情にはいかめしさより浮きうきしたところがあり、やや小肥り気味でもあるところから天才的思想家よりむしろ気立てのよい父親を思わせる男、力強い声、シュヴァーベン＝バイエルン訛りの語り、これがシェリングの風貌である」。——大月書店版『マルクス＝エンゲルス全集』第四一巻、一九七三年刊。書中「シェリングのヘーゲル論」（真下信一・宮本十蔵訳）一七五—七六頁参照。

(20) 因に本文に示すシェリングの「初講義概要」は、まず同じ一八四一年のうちに、ペテルブルクにおいてロシア語版が刊行されている。また翌四二年には、仏訳書がパリにおいて、*Discours de Schelling, prononcé à l'ouverture de son cours de philosophie, à Berlin, le 15 novembre 1841* と題して刊行された。また最後に英訳書としては、*Schelling's Introductory Lecture in Berlin, 15th November 1841*, translated by F. H. Hedge が知られる。――以上のごとき文献は、前注19に引くエンゲルスの証言が何ら誇張でないことを証拠立てるものであろう（vgl. ―― F. W. J. von Schelling, eine Bibliographie von G. Schneeberger, Bern 1954, S.44）。

（21）前注18を参照。シェリングの講義に対するキルケゴールの感想は、彼の日記や手紙のそれぞれで表現の差異はあれ、短期間のうちに、失意の言葉に変化してゆくのが歴然とする。一八四二年二月二十七日、キルケゴールは兄ペーターに対して（コペンハーゲン在住の親友方への手紙に書いた言葉を繰り返しながら）、「愛する兄さん、自分の方もいまさら講義を聴く歳ではないが、かのシェリングの方も講義するには老齢になりすぎましたね。シェリングの「展相論《ポテンツ》」（Lehre vom Potenzen）は概して最高の「無力《インポテンツ》」（Impotenz）を示しています。もう速やかにベルリンを立ち去って、コペンハーゲンに帰ろうと思います」と報告している（S. Kierkegaard, *Die Tagebücher*, S.153 f.）。

（22）一八三四年十二月、キルケゴールはときに二十一歳、世間で話題の週刊誌に、「されどまた女性のより優れた素質に対する弁護」（Ogsaa et Forsvar for Qvindens høiere Anlæg）と題する文芸批評を投稿、この標題の「女性」とは、当週刊誌の主筆ハイベルクの実母にして女流作家「ギュルレンボウル夫人」（Fru Tomasine Gyllembourg, 1773-1856）を指す。なお右に関する詳細は、キルケゴール『現代の批判』（桝田啓三郎訳、岩波文庫）、二二〇頁以下参照。

（23）ハイベルク『論文集』（*J. L. Heibergs Prosaiske Skrifter*, 1862）第一一巻所収、四九八頁以下参照。

（24）J・ホフマイスター、R・フレヒジヒ編『ヘーゲル往復書簡集』第四巻、「文書資料」（G. W. F. Hegels Briefe von und an Hegel, Dokumente hrsg. von J. Hoffmeister, R. Flechsig, 1960）、一八九頁参照。

(25) この論文はデンマークにヘーゲル哲学を紹介した最初の書として注目された。前記の訳注23を参照。ただ本書は地方都市キールでの出版につき少部数であったため、後年ハイベルク『論文集』（Prosaiske Skrifter, af J. L. Heiberg, 3. Bind, 1843）に再録された。なお、本書は、『キルケゴール旧蔵書目録』中に見られる。

(26) ハイベルクは一八三一年から三五年まで四〇代前半、王立陸軍士官学校での講義を担当した。そのおりの課目としては、例えば「デンマーク文芸の展望」（Udsigt over den danske skjønne Literatur）もその一つ。この講話はハイベルクの「美学」の講義に発展する。他に、「論理学の学習コース」（Logiske Cursus）につき序文にかえての談話は、本文にいう「思弁的論理学」を学習するための緒言《しょげん》。前注25に記すハイベルク『論文集』第一巻、四六一頁以下参照。――なお、当論文集では、右「思弁的論理学」に対して三百頁余が充てられていて、講義録ながら、なかなかの力作であることを証拠立てている。

(27) この際の「論説」に見られる文体は、若きキルケゴールが将来の目標として、著作活動を夢想しての試みという印象を与える。それというのも、この箇所にはハイベルク流儀の「論争的文体」（polemiske Stil）の影響が見受けられ、若者の思惑《おもわく》が歴然とすけて見えるからである（Billeskov Jansen: Studien i S. Kierkegaards Litterære Kunst, 1972, S.14）。

(28) イブ・オステンフェルトの著書『キルケゴールの書「不安の概念」にみる不安という概念、一つの心理学的研究』（Ib Ostenfeld, *Angst = Begrebet i S. Kierkegaard: Begrebet Angst, En psychologisk Detailstudie*, 1933）、第三章「不安の概念へのキルケゴールの心理学的寄与」、第四章「キルケゴールのそれとは別の面から展開された不安の概念」、前掲書、五八頁以下参照。

(29) 当面の問題であるシッベルンの『心理学』の書は、総タイトルとして『人間の精神的本性とその特質』（*Menneskets åndelige Natur og Væsen*）と題され、別名「心理学」（Psychologie）なる学への一つの企てとして、三百頁余にわたるその第一部が一八一九年に刊行された。その後九年をへて、一八二八年にその

第二部が『心理学的病理学』（*Psychologisk Pathologie*）と題して刊行された。この二年後にキルケゴールはコペンハーゲン大学に入学し、当の著者シッベルン教授の知遇を得て、その交わりが生涯に及んだことは周知のとおりである。が、それにしても、目下『キルケゴール旧蔵書目録』を検するに、当面問題のシッベルン著『心理学』書が欠落しているのはどうしたことか。——右の件に関連して、私事がからみ恥ずかしながら一、二の愚見を書き添えておきたい。実は一九八六年から八七年にわたって私は、コペンハーゲン市の郊外ヘレルップのさる医師宅に滞在中、同地域に住む旧知のはからいで、偶然ながら近隣の地で静養中のキルケゴール研究家ニルス・トゥルストルップ氏に面会できる機会を待望していた。が、待つともなく待つうち、その訃報を耳にしてほどなく、「トゥルストルップ教授旧蔵本」が市中のいくつかの古書店で見かけられた。その当時は、これらの奇遇をそれほど意識したことはなかったが、いま思い返してみると、残念ながらお目にかかる機会を逸した老教授の旧蔵本として、目下本稿で話題にしている精神医オステンフェルトの特殊な研究書をはじめ、かのシッベルンの『心理学』書の原典に巡り合えて、これらの書を偶然の機会に訳者の手沢本となしえた奇縁を思わざるをえない。これらの資料を拠りどころに当面の論述を示しておきたい。

(30) なおまた一八四三年にもシッベルンは、（おりしもキルケゴールの『不安の概念』刊行の前年にあたる年に）、小型版とはいえ四百頁にわたる『心理学』の書を、『概して生命論《ビオロギー》〔生気論〕によって導かれた簡易心理学』（*Psychologie, indledet ved almindelig Biologie, i sammentrængt fremstilling*）と題して刊行している。ただし、この小『心理学』の書も、何故か『キルケゴール旧蔵書目録』には欠落している。

(31) モールベックは『デンマーク語辞典』のなかで（前注13参照）、「不安」という語を規定するに際して、シッベルンの前掲「心理学」書から適切な表現を選び引用している。

(32) 正確に言えば、モッシン撰『デンマーク語術語・記述の試み』（Hans Mossin, *Forsøg til en Dansk Telminologie*, 1764, S.333）を指す。確かに、この学術用語辞典は、かの『旧蔵書目録』に依るかぎり、キルケゴールの手もとにあったか否かを証拠立てることはできない。

(33) 前注9を参照。——ただし、この箇所は、当の詩人哲学者ポウル・メラーの思惟の動向の端的な表現として、「おりにふれての感想」(Strøtanker) を指す。そのおりおりの時に感じてまとめられた「想念・感想」は、メラー『遺稿集』ではその書かれた時期により、〔I〕(1819-21)・〔II〕(1822-26)・〔III〕(1826-37) の体裁に整理されている。それらのうち、*Efterladte Skrifter*, af P. M. Møller, 3Bd, 1843, Strøtanker III (1826-1837) 参照。なお、蛇足ながら付言すると、われわれの関心事としては、当時のヨーロッパ思想界を震撼《しんかん》させようとしているニヒリズム意識の前兆の予感、端的に言って「無」(Nichts) をまえにして同時代人として身構え、それと対決しようとしたことをキルケゴールは先学メラーを介してわれわれに示唆してくれているということ、これの点をわれわれ読者は心して理解すべきであろう。

(34) 前注33においてメラーの『遺稿集』につき紹介したが、実を言うと当時この夭折した詩人哲学者に対する一般市民の熱意に応えて、急遽三巻本『遺稿集』(Efterladte Skrifter, 1-3) が編まれた。次いで、右の改訂版として全六巻本のそれ (1855-56) が実現した。なお、当面の箇所の原典は、マドセン編『折りにふれての感想』(P. M. Møller, *Strøtanker*, ved B. Madsen, Hasselbalch 1952, S.49) に依拠している。

(35) この箇所は、キルケゴールの時間論の展開の場面として周知のところで、拙論「キルケゴールの時間論——とくに『不安の概念』における《瞬間》概念についての若干の注釈から」(『フィロソフィア』第七六号、一九八九年三月) 参照。

(36) 「深層心理学」(Tiefenpsychologie) と呼ばれるこの新興学問については、前注33・34を参照。

訳者あとがき

私事にわたるが、昭和三十年代の前半、戦後十年という言い方が定着していた頃、訳者は哲学科の学生の視線で世相を凝視しながら生きていた。その頃、なぜか学内の語学担当の先生方のなかに、一風変わった先生が多く見受けられた。例えば、一般教養の語学としての英語担当の小沼救《はじめ》先生は、世間ではむしろ小説家小沼丹《こぬまたん》として知る人ぞ知る存在だった。また、特殊外国語にめっぽう明るい先生もいて、そんな異色の先生方に学生の人気が集中するといった現象も見受けられた。森田貞雄先生は教養の英語担当の先生であったが、当時刊行されたばかりの『デンマーク語文法入門』（大学書林）を用いて、学内の少人数の学生を対象に課外の授業を実施してくださった。その頃、学外の文化活動として、「北欧文化協会」主催による「北欧」（デンマーク・スウェーデン・ノルウェー・フィンランド・アイスランドの五か国）の文芸についての啓蒙講話が、例会として年に一、二回、銀座教文館において開催されていた。私は学内の語学仲間とそこにも出席した。この教養講座は、私には学外の北欧学者の知遇を得る機縁ともなった。——例えば、キルケゴール研究家として周知の桝田啓三郎、飯島宗享、大谷愛人といった先生方の他、文芸批評家で北欧学者の山室静氏、私財を投じて「北欧文庫」を興《おこ》した学者で、のちの東海大学教授・岡崎晋先生……。

かくの如き学内外の動向のなか、私は卒論を終え、遅ればせながら修士論文を「キルケゴールのヘーゲル批判」の論題で仕立て上げて、ヘーゲル学者・樫山欽四郎先生に加え、実存哲学に精通する松浪信三郎・川原栄峰の両先生に審査していただいた。しかるのち、この論題に修正を加えて「日本キルケゴール協会」の例会において研究発表をさせていただいたが、この時の司会が前記の大谷愛人先生だった。——ともあれ、冒頭にふれた時期から十年以上の歳月が経過し、その間、語学教師の経験を重ねたとはいえ恥ずかしながら、『デンマーク語入門』(鳳書房、一九七六年)という初級文法書を書く機会を与えられ、さらには哲学科の貧しい学徒にとっては目もくらむ高所に立つ天才の書『不安の概念』の対訳書(大学書林、一九八五年)を編む機会を得た。これらの機会を与えてくださったことについて、まず鳳書房、そして大学書林の社主各位に対してお礼を申し上げねばならない。

さて、以上のような自分にとっては忘れえぬ経験を重ねたのち、法政大学においてやっと「哲学」の講義を担当するようになってから、教養および専門のゼミにおいて、前掲のテキストを用いて原典購読、そしてこれにつき討論する機会に恵まれた。例えば、早稲田大学の語学教育研究所の講座「中級デンマーク語」の原典購読においては、何年かこの原典《テキスト》を精読しえたこと、東海大学文学部北欧学科の中級「デンマーク語」原典購読においても、この原典《テキスト》につき抜粋・講読し討論しえたこと、また相前後するが法政哲学科の研究発表に際して「コペンハーゲン便り」と題して、当面の原典につき、留学によるわが学びの乏しい成果ながら報告・総括しえたこと、そしてこの際の司会が矢内原伊作先生だったこと、また右の拙論につき桝田啓三郎先生が補足してくださったこと、等々を思い起こす。――ともあれ、前記のごとき機会に、世代を異にする学生諸君とともに当の原典《テキスト》を購読し話題にしえたことは、訳者にとっては予想以上に得るところが大きかったと言わざるをえない。

最後に、訳者が古稀を控えて何となく気の急《せ》く思いで過ごしていた頃、旧友御子柴善之君の計らいにより、「早稲田哲学会」において、前記にまつわる年来の学的課題につき「研究発表」を企てる機会が老生に対して与えられた。そしてその企てを無事終えたとき、川原栄峰先生をはじめ、先輩諸氏から温かいはげましのお言葉を頂戴したのだが、こうした後押しがあったればこそ今般《こんぱん》、当面の仕事が成就することとなったと思われる。それにつけても、右の御子柴善之教授には、改めてお礼を申し上げておきたい。なおまた、このたび本書が「平凡社ライブラリー」の一冊として陽の目をみることになったのは、編集部・保科孝夫氏のご尽力によるものにて、それにつき何とお礼を申し上げてよいか、ただ深甚なる謝意を表するのみ。

訳者としては、訳文・訳注の作成につき細心の注意をはらったつもりだが、訳者の無知がわざわいして、原典の真意をそこねていないか否か、大方のご叱正を請う次第である。

二〇一九（平成三十一）年三月

湘南、腰越の仮寓にて

村上恭一識《しる》す

[著者]

Søren Kierkegaard

セーレン・キルケゴール（1813-1855）

デンマークの哲学者・思想家。コペンハーゲンの富裕な商家に生まれた。当時、デンマークで支配的だったキリスト教会の形式性と、ヘーゲルとヘーゲル学派の哲学の抽象性・一般性を痛烈に批判し、個体としての人間の生に立脚して思考した。その思考は、ハイデガーをはじめのちに実存主義とよばれる哲学者たちに巨大な影響を与えた。

著書に、『あれか＝これか』『おそれとおののき』『反復』『哲学的断片』『死に至る病』『野の百合、空の鳥』などがある。

[訳者]

村上恭一（むらかみ きょういち）

1936年、愛媛県生まれ。早稲田大学大学院博士課程修了。専攻、近代西洋哲学。法政大学名誉教授。

著書に、『論理学講義』『哲学講義（補訂版）』『哲学史講義』（いずれも成文堂）、『デンマーク語入門』（鳳書房）、訳書に、『［デンマーク語対訳］不安の概念』（大学書林）、『ヘーゲル初期哲学論集』（平凡社ライブラリー）などがある。

平凡社ライブラリー 882

新訳《しんやく》 不安《ふあん》の概念《がいねん》

発行日…………2019年6月10日　初版第1刷

著者……………セーレン・キルケゴール
訳者……………村上恭一
発行者…………下中美都
発行所…………株式会社平凡社
〒101-0051　東京都千代田区神田神保町3-29
電話　(03)3230-6579［編集］
(03)3230-6573［営業］
振替　00180-0-29639

印刷・製本……株式会社東京印書館
ＤＴＰ…………大連拓思科技有限公司＋平凡社制作
装幀……………中垣信夫

ISBN978-4-582-76882-4
NDC分類番号139.3　B6変型判(16.0cm)　総ページ416

平凡社ホームページ　https://www.heibonsha.co.jp/

平凡社ライブラリー 既刊より

マルティン・ハイデッガー……………形而上学入門
マルティン・ハイデッガー……………ニーチェⅠ——美と永遠回帰
マルティン・ハイデッガー……………ニーチェⅡ——ヨーロッパのニヒリズム
マルティン・ハイデッガー……………言葉についての対話——日本人と問う人とのあいだの
マルティン・ハイデッガー……………芸術作品の根源
マルティン・ハイデッガー……………技術への問い
G・W・F・ヘーゲル……………精神現象学 上・下
G・W・F・ヘーゲル……………キリスト教の精神とその運命
G・W・F・ヘーゲル……………ヘーゲル初期哲学論集
廣松渉＋加藤尚武 編訳……………ヘーゲル・セレクション
ジョルジュ・バタイユ……………内的体験——無神学大全
カール・ヤスパース……………戦争の罪を問う
渡邊二郎 編……………ニーチェ・セレクション
J・デリダ……………[新版] 精神について——ハイデッガーと問い
G・アガンベン……………開かれ——人間と動物
K・マルクス……………共産主義者宣言